유라시아와 유럽

HK 러시아·유라시아 연구시리즈 23/46
유라시아와 유럽
경쟁·협력·갈등

초판1쇄 발행 2023년 12월 30일

엮은이 한양대학교 아태지역연구센터 러시아·유라시아 연구사업단, 김영진
지은이 김영진·우평균·윤성학·이상준·강봉구·김정기·김선래·이지은·성동기
펴낸이 홍종화

주간 조승연
편집·디자인 오경희·조정화·오성현·신나래
　　　　　　박선주·이효진·정성희
관리 박정대

펴낸곳 민속원
창업 홍기원
출판등록 제1990-000045호
주소 서울 마포구 토정로 25길 41(대흥동 337-25)
전화 02) 804-3320, 805-3320, 806-3320(代)
팩스 02) 802-3346
이메일 minsok1@chollian.net, minsokwon@naver.com
홈페이지 www.minsokwon.com

ISBN　978-89-285-1926-2　94910
SET　978-89-5638-985-1

ⓒ 김영진·우평균·윤성학·이상준·강봉구·김정기·김선래·이지은·성동기, 2023
ⓒ 민속원, 2023, Printed in Seoul, Korea

이 책은 저작권법에 따라 보호를 받는 저작물이므로 무단전재와 복제를 금지하며,
이 책의 전부 또는 일부를 이용하려면 반드시 저작권자와 출판사의 서면동의를 받아야 합니다.

책 값은 뒤표지에 있습니다.
잘못된 책은 바꾸어 드립니다.

HK러시아·
유라시아
연구시리즈

23/46

Eurasia and Europe : competition · cooperation · conflict

유라시아와 유럽
: 경쟁 · 협력 · 갈등

한양대학교 아태지역연구센터
러시아 · 유라시아 연구사업단
김영진 엮음

민 속 원

서문

2022년 2월에 시작된 러시아의 우크라이나 침공은 냉전 이후 유럽의 안보 질서를 깨뜨리고 지난 30년 동안 형성된 유럽연합EU과 러시아의 관계를 완전히 새롭게 쓰고 있다. 지난 30년 동안 이러한 관계의 토대는 경제 및 에너지 분야의 상호 의존이었다. 이제 러시아가 유럽의 평화와 안정에 가장 큰 위협이 되면서 러시아 - EU 관계의 모든 영역이 안보화되었다. EU가 채택한 8개의 포괄적인 제재 패키지를 통해 EU 회원국들은 러시아와 모든 경제적 관계를 체계적으로 단절하고 있다. 유럽과 러시아의 석유 및 가스 분리는 50년 동안 이어져 온 상호 호혜적인 에너지 관계를 종식시키고 있다. 이는 러시아의 기존 경제 모델에 압박을 가하고 러시아를 중국과 아시아 쪽으로 더 향하게 할 것으로 보인다.

2022년 6월 몰도바와 우크라이나에 EU 후보국 지위를, 조지아에 잠재적 후보국 지위를 부여하기로 한 EU의 결정은 우크라이나 전쟁에 대한 대응으로 러시아와의 지정학적 경쟁을 인식한 결과였다. EU와 동방파트너십EaP 국가와의 관계에 대한 논의는 종종 회원국 가입 문제를 중심으로 이루어진다. EU 가입 절차는 후보 국가를 정회원국으로 유도하기 위한 것이지만, 그렇다고 해서 가입이 보장되는 것은 아니다. 10여 년 전에 후보국의 지위를 얻은 서발칸 반도의 국가들은 가입 일정이 명확하게 정해져 있지 않으며 가입 후보국의 지위가 실질적으로 무엇을 의미하는지도 불분명하다. 터키는 1999년에 후보국의 지위를 얻었지만, 그 이후 돌이킬 수 없을 정도로 후퇴한 상황이다.

2022년 우크라이나 전쟁을 거치면서 EU는 중앙아시아 지역에 대한 개입을 강화하기로 결정한 것으로 보인다. 국제사회의 아프가니스탄 철군 이후 중앙아시아 지도자들은 글로벌 무대에서 선택의 폭을 넓히고 새로운 의미를 부여할 수 있다는 점에서 EU의 역할 강화를 두 팔 벌려 환영하고 있다. EU의 중앙아시아에 대한 주요 관심사 중 하나는 에너지 공급원이자 동서 교역의 통로로서 이 지역이 담당하는 이중 역할인데, 이는 우크라이나 전쟁으로 인해 더욱 중요해졌다. 그러나 EU가 더 많은 영향력을 확보하기 위해서는 중국과 러시아 같은 강대국에 비견할 수 있는 긍정적인 대안을 제시해야 한다.

이 책의 발간 목적은 유라시아와 유럽 간의 통합구조, 민주주의 이행, 에너지협력, 산업 협력 등의 여러 이슈와 함께 유라시아 개별 국가와 EU 간의 협력과 갈등의 구조와 실체에 대해 분석함으로써 두 지역 및 국가들 간의 협력, 경쟁, 갈등의 구조와 논거, 그 행태 및 양상을 규명하는 것이다. 이를 통해 유라시아와 유럽 간의 관계를 규정하는 실체적 내용을 파악하고 유라시아의 접변에 대한 이해를 제고할 수 있을 것으로 기대한다. 그러나 이 책에서 다룬 각각의 주제와 관련해서는 우크라이나 전쟁이 얼마나 오래 지속될지, 어떻게 끝날지, 분쟁의 결과가 러시아와 서방 간의 관계에 어떤 영향을 미칠지에 따라 많은 것이 달라질 수 있으므로 향후의 변화와 전개에 대한 지속적인 관심이 필요할 것이라는 점을 밝혀둘 필요가 있다.

이 책은 두 부분으로 구성되는데, 제1부에서는 '유라시아의 유럽연합EU의 경쟁과 협력'을 주제로 하여 '유라시아경제연합EAEU와 유럽연합EU의 통합구조(1장)', '유라시아의 민주주의 이행(2장)', 유라시아와 EU 간 '에너지협력(3장)'과 '산업협력(4장)' '안보/방위 영역(5장)' 등의 주요 이슈를 다룬다. 제2부에서는 '유라시아 국가와 유럽연합(EU) : 협력과 갈등'을 주제로 하여 유라시아의 주요 국가와 EU 간의 협력과 갈등을 다루고 있는데, 여기서는 우크라이나(6장), 벨라루스(7장), 카자흐스탄(8장), 우즈베키스탄(9장)과 EU 간의 관계에 초점을 맞춘다.

김영진은 제1장 「유라시아경제연합EAEU과 유럽연합EU : 경쟁과 협력의 변주」에서 EU와 EAEU 간의 비교 및 그 차이점에 대한 분석을 기초로 포스트소비에트 공간에서 EAEU와 EU의 협력 가능성과 경쟁의 구조를 검토하고 우크라이나 전쟁이 양자 간의 '통합 경쟁'에 어떠한 영향을 미쳤는지를 분석한다. EU는 통합구조 간의 협력보다는 EAEU 개별 회원국과의 양자협력을 선호해왔으며, 러시아는 EU에 대한 분할지배divide and rule 전략을 추구해왔다고 한다. 김영진에 따르면, EAEU 출범과 함께 본격화된 '통합 경쟁'에서 우위를 차지하기 위한 양 통합구조의 노력은 무엇보다 2013년에 발발한 우크라이나 사태에서 극적인 모습으로 나타났다. 나아가 최근의 우크라이나 전쟁은 양 통합구조 간의 '통합 경쟁'에 새로운 전기를 만들었으며 EU로 하여금 확대정책을 개편하게 하는 결과를 가져왔다고 한다.

김영진은 우크라이나 전쟁으로 인해 EAEU 회원국들의 러시아에 대한 지지가 철회되고 있으며 이는 EAEU의 구심력이 약화되는 결과로 이어지고 있다고 분석하고 있다. 그는 이 과정에서 EU는 EAEU 내의 기존 회원국들과 양자관계를 확대, 발전시킬 기회를 얻고 있으며 비동맹 포스트소비에트 국가들을 자기편으로 끌어들이는 경쟁에서 유리한 위치를 선점해 나가고 있다고 주장한다. EU가 우크라이나와 몰도바에 후보국 지위를 허용하고 조지아에 예비후보국 자격을 부여하기 위해 회원국 수용에 대한 관점을 변화시켰다는 사실은 확대정책이 여전히 외교·안보 정책을 조정하는 데 있어 EU를 더욱 강력하게 만드는 중요한 도구가 될 수 있다는 사실을 보여준다는 것이다. 결론적으로 김영진은 EU가 이들 3개국을 회원국으로 가입시켜 확대정책을 활성화하는 데는 장기간에 걸쳐 만만치 않은 난관에 봉착할 수 있다고 주장한다.

우평균은 제2장 「유라시아에서의 민주주의 이행과 EU의 민주주의 프로그램」에서 유라시아의 민주주의 이행과 EU 민주주의 프로그램과의 연관성을 제시하고, 유라시아 국가의 EU 가입 가능성을 분석한다. 이를 위해 유라시아에서의 민주주의 이행 상황을 검토하고 민주주의 이행이 부진한 이유를 제시하고 있다. 또한 인권과 민주주의에 관한 EU 행동 계획, 민주주의를 위한 유럽 파트너십 등 EU 차원의 주요 민주주의 프로그램의 내용을 살펴보고 있다. 소련 붕괴 이후 유라시아 공간의 신생독립국 가운데는 민주주의 정착 가능성에 대해 밝은 전망을 갖게 하는 나라들이 있었으나, 2010년대 이후에는 권위주의로의 회귀나 권위주의 체제의 구조화가 유라시아 지역에서 진행 중인 가운데 일부 국가들만이 민주주의 정착을 위해 진력하고 있다.

우평균은 유라시아 지역에서 EU 가입을 원하는 국가들이 EU에서 요구하는 민주주의 및 기타 요건을 갖추기까지는 상당한 시간이 걸릴 것이라고 주장한다. 다만 우크라이나 전쟁 같은 외생 변수의 등장은 EU 가입을 촉진할 수 있는 요인이 될 수 있다는 점을 함께 지적하고 있다. 즉, 우크라이나, 조지아, 몰도바 등 유라시아의 세 국가는 민주주의 제도 개혁을 꾸준히 시도하면서 법의 지배 원칙을 확립시키려는 노력을 지속한다면 시간이 걸리더라도 EU 가입은 가능할 것이라고 본다. 그에 따르면, 이들 국가가 EU와 함께 민주주의와 시장경제 이행의 한 배에 타게 된 이상 '재권위주의화'와 같은 역행의 길로 되돌아가기는 어려울 것이므로 유라시아의 신생 민주주의 국가들에서도 자발적인 민주주의 이행 의지와 더불어 외부 지원 등 적절한 외부압력이 작용하면 민주주의 공고화가 가능할 것이라고 주장한다.

윤성학은 제3장 「우크라이나 전쟁 이후 EU와 유라시아의 에너지협력」에서 우크라이나 전쟁 이후 EU의 대러시아 에너지 경제 제재의 실효성을 검토하고 경제 제재가 실제로 EU와 유라시아 국가의 에너지 수출입에 어떠한 영향을 끼쳤고, 향후 어떠한 프로젝트가 논의되고 있는지를 분석한다. 이를 위해 러시아의 우크라이나 침공에 따른 대러 경제제재를 전후한 EU의 대러시아 에너지 수입 규모와 EU의 대러시아 에너지 의존도를 비교함으로써 유럽이 직면한 에너지 위기를 파악하고 있으며, 러시아의 에너지 수출 규제 정책에 대해 EU의 기업 차원에서 어떻게 대응하고 있는지를 고찰하고 있다. 또한 대러 에너지 제재의 영향이 가장 잘 드러난 2022년 2분기 EU의 러시아산 에너지 수입 수치와 경제 제재의 영향을 받지 않았던 2021년 2분기 EU의 러시아산 에너지 수입 수치를 비교하고 있다.

윤성학은 이 과정에서 EU의 러시아산 천연가스 수입은 감소세를 보였으며 특히 노드스트림의 영향을 가장 많이 받았던 독일이 가장 큰 감소세를 보였다는 분석을 제시하고 있다. 또한, 러시아산 석유의 수입 역시 EU에서 6차 제재 당시 예고했던 대로 단계적으로 감소하는 양상을 보였다고 한다. 그의 주장에 따르면, EU의 에너지 수입 적정 규모를 고려할 때 석유와 천연가스 공급망 다원화 어려움이 겹치면서 EU가 러시아산 에너지 수입을 전면 금지할 수는 없다. 자원 빈국인 EU로서는 석유의 경우 어느 정도 중동이나 아프리카를 통해 러시아산을 대체할 수 있지만, 가스는 신규 공급도 어려울 뿐만 아니라 LNG 터미널 건설 등 새로운 인프라 건설에 시간이 필요하기 때문이다. 그의 분석에 따르면, 러시아는 유럽 시장을 상실함에 따라 중국, 인도, 튀르키예 등의 대체 시장을 확대하고 있지만 국제시세의 70% 가격이라는 악조건을 받아들여야 했으며, EU는 러시아산 에너지의 수급 위기를 극복하기 위한 대응 전략으로 자국 에너지 기업의 국유화, 석탄발전소의 재가동, 그리고 신재생에너지로의 전환을 추진 중이라고 한다.

이상준은 제4장 「유라시아와 유럽연합EU 간 산업협력의 주요 요인과 발전 방향」에서 유라시아와 유럽 국가 간의 무역을 통한 산업협력의 변화양상을 고찰하고 있으며, 특히 러시아와 유럽연합 국가 간의 산업협력에 대해 초점을 두고 분석한다. 그에 따르면, 유럽과 유라시아 국가 간 무역은 완제품과 원자재를 교환하는 상호보완성을 가지며 이를 기초로 양 지역 간 산업협력도 증가했지만, 우크라이나 전쟁 이후 러시아와 유럽 간의 관계가 악화하여 유라시아와 유럽 간의 산업협력에도 변화가 발생하고 있다고 한다. 우크라이나 전쟁 이후 유럽은 러시아산 에너지 교역을 바탕으로 한 기존 러시아와의 산업협력을 대체하기 위해 캅카스와 중앙아시아 5개국과 협력을 추진하고 있지만, 상대적으로 작은 시장 규모, 각종 인프라 미비, 지리적인 제약 등으로 어려움을 겪고 있다고 한다.

이상준의 주장에 따르면, EU는 당분간 러시아를 배제한 상황에서 유라시아 국가와의 산업협력을 활성화하여야 하며, 이를 위해 글로벌 공급망 재편에 참여할 수 있도록 협력의 방향을 수정해야 한다. 먼저 유라시아 국가들은 글로벌 에너지 공급망과 가치사슬 재편 과정에서 자본투자를 적극 유치하여 역내 협력 및 국제분업에 참여할 수 있도록 제도적인 개혁을 추진할 필요가 있으며, 유럽은 유라시아 국가와의 협력을 강화하여 유라시아 국가의 산업경쟁력을 향상시킬 수 있도록 무역을 위한 원조 등 다양한 협력 방안을 제시해야 한다. 이상준은 이러한 양측의 노력을 통해 러시아를 제외하더라도 유럽과 유라시아 국가 간 협력은 기존의 방식을 넘어서는 새로운 협력 국면으로 변화할 것이라고 주장한다.

강봉구는 제5장 「안보/방위 영역 EU 전략적 자율성의 제약과 러시아 요인」에서 EU의 전략적 자율성 특히 안보/방위 영역의 자율성 증진 논의와 기획, 정책 수행의 핵심 사항들을 검토하고, 공동안보/방위정책의 수행 노력에도 불구하고 유의미한 수준의 진척이 없었던 근본 원인은 무엇인지를 고찰한다. 연구의 시간적 범위는 EU가 공동외교안보정책을 도입하였던 2010년대(리스본 조약이 발효된 2009년 12월 이후)부터 우크라이나 전쟁의 발발(2022년 2월) 직후까지에 걸쳐 있지만, 주된 논의는 우크라이나 전쟁 전후에 초점을 맞추어 진행된다. 무엇보다 우크라이나를 둘러싼 갈등과 위기 고조 국면에서 EU의 대러 정책이 미국과 달리 운신의 여지를 축소하도록 만든 제약요인은 무엇인가. 달리 말해, EU가 여러 차원의 갈등에 직면하여 전략적 자율성을 발휘하기 어려웠던 근본적인 원인은 무엇이었는지가 엄밀히 분석되고 있다.

강봉구는 EU의 전략적 자율성을 약화시킨 근본적인 원인을 두 가지로 압축한다. 첫째, 냉전기에서부터 장기간에 걸쳐 EU의 안보/방위를 나토에 거의 전적으로 의존해 오면서 회원국들이 갖게 된 현실 안주와 안보 이익이다. 그에 따르면, EU 회원국들은 지정/지경학적 위치를 불문하고, 장기간 유지되어 온 낮은 방위 부담의 이익을 포기하기 어려웠다고 한다. 둘째, 더욱 치명적이고 근본적인 원인은 EU 회원국들간 러시아의 위협에 대한 인식의 차이와 그로 인한 EU의 대러 입장/접근법의 통일성 부족이다. 그에 따르면, 러시아의 위협에 대한 회원국간 인식의 차이가 너무 커서 공동의 안보/방위 역량을 증대시키기 위한 토대를 구축하는 데 이르지 못했다는 것이다. 강봉구는 이들 요인으로 인해 결과적으로 EU 전체 차원에서 러시아에 대한 공동의 외교안보정책의 수립/수행이 사실상 거의 불가능해졌다고 논구한다. 이러한 두 가지 핵심적인 원인을 제시하는 가운데 강봉구는 우크라이나 전쟁의 상황 전개 여하에 따라 EU의 전략적 자율성 문제에 대한 결론은 아직 열려 있다고 진단한다.

김정기는 제6장 「우크라이나 - EU 협력관계 고찰과 EU 가입 가능성」에서 러시아의 우크라이나 침공에 대한 대응을 둘러싸고 EU와 우크라이나가 전개하고 있는 협력관계와 그 과정에서 표출되고 있는 EU 회원국들의 의견과 행태, 갈등 현상을 살펴본다. 그리고 이를 통해 EU의 우크라이나 전쟁 지원, 종전 협상, 전후 재건, EU 가입 가능성 등에 대한 양측의 협력 가능성과 그 수준을 파악하고자 한다. 이는 우크라이나 전쟁의 종결 방향을 예상하는 하나의 과정이 될 수도 있기 때문이다. 그의 분석에 따르면, 우크라이나와 EU는 2014년 우크라이나 사태와 2022년 우크라이나 전쟁을 거치면서 긴밀한 협력관계를 유지하고 있으며, 심화 · 포괄적 자유무역협정DCFTA : Deep and Comprehensive Free Trade Area을 포함한 제휴협정AA을 체결하고 이를 바탕으로 정치, 안보, 경제통상 관계를 긴밀화하고 있다고 한다.

김정기에 따르면, EU는 우크라이나 전쟁을 단순히 우크라이나만의 문제로 보는 것이 아니라 유럽의 안보와 경제를 뒤흔드는 요인일 뿐 아니라 유럽의 정정 불안을 심화시키는 요인으로 보고 있다고 한다. 이에 따라 EU에게 우크라이나는 놓을 수 없는 끈이 되어가고 있다는 것이다. 또한, 우크라이나의 대對 EU 협력 전략은 부패사슬의 구조에서 벗어나 유럽 국가의 일원으로 자리 매김하고 자유와 경제적 번영을 구가하는 국가로 거듭나는 동시에, 전쟁을 승리로 이끌고 국방력을 강화해 나감으로써 EU로부터 신뢰와 협력을 확보하는 관계를 형성하는 것이라고 한다. 결론적으로 필자는 이러한 양측의 협력 관계는 우크라이나 전쟁이 끝나더라도 더욱 강화되어 갈 것이며 우크라이나의 EU 가입에 긍정적으로 작용할 수 있다고 주장한다.

김선래는 제7장 「벨라루스와 유럽연합EU의 협력과 갈등 : 러시아 영향력을 중심으로」에서 2000년대에 진행된 벨라루스와 EU와의 관계에 초점을 맞추는 동시에 벨라루스와 국가통합을 추진하고 있는 러시아의 역할을 분석한다. 또한 여러 시기의 설문조사를 바탕으로 벨라루스의 친유럽적 경향과 친러시아적 정향을 살펴봄으로써 벨라루스인들의 정체성을 파악하고 유럽과 러시아 사이에서 고민하는 벨라루스의 미래를 추론해 보고자 한다. 그에 따르면, 벨라루스는 1991년 소련으로부터 독립한 이후 서유럽과 러시아 사이에서 완충지대 역할을 해왔으며, 지정학적으로 중간지대에 놓인 벨라루스는 러시아를 향하느냐, 유럽을 지향하느냐, 아니면 독자적 입장을 추구해 나갈 것인가를 두고 끊임없는 갈등을 벌여왔다.

김선래는 2020년 대선에서 루카셴코 정권의 부정행위와 2022년 2월에 발발한 우크라이나 전쟁으로 인해 벨라루스의 유럽으로의 길은 멀어진 반면, 1999년 이후 20여 년간 추진해 온 벨 - 러 국가연합은 경제통합에 합의하면서 급진전하고 있다고 분석한다. 또한 2023년 중에 경제통합이 이루어지고 빠른 시간 내 러시아와 벨라루스가 국가연합 단계로 들어갈 수 있다고 전망한다. 그는 벨라루스가 러시아와 국가연합의 방향을 취하더라도 러시아로 대변되는 낡은 소비에트체제에 대한 노스텔지어와 유럽의 환상적 슬로건보다는 스스로의 정체성을 형성하는 제3의 길로 가는 것이 바람직하다고 주장한다. 다시 말해, 벨라루스는 자주권을 바탕으로 러시아와의 관계를 재설정하고 유럽과 러시아 사이에 놓인 존재가 아닌 시민사회를 바탕으로 하는 민주주의 국가에서 그 정체성과 방향을 모색해야 한다는 것이다.

이지은은 제8장 「카자흐스탄 전방위 외교와 EU 정책: 주요 협력과 동인動因」에서 독립 이후 카자흐스탄 - EU 간의 교류 및 협력의 사례를 검토함으로써 카자흐스탄의 대외정책 기조인 전방위 외교 전략이 카 - EU 관계에 어떻게 연결되는지를 분석한다. 구체적으로는 카자흐스탄의 대 EU 정책을 형성한 국내적, 대외적 동인動因이 무엇인지를 분석한다. 이지은에 따르면, 카자흐스탄의 EU 정책은 러시아와 중국의 과도한 영향력 확대를 견제하고 경제적 이해관계의 확보를 주요 동인으로 하는 전방위 외교의 실현이라는 관점에서 이해할 수 있다. 카자흐스탄의 대 EU 정책의 추진 동인은 국내적으로는 카자흐스탄의 유라시아주의가 지향하는 '국가 주권 강화'를 바탕으로 한 유럽 지향성과 '지속 가능한 경제성장'을 통한 권위주의 '정부의 정당성 강화', 대외적으로는 '다극화된 중앙아시아의 국제환경'과 더불어 2022년에 시작된 '우크라이나 전쟁'으로 정리할 수 있다고 한다. 특히, 2022년 우크라이나 전쟁은 카자흐스탄의 EU 정책을 단기적으로 활성화하는 변수가 될 수 있다.

이지은에 따르면, 카자흐스탄은 역내 전통적 강국인 러시아의 과도한 영향력에 따른 종속적인 지위에 처하는 것을 피하고 중화 경제권의 확장 속에서 중국으로부터 경제 주권을 유지하기 위해 수평적으로 협력할 수 있는 파트너로서 EU와의 관계를 강화하는 데 주력하고 있다. 다만, 카자흐스탄의 지정학적 특성을 고려할 때, 카자흐스탄의 대 EU 정책은 경제협력에 다소 집중될 것으로 전망하는데, 경제 부문에서의 협력 다원화, 외교정책의 자율성 확보, 기술 혁신, 투자금 유입 등은 카자흐스탄 정부가 스스로의 지속성을 담보하기 위해 반드시 달성해야 할 과제이기 때문이다. 카자흐스탄은 군사/안보 및 정권의 안정성 측면에서는 러시아 및 중국과 긴밀한 관계를 유지하면서도,

경제 분야에서는 성장 기회를 제공해 줄 EU와의 교류를 선호할 것으로 전망된다.

성동기는 제9장 「우즈베키스탄과 EU의 협력 과정과 특징 분석」에서 독립 이후 우즈베키스탄 - EU 간의 교류 및 협력의 사례를 검토함으로써 우즈베키스탄의 대외정책 기조인 강대국에 대한 세력균형외교 전략이 우즈베크 - EU 관계에 어떻게 연결되는지를 분석한다. 구체적으로는 카리모프 초대 대통령과 그를 승계한 미르지요예프 대통령의 대 EU 정책에서 나타난 차이점과 공통점이 검토된다. 성동기에 따르면, 우즈베키스탄의 EU 정책은 주로 문화와 교육에 집중되었고 정치적으로 경제적으로는 여전히 러시아와 중국에 의존적이라고 이해할 수 있다. 그러나 미국의 새로운 중앙아시아 정책이 기존의 EU, 러시아, 중국에 대한 우즈베키스탄의 외교정책에 변화를 제공할 가능성이 있다고 예상한다.

성동기에 따르면, 우즈베키스탄의 외교 목표에는 경제가 아니라 정치가 더 큰 영향을 미친다. 여기서 정치는 강대국의 영향을 받지 않는 정치적 독립을 의미한다. 경제교류 역시 자국의 정치적 독립에 맞추어서 강대국을 상대로 균형적인 정책을 추진하고 있다. 이러한 우즈베키스탄 외교정책의 특징은 미중 갈등에서도 명확히 나타난다. 특정 강대국에 치우치는 외교가 아니라 양국 사이에서 중립을 유지하는 것이 우즈베키스탄의 미중 갈등 전략이다. 특정 강대국 역시 우즈베키스탄을 상대로 위협을 가하는 것이 쉽지 않다. 중앙아시아의 한가운데 있는 인구 대국인 우즈베키스탄에서 문제가 발생하면 이것은 우즈베키스탄에서 거치는 것이 아니라 중앙아시아 전체로 확산될 가능성이 높기 때문이다. 특히 러시아의 우크라이나 침공 이후 우즈베키스탄은 EU와 기존의 문화 및 교육 교류에서 벗어나 점차적으로 경제교류를 활성화 시키고 있는데, 이러한 현상도 우즈베키스탄의 세력균형외교의 새로운 전략이라고 여겨진다.

이 책은 한양대 아태지역연구센터가 HK+ 연구사업의 일환으로 추진하고 있는 도서발간 작업에 따른 성과물이다. 본 연구사업단은 연구사업을 진행한 지난 10년간 3단계에 걸쳐 유라시아 관련 연구성과를 30권의 단행본으로 발간한 바 있으며, 이 책은 새로 진행하고 있는 HK+ 연구사업의 6년차 연구작업의 성과로서, 유라시아와 유럽 간의 협력과 경쟁, 갈등에 초점을 맞추어 관련 주제의 연구를 모은 것이다. 약 1년의 기간 동안 집필진이 노력한 결과 훌륭한 단행본이 나오게 된 것을 진심으로 기쁘게 생각하며, 바쁜 시간을 할애하여 참여해 준 모든 필자들께 감사드린다. 또한 이 책의 편집을 담당한 신나래 선생님과 〈민속원〉 관계자들께도 감사드린다.

2023년 10월 31일
집필진을 대표하여
김영진

차례

서문 4
찾아보기 353
지은이 소개 358

제1부 유라시아와 유럽연합(EU)의 경쟁과 협력

제1장 유라시아경제연합(EAEU)과 유럽연합(EU)_ 김영진
―경쟁과 협력의 변주―
1. 서론 ··· 21
2. 유럽과 유라시아의 통합구조: EU와 EAEU ······························· 26
3. EAEU와 EU 간의 경쟁구조와 협력 가능성 ······························· 35
4. '통합 경쟁'에 대한 우크라이나 전쟁의 영향 ····························· 44
5. 결론 ··· 50

제2장 유라시아에서의 민주주의 이행과 EU의 민주주의 프로그램_ 우평균
1. 서론 ··· 57
2. 유라시아 민주주의 이행 ·· 60
3. EU의 민주주의 프로그램 ·· 71
4. 유라시아 국가별 EU 가입 추진 상황 및 가입 가능성 ············· 85
5. 결론 ··· 101

15

제3장 우크라이나 전쟁 이후 EU와 유라시아의 에너지협력_ 윤성학
1. 서론 ·· 109
2. EU의 대러시아 경제 제재의 특징 ······················· 111
3. 경제제재 이후 EU의 에너지 수입 변화 ············· 115
4. 우크라이나 전쟁 이후 EU의 대유라시아 에너지협력 전략 ············ 121
5. 결론 ·· 127

제4장 유라시아와 유럽연합(EU) 간 산업협력의 주요 요인과 발전 방향_ 이상준
1. 서론 ·· 131
2. 유라시아 국가와 EU 간 산업협력 동인 ············· 133
3. 유라시아 국가와 EU의 산업협력 현황 ··············· 141
4. 유라시아 국가와 EU 간 산업협력 발전 방향 ···· 148
5. EU와 유라시아 간 산업협력의 교훈과 전망 ······ 156
6. 결론 ·· 159

제5장 안보/방위 영역 EU 전략적 자율성의 제약과 러시아 요인_ 강봉구
1. 글머리 ·· 165
2. EU의 안보/방위 역량 증진을 위한 전략적 자율성 논의 ············ 168
3. 우크라이나 전쟁 전후 EU의 전략적 자율성 증진 모색 ············ 177
4. 미-중-러 강대국 정치 속 EU의 전략적 자율성 ············ 195
5. 맺음말 ·· 200

제2부 유라시아 국가와 유럽연합(EU) : 협력과 갈등

제6장 우크라이나 - EU 협력관계 고찰과 EU 가입 가능성_ 김정기
1. 서론 ·· 209
2. 우크라이나-EU의 상호 인식과 정책 기조 ·· 212
3. 전쟁 전후 우크라이나-EU 협력관계 고찰 ·· 221
4. 우크라이나의 EU 가입 추진 동향과 기회 요인 ·· 240
5. 결론 ·· 248

제7장 벨라루스와 유럽연합(EU)의 협력과 갈등_ 김선래
―러시아 영향력을 중심으로―
1. 들어가는 말 ·· 253
2. 벨라루스의 정체성 ·· 255
3. 벨라루스와 유럽의 협력과 갈등 ··· 263
4. 벨라루스와 러시아와의 국가통합 논의 ·· 274
5. 결론 ·· 282

제8장 카자흐스탄 전방위 외교와 EU 정책_ 이지은
―주요 협력과 동인(動因)―
1. 서론 ·· 289
2. 카자흐스탄 전방위 외교 ··· 291
3. 카자흐스탄-EU 관계와 주요 협력 ··· 301
4. 카자흐스탄 EU 정책 동인 ··· 308
5. 결론 ·· 315

제9장 우즈베키스탄과 EU의 협력 과정과 특징 분석_ 성동기
1. 서론 ·· 321
2. 본론 ·· 324
3. 결론 ·· 348

제1부

유라시아와 유럽연합(EU)의 경쟁과 협력

제1장 유라시아경제연합(EAEU)과 유럽연합(EU)_ 김영진
　　　　―경쟁과 협력의 변주―
제2장 유라시아에서의 민주주의 이행과 EU의 민주주의 프로그램_ 우평균
제3장 우크라이나 전쟁 이후 EU와 유라시아의 에너지협력_ 윤성학
제4장 유라시아와 유럽연합(EU) 간 산업협력의 주요 요인과 발전 방향_ 이상준
제5장 안보/방위 영역 EU 전략적 자율성의 제약과 러시아 요인_ 강봉구

유라시아경제연합(EAEU)과 유럽연합(EU)*
― 경쟁과 협력의 변주 ―

김영진

1. 서론

포스트소비에트 공간에서 평등한 지역협력체를 건설하기 위한 최초의 시도는 독립국가연합CIS의 결성이었다. 기존에 소련이 제공한 경제, 교역, 안보 분야의 공백을 메우기 위해 국제적인 협력체를 구축하는 것이 반드시 필요했지만 CIS는 이를 달성하지 못했다. 이에 따라 결국 CIS는 정치적, 이념적 긴장의 영향을 크게 받는 비효율적인 조직으로 남았으며 상호 신뢰와 의지의 부족에 직면했다.[1] 이후 CIS 국가들은 유럽연합(이하 EU) 모델에 기초하여 통합을 추진하기로 결정했다. EU는 가장 앞선 지역통합 블록 중 하나로 여겨졌기 때문에 EU 모델은 모방할 가치가 있는 것으로 평가되었다. EU의 사례 및 경험에서 직접 차용한 다수준 거버넌스multi-level governance,[2] 다중속도 통합

---

* 이 글은 김영진, 「유라시아경제연합(EAEU)과 유럽연합(EU): 경쟁과 협력의 변주」, 『슬라브학보』 제38권 1호, 한국슬라브유라시아학회, 2023, 229~260쪽에 게재된 논문을 부분 수정한 것임을 밝힙니다.
1 P. Kubicek, "The Commonwealth of Independent States: An example of failed regionalism?", *Review of International Studies* Vol. 35, No. S1, 2009; 김영진, 「지역주의와 지역화의 맥락에서 본 EAEU 결성의 의미」, 『중소연구』 제40권 1호, 2016.
2 다수준 거버넌스(multi-level governance)는 EU, 회원국, 지방정부 및 지역당국 등 여러 수준의 의사

multi-speed integration³의 구상과 접근방식은 유라시아 통합에도 마찬가지로 유용하다는 것이 밝혀졌다.⁴

유라시아 지역통합의 돌파구는 2006년 러시아, 카자흐스탄 및 벨라루스를 창립국가로 EurASEC(유라시아경제공동체)이라는 이름의 경제협력체가 설립됨으로써 그 기반이 마련되었다. 러시아, 카자흐스탄, 벨라루스가 관세동맹CU을 결성한지 2년 후인 2012년 유라시아경제위원회(관세동맹의 주요 초국가적 기구)가 무역관계 관련 협상의 공식 당사자가 되었다. 3개국 관세동맹은 본격적인 공동시장을 목표로 하는 일련의 포괄적인 협정을 체결하면서 2012년에는 단일경제공간SES으로 발전했다. 2014년 5월 유라시아경제연합(이하 EAEU) 조약의 체결을 거쳐 마침내 2015년 1월 1일 공동시장과 정책조정을 포괄하는 EAEU가 정식 출범했으며, 같은 해 아르메니아와 키르기스스탄이 이 기구에 가입했다. EAEU는 EU와 유사하게 법인격을 가지며, EAEU 조약은 상품, 서비스, 자본 및 노동의 자유로운 이동을 규정하고 있다.⁵

EAEU 창설의 주요 동기는 지정학적 목표와 경제적 목표에 기반하고 있다. 포스트소비에트 공간에서의 지역통합체 설립은 대부분 러시아 주도로 추진되었는데, 러시아의 대외정책에 지역협력을 통합시키는 형태를 띠었다.⁶ 일부 비평가들에 따르면, EAEU의 창설은 러시아가 세계를 양극화하려는 시도

결정 주체가 협력관계를 바탕으로 EU 정책을 수립하고 시행하기 위해 공동 행동을 취하는 것을 의미한다. 이는 서로 다른 정부 계층 간에 책임을 분담하는 결과로 이어진다. 다음을 참조. EU Committee of the Regions, 2009.

3 다중속도 통합(multi-speed integration)은 EU의 여러 부분들이 개별 국가의 정치적 상황에 따라 다른 수준과 속도로 통합되어야 한다는 사고이다. 실제로 EU 국가 중 일부만이 유로존과 솅겐지역에 가입해 있을 정도로 다중속도 통합은 오늘날 EU의 현실이다. 다른 형태의 차별화된 통합과 마찬가지로, '다중속도 통합'은 'EU의 확대와 심화'를 회복하는 것을 목표로 한다. 다음을 참조. K. Brudzińska (2018).

4 E. Vinokurov, "Eurasian Economic Union : Current state and preliminary results", *Russian Journal of Economics* Vol. 3, No. 1, 2017.

5 Ibid.

6 M. Molchanov, *Eurasian Regionalisms and Russian Foreign Policy*, London : Routledge, 2015.

라고 한다. 이들은 EAEU가 서방에서는 EU에, 동방에서는 중국에 대항하는 균형추가 될 수 있다고 주장한다. 또한 EAEU는 중앙아시아 지역에서 중국의 경제적 영향력과 침투를 억제 및 제한하려고 한다.[7]

한편, 소련의 붕괴는 유라시아뿐만 아니라 유럽의 지정학 무대에서 새로운 행위자들의 출현으로 이어졌다. 유럽에서 가장 성공적인 통합구조인 EU는 이른바 포스트소비에트 공간에서 그 활동을 강화했다. EU는 일부 구소련 국가들을 정식 회원국으로 받아들이거나 동방파트너십EaP, Eastern Partnership 프로그램에 참여시켜 자기편으로 끌어들였다. 그러나 포스트소비에트 공간을 자국의 고유한 지정학적 이해관계의 영역으로 여기는 러시아를 자기편으로 끌어들이는 데는 실패했다. 이러한 사실은 EU와 러시아 간의 경쟁을 예고할 뿐만 아니라, 양자 관계의 적합한 형식을 모색하는 과정으로 이끌었다.

2000년대 초 EU와 러시아는 이른바 '확대유럽Greater Europe'(EU - 러시아 공동의 경제적·사회적·정치적 공간)을 만드는 것을 목표로 여러 분야에서 긴밀한 협력을 구축하는 특별 프로젝트를 구체화함으로써 양자 관계의 형식을 찾은 듯 보였다. 그러나 결과적으로 관련 당사자 간의 커다란 모순으로 인해 '확대유럽' 프로젝트는 실현 가능하지 않은 것으로 드러났다. 이에 따라 이 프로젝트는 포스트소비에트 공간에서 EU의 영향력 증가에 대한 효과적인 제도적 균형추를 만들어내기 위한 유라시아 통합과정의 시작을 알리는 신호가 되었다. 이러한 과정의 결과로 2015년 대안적 통합구조인 EAEU가 출범했는데, 이 구조는 포스트소비에트 공간 내에서 오랜 기간 진행된 지역통합 과정의 산물이었다.

그러나 중요한 사실은 EAEU의 등장으로 EU와 러시아 간의 경쟁이 '경쟁적 이웃관계'에서 '통합 경쟁'의 구도로 변모되었다는 것이다. 여기서 '통합

---

[7] S. Blank, "The intellectual origins of the Eurasian Union project", in S. Frederick Starr, Svante E. Cornell (eds), *Putin's grand strategy : The Eurasian Union and its discontents*, Washington D.C. : Central Asia-Caucasus Institute & Silk Road Studies Program, 2014.

경쟁'은 두 통합구조 간의 경쟁을 의미하는데, 상대측 회원국뿐만 아니라 그 주변국에 광범위한 영향을 미치게 되었다. 이 과정의 가장 눈에 띄는 결과 중 하나는 2013년 우크라이나 사태의 발발이었는데, 이는 EU - EAEU 간 '통합 경쟁'의 주목할 만한 귀결이었다. 그 이후 두 통합블록 간 대립은 점차 축소되어 잠복기 상태에 들어가기도 했지만 2022년 2월 러시아의 우크라이나 침공으로 두 통합블록 간의 '통합 경쟁'은 중대한 전기를 맞게 되었다. 물론 우크라이나 전쟁 이후 러시아의 구심력 약화와 '통합 경쟁'에서 EAEU의 수세적인 위치에도 불구하고 EAEU는 계속 유지될 것으로 보는 것이 합리적이다. 이는 EAEU와 EU가 어떻게 경쟁관계를 지속하면서 공존할 수 있는지, 나아가 서로 협력할 여지가 있는지를 검토하는 것이 필요하다는 의미이기도 하다. 또한 2014년의 크림반도 병합과 뒤이은 서방의 경제제재, 2020년에 시작된 코로나19 팬데믹과 2022년의 우크라이나 침공 등이 미치는 영향을 고려할 때, EAEU가 회원국들에게 얼마나 매력적인지를 살펴보는 것도 필요하다.

  이 글은 포스트소비에트 공간에서 EAEU와 EU의 협력 가능성과 경쟁 구조를 분석하고 우크라이나 전쟁이 양자 간의 '통합 경쟁'에 어떠한 영향을 미쳤는지를 검토할 것이다. 이 주제와 관련하여 EAEU의 설립 배경과 성과, 그리고 EAEU - EU 간 비교 등에 대해서는 국내에서 어느 정도 연구가 이루어졌다. 먼저 EAEU 결성과 그 정치적, 경제적 의미에 대한 몇몇 연구가 이루어졌으며,[8] EAEU - EU 간 제도적 틀의 비교 및 대립 구조에 대한 연구도 찾아볼 수 있다.[9] 또한 EAEU와 중국의 일대일로 간의 비교 및 협력 가능성과 경쟁에

---

[8] 김영진, 앞의 논문, 2016; 이상준, 「EAEU 통합과 회원국 간 경제적 상호작용의 변화」, 『슬라브연구』 제33권 1호, 2017; 이창수 외, 『유라시아경제연합(EAEU) 통합과정 평가와 한국의 협력전략』, 세종 : 대외경제정책연구원, 2021.

[9] 강봉구, 「유라시아경제연합(EEU)과 EU : 정체성 대립의 새로운 전선」, 『슬라브연구』 제30권 4호, 2014; 성원용, 「유라시아경제연합(EEU)의 성과와 한계 : EU와의 비교를 중심으로」, 『아태연구』 제21권 4호, 2014.

대한 연구도 존재한다.[10] 기존의 여러 연구와는 달리, EAEU와 EU 간의 협력과 경쟁의 성격과 내용을 '통합 경쟁'의 맥락에서 분석하고 나아가 양자의 경쟁구도에 대해 우크라이나 전쟁이 미친 영향을 분석한다는 점에서 본 연구의 의의를 찾아볼 수 있다. 본 논문은 우크라이나 전쟁을 전후하여 EAEU와 EU 간의 '통합 경쟁'의 구조가 변화하게 된 모멘텀을 파악하고 EAEU - EU 간 경쟁구도가 향후 어떻게 전개될지에 대해서도 시사점을 제공할 수 있을 것이다.

이 글은 EAEU와 EU 간의 제도적 틀의 비교를 기초로 양자 간의 협력 가능성과 경쟁구조의 성격과 특징을 분석하는 것을 목표로 한다. 또한 우크라이나 전쟁이 EAEU와 EU 간의 '통합 경쟁'의 구도에 미친 영향을 분석한다. 이를 통해 EU가 동방파트너십EaP 프로그램에 안보측면을 포함시키고 제휴협정AA, Association Agreement 3개국에 EU 후보국 및 예비후보국 지위를 부여하게 된 원인을 검토한다. 이를 위해 이 글은 제2절에서 EAEU와 EU의 성격과 조직적·제도적 특성을 비교하고 양자의 차이점을 검토하는 데서 시작한다. 제3절에서는 EAEU와 EU 간 '통합 경쟁'의 구조 및 특징, 그리고 양자 간 협력 가능성을 분석한다. 제4절에서는 2022년 2월에 발발한 우크라이나 전쟁이 EAEU - EU 간의 '통합 경쟁'의 구도에 미친 영향을 분석한다. 마지막으로 결론에서는 앞서 본론에서의 논의를 정리하고 몇 가지 시사점을 제시할 것이다.

---

[10] 김영진, 「유라시아의 비서구 지역통합 프로젝트 : EAEU와 일대일로」, 『슬라브학보』 제34권 1호, 2019.

2. 유럽과 유라시아의 통합구조 : EU와 EAEU

1) EU와 EAEU의 제도적 특성 비교

EU와 EAEU의 주된 차이점은 양측 회원국 간의 정치구조의 차이점과 상이한 경제적, 지리적, 사회적 특징에서 파악할 수 있다. 물론 2015년 유라시아 지역에서 EAEU를 창설한 국가들에 비해 EU 통합의 6개 창립국(서독, 프랑스, 이탈리아, 베네룩스 3국)은 세계대전 이후 분열된 유럽에서 상당히 다른 상황에 있었다는 점도 전제되어야 한다. 두 통합구조에 가입한 국가들의 역사적 유산은 협력의 수준과 방식을 결정한다. 지리적 위치도 중요한 요소인데, 각 국가들의 위치는 생산과 국제거래관계에 대한 가능성을 결정하기 때문이다. EU와 EAEU의 주요 특성 및 구조를 비교하면 〈표 1〉과 같다.

〈표 1〉 유럽과 유라시아의 통합 모델 : EU와 EAEU 비교

통합모델 구분	유럽연합(EU)	유라시아경제연합(EAEU)
설립 동기	· 제2차 세계대전 후 착수한 유럽의 평화 프로젝트	· 나자르바예프 대통령이 1994년에 최초로 유라시아 연합(EAU)을 제안. 2015년 1월 1일 출범. · 글로벌화 추세에 공동으로 대응하기 위해 결정한 방어적 프로젝트
규칙과 규범	· 강력한 규칙과 규범의 틀	· 강력한 규칙과 규범의 틀
회원국 및 확대/축소	· 2023년 1월 현재 27개국, · 2020년 영국의 탈퇴(BREXIT)	· 2023년 1월 현재 5개국, · 타지키스탄, 우즈베키스탄 가입 가능성
면적 및 인구	· 면적 : 423만 6,351㎢ · 인구 : 4억 5천만 명(브렉시트 이전에는 약 5억 명)	· 면적 : 2,000만 ㎢(EU의 약 5배, 세계 육지면적의 약 15%) · 인구 : 약 1억 8,400만 명(EU의 약 40%)
경제 규모	· GDP : 약 15조 유로	· GDP; 약 1조 7,000억 달러
조직 및 거버넌스	· 단일통화, 유럽의회를 비롯한 광범위한 제도, 초국가적 거버넌스	· EU 모델을 느슨한 형태로 모방 · 의회를 두고 있지 않음.

자료 : 각종 자료를 참고하여 필자 작성.

경제적, 정치적 의미에서 이 두 가지 통합형태 사이에는 몇 가지 유사점이 있는데, 양자 모두 처음에는 경제적 필요성에 기초하여 설립되었다는 것이다. 설립 초기에 정치적 야심은 경제적 동기에 비해 두드러지지 않았다. EU에서 일부 회원국들은 연방국가 방향의 통합을 추진하고 있는 반면, 다른 회원국들은 다중속도 통합 및 탈퇴선택제도opt-out systems[7]를 통해 정부 간 협력에 참여하고 있다. 또한 유럽 사회에서도 민족주의 수준과 각 정부의 정치적 의도에 따라 통합에 대한 태도에 다소 차이가 있다.

현재 EU는 4억 5천만 명의 소비자를 가진 세계에서 가장 큰 시장이다. 여러 가지 의미에서 EU는 초국가적 특성과 균형 잡힌 제도체계, 그리고 회원국 간의 권한 분담체계를 가지고 있다. EU와 그 회원국들은 다양한 의사결정 과정을 통해, 각국의 이해관계에 따라 초국가적 수준과 정부 간 수준의 균형을 유지하고 있다.

EU의 제도 체계는 **7개 기관과 2개 협의체**로 구성되어 있다. 주요 기관은 다음과 같다.

- **유럽이사회(*European Council*)**는 정부 간 기반에서 기능하고 EU의 미래 방향을 제시하는 전략적 의사결정 기관으로 간주되며 국가 또는 정부의 수반으로 구

---

[7] EU의 탈퇴선택제도(opt-out system)는 특정 회원국이 EU의 특정 정책분야에 참여하기를 원하지 않을 경우 해당 정책분야에 대한 탈퇴선택권(opt-out)을 가질 수 있는 제도를 말한다. 일반적으로 EU의 입법이나 조약은 27개 EU 회원국 모두에게 유효하게 적용되지만, 때때로 회원국들은 EU의 특정 입법이나 조약에 참여할 의사가 없음을 의미하는 탈퇴선택권을 협상한다. 현재, 3개 회원국이 이러한 탈퇴선택권을 가지고 있는데, 덴마크와 아일랜드는 2개의 탈퇴선택권을, 폴란드는 1개의 탈퇴선택권을 가지고 있다. 영국은 EU를 탈퇴하기 전에 4개의 탈퇴선택권을 가지고 있었다. 현재 EU의 탈퇴선택권 현황은 다음과 같다. EUR-Lex, https://eur-lex.europa.eu/EN/legal-content/glossary/opting-out.html (검색일 : 2023. 01. 10)
· 셍겐협정 : 아일랜드
· 경제·통화연합 : 덴마크
· 방위 : 덴마크
· EU 기본권 헌장 : 폴란드
· 자유, 안보 및 사법 영역 : 덴마크와 아일랜드

성된다.
- **EU이사회**(*Council of the European Union*)는 유럽의회와 함께 법적 의사결정 (입법)에 동등하게 참여하는 입법기구이다. 이전에는 EU이사회가 입법 권한을 가졌다(당시 의회는 협의체에 불과했다). 동 이사회는 입법 분야에 기초하여 회원국의 장관으로 구성된다. EU이사회는 회원국의 전반적인 이익을 대표한다.
- **유럽의회**(*European Parliament*)는 EU 시민들이 직접 선출하는 유일한 기구이다. 현재 유럽의회는 입법 결정에 있어 EU이사회와 동등한 파트너이다. 이전에는 회원국의 의회를 대표하는 의사결정에서 EU이사회의 협의 파트너였다. 현재 각 회원국의 국민이 선출한 705명의 의원(MEP, Members of the Parliament)이 참여하고 있다. 의원 수는 회원국의 규모(인구 수)에 따라 다르다.
- **유럽집행위원회**(*European Commission*)는 여러 가지 역할을 수행한다. 한편으로는 유럽이사회의 결정에 기초하여 EU의 미래 발전방향에 대한 입법을 제안한다. 한편, 유럽집행위원회는 회원국이 실행한 유럽이사회 및 유럽의회의 법적 행위의 집행을 감독하며, 위반 사항이 있을 경우 그에 따른 절차를 개시한다. 또한 유럽집행위원회는 EU의 경쟁기구 역할도 하는데, 각 회원국의 국가경쟁국(NCA, National Competition Agencies)과 함께 경쟁제도 체계를 만든다. 집행위원회는 EU의 이익을 대표하며 종종 '조약의 수호자'로 불린다.
- **EU사법재판소**(*CJEU, Court of Justice of the European Union*)는 EU의 법적 행위가 모든 회원국에서 동일한 방식으로 적용될 수 있도록 EU의 법적 행위를 해석하는 전담기관으로 기능한다. EU사법재판소는 또한 국가/정부와 EU 기관 간의 분쟁을 해결한다.
- **유럽감사원**(*European Court of Auditors*)은 EU의 재정 관리를 개선하기 위해 1975년 룩셈부르크에 설립되었다. 통합의 재정적 메커니즘이 증가함에 따라 회원국들은 재정적 이익을 보호할 책임 있는 기관을 설립하기로 결정했다. 'EU 재정의 수호자' 역할을 한다.
- **유럽중앙은행**(*ECB, European Central Bank*)은 프랑크푸르트에 소재하며 유로

를 채택한 19개 회원국의 중앙은행 역할을 한다. 주요 임무는 유로 지역의 물가 안정을 유지하고 단일통화인 유로의 구매력을 유지하는 것이다. ECB는 모든 회원국의 중앙은행(NCB)으로 구성된 유럽중앙은행제도(ESCB)를 이끌기 때문에 아직 유로를 도입하지 않은 국가에게도 중요하다.

두 개의 협의체는 **유럽경제사회위원회**ESEC, European Economic and Social Committee와 **지역위원회**Committee of the Regions이며, 둘 다 브뤼셀에 소재한다. 이들 기관은 입법안에 대한 서면 의견서를 준비하는 자문기관이다.

유라시아경제연합EAEU, Eurasian Economic Union은 1995년 관세동맹 조약을 체결한 이래 현재에도 통합체의 '핵심'을 구성하고 있는 '3개국'(벨라루스, 카자흐스탄, 러시아)에 의해 창설되었다. EAEU의 전체적인 제도적 구조는 EU 모델을 기반으로 한다.[12] EAEU 조약에 따르면, "EAEU의 각 기구는 (EAEU) 조약 및 EAEU 내의 국제협정에 따라 부여된 권한 내에서 행동해야 한다"고 선언하고 있다.[13] EU와는 달리 EAEU는 각 회원국이 체결한 국제협정의 적용을 받는다. EAEU 조약 제8조는 EAEU의 4개 제도적 기구를 다음과 같이 명시하고 있다. **최고유라시아경제이사회(최고이사회)**(Supreme Eurasian Economic Council), **유라시아정부간이사회(정부간이사회)**(Eurasian Intergovernmental Council), **유라시아경제위원회**EEC, Eurasian Economic Commission, **EAEU법원**Court of the Eurasian Economic Union이 그것이다.

---

[12] H. Haukkala, "The impact of the Eurasian Customs Union on EU-Russia relations", in R. Dragneva, K. Wolczuk (eds), *Eurasian Economic Integration : Law, Policy and Politics*, Cheltenham and Camberley : Edward Elgar Publishing, 2013.

[13] EAEU Treaty, "Treaty on the Eurasian Economic Union", signed in Astana 29 May, 2014, 8조 2항.

〈표 2〉 EAEU의 의사결정기구(구성 및 운영방식)

기구		국별 구성원	의사결정방식	회의 빈도
최고이사회(Supreme Council)		국가 수반	합의	연 1회
정부간이사회(Intergovernmental Counci)		정부 수반	합의	연 2회
유라시아경제위원회 (Eurasian Economic Commission)	· 이사회(Council)	부총리	합의	분기당 1회
	· 집행국(Board or Collegium)	전문가(4년 임기)	가중 다수결	상설기구

자료 : K. Wolczuk & R. Dragneva, "The Eurasian Economic Union : Deals, Rules and the Exercise of Power", Chatham House, 2017.

EAEU의 기구 체계는 EU의 기구 중 일부와 유사하지만 차이점도 상당하다. EAEU 기구의 주요 특징과 기능은 다음과 같다.

- **최고유라시아경제이사회**(*Supreme Eurasian Economic Council*) 혹은 **최고이사회**(The Supreme Council)는 EAEU의 최고 기구로 EU의 유럽이사회와 유사하게 회원국의 수장으로 구성된다. 이 기구는 정상회의를 통해 통합 과정의 전반적인 방향을 결정한다. 회의는 적어도 1년에 한 번 개최되며, 다른 중요한 역할 중 하나는 유라시아경제위원회(EEC) 집행국(Board)의 위원을 선임하는 것이다. EAEU 조약 제12조에 따라 최고이사회는 EAEU 활동의 주요 이슈를 고려하고 통합 발전의 전략, 방향 및 전망을 정의하고 EAEU의 목표를 이행하기 위한 결정을 내린다. 또한 유라시아경제위원회 집행국의 구성을 승인하고 집행국 위원에게 책임을 분담하고 권한을 종료할 수 있는 권한이 있다. 최고이사회는 또한 집행국 의장, EAEU 법원 판사의 임명과 같은 인사 문제를 결정한다. 판사들은 회원국에 의해 추천된다. 또한 최고이사회는 EAEU의 예산안을 채택할 수 있는 권한이 있다.[14] 따라서 최고이사회는 EAEU 내에서 가장 강력한 최고기관이며 여러 기구의 권한을 통제한다.
- **유라시아정부간이사회**(*Eurasian Intergovernmental Council*)는 회원국의 정부

---
[14] Ibid.

수반으로 구성되며, 1년에 최소 두 번 이상 회의를 개최한다. 이 기구는 EAEU 조약과 EAEU 내 국제조약, 최고이사회의 결정을 이행하고 관리할 수 있는 권한을 갖고 있다. 정부간이사회는 유라시아경제위원회(EEC) 이사회의 제안을 검토하고 의사결정 과정에서 합의에 도달하지 못한 모든 이슈를 다룬다. 또한 유라시아경제위원회에 대한 지침을 준비한다. 이 기구는 EAEU의 예산 초안, 예산에 관한 규정 및 예산 집행에 관한 보고서를 승인하기 때문에 예산 관련 일부 권한을 가지고 있다. 또한 정부간이사회는 EAEU 기구들의 재정 및 경제 활동에 대한 감사 규정을 승인하고, 재정 및 경제 활동에 대한 감사를 수행하기 위한 기준 및 방법을 정하고, 감사 실행에 대한 결정을 내리고, 감사 기간을 결정할 수 있는 권한을 가지고 있다.[15] 또한 정부간이사회는 최고이사회와 유사하게 결정 및 처분을 내리기 때문에 일부 입법 권한을 가지고 있다.

- **유라시아경제위원회(EEC(ЕЭК),** *Eurasian Economic Commission, Евразийская экономическая комиссия*)는 모스크바에 소재하고 있다. 유라시아경제위원회(EEC)는 EAEU 정책 및 입법을 개발하고 시행하는 EAEU의 초국가적 집행기관이며, EAEU 조약(제18조)에 따른 EAEU의 상설 관리기관이다. EEC는 **이사회(Council)**와 **집행국(Board, Коллегии)**으로 구성된다.

    - 유라시아경제위원회 이사회(Council of the Commission)는 EU이사회와 유사하지만, 별도의 독립된 기관은 아니다. 집행국(Board)의 결정을 번복하거나 정정할 수 있는 정부간 기구이다. 이사회는 EU에서와 같은 별도의 기관이 아니라 유라시아경제위원회의 일부이다. 동 이사회에서 각 회원국의 대표는 장관이 아니라 부총리로 구성된다. 또한 결정은 항상 합의에 의해 이루어지며 다수결은 적용되지 않는다.[16]

---

15 Ibid.
16 M. Russell, "Eurasian Economic Union : The rocky road to integration", European Parliamentary Think Tank, 2017.

- **유라시아경제위원회 집행국(*Board of the Commission*)** EEC는 10명의 멤버 (각 회원국에서 2명의 대표)로 구성되는 집행국이 이끈다. EU집행위원회 위원과 마찬가지로 집행국 구성원은 EEC에 상근해야 하며 회원국들의 지시를 받지 않는다. 집행국은 만장일치가 필요한 민감한 사안을 제외하고, 위원 2/3 이상의 의결로 결정, 처분 및 권고를 채택한다.[17] 이와 같이 위원 지정 방식과 의사결정 방법에서도 동 집행국은 EU집행위원회와 유사하다.
- **EAEU법원(*Court of the Eurasian Economic Union*)은 유럽사법재판소**와 같다. 이 기관은 EAEU 조약과 법률이 적절하게 적용되도록 보장한다. 민스크(벨라루스)에 본부를 두고 있으며 상설기구로 운영된다.

〈표 3〉 유럽연합(EU)과 유라시아경제연합(EAEU)의 대응기관

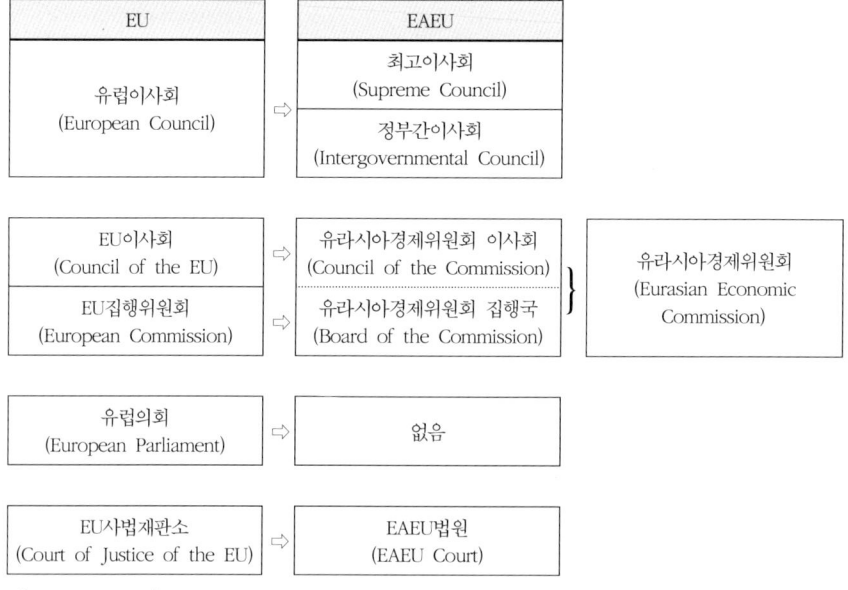

자료: M. Kalliuk, "The Eurasian Economic Union : An eu-Inspired Legal Order and Its Limits", *Review of Central and East European Law* Vol. 42, No. 1, 2017, 9를 참조.

---

[17] Ibid.

2) EU - EAEU 간의 차이점

EU와 EAEU는 모두 초국가적 기구지만 EU는 고유한 성격을 갖고 있다. EU는 내부적으로 여러 배타적 기능을 수행하는 동시에, 회원국들과 함께 일부 공유된 기능을 수행하는 독특한 국제기구로 간주된다. 또한 EU 회원국들은 각자 권한을 가지고 있으며, EU는 그 목표 달성을 수행하는 한에서만 회원국들을 지원할 수 있다. 그러나 외부에서 보면 EU는 일반적인 국제기구라기보다는 연방국가에 가깝다. 물론 EU는 국가가 아니다. 공통의 제도 체계와 법질서, 70년간의 경제적, 정치적 측면에서의 상호 협력과 참여로 인해 EU는 평범한 국제기구로 볼 수 없다. 따라서 EAEU가 EU와 몇 가지 유사성(예: 일정 수준의 법적 조화와 통일, 여러 유사한 기구, 공동시장 등)을 가진 초국가적 기구라 할지라도, 현재는 독립적인 국가로 구성된 국제조직처럼 보이지 않는다.[18]

정치적으로나 외교적으로 EAEU는 구소련 공간에서 가장 포괄적인 형태의 경제통합을 대표한다. EU에 비해 EAEU의 통합 수준은 훨씬 더 범위가 제한적이다. 결과적으로, 두 조직 사이에는 몇 가지 중요한 차이점이 있다.

첫째, EU의 기능 및 역할에 관한 조약은 EU를 하나로 묶는 가치를 명시적으로 제시하고 있지만, EAEU 창설 조약은 정치적 통합을 담고 있지 않으며, 결과적으로 상호 가치에 대해서는 전혀 언급하지 않는다.[19] EAEU는 가치를 그다지 고려하지 않지만, EAEU 조약 제3조는 지침이 되는 원칙을 몇 가지 제시하고 있다. 즉, 보편적으로 인정되는 국제법 원칙의 존중, 회원국의 주권 평등 및 영토 보전, 회원국 정치구조의 특수한 특징에 대한 존중, 호혜적인 협력에 대한 보장과 당사국의 국익에 대한 이해와 존중, 시장경제 및 공정한

---

[18] L. Kiss et al., "Eurasian Economic Union : in the European Union's footsteps or on new paths?", *Przegląd Europejski* Vol. 2021, No. 3, 2021.
[19] A. Yeliseyev, "EEU and EU : Similarities and Differences", *Eurasian Review* (Belarusian Institute for Strategic Studies), 2014.

경쟁 원칙에 대한 존중 등이 그것이다.[20]

두 번째 차이점은 시민의 권리 영역에서 찾아볼 수 있다. EU가 기본권 헌장Charter of Fundamental Rights을 통해 인권에 대해 명시적으로 언급하는 반면, EAEU는 조약 서문에서 헌법적 권리와 자유의 지배에 대한 존중만을 언급한다. EAEU의 나머지 조약문에도 인권에 대한 언급은 없다.

세 번째 차이점은 대외적인 야심의 수준에서 찾아볼 수 있다. EU가 초기 '글로벌전략'을 통해 글로벌 행위자로서의 역할을 위해 노력하는 반면, EAEU의 초점은 오히려 더 지역적인 범위에 있다. EAEU 조약 제4조에 열거된 목표는 회원국들의 지속 가능한 경제발전을 위한 적절한 조건을 조성하는 것, EAEU 내에서 상품, 서비스, 자본 및 노동에 대한 공동시장을 구축하는 것, 그리고 회원국 경제의 현대화와 협력을 보장하는 것이다.[21]

네 번째 차이점은 EAEU는 EU와 대조적으로 의사결정 과정을 시민들에게 더 가까이 가져가는 것을 목표로 하는 보완성subsidiarity[22]과 비례성proportionality[23]의 원칙에 대한 약속을 선언하지 않는다는 점이다.[24]

제도적으로 EAEU는 다수의 의사결정 기구로 구성되어 있다. 가장 중요한 결정은 유럽이사회와 유사한 역할을 하는 최고유라시아경제이사회Supreme

---

20 EAEU Treaty, op. cit, 2014, 3조.
21 Ibid, 3조.
22 EU 조약에 규정된 보완성의 원칙은 EU가 독점적 권한을 갖지 않는 영역에서 회원국보다 EU 차원의 조치를 취하는 것이 더 바람직한 상황을 규정한다. 보완성의 원칙은 초국가기구와 연방제에서 정책을 결정할 때 최소 단위의 의사결정권을 존중하려는 자세를 말한다. 즉, 정책 결정은 그 형성 과정과 실행의 유효성을 유지할 수 있는 범위에서 가장 낮은 수준으로 실천해야 한다는 사고방식으로 정의된다. 곧, 권력분립을 의미한다. 권한을 분산하고 많은 사람이 찬동할 수 있는 것으로 할 것, 최소 단위의 정치 공동체가 하는 의사결정권을 존중하고, 상위 단위의 개입을 최소한으로 하려고 하는 것이다.
23 보완성의 원칙과 마찬가지로, 비례성의 원칙은 EU의 권력 행사를 규제한다. 그것은 지정된 범위 내에서 EU 기관이 취한 조치를 설정하려고 한다. 이 규칙에 따르면, EU의 조치는 조약의 목적을 달성하기 위해 필요한 것으로 제한되어야 한다. 즉, 행동의 내용과 형태는 추구한 목적과 일치해야 한다. 비례성의 원칙은 EU 조약 제5조에 규정되어 있다. 이를 적용하기 위한 기준은 조약에 부속된 보완성 및 비례성의 원칙의 적용에 관한 의정서(No. 2)에 규정되어 있다.
24 A. Yeliseyev, op. cit, 2014.

Eurasian Economic Council에서 국가수반들이 내린다. 여기서 결정은 만장일치로 이루어진다. 이 기구 아래에는 EAEU의 집행기구인 유라시아경제위원회 Eurasian Economic Commission가 위치하고 있는데, 유라시아경제위원회는 이사회Council와 집행국Board이라는 두 개의 하위기구로 구성된다. 각 회원국의 부총리로 구성되는 이사회는 EAEU의 통합 과정을 감독하고 유라시아경제위원회의 전반적인 관리·운영을 담당한다. EEC의 의사결정과정은 합의를 기반으로 진행된다. 집행국은 4개 회원국에서 추천한 각 3명, 키르기스스탄에서 추천한 2명으로 총 14명의 위원으로 구성되며 임기는 4년이다. 집행국 내의 결정은 최고유라시아경제이사회SEEC가 해당 안건을 민감한 주제로 간주하여 만장일치가 필요한 경우를 제외하고는 위원들의 가중 다수결 원칙을 기준으로 이루어진다.

3. EAEU와 EU 간의 경쟁구조와 협력 가능성

1) EAEU와 EU 간의 통합 경쟁

EU는 다수의 구소련 국가들(EAEU 회원국을 포함)에게 중요한 무역 파트너일 뿐만 아니라 일찍이 포스트소비에트 공간에 정책 우선순위를 부여하는 관점을 유지했다. 이는 양측의 지리적 근접성에서 기인할 뿐만 아니라 보다 안전한 환경(이른바 EU의 '3개 기둥', 즉 유럽공동체, 공동 외교·안보 정책, 법무·내무 협력)을 유지하겠다는 EU의 열망에서 비롯되었다.[25]

안보에 대한 우려는 EU가 구소련 국가들에 대한 통합정책을 추진하는 주

---

[25] 마스트리히트 조약(1992)은 EU을 '3개의 기둥', 즉 (1) 유럽공동체, (2) 공동외교·공동안보 정책, (3) 사법·내무 협력을 가진 단일기구로 만들었다.

된 요인이었다. 구소련 국가들 중 일부는 결국 EU 회원국이 되었고, 여타 국가들은 특혜무역 파트너의 지위를 얻었다. EU는 전통적인 '소프트파워'에서 재정 지원 메커니즘에 이르기까지 구소련 국가들에게 다양한 통합수단을 동원하면서 주요 역외 행위자 중 하나가 되었다. 2000년대 들어 구소련 국가들에 대한 EU의 장기적인 정책은 특수한 목적을 위한 정책수단을 만들어내면서 제도화되었다. 가장 잘 알려진 정책수단으로는 2009년에 시작된 동방파트너십EaP 프로그램이 있는데, 이는 2004년에 착수된 EU의 유럽근린정책ENP, European Neighborhood Policy에 속하는 프로그램이다.[26]

동방파트너십 프로그램의 결과는 다각도로 논의되고 있지만,[27] 그것이 존재한다는 사실 자체가 EAEU와 같은 경쟁 프로젝트의 영향력을 축소하려는 EU의 적극적인 입장을 보여준다. 그리고 EU의 대안으로 스스로를 자리매김하고 있는 EAEU는 유럽의 상대측(EU)과의 관계 구축을 위해 노력해왔다. 그러나 정치적, 경제적, 기술적인 여러 이유로 인해 이에 대한 전망은 그다지 밝지 않다. 이에 따라 EU와 EAEU 간 상호관계에 대한 가장 가능성이 높은 시나리오는 장기적인 '공존'이다.[28]

EAEU - EU 간 관계의 어두운 전망은 EU와 러시아 간의 갈등과 강하게 연결되어 있을 뿐만 아니라 이 갈등이 뿌리 깊은 연원을 두고 있다는 사실에서 비롯된다. 두 통합 구조는 서로 다른 그리고 심지어 서로 양립할 수 없는 경쟁적 가치를 지니고 있다. 이에 따른 귀결로서 양대 통합구조는 두 경쟁적 구조 중 하나에 통합될 구소련 국가들의 '마음과 영혼'을 얻어내기 위해 치열

---

26 동방파트너십의 주요 목적은 아르메니아, 아제르바이잔, 벨라루스, 조지아, 몰도바, 우크라이나 등 구소련 6개국과 긴밀한 관계를 구축하려는 것으로, 이를 위해 유럽의 제도적 틀(소위 acquis communautaire)을 확장하고 제휴협정과 심화·포괄적 자유무역협정(DCFTA)을 체결하여 이들 국가들과의 정치·경제 협력을 강화하려고 했다.
27 동방파트너십 프로그램은 6개 주요 구소련 국가 중 3개국을 EU 쪽으로 끌어들이는 데 성공했다.
28 A. Kinyakin, "The Eurasian Economic Union : between co-existence, confrontation and cooperation with the EU", *Rocznik Integracji Europejskiej* Vol. 10, 2016.

한 경쟁을 벌이게 되었다. 이른바 이러한 '통합 경쟁'은 2013년에 아르메니아가 EAEU에 통합하기로 결정하면서 표출되었다.[29]

그러나 가장 두드러진 사례는 우크라이나였다. EU와 EAEU(당시 관세동맹)는 모두 우크라이나가 유럽 또는 유라시아 구조에 통합되기를 간절히 바랐다. 그러나 우크라이나는 전통적으로 지역 강대국 간 균형을 유지하는 '전방위 multi-vector 외교정책'을 추구해왔는데, 우크라이나에 '양자택일'을 강요한 EU와 EAEU의 가혹한 시도는 결과적으로 우크라이나에 큰 피해를 입혔으며, 2013년 말 이른바 우크라이나 사태를 초래했다.

최근의 우크라이나 전쟁을 논외로 하면, 우크라이나 사태는 이른바 EU-EAEU 간 '통합 경쟁'의 정점이었다. 여기서 통합 경쟁은 다양한 지역통합 프로젝트(지역주의) 간 경쟁/라이벌 관계로 이해할 수 있는데, 특별한 전략을 수립하거나 특수한 수단을 동원하여 역내 행위자들(국민국가들)을 더 가까이 끌어들이거나 동맹을 맺는 것을 목표로 한다.

이러한 '통합 경쟁'은 구조적으로 볼 때 크게 1) 제도적 차원, 2) 기능적 차원, 3) 이념적 차원이라는 세 가지 차원을 가지고 있다.[30]

1) **제도적 차원**은 제도적 틀의 차이와 관련된 것이라기보다는 제도화된 통합구조의 위상을 획득하여 강력한 지역 행위자가 될 것으로 기대되는 것과 관련된다. 따라서 제도적 차원은 주로 통합블록의 '이미지'에 관한 것으로, 잠재적 회원국이나 파트너 국가를 가까이 끌어들일 만큼 견실하고 성숙한 통합구조를 갖추고 있는지 여부와 관련된다.

2) **기능적 차원**은 통합구조의 효율성과 밀접한 관련이 있다. 효율성은 경제적 의미뿐만 아니라 정치적 의미('정치적 비중')에서도 마찬가지다. 통합구조

---

[29] 아르메니아는 유럽의 공동체 기득권(acquis communautaire)을 수락하고 EU와 제휴협정을 체결하기 직전이었지만, 2013년 가을 유라시아 구조로의 통합을 선택하면서 반전을 일으켰다.
[30] A. Kinyakin & S. Kucheriavaia, "The European Union vs. the Eurasian Economic Union : 'integration race 2.0'?", *Przegląd Europejski* Vol. 2019, No. 3, 2019.

는 잠재적 회원국과 파트너 국가 모두에게 실행 가능성과 지속 가능성을 보여주어야 한다. 이에 따라 효율성은 EU와 EAEU 간의 통합 경쟁에서 확실한 우위를 갖게 하는 요인이 된다.

3) **이데올로기적/가치적 차원**은 그것을 전파할 수 있는 능력과 역량뿐만 아니라 '소프트파워'의 양과 질이라는 두 가지 요소를 포함한다. 각 통합구조는 잠재적 신규 가입국들에게 더 매력적으로 보이기 위해 노력하는데, 특정한 가치 및 협력형태를 제공함으로써 해당 통합블록의 회원국으로 자발적으로 참여할 수 있게 한다.

'통합 경쟁'의 형태와 방법은 주로 '신규 협력국 유치'와 '기존 비협력국의 전향'이라는 두 가지 양상으로 나타난다. 이 두 가지 형태는 모두 우크라이나 사태 이후 질적으로 변화한 EU - EAEU 간 '통합 경쟁'에서 나타났다.

포스트소비에트 공간 내에서의 통합 경쟁으로 일부 구소련 국가들은 EU의 공동체 기득권acquis communautaire을 받아들이기로 하고 제휴협정 및 심화 · 포괄적 자유무역협정DCFTA[31]를 법제화했다. 또한 EAEU 회원국인 아르메니아와 카자흐스탄도 EU와 각각 새로운 제휴 · 협력협정ACA, Association and Cooperation agreements을 체결했다.[32] 이는 포스트소비에트 공간의 통합구조로서 유럽의 가치와 EU의 매력을 보여준다. 그 주된 이유는 EU가 '연성' 수단뿐만 아니라 '스마트파워' 수단을 사용하여 '최적의 관행'을 홍보하는 활동을 벌이기 때문만이 아니라 구소련 국가들이 개발(경제발전) 및 안보를 중요시하는 태도를 보이기 때문이다.

이러한 개발 요소와 안보 요소는 둘 다 지역통합에 필수적인 요소로서 포스트소비에트 공간 내에서의 지역화 과정을 규정짓는다. 첫 번째 요소는 전통적으로 대단히 중요한 역할을 수행하는 반면, 두 번째는 우크라이나 사태

---

[31] 2014년 몰도바, 조지아 및 우크라이나는 EU와 제휴협정을 체결했다.
[32] 카자흐스탄의 경우, 2019년까지 키릴 자모에서 라틴 알파벳으로 전환한다는 계획을 발표했다.

가 발생한 후 특별한 의미를 갖게 되었다.

개발 요소는 모든 구소련 국가들이 절실히 필요로 하는 현대화를 수행하는 데 필요한 요소를 의미한다. 무엇보다 그것은 투자 부족, 인프라 시설의 악화, 경제의 전반적 쇠퇴를 겪고 있는 경제 영역과 관련된다. 포스트소비에트 공간 내에서 다양한 형태의 통합 이니셔티브는 경제적 동기에서 시작되었으며 지속 가능한 경제성장을 달성할 수 있도록 심화된 산업협력 방안을 제시했다. 그러나 구소련 국가들은 경제통합 프로젝트의 이행에서의 차질과 내부의 투자재원 부족 및 혁신의 부족으로 인해 역외 행위자들과의 협력에 더욱 민감하게 반응할 수밖에 없다. 그 중에는 포스트소비에트 국가 대다수의 주요 무역 파트너이자 투자와 혁신의 원천인 EU뿐만 아니라 포스트소비에트 공간 내에서 경제협력(특히 중앙아시아 지역에서)을 촉진하고 현대화에 필요한 수단을 제공하는 등 강력한 지역 행위자로서 활발한 활동을 벌이고 있는 중국도 있다.[33] 중장기적 관점에서 포스트소비에트 국가들의 경제적 부진으로 인해 개발 요소는 더욱 중요해질 것이며, 포스트소비에트 공간 내에서의 지역화 추세를 결정할 것이다. 그러나 개발 요소의 작용은 또 다른 요소인 안보 요소에 의해 규정될 가능성이 높다.

안보 요소는 우크라이나 사태 속에서 일부 구소련 국가들에게 '실존적 공포'뿐만 아니라 일정한 선택을 강요하는 포스트소비에트 공간의 새로운 현실로 인해 특별한 의미를 갖게 되었다. 이와 관련하여 유라시아 국가들의 옵션 중 하나는 기존의 통합구조를 되살리고 그 활동을 강화하는 것이다. 예를 들어, 2000년대 후반부터 빈사 상태에 있었던 GU(U)AM 민주주의 및 경제개발 기구는 두 번째 기회를 부여받았다. 거의 10년간의 휴지기를 거쳐 2017년 3월 우크라이나의 수도 키예프에서 열린 GU(U)AM 정상회의에서는 의제를 둘

---

[33] 상하이협력기구(SCO)를 기반으로 하여 중국의 일대일로(BRI) 이니셔티브 내에서 EAEU와의 연결을 도모하려는 프로젝트도 이러한 의미로 이해할 수 있다.

러싸고 많은 논란이 제기되었다. 그러나 우크라이나 남부에서 계속되고 있었던 군사적 충돌과 '러시아 영토회복주의irredentism'의 귀결이라 할 수 있는 크림반도 상황 등을 고려하여 안보 문제에 특히 강조점이 두어졌다.

영토회복주의는 러시아가 영향력을 확산하는 데 지지부진했거나(예컨대 발트해 연안국) 이전에 러시아 및 친러 성향 국가들과 의견 차이가 있었던(예컨대 조지아) 포스트소비에트 국가들과 관계를 발선시키는 데 중대한 장애인 것으로 드러났다. 예를 들어, 크림반도 병합을 둘러싼 국민투표와 그에 수반하는 사건(특히 일부 러시아 정치인의 영토회복주의적 언사)은 러시아 소수민족이 다수 거주하는 친러 동맹국인 카자흐스탄과 벨라루스에 큰 걱정거리를 안겨주었다.

위에서 언급한 모든 징후는 이들 국가들에서 EAEU에 기초한 통합 과정을 촉진하는 데 방해가 될 뿐만 아니라 '분리주의' 정서를 조장하고 '기존 회원국의 EU로의 전향' 움직임을 가져올 수 있다. 이는 결국 새로운 '통합 경쟁'을 부추길 가능성을 증가시킨다. 대체적으로 보아, 안보적·정치적 요소는 중장기적인 관점에서 더 큰 의미를 가질 것으로 보인다. 이는 역외 주요 국가들(EU, 중국, 터키, 루마니아, 이란)의 지위와 활동뿐만 아니라 포스트소비에트 국가들에서의 내부적 정치과정에 의해 크게 영향을 받는다.

포스트소비에트 국가에서 가장 역동적인 힘을 발휘해왔고 향후에도 그렇게 될 것으로 보이는 변화 중 하나는 정치 지도자의 교체 과정이다. 이는 민주적 절차(선거)나 준민주적 절차(퇴진) 또는 비민주적 절차(신세습주의적인 지명)를 통해 이루어질 수 있다. 또한 정치적으로 불안정한 포스트소비에트 공간에서 정치 지도자의 변화는 지역화 과정에도 커다란 영향을 미친다. 가장 좋은 예는 몰도바인데, 2017년 3월에 선출된 블라디미르 도돈Vladimir Dodon 대통령은 자국을 유럽 구조와 거리를 두고 유라시아 통합구조에의 가입 가능성을 포함하여 러시아 및 EAEU와의 관계를 개선하기로 결정한 바 있다. 이와는 다른 사례로, 우즈베키스탄은 강력한 정치적 영향력을 가졌던 카리모프 대통령이 2016년에 사망한 후 민주적 이행에 착수했으며 서방과의 협력을 강화하는 방향으로 나아갔다. 이들 국가의 사례는 EAEU - EU 간 '통합 경쟁'이 향후 첨예화할 수 있는 잠재력을 갖고 있으며, 특정한 상황에서 예기치 않은 방향으로 진행될 수 있다는 것을 보여준다. 2022년 2월 러시아의 우크라이나 침공은 양 통합구조 간의 '통합 경쟁'에 질적인 변화를 초래하고 그 변화를 가속화시킬 수 있는 중대한 계기를 제공했다.

2) EU와 EAEU 회원국 간의 양자 관계와 협력 가능성

EU는 한결같이 EAEU와의 관계를 구축하기보다 EAEU 회원국들과의 양자 관계를 기초로 협력하는 쪽을 선호했다. 이런 맥락에서 EU는 카자흐스탄 및 아르메니아와 포괄적인 협력협정을 체결하기에 이르렀다. 2015년 카자흐스탄과의 '강화된 파트너십·협력 협정Enhanced Partnership and Cooperation Agreement'과 2017년 아르메니아와의 '포괄적이고 강화된 파트너십 협정 Comprehensive and Enhanced Partnership Agreement'은 공히 이들 국가의 EAEU 회원국으로서의 의무를 존중해 주고, EU 및 EAEU에 대한 의무 간의 충돌을 피하기 위해 WTO 법이 적용된다.[34] 이러한 EAEU 내 개별 회원국과 EU 간에 양자관계의 구축은 두 가지 요소에 의해 더욱 강화되었다. EAEU 통합의 불완전한 성격과 EAEU 내 원심력 경향이 그것인데, 이러한 요소로 인해 개별 회원국들은 EU나 중국과 같은 외부 파트너와 긴밀한 관계를 동시에 발전시켜 러시아와의 관계에서 오는 위험을 회피하거나 균형을 맞추려 한다.

러시아의 EAEU 전문가 비노쿠로프Vinokurov는 유라시아경제위원회EEC에 대해 다음과 같이 주장한다. "중요한 것은, 오늘날 제3국과 자유무역지역을 결정하는 협상에서 EEC는 재화의 무역규제에 대해 논의할 권한만 가지고 있

---

[34] P. van Elsuwege, "Overcoming legal incompatibilities and political distrust : the challenging relationship between the European Union and the Eurasian Economic Union", in Egmont/IERAS, *The EU-Russia : the way out or the way down?*, 2018.

을 뿐, FTA의 가장 큰 경제적 효과를 제공하는 서비스 분야의 투자 및 무역 문제는 회원국들의 권한 내에서 엄격히 다루어지고 있다."[35] EAEU는 내부시장에서 4가지 자유를 완전히 이행하고 본격적인 경제연합이 되기를 원하지만, 현재 EAEU는 주로 대외무역관계에서 관세동맹으로 운영되고 있으며 많은 분야에서 통합을 완료하기까지는 아직 거리가 있다. 원칙적으로 이는 EU가 개별 EAEU 회원국들과 더 나은 '디지털 연결성'을 발전시키는 것과 EAEU의 권한에 속하지 않은 문제에 대해 더 긴밀한 협력을 발전시킬 수 있는 기회를 제공한다.

또한 러시아와의 통합을 더욱 심화시키는 것이 바람직하냐는 문제에 대해서는 회원국 간에 견해 차이가 존재하는데, 이로 인해 EAEU 통합의 불완전한 성격은 더욱 강화된다. 원칙적으로 러시아는 최대 교역상대국인 EU 및 중국에 대한 지정학적 · 지경학적 위상을 강화하기 위해 EAEU 내에서 통합을 확대하고 심화시키기를 원한다. 이러한 이유로 러시아는 보호주의적 접근을 취하면서 EAEU 틀 내에서 EU나 중국과 협상을 진행하는 것을 선호한다. 그러나 대다수 EAEU 회원국들은 러시아가 지배하는 틀에 갇히지 않으면서 다른 외부 파트너들과 긴밀한 관계를 추구할 수 있기를 원한다. 이는 벨라루스, 카자흐스탄, 아르메니아 등의 회원국들에게 국익에 더욱 부합하는 선택을 할 수 있는 기회를 제공하며, EAEU 내에서 거부권을 행사하여 이들 소규모 국가의 이익에 부합하지 않는 러시아의 움직임에 대응할 수 있게 한다.[36] 이와 같은 조건에서 EU는 기동할 수 있는 여지를 넓혀 EAEU 권한 밖의 문제에 대해 EAEU 회원국들과 협력을 심화시킬 수 있게 되는 것이다.

한편, 러시아는 EU 회원국들과의 관계에서 종종 '분할 - 지배divide and rule'

35　E. Vinokurov, *Introduction to the Eurasian Economic Union*, London and New York : Palgrave, 2018.

36　G. Diesen, *Russia's Geoeconomic Strategy for a Greater Eurasia*, London : Routledge, 2018.

전략을 사용하여 EU 회원국들을 서로 경쟁시키고 EU 전체의 결속력과 일관성을 손상시킴으로써 EU를 약화시키는 것을 목표로 하는 것으로 알려져 있다.[37] 러시아와 마찬가지로 EU도 EAEU와의 협력을 외면하고 철저히 개별 회원국과의 양자관계를 기초로 협력을 추진해 왔다는 점에서, 러시아를 비난한 것과 같은 행태를 보이고 있다는 비난을 받을 수 있다. 또한 EU - EAEU 간 접근은 서방 지역기구와의 관계를 구축하는 데 러시아가 진정 얼마나 관심이 있는가를 보여주는 시금석이 될 수 있다.

EU와 몰도바 및 우크라이나 사이의 심화 · 포괄적 자유무역협정DCFTA 체결에 러시아가 반응한 방식은 러시아가 EAEU와 EU 간의 의미 있는 협력을 추구하는 데 관심이 있는지를 파악하는 데 도움이 된다. 두 블록 간의 협력을 모색하자는 융커 집행위원장과 슈타인마이어 독일 외무장관의 2015년 제안을 러시아가 모두 묵살했다는 사실은 EAEU 창설 이면에 있는 러시아의 주요 동기를 보여주는 신호로 볼 수 있다. 무엇보다 EAEU는 포스트소비에트 공간 내에서 실질적인 경제통합을 도모하기 위한 것이 아니라 구소련 영토에 대한 영향력과 통제력 상실을 우려하여 포스트소비에트 국가들의 서구지향 지역통합을 막으려는 1차적 목적을 염두에 두고 설계된 것으로 보인다. 이러한 형태의 통합은 친러 노선을 견지하지 않으려는 국가들에 대한 러시아의 보복으로 잘 드러난다. 다른 한편, 러시아가 여타 EAEU 회원국을 동등한 파트너로 대우하기를 거부한 것은 EAEU 내에서 많은 마찰을 일으켰고 다른 국가들로 하여금 러시아의 의도를 경계하게 만들었다. 여타 EAEU 회원국들이 우크라이나와의 갈등에서 러시아에 대한 지지를 거부한 것은 그런 점을 잘 보여준다.

EU와 EAEU 사이에 포괄적인 협력이 언제 가능할지 여부는 우크라이나에 대한 민스크협정의 완전한 이행에 달려 있다. 그러나 이러한 전망은 요원해

---

[37] J. Trindle, "Divide and Conquer", *Foreign Policy* 15 October, 2014.

보인다. 민스크협정은 이행되지 않은 채 남아 있을 것이며 러시아가 필요하다고 느낄 때마다 동부 우크라이나에서 분쟁을 계속 부추길 것이라고 가정하는 것이 더 현실적이다. 그렇다고 해서, 이 상황이 '양자택일' 문제로 전환되는 것은 아닌데, 즉 어떤 국가가 EU 또는 EAEU에 속한다고 해서 두 블록 사이에 유의미한 상호 작용이 이루어질 수 없게 되는 것은 아니다.

러시아의 경기 침체와 그것이 역내에 미친 광범위한 여파는 경제통합을 위한 동력으로서 EAEU의 매력도를 크게 약화시켰다. EAEU가 자국에 어떤 도움이 되었는지에 대한 개별 회원국들의 환멸이 커지고 있다는 것은 중국 및 EU와 더 많은 협력을 위해 전방위multi-vector 외교정책을 추구하려는 이들 국가들의 의지가 더 커질 것임을 의미한다. 이는 또한 러시아의 EAEU 및 유라시아지역에 대한 지배에 대항하는 EAEU 회원국들의 능력을 강화시킬 것이다.

마지막으로, 러시아의 경기 침체는 EAEU 내 협력에 대한 경제적 인센티브를 약화시켰고, 그 대신 회원국들에게 자국의 경제를 개혁하라는 압력을 가했다. 이러한 종류의 개혁에 관한 한, EU는 러시아는 말할 것도 없고 EAEU가 보일 수 있는 것보다 훨씬 더 강력한 실적을 보여 왔다. 따라서 EU는 개방적 자세를 견지하면서 개혁적인 EAEU 회원국들과의 양자 관계에서뿐만 아니라 동방파트너십 정책의 일부로서 이러한 경제개혁을 강조하려고 할 것으로 보인다.

4. '통합 경쟁'에 대한 우크라이나 전쟁의 영향

러시아의 전면적인 우크라이나 침공은 유럽 및 유라시아의 지정학적 상황을 크게 변화시키고 EU의 확대정책도 개편시켰다. 이른바 제휴협정 3개국인 조지아, 몰도바, 우크라이나는 2014년에 제휴협정을 체결한 이래 EU에 접진적으로 통합되었다. 그러나 우크라이나를 비롯하여 몰도바와 조지아가 EU 가입 신청의 모멘텀을 얻게 된 것은 우크라이나 전쟁의 발발이었다. 유럽이사회는 유럽집행위원회의 의견을 바탕으로 이들 3개국의 EU 가입신청에 대해 높은 우선순위를 부여함으로써 우크라이나와 몰도바에 후보국의 지위를 승인했으며, 조지아에게는 후보자격을 얻기 전에 이행해야 할 우선순위 리스트를 마련했다.[38] 이러한 단계를 통해 EU는 이들 3개국을 동방파트너십을 추구하는 근린정책Neighborhood Policy의 틀에서 확대정책의 틀로 전환시켰다.

2008년 푸틴의 조지아 침공은 그 다음 해인 2009년에 EU가 동방파트너십 정책에 착수하게 된 동인으로 작용했다. 그러나 동방파트너십은 안보적 차원에 대한 고려가 없었고, 나아가 최종 목표를 비롯하여 가시적이고 장기적인 목표가 부재했다. 이는 EU와 6개 근린국가들과의 관계를 다소 모호하게 만들었으며, 러시아에게 유럽근린국가들에 대한 군사적 침공을 중단하라는 명확한 신호를 주지 못했다. 그러는 동안 동방파트너십 국가들은 자국의 안보를 추구하는 과정에서 서로 다른 정치적 경로를 추구했고 전략적 동맹을 구축하는 과정에서 서로 다른 선택을 했다. 예를 들면, 벨라루스와 아르메니아는 EAEU에 가입함으로써 러시아와의 유대를 강화했다. 벨라루스의 루카셴코는 2020년 대통령 선거에서 승리를 쟁취한 후 동방파트너십의 틀을 포기했다. 한편, 아제르바이잔은 독재 정치를 추구함으로써 유럽의 핵심 가치와 거리를 두게 되어 EU와 새로운 협정을 맺는 것이 매우 어려워졌다. 오직 3개국만이 유럽지향 선택에 힘을 쏟았으며 2014년 EU와 제휴협정을 체결함으로써 EU 쪽으로 한 걸음 더 다가갔다. 우크라이나에서 이 조치는 유로마이단 봉기, 돈바스 전쟁 발발, 2014년 러시아의 크림반도 병합을 야기했다. 그러나 유럽지향 선택에 대한 이들 국가의 강한 의지와 제휴협정 이행의 진전에도

---

38 European Council, "European Council meeting (23 and 24 June 2022) - Conclusions", *EUCO 24/22*, 2022.

불구하고, EU는 이들 세 국가를 나머지 동방파트너십 국가들과 차별화된 관계를 맺기를 꺼려왔다. EU로 하여금 EU 가입의 관점을 고려하게 만들고 우크라이나와 몰도바에 후보국 지위를 허용하도록 압박한 것은 2022년 2월 푸틴이 시작한 우크라이나 전쟁이었다.

러시아의 우크라이나 침공을 전후한 수개월의 기간 동안 EU는 유라시아 지역에서 몇 가지 주요한 변화를 추진했다.[39] 첫 번째 변화는 EU가 구소련 국가들을 정책대상으로 한 동방파트너십 프로그램에 안보 차원을 추가한 것이다. EU는 동방파트너십 국가에서 두 가지 방식을 통해 안보 행위자로 등장했다. 한 가지는 남캅카스에서 아제르바이잔과 아르메니아 간의 평화협상을 중재함으로써, 그리고 다른 하나는 우크라이나에 무기를 공급함으로써 안보 행위자로 등장한 것이다. 특히 러시아의 우크라이나 침공 이후 EU는 우크라이나의 주요 무기 공급국이 되었다. EU는 먼저 5억 유로를 제공하고 그 다음에는 유럽평화시설European Peace Facility을 통해 추가로 5억 유로를 지원했는데, 이러한 자금 지원은 "EU의 군사적 원조를 위한 자금을 조성·조정하려는 목적과 우크라이나에 대한 군수장비(살상무기 포함)를 제공하려는 목적"을 갖고 있었다. EU가 비회원국에 대해 군사적 지원을 제공한 것은 EU 역사상 처음으로 취해진 조치였다.

두 번째 변화는 CSTO(집단안보조약기구)와 EAEU에 속한 러시아 동맹국들의 입장 변화와 관련이 있다. 벨라루스를 제외하고 이들 국가는 러시아에 대한 지지를 철회했다. 우크라이나 침공을 비난하는 여러 차례의 유엔 투표에서 벨라루스만이 일관되게 러시아를 지지해왔다. 그 외의 CSTO 및 EAEU 회원국들은 대부분 기권했다. 예를 들어, 아르메니아는 크림반도 병합을 둘러싼 유엔 투표에서 항상 러시아를 지지했지만, 우크라이나 침공에 대해서는 기권하는 쪽을 택했다. 더욱 놀라운 사례는 카자흐스탄인데, 카자흐스탄은 우크

---

[39] T. Kuzio, "A weaker Russia provides a vacuum for the EU to exploit in Eurasia", 2022.

라이나 침공을 지지하지도 않았고 도네츠크인민공화국DNR과 루한스크인민공화국LPR을 인정하기도 않았다. 카자흐스탄은 2022년 초 민중 봉기가 발생했을 때 러시아가 CSTO '평화유지군'을 파견하여 토카예프 정권을 구해 주었음에도 불구하고 러시아의 입장을 지지하지 않았던 것이다(<표 4>를 참조).

〈표 4〉 유엔총회 결의에 대한 구소련 국가의 투표 결과

		'러시아의 침공 비난, 군대의 즉각 철수 요구' (ES-11/1) (2022.03.02)	러시아가 우크라이나 영토에서 철수할 것을 요구 (ES-11/2) (2022.03.24)	'러시아를 유엔 인권이사회 이사국으로부터 배제" (ES-11/3) (2022.04.07)	'러시아가 점령한 우크라이나 4개 주의 러시아령 합병 반대, 합병 철회 요구' (ES-11/4) (2022.10.12)	'우크라이나에 대한 러시아의 배상 지불 청구' (2022.11.14)
전체 투표 결과		찬성 : 141표 반대 : 5표 기권 : 35표	찬성 : 140표 반대 : 5표 기권 : 38표	찬성 : 93표 반대 : 24표 기권 : 58표	찬성 : 143표 반대 : 5표 기권 : 35표	찬성 : 94표 반대 : 14표 기권 : 74표
동방 파트 너십 6개국	벨라루스	×	×	×	×	×
	우크라이나	○	○	○	○	○
	조지아	○	○	○	○	○
	몰도바	○	○	○	○	○
	아제르바이잔	불참	불참	불참	불참	불참
	아르메니아	△	△	불참	△	△
중앙 아시 아 5개국	카자흐스탄	△	△	×	△	△
	우즈베키스탄	불참	△	×	△	△
	키르기스스탄	△	△	×	△	△
	타지키스탄	△	△	×	△	△
	투르크메니스탄	불참	불참	불참	불참	불참

주 : ○ : 찬성, × : 반대, △ : 기권
자료 : UN digital library.

세 번째 변화는 동결분쟁frozen conflicts[40]을 겪고 있는 국가들이 러시아에

[40] 국제관계에서 동결분쟁은 적극적인 무력 충돌은 종결되었지만, 어떠한 평화조약이나 다른 정치적 틀도 당사국들이 만족할 정도로 갈등을 해결하지 못하는 상황을 말한다. 따라서 법적으로 언제든 갈등이 다시 시작될 수 있어 불안하고 불안정한 환경이 조성될 수 있다.

대한 요구 및 독립 의지를 강화하고 있다는 것이다. 예를 들어, 몰도바는 트란스니스트리아에 대한 30년에 걸친 '러시아 점령'의 종식을 요구했다. 아르메니아와 아제르바이잔은 EU가 평화회담을 중재하면서 러시아의 개입 없이 평화협상을 진행하고 있다.

네 번째 변화는 우크라이나에 이어 조지아와 몰도바가 공식적으로 EU 가입을 신청했다는 사실이다. 러시아는 항상 나토 확대에 격렬히 반대해왔는데, 2012년 푸틴이 재선된 이후에는 이에 더해 EU의 동방파트너십을 무산시키려 했다. 러시아가 야누코비치 당시 우크라이나 대통령에게 EU와의 제휴협정에 서명하지 말라고 압박한 것이 유로마이단 혁명과 2014년 위기로 이어졌다.

이상에서 보듯이, 지난 수년 동안 EU는 동방파트너십 프로그램에 안보 차원을 발전시키기 시작했다. 반면, 러시아는 동방파트너십 프로그램에 기초하여 진행되는 EU와의 통합(제휴협정 체결)과 EU에의 가입을 구별하지 않고 양쪽 모두에 대해 반대 입장을 취했다. 이는 러시아가 유라시아 내 배타적 영향권에 대한 어떠한 형태의 서방 기구의 개입도 부정적으로 보기 때문이다. 러시아는 또한 남캅카스 3개국이 EU에 대해 각기 다른 접근법을 취하고 있는 것을 못마땅해 한다. 예컨대, 조지아는 EU 가입을 신청한 반면, 아르메니아는 러시아가 주도하는 EAEU에 가입해 있다. 아제르바이잔은 EU 가입을 지향하지 않지만 EU와의 통합을 지지한다.

러시아의 우크라이나 침공은 전 세계적으로나 유라시아 지역에서나 러시아의 영향력을 감소시켰다. 러시아의 영향력 감소로 인한 공백은 남캅카스 등지에서 EU가 동방파트너십에 안보 차원을 구축하는 데 적극적으로 나설 수 있는 기회를 제공한다. 분쟁을 해결하려는 행동을 전혀 하지 않았던 러시아와 달리, EU는 아르메니아와 아제르바이잔 간의 30년에 걸친 앙숙 관계를 끝내기 위해 힘쓰고 있다. 이는 해당 지역의 관련국들에 의해 환영받고 있다.

우크라이나와 몰도바는 EU와 국경을 접하고 있기 때문에 EU의 안보 위협을 직접 대면하는 위치에 있다. 유럽의 일부 비평가들은 EU와 국경을 접하지 않는 조지아에 대해서는 그 지리적 배경을 근거로 EU 가입 문제를 앞의 두 국가와 분리하여 다루어야 한다고 주장하기도 한다.[41] 그러나 다른 논자들에 의하면, 조지아는 EU의 동방근린국가 그룹에 속해 있으며, 러시아와 긴 국경을 공유하고 있고 영토의 5분의 1이 러시아의 점령 하에 있다는 사실 때문에 러시아의 침공에 극도로 취약하다고 한다. 만약 EU가 조지아를 방치하게 되면 EU는 제휴협정 체결국을 상대로 러시아가 새로운 전쟁을 벌일 위험을 감수해야 한다는 것이다.[42] 이러한 주장에 따르면, EU가 유럽지향 선택을 분명히 한 국가들에 대한 침략을 중단해야 한다는 신호를 러시아에 보내기 위해서는 조지아가 후보국 지위를 얻을 수 있도록 지원해야 한다. 이러한 입장은 EU가 이러한 조치를 더 빨리 실행할수록 제휴협정 체결국을 상대로 한 새로운 전쟁을 막는 데 도움이 될 것이라는 주장으로 이어진다.

우크라이나 전쟁 이후에 변화한 EU의 관점에 따르면, 이제 확대정책은 EU가 외교·안보 정책을 조정하는 데 도움이 될 수 있다고 한다. 러시아의 우크라이나에 대한 전면적인 침공은 EU 회원국들을 결속시켜 전략적 목표를 설정하고 안보 위협에 공동으로 대응하도록 이끌었다. 이는 EU 회원국들이 수년 전 러시아의 군사 침공을 목격했을 때 해결해야 했던 문제를 처리하도록 압박했다. EU를 러시아의 에너지 공급에 크게 의존하게 만들고 러시아로부터의 에너지 수입을 증가시켜 푸틴의 전쟁자금 축적에 기여한 것은 EU의 공동 외교·안보정책의 부재였다는 것이다. EU 회원국들은 우크라이나 전쟁이 발발하고서야 비로소 전례 없이 강력한 제재를 러시아에 가하는 동시에 러시아의 에너지 공급에 대한 의존도를 줄이기 위해 공동행동에 나서게 되었다.[43]

---

[41] C. Gijs, "Macron 'hopes' Moldova also gets EU candidate status, remains silent on Georgia", *Politico* 17 June, 2022.
[42] T. Akhvlediani, "Geopolitical and Security Concerns of the EU's Enlargement to the East : The Case of Ukraine, Moldova and Georgia", *Intereconomics* Vol. 57, No. 4, 2022.

5. 결론

이상에서 EU와 EAEU 간의 비교 및 그 차이점에 대한 분석을 비롯하여 EU와 EAEU 간의 협력 가능성과 '통합 경쟁' 구도의 변화에 대해 살펴보았다. EU는 통합구조 간의 협력보다는 EAEU 개별 회원국과의 양자협력을 선호해 왔으며 러시아는 EU 회원국들에 대한 분할지배divide and rule 전략을 추구해 왔다. EAEU 출범으로 본격화된 '통합 경쟁'에서 우위를 차지하기 위한 양 통합구조의 노력은 무엇보다 2013년에 발발한 우크라이나 사태에서 극적인 모습으로 나타났다. 나아가 2022년 2월에 발발한 우크라이나 전쟁은 양 통합구조 간의 '통합 경쟁'에 새로운 전기를 만들었으며, EU로 하여금 동방파트너십 국가들과의 관계에 안보적 차원을 추가하고 확대정책을 개편하게 만드는 결과를 가져왔다.

EAEU 조약의 목적은 구속력 있는 법률 조항을 각 회원국의 국내법 체계에 통합시킴으로써 EU의 법질서와 마찬가지로 고도로 제도화된 통합구조를 만드는 것이다. 즉, 국가 정책과 관련된 주요 결정 권한을 유라시아경제위원회와 같은 공동의 초국가적 기구에 위임하면 회원국 간의 제도화된 협력을 강화할 수 있다는 것이다. EAEU의 이러한 이해와 인식은 70여 년의 기간 동안 정교화·세련화의 과정을 거쳐 확립된 EU 모델에서 차용되었다. 유라시아경제위원회는 EU의 경우보다 광범위한 기능을 위임받아 경제통합의 제반 단계를 신속하게 발전시켜왔는데, 그에 비해 EU는 의식적으로 느린 발전과정을 추진해왔다. 한편, EAEU는 거의 모든 측면에서 러시아의 압도적 영향력 하에서 통합기구로서의 기능을 수행하고 있다. 비록 회원국들이 'EU 방식'으로 각국의 의무를 수행하게 되어 있지만 각 회원국이 가진 다양한 문화와 지

---

43 S. Meister and D. Jalilvand, "Sanctions Against Russia - Five Lessons from the Case of Iran", *DGAP Policy Brief* 19, 2022.

리적·경제적 특성에 따라 협력을 둘러싼 결정이 이루어진다. 이런 점에서 EAEU는 EU의 경로를 같은 방식으로 그대로 따를 수는 없다.

지난 30여 년에 이르는 기간 동안 유라시아 지역에서 전개된 주목할 만한 현상 중 하나는 EU와 EAEU라는 두 강력한 통합구조 간의 경쟁이 심화되고 있다는 사실이다. 이 경쟁은 1990년대까지 거슬러 올라갈 수 있으며, 서로 다른 영역을 통합하면서 포스트소비에트 공간 내에서 이른바 '경쟁적 이웃contested neighborhood'이라고 불리는 구조 및 관계를 형성했다. EU가 유라시아의 신생독립국들을 더욱 긴밀한 관계로 만들기 위한 과정은 1990년대에는 소극적으로 진행되었으나, 2000년대 중반을 지나면서 특별한 동력을 얻었다. 여기에는 2009년에 착수된 EU의 동방파트너십 프로그램과 2015년의 EAEU 창설로 구체화된 러시아 주도 '유라시아 통합과정'의 제도화가 중요한 계기가 되었다. 이러한 현실은 두 통합구조 간의 이른바 '통합 경쟁'의 시작을 규정하면서 EU와 러시아 간의 경쟁을 새로운 차원으로 끌어 올렸다. 이는 EU - 러시아 관계에 중대한 영향을 미쳤을 뿐만 아니라 동방파트너십 6개국에서 합종연횡의 과정을 시작하게 만들었다. 이 과정에서 벨라루스와 아르메니아는 EAEU에 가입함으로써 러시아와의 유대를 강화했고, 아제르바이잔은 독재정치를 추구함으로써 EU와 협정을 맺는 것이 어려워졌다. 오직 EU와 제휴협정을 체결한 3개국(우크라이나, 몰도바, 조지아)만이 유럽지향 선택에 힘을 쏟았으며 EU 쪽으로 한 걸음 더 다가갔다. EU는 이들 세 국가를 나머지 동방파트너십 국가들과 구별하는 것을 꺼려왔으나, EU에 대해 우크라이나와 몰도바에 후보국 지위를 허용하도록 압박한 것은 우크라이나 전쟁의 발발이었다.

우크라이나 전쟁으로 인해 EAEU 회원국들의 러시아에 대한 지지가 철회되고 있으며 이는 EAEU의 구심력이 약화되는 결과로 이어지고 있다. 이 과정에서 EU는 경쟁적 통합블록EAEU 내의 기존 회원국들과 양자관계를 확대, 발전시킬 기회를 얻고 있으며 비동맹 포스트소비에트 국가들을 자기편으로 끌어들이는 경쟁에서 유리한 위치를 선점해 나가고 있다. 이러한 모든 요소들은 포스트소비에트 공간의 향후의 정치적·경제적 발전에도 중대한 영향을 미칠 것으로 보인다.

EU가 우크라이나와 몰도바에 후보국 지위를 허용하고 조지아에 예비후보국 자격을 부여하는 등 회원국 수용에 대한 관점을 변화시켰다는 사실은 확대정책이 여전히 외교·안보 정책을 조정하는 데 있어 EU를 더욱 강력하게 만드는 중요한 도구가 될 수 있다는 사실을 보여준다. 그러나 제휴협정 체결 3개국에 앞서 이미 6개국의 후보국과 3개국의 예비후보국이 EU 가입을 위한 번호표를 뽑아놓고 순번을 대기하고 있었다. 또한 EU의 만장일치 규칙으로 인해 모든 회원국이 거부권을 행사할 수 있기 때문에 EU의 회원국 확대 결정은 그만큼 느려지고 어려워졌다. 서부 발칸반도 국가들의 EU 가입이 교착상태에 빠져 있는 데서 알 수 있듯이, EU의 확대정책은 만장일치 원칙 하에서 큰 차질과 한계를 드러냈다. 따라서 EU가 이러한 모든 장애를 극복하고 이들 3개국을 회원국으로 가입시켜 확대정책을 활성화하는 데는 장기간에 걸쳐 만만치 않은 난관에 봉착할 수 있다.

참고문헌

강봉구, 「유라시아경제연합(EEU)과 EU : 정체성 대립의 새로운 전선」, 『슬라브연구』 제30권 4호, 2014, 1~28쪽.

김영진, 「지역주의와 지역화의 맥락에서 본 EAEU 결성의 의미」, 『중소연구』 제40권 1호, 2016, 311~344쪽.

_____, 「유라시아의 비서구 지역통합 프로젝트 : EAEU와 일대일로」, 『슬라브학보』 제34권 1호, 2019, 177~210쪽.

성원용, 「유라시아경제연합(EEU)의 성과와 한계 : EU와의 비교를 중심으로」, 『아태연구』 제21권 4호, 2014, 111~140쪽.

윤성학, 「우크라이나 전쟁과 중앙아시아의 지정학적 변화 : 유라시아경제연합과 일대일로를 중심으로」, 『러시아연구』 제32권 1호, 2022, 79~105쪽.

이상준, 「EAEU 통합과 회원국 간 경제적 상호작용의 변화」, 『슬라브연구』 제33권 1호, 2017, 71~94쪽.

이창수·박지원·송백훈·제성훈, 『유라시아경제연합(EAEU) 통합과정 평가와 한국의 협력전략』, 세종: 대외경제정책연구원, 2021.

Akhvlediani, T., "Geopolitical and Security Concerns of the EU's Enlargement to the East : The Case of Ukraine, Moldova and Georgia", *Intereconomics* Vol. 57, No. 4, 2022, pp. 225~228.

Barbashin, Anton, "The Eurasian Illusion", *Foreign Affairs* 16 January, 2015, https://www.foreignaffairs.com/articles/russian-federation/2015-01-15/eurasian-illusion (검색일: 2023.02.10)

Blank, Stephen, "The intellectual origins of the Eurasian Union project", in S. Frederick Starr, Svante E. Cornell (eds), *Putin's grand strategy: The Eurasian Union and its discontents*, Washington D.C.: Central Asia-Caucasus Institute & Silk Road Studies Program, 2014.

Brudzińska K., "Multi-speed Conceptis in the European Union's DNA", 2018, https://ec.europa.eu/programmes/erasmus-plus/project-result-content/3046973f-d310-4d54-a89b-f31697143d04/Multi- (검색일: 2023.01.15)

Cecire, Michael, "Divide and Conquer in Georgia", *Foreign Affairs* 10 November, 2015, https://www.foreignaffairs.com/articles/georgia/2015-11-10/divide-and-conquer-georgia (검색일: 2023.02.10)

de Jong, Sijbren, "The Eurasian Economic Union and the European Union: Geopolitics, Geo-Economics and Opportunities for Europe", *European Policy Analysis* (Swedish Institute for European Policy Studies) No. 11, 2016, pp. 1~12.

Diesen, G., *Russia's Geoeconomic Strategy for a Greater Eurasia*, London: Routledge, 2018.

EAEU Treaty, "Treaty on the Eurasian Economic Union", signed in Astana 29 May, 2014.

EAEU, *EAEU Official information*, 2021, http://www.eaeunion.org/#about-info (검색일: 2023.02.10)

EU Committee of the Regions, *The Committee of the Regions' White Paper on Multilevel Governance*, 2009, https://www.europarl.europa.eu/meetdocs/2009_2014/documents/regi/dv/cdr89-2009_/cdr89-2009_en.pdf (검색일: 2023.01.15)

EUR-Lex, https://eur-lex.europa.eu/EN/legal-content/glossary/opting-out.html (검색일: 2023.

01. 10)

European Council, "European Council meeting (23 and 24 June 2022) - Conclusions", *EUCO 24/22*, 2022.

European Union, *Charter of Fundamental Rights of the European Union*, 2000, http://www.europarl.europa.eu/charter/pdf/ (검색일 : 2023.02.10)

Gijs, C., "Macron 'hopes' Moldova also gets EU candidate status, remains silent on Georgia", *Politico* 17 June, 2022, https://www.politico.eu/article/macron-moldova-eu-candidate-status-silent-georgia/ (검색일 : 2023.02.10)

Haukkala, Hiski, "The impact of the Eurasian Customs Union on EU-Russia relations", in R. Dragneva, K. Wolczuk (eds), *Eurasian Economic Integration : Law, Policy and Politics*, Cheltenham and Camberley : Edward Elgar Publishing, 2013.

Kalliuk, Maksim, "The Eurasian Economic Union : An eu-Inspired Legal Order and Its Limits", *Review of Central and East European Law* Vol. 42, No. 1, 2017, pp. 50~72.

Kinyakin, Andrey &, Kucheriavaia, Svetlana, "The European Union vs. the Eurasian Economic Union : 'integration race 2.0'?", *Przegląd Europejski* Vol. 2019, No. 3, 2019, pp. 135~153.

Kinyakin, Andrey, "The Eurasian Economic Union : between co-existence, confrontation and cooperation with the EU", *Rocznik Integracji Europejskiej* Vol. 10, 2016, pp. 461~480.

Kiss, L. N., Bektasheva, A. and Szabó B., "Eurasian Economic Union : in the European Union's footsteps or on new paths?", *Przegląd Europejski* Vol. 2021, No. 3, 2021, pp. 35~63.

Kubicek, Paul, "The Commonwealth of Independent States : An example of failed regionalism?", *Review of International Studies* Vol. 35, No. S1, 2009, pp. 237~256.

Kuzio, Taras, "A weaker Russia provides a vacuum for the EU to exploit in Eurasia", 2022, https://neweasterneurope.eu/2022/04/29/a-weaker-russia-provides-a-vacuum-for-the-eu-to-exploit-in-eurasia/ (검색일 : 2023.02.10)

Meister, S. and Jalilvand, D., "Sanctions Against Russia - Five Lessons from the Case of Iran", *DGAP Policy Brief* 19, 2022, https://dgap.org/en/research/publications/sanctions-against-russia (검색일 : 2023.02.10)

Molchanov, Mikhail A., *Eurasian Regionalisms and Russian Foreign Policy*, London : Routledge, 2015.

Russell, Martin, "Eurasian Economic Union : The rocky road to integration", European Parliamentary Think Tank, 2017, https://www.europarl.europa.eu/thinktank/en/document.html?reference=EPRS_BRI(2017)599432 (검색일 : 2023.02.10)

Trindle, J., "Divide and Conquer", *Foreign Policy* 15 October, 2014, https://foreignpolicy.com/2014/10/15/divide-and-conquer-5/ (검색일 : 2023.02.10)

van Elsuwege, P., "Overcoming legal incompatibilities and political distrust : the challenging relationship between the European Union and the Eurasian Economic Union", in Egmont/IERAS, *The EU-Russia : the way out or the way down?*, 2018, http://www.egmontinstitute.be/the-eu-russia-the-way-out-or-the-way-down/ (검색일 : 2023.02.10)

Vinokurov, Evgeny, "Eurasian Economic Union : Current state and preliminary results", *Russian Journal of Economics* Vol. 3, No. 1, 2017, pp.54~70.

_____, *Introduction to the Eurasian Economic Union*, London and New York : Palgrave, 2018.

Wolczuk, K. and Dragneva, R., "The Eurasian Economic Union : Deals, Rules and the Exercise of Power", Chatham House, 2017, https://www.chathamhouse.org/sites/default/files/publications/research/2017-05-02-eurasian-economic-union-dragneva-wolczuk.pdf (검색일 : 2023.02.10)

Yeliseyev, Andrei, "EEU and EU : Similarities and Differences", *Eurasian Review* (Belarusian Institute for Strategic Studies), 2014, http://www.academia.edu/13698493/The_Eurasian_Economic_Union_EEU_and_the_European_Union_EU_Similarities_and_Differences (검색일 : 2023.02.10)

유라시아에서의 민주주의 이행과 EU의 민주주의 프로그램*

우평균

1. 서론

2000년대에 구소련에서 독립한 국가들에서 발생한 이른바 '색깔혁명color revolution'의 후속 조치로써 민주주의 공고화consolidation에 대한 검토는 유라시아 지역에서 민주주의 이행이 얼마나 진행되었는지에 대한 문제와 직결된다. 다시 말해, 2003년 11월 조지아Georgia에서의 '장미혁명Rose revolution', 2004년 11월 우크라이나Ukraine에서의 '오렌지혁명Orange revolution', 2005년 키르기스스탄Kyrgyzstan에서의 '튤립혁명Tulip revolution' 등 색깔혁명이 일어난 조지아, 우크라이나, 키르기스스탄에서 진행된 민주주의 이행을 제도, 법의 지배, 인권 등의 측면에서 얼마나 진전을 이루었는지, 또한 자유 시장과 시장 경제 기능을 유지하고 있는지 확인하는 데에서 출발한다. 시간이 지나면서 색깔혁명이 일어난 국가들을 포함하여 유라시아 지역 전반에 걸쳐 민주주의 이행에 진척이 없고 '권위주의'로 퇴행하는 현상마저 나타나고 있다. 민주주의 이행이 민주주의 공고화로 자연스럽게 진행되기 힘들다는 현실은 신생 민주주

---

* 본 장은 『슬라브연구』 제37권 1호(용인 : 한국외대 러시아연구소, 2023)에 게재한 논문을 수정하였음

의의 '역권위주의화'에 대한 관심을 불러일으키면서 민주주의 공고화는 더욱 성취하기 힘든 잊혀진 목표가 되고 있다.

결과적으로 탈사회주의 체제전환의 실체적 양상은 다양한 경로와 결과를 일반화하고 있다는 사실을 보여주고 있다. 다시 말해, 사회주의 체제에서 민주주의로의 체제전환이 자유민주주의와 시장경제 체제로의 수렴으로 진행될 것이라는 초기의 낙관론은 완전히 빗나간 예측이 되고 말았다. 민주주의를 지향했던 체제전환 국가들에서 민주주의가 정착되지 못한 데 대해 지리적 요인, 특히 브뤼셀로부터의 거리, 공산주의의 전통, 국내 정치·경제개혁 여부, EU의 태도, 무역협정, 외부로부터의 지원 등 여러 가지 요인을 통해 설명하려는 시도가 있어 왔다.[1] 유라시아 지역의 경우 이에 더해 사회관계의 형식으로서의 "후원-수혜client-beneficiary 관계"의 고착화는 부패 구조를 청산하는데 방해 작용을 하고 있으며, 정치적 경쟁 게임의 룰이 확립되지 않은 상태에서 선거만 주기적으로 진행되는 방식으로 정치 과정의 특성이 답습되고 있다. 여기서 후원-수혜 관계는 후원주의 네트워크clientelistic networks가 구축되어 대통령이 이끄는 권력의 "단일 피라미드single pyramid"를 중심으로 법을 무시하는 관행을 장려하는 현상을 지칭한다.[2]

유라시아 지역에서 민주주의 정착이 어렵다는 사실이 일반화하고 있는 가운데에서도 조지아, 우크라이나, 몰도바Moldova 등 일부 국가들은 개혁 조치를 진행하면서 EU 가입을 위해 지속적으로 노력하고 있다. 우크라이나 전쟁이 진행 중인 상황에서 2022년 6월 23일 우크라이나와 몰도바가 EU로부터

---

[1] Treisman"The Political Economy of Change after Communism", in Anders Aslund and Simeon Djankov (ed.), *The Great Rebirth : Lessons from the Victory of Capitalism over Communism*, Washington, D.C. : Peterson Institute for International Economics, 2014, pp.273~296; 김태환, 『탈사회주의 25년의 경험과 북한의 체제전환 : 함의와 정책 방향』, 서울 : 국립외교원 외교안보연구소, 2015.7.

[2] Hale, "Formal Constitutions in Informal Politics : Institutions and Democratization in Post-Soviet Eurasia", *World Politics* Vol. 63, No. 4, 2011, pp.581~617.

가입 후보국 지위를 부여받았다. 우크라이나는 2022년 2월 러시아의 침공 직후 수 일 만에 후보국 지위를 신청했고, EU는 이례 없이 신속하게 절차를 진행시켰다. 그러나 EU 정회원이 되기 위해서는 정치와 경제 등 국내체제가 갖춰야 할 요건을 충족해야하기 때문에 가입을 낙관할 수는 없다. 1993년 6월 EU이사회Council of the European Union가 덴마크 코펜하겐에서 EU 가입 요건으로 합의한 이른바 '코펜하겐 기준Copenhagen criteria'에 따라 EU에서 가입 대상국들에게 요구하는 정치·경제 체제의 안정성은 유라시아에서 EU 가입을 원하는 조지아, 몰도바, 우크라이나 등의 국가가 갖춰야 하는 필수 요건으로 향후 충족시켜야하는 과제이다. 가입 기준Accession criteria은 민주주의, 법의 지배, 인권, 소수집단 존중, 자유시장 경제체제와 일정 수준의 경제력 등을 포함하고 있다.[3] 본 글에서는 유라시아 국가들이 민주주의 이행 결과를 유라시아 지역에서 왜 민주주의 이행이 어려운가에 대한 해명과 더불어 이를 유라시아 국가의 EU 가입에 있어 민주주의 요건과 결부지어 그 의미를 제시하는 데 목적이 있다. 이를 통해 법의 지배 전통이 결여되어 있고, 민주주의 전통이 확고하지 않은 곳에서도 민주주의 이행을 위한 의지와 이를 강제하는 외부압력이 존재한다면 민주주의 이행이 불가능한 것은 아님을 강조하고자 한다. 이를 위해 EU 가입을 위해 요구되는 민주주의 요건과 우크라이나, 몰도바, 조지아 등 유라시아에서 EU 가입을 원하는 국가들의 입장 및 대응을 중점적으로 검토하고자 한다.[4]

---

[3] European Commisssion, "Accession criteria, European Commission - Enlargement - Accession criteria", 2022.

[4] 김훈, 「EU의 유럽근린정책이 동방 파트너십 국가의 거버넌스 증진에 미치는 영향 : 우크라이나, 조지아, 몰도바 사례를 중심으로」, 『유럽연구』 제40권 1호, 서울 : 한국유럽학회, 2022, 209~244쪽; 우평균, 「2013년 푸틴의 압박과 우크라이나의 EU 접근 좌절 과정」, 『e-Eurasia』 제49호, 서울 : 한양대학교 아태지역연구센터, 2013, 5~8쪽; 홍완석, 「우크라이나의 EU 가입 전망 : 가능성과 한계」, 『국제정치논총』 제48집 1호, 서울 : 한국국제정치학회, 2008, 171~192쪽; 조홍식, 「탈 냉전기 EU의 우크라이나 정책」, 『통합유럽연구』 제6권 1호, 서울 : 서강대학교 국제지역문화원, 2015, 81~102쪽; 정세진, 「조지아 대외정책의 방향성 : 조지아의 對 EU, 러시아 관계 및 나토 가입 이슈를 중심으로」, 『중소연구』 제44권 4호, 서울 : 한양대학교 아태지역연구센터, 2021, 285~328쪽

본 글은 상기한 목적을 위해 다음과 같이 구성되었다. 제2절에서는 유라시아 민주주의 이행 현황을 살펴보고 유라시아 민주주의 이행의 특성을 민주주의 공고화 실패 원인과 결부시켜 검토할 것이다. 제3절에서는 EU의 민주주의 프로그램 전반을 살펴보고, 그 특성을 제시할 것이다. 제4절에서는 유라시아 국가별 EU 가입 추진 상황 및 가입 가능성을 조지아, 우크라이나, 몰도바를 중심으로 살펴볼 것이다. 제5절에서는 결론을 제시할 것이다.

2. 유라시아 민주주의 이행

1) 민주주의 이행 현황

소련이 해체되었을 때 투르크메니스탄Turkmenistan과 우즈베키스탄Uzbekistan을 제외한 대부분의 유라시아 국가들은 '젊은young' 민주주의 국가로 기대를 갖게 만들었고, 민주주의 국가들에서 나타나듯이, 여론, 정당 전략, 선거 기관, 그리고 정부가 이러한 요소들을 통제할 수 있는 능력과 같은 요소들이 정치 체제 변화의 원동력으로 작동할 것이라고 추정하였다.[5]

세계 각 국의 민주주의 성과 혹은 수준을 평가하는 주요 지표로는 프리덤하우스Freedom House의 자유 지수, Polity project의 Polity V, V-Dem Institute의 Varieties of Democracy, 영국 시사 주간지 이코노미스트Economist의 부설 조사기관인 EIU(The Economist Intelligence Unit)의 민주주의 지수 등이 있다. 민주주의 지수를 통한 민주주의 성과에 대한 파악이 현실을 완전하게 투영하는 것은 아니지만, 현상을 최대한 객관화하려는 노력의 일환임은 사실이다. 지수를 통해 평가하는 작업은 현상의 이면에 있는 정치·사회적 불평등을 반영

---

[5] Shleifer & Treisman, "A normal country", *Foreign Affairs* Vol. 83, No. 2, 2004, pp. 20~38.

하기 어려우며, 내면화된 정치사회화 및 정치문화 등의 요소들을 고려하지 못하는 한계도 존재한다. 그럼에도 불구하고 객관적인 수치를 통한 접근의 유용성을 인정하면서, 2022년 10월 현재까지 나타나고 있는 유라시아 지역의 민주주의 지수를 제시하면 다음과 같다.

〈표 1〉 글로벌 자유 점수

국가	종합 점수 및 판정	정치적 권리	시민적 자유
아르메니아	55 Partly Free	23	32
아제르바이잔	9 Not Free	2	7
벨라루스	8 Not Free	2	6
조지아	58 Partly Free	22	36
카자흐스탄	23 Not Free	5	18
키르기스스탄	27 Not Free	4	23
몰도바	62 Partly Free	27	35
러시아	19 Not Free	5	14
타지키스탄	8 Not Free	0	8
투르크메니스탄	2 Not Free	0	2
우크라이나	61 Partly Free	26	35
우즈베키스탄	11 Not Free	2	9

출처: Freedom House, "Countries and Territories", 2022a.

프리덤하우스는 매년 연례 세계 자유 보고서를 통해 210개 국가와 지역의 정치적 권리와 시민적 자유에 대한 시민들의 접근을 평가하고 있다. 투표권부터 표현의 자유, 법 앞의 평등에 이르기까지 개인의 자유는 국가 또는 비국가 행위자에 의해 영향을 받을 수 있다. 발트Balt 3국을 제외한 유라시아 지역 12개 국가의 정치적 권리와 시민적 자유 점수를 합한 종합 점수는 몰도바 62, 우크라이나 61, 조지아 58, 아르메니아Armenia 55, 키르기스스탄 27, 카자흐스탄Kazakhstan 23, 러시아Russa 19, 우즈베키스탄 11의 순서이며 아제르바이잔Azerbaijan, 벨라루스Belarus, 타지키스탄Tajikistan, 투르크메니스탄은 10점 이

하의 점수를 기록하고 있다.

<표 2> 인터넷 자유 점수

국가	종합 점수 및 판정	접근 방해	컨텐츠 제한	사용자 권한 제한
아르메니아	74 Free	20	28	26
아제르바이잔	38 Not Free	12	15	11
벨라루스	28 Not Free	12	10	6
조지아	78 Free	19	31	28
카자흐스탄	32 Not Free	10	11	11
키르기스스탄	53 Partly Free	15	22	16
러시아	23 Not Free	11	6	6
우크라이나	59 Partly Free	18	21	20
우즈베키스탄	27 Not Free	9	11	7

출처: Freedom House, "Countries", 2022b.

<표 2>는 유라시아 지역 내 국가들의 인터넷 자유 점수를 제시하고 있다. 인터넷 자유 점수는 세계 70개 국가를 대상으로 조사했기 때문에 몰도바, 타지키스탄, 투르크메니스탄 등이 조사 대상에서 제외되었다. 특기할만한 것은 글로벌 자유 점수에서 "부분적 자유"에 그쳤던 아르메니아, 조지아가 인터넷 자유에서는 "자유" 판정을 받았다는 사실이다. 이를 통해 조지아와 아르메니아가 인터넷 상의 자유에 있어 상당히 앞서 나가고 있다는 점을 알 수 있다.

<표 3> 민주주의 점수

국가	종합 점수 및 판정	민주주의 백분율	민주주의 점수
아르메니아	34 Transitional or Hybrid Regime	33.93	3.04
아제르바이잔	1 Consolidated Authoritarian Regime	1.19	1.07
벨라루스	3 Consolidated Authoritarian Regime	2.98	1.18
조지아	35 Transitional or Hybrid Regime	34.52	3.07
카자흐스탄	6 Consolidated Authoritarian Regime	5.95	1.36

키르기스스탄	13 Consolidated Authoritarian Regime	12.50	1.75
몰도바	35 Transitional or Hybrid Regime	35.00	3.11
러시아	5 Consolidated Authoritarian Regime	5.36	1.32
타지키스탄	2 Consolidated Authoritarian Regime	1.79	1.11
투르크메니스탄	0 Consolidated Authoritarian Regime	0.00	1.00
우크라이나	39 Transitional or Hybrid Regime	39.29	3.36
우즈베키스탄	4 Consolidated Authoritarian Regime	4.17	1.25

출처: Freedom House, "Countries and Territories", 2022c.

<표 3>은 중부유럽에서 중앙아시아에 이르는 29개국의 민주적 통치 수준을 연례 보고서를 통해 측정하고 있다. 민주주의 점수는 국가 및 지방 통치, 선거 과정, 독립 언론, 시민사회, 사법체계와 독립성, 부패에 대한 별도의 등급을 통합한다. 우크라이나 39, 조지아·몰도바 35, 아르메니아 34의 순이며, 나머지 국가는 10점 이하를 기록하고 있다.

EIU의 2021년 민주주의 지수 조사 결과는 <표 4>와 같다.

<표 4> 유라시아 국가 지수

국가	종합 점수	세계 순위	선거과정과 다원주의	정부 기능	정치참여	정치문화	시민적 자유	레짐 타입
몰도바	6.10	69=	7.00	5.71	6.67	4.38	6.76	Flawed democracy
우크라이나	5.57	86=	8.25	2.36	6.67	5.00	5.59	Hybrid regime
아르메니아	5.49	89	7.50	5.71	6.11	3.13	5.00	Hybrid regime
조지아	5.12	91	7.42	3.57	5.56	3.75	5.29	Hybrid regime
키르기스스탄	3.62	115	4.33	1.50	4.44	3.75	4.12	Authoritarian
러시아	3.24	124	1.75	2.14	4.44	3.75	4.12	Authoritarian
카자흐스탄	3.08	128=	0.50	3.21	5.00	3.75	2.94	Authoritarian
아제르바이잔	2.68	141	0.50	2.50	2.78	5.00	2.65	Authoritarian
벨라루스	2.41	146	0.00	2.00	3.89	4.38	1.76	Authoritarian
우즈베키스탄	2.12	150	0.08	1.86	2.78	5.00	0.88	Authoritarian
타지키스탄	1.94	157	0.00	2.21	2.22	4.38	0.88	Authoritarian

| 투르크메니스탄 | 1.66 | 161 | 0.00 | 0.79 | 2.22 | 5.00 | 0.29 | Authoritarian |

출처 : EIU, *Democracy Index 2021, The China Challenge*, London : Economist Intelligence, 2022, p.44

 EIU에 따르면, 몰도바를 포함한 3개국(몰도바, 몬테네그로, 북마케도니아)은 '하이브리드 정권hybrid regimes'에서 '결함 있는 민주주의flawed democracies'로 격상될 정도로 점수가 향상됐다. 몰도바는 2020년 5.78점이었던 총점이 2021년 6.10점으로 개선된 데 이어 2020년 80위에서 69위로 전체 순위가 상승했다. 이는 정부의 기능과 정치 참여에서의 개선 사항 때문이었다. 몰도바는 2022년 7월 11일 의회선거를 전격 실시해 개혁파이자 친유럽적인 "행동과 연대당 Party of Action and Solidarity, PAS"이 승리함으로써 개혁과 정치적 안정에 대한 전망을 가능하게 만들었다. 총선 결과 높은 투표율을 보였으며, 이는 정치 체제에 대한 신뢰도가 향상되었음을 시사한다.[6]

 우크라이나의 점수는 2021년도에 가파른 하락을 기록했는데, 우크라이나는 글로벌 순위에서 멕시코와 공동 86위를 차지해 2020년 79위에서 하락했다. 우크라이나의 점수는 2021년 러시아와의 긴장 고조로 인해 부분적으로 하락했다. 러시아의 직접적인 군사적 위협 하에서 정부는 공공의 안전을 보장하기 위해 행정부와 안보 혹은 군사 기구의 수중에 권력을 집중시키면서 민주적 절차를 제한했다. 우크라이나에서 군대는 2021년에 더 중요한 역할을 했고 정치적 의사결정에 더 많은 영향력을 행사했다. 볼로디미르 젤렌스키 Volodymyr Zelensky 우크라이나 대통령의 지지율은 2020년 12월 42%에서 2021년 말 38%로 낮아졌다.[7] 이 점수는 우크라이나 전쟁이 발발하기 전인 2021년 말까지의 상황을 반영한 것이기 때문에, 전쟁 이후 높아진 대통령 지지율과 다른 상황임을 감안할 필요가 있다.

---

6 EIU, op. cit, 2022, p.44.
7 Ibid, p.45.

조지아의 민주주의 점수는 하락세에 있다. 조지아는 라이베리아Liberia와 온두라스Honduras 사이에서 순위 91위를 유지했지만, 점수는 2020년 5.31에서 2021년 5.12로 떨어졌다. 사회적 결속은 순조롭지 못했고 몇몇 격동의 사건들은 민주적 절차를 방해했다. 집권당인 "조지아 드림 - 민주 조지아당 Georgian Dream-Democratic Georgia party"과 야당인 민족운동전선United National Movement, UNM 사이의 긴장과 대치는 전 대통령이자 전 UNM 지도자인 미하일 사카슈빌리Mikheil Saakashvili의 체포로 절정에 달했다. 국제 사회는 사카슈빌리가 귀국해 구금된 기간 동안 2020년 10월 31일 치러진 총선거가 부정행위로 얼룩졌다고 의심하였다. 여당은 상당한 재정 및 운영상의 이점을 누리면서 선거 경쟁과 투명성을 저해했다. EIU는 조지아에서 정치적 긴장이 고조된 결과 사회적 분열이 심화되었다고 판단하고 있다. 후술하겠지만 이 점은 조지아의 민주주의 후퇴로 간주되어 EU에서 우선적으로 조치를 취하기를 원하는 대목이기도 하다.

아르메니아는 2020년에 비해 0.14점이 향상되어 2021년에 총점 5.49점이 되었다. 아르메니아는 글로벌 순위(2020년과 동일)에서 이웃 조지아보다 두 단계 높은 89위를 차지하고 있다. 2021년 7월에 실시된 총선거에서 니콜 파시니안 Nikol Pashinian 총리는 혼돈의 시기에 뒤이어 강력한 공적 권한을 부여받았다. 파시니안 총리와 "시민계약당Civil Contract party"의 압도적인 승리는 2020년 경기 침체에 이어 어느 정도 안정을 가져왔다. 또한 아제르바이잔과의 전쟁은 정부가 민주적 개혁 프로그램을 계속할 수 있게 해주었다. 다만 점수가 개선됐음에도 아르메니아의 민주주의에 대한 우려는 여전하다고 여겨진다. 사법부의 독립성은 여전히 의문시되고 있고 반대파는 소외되어 있다.[8]

한편 유라시아 지역 내 권위주의 정권의 평균 점수는 하락하고 있다. 키르기스스탄은 순위에서 8계단 떨어져 '하이브리드 정권'이 아닌 '권위주의 정권

---

[8] Ibid, pp.45~46.

authoritarian regime'으로 규정되었다. 2021년 1월, 사디르 자파로프Sadyr Japarov 가 대통령 선거에서 39%라는 사상 최저의 투표율 속에서 당선되었다. 동시에 향후 정치체제를 선택하는 국민투표에서 80% 이상이 대통령제를 선택함에 따라 집권 후 새로운 헌법개헌안에 의해 의원내각제를 폐지하고 대통령제로 전환하는 과정이 1년 동안 계속되었다. 이 과정에서 대통령 권한이 상당히 확대되었고 반면에 표현의 자유를 제한하는 조항을 헌법에 포함하는 등 권위주의화가 촉진되었다. 그 결과, 행정부 권력 확대 외에도 자파로프 대통령은 입법부와 사법부에 대한 더 큰 영향력을 얻었고, 권력 분립 기능을 효과적으로 제거했다.[9] 다만, 아제르바이잔, 타지키스탄, 우즈베키스탄의 점수는 작년과 같았다. 러시아는 블라디미르 푸틴Vladimir Putin 정권이 야당과 언론, 독립단체에 대한 추가 단속 움직임을 보이면서 2020년 3.31점으로 낮은 점수대를 유지하고 있던 러시아의 점수는 2021년 3.24점으로 더 떨어졌다.[10]

주요 기관의 민주주의 지표 결과는 이미 EU에 가입한 구 공산권 국가들과 가입하지 못한 국가들 간의 민주주의 성과에 있어서의 차이가 분명하게 드러나고, 또한 1990년대 이후 동일한 시점에 민주주의 이행을 시작했던 유라시아 지역 내의 국가들 내에서도 민주주의 성과가 현저하게 편차를 드러내고 있다는 점을 보여주고 있다.

2) 민주주의 이행의 특성 : 민주주의 공고화 실패 원인

상당수의 유라시아 지역 내 행위자(국가)가 민주주의 이행에 있어 한 세대가 지나도록 특기할만한 진척이 없는 상황에서 해당 국가들에 대해서 민주주의 이행의 관점에서 계속 평가를 해야 할지, 아니면 권위주의 체제에 대한

9 Ibid, p.47.
10 Ibid, p.11.

연구를 통해 접근하는 것이 유용한 지에 대한 문제제기가 가능하다. 이를 구명하기 위해서는 권위주의 체제의 속성을 더 많이 갖고 있는지, 아니면 민주주의 공고화 단계의 특성을 더 많이 유지하고 있는지에 대해 밝히는 작업이 우선해야 한다. 근래 대부분의 유라시아 국가들의 정치체제가 민주주의 혹은 권위주의의 일부 버전으로 정확하게 설명되지 않고, 민주주의와 권위주의의 성격을 공히 보유하고 있어 하이브리드hybrid 체제로 규정하는 경우도 생겨났지만,[11] 이는 체제의 성격을 구성하는 요소들 간에 경중을 헤아리지 않고 체제의 혼합적 성격을 기능적으로 반영하기 때문에 체제의 성격을 밝히는 데는 다소 미흡한 측면이 있다.

구소련 지역을 주축으로 한 유라시아 지역에서의 민주주의 이행 성과가 부진한 데에는 몇 가지 이유가 작용했기 때문인데, 그 내용은 다음과 같다.

첫째, 대부분의 유라시아 국가들은 역사적으로 민주주의 경험이 부재하며, 내부적으로 정치적 "후원 - 수혜"관계의 요소를 공통적으로 갖고 있다. 유라시아 지역 국가들은 19세기까지 민주주의 경험이 부재하며 제1차 세계대전을 전후한 시기에도 의회제도와 다당제 선거제도 등 서유럽 국가들과 유사한 정치체제를 갖지 못했다. "후원 - 수혜"관계의 단일 피라미드 권력 구조 형성은 우크라이나와 키르키스스탄이 동일하게 색깔혁명을 경험하였지만, 우크라이나는 혁명 이후 짧은 수명에도 불구하고 민주적 개방을 진행했던 반면, 키르키스스탄의 튤립 혁명은 그렇지 못한 이유를 설명해 준다.[12] 이에 덧붙여 문화·종교적인 차원에서 민주주의 이행 성과를 보이는 국가들은 대개 서구 기독교(개신교)권 내에 있으며, 반면 지연된 성과를 보이는 국가들은 동방 정교이거나 이슬람 국가들이라고 보는 관점도 있다. 즉, 동방정교는

---

[11] Hale, "Eurasian polities as hybrid regimes : The case of Putin's Russia", *Journal of Eurasian Studies* Vol. 1, No. 1, 2010, pp. 33~41.
[12] Ibid, pp. 581~617.

정부권력에 매우 복종적인 성향을 갖고 있기 때문에 개혁을 촉진하는 역할을 수행하지 못한다는 주장이다.[13] 유라시아 지역 내로 국한해 볼 때, 민주주의 성과가 다소 있는 조지아, 아르메니아와 우크라이나는 모두 큰 틀에서 러시아와 같은 정교문화권이라는 점에서 이 주장과는 다소 부합하지 않는 측면이 드러난다.

유라시아 지역에서 정권의 권력은 주로 "후원 - 수혜 관계"의 복잡한 네트워크를 통해 행사된다. 즉, 정치적 거래transactions는 광범위한 공공 프로그램이나 아이디어를 뒷받침하는 정책 보다 명시적 또는 암묵적으로 특정 개인(직업, 사적 소득, 뇌물, 지역 문제에 대한 도움, 친척에 대한 지원 등)에 대한 개인적 인센티브와 사적 이익에 대한 구체적인 약속으로 구성된다. 위협은 이러한 동일한 개인에게 가해진다.[14] 정치학에서, 이것들은 서구에서 "정치머신political machine"으로 알려진 것과 러시아에서 "행정 자원administrative resource"으로 알려진 방법이다. 정치머신은 19세기 말~20세기 초 미국 정치에서 영향력이 컸던 정치 보스들을 지칭하는 용어이다. 이들은 주로 도시로 이주한 사람들에게 일자리를 제공하거나 돈으로 표를 사는 금권 정치의 행태를 보이면서 정치권력을 유지했다. 정치인이 되고자 하는 사람 역시 보스들과 결탁하여 후원과 협력 관계를 가져야했다. 정치 개혁이 이루어지면서 이들의 권한이 제한되고 견제를 받는 장치가 마련되었다.[15] 행정 자원의 오용은 선거 과정 중에 많이 발생하는데 공무원들에게 가해지는 압력에서부터 선거 기간 동안 국가 자원의 사용에 이르기까지 다양한 문제를 내포하고 있다.[16]

---

[13] Prizel, "The First Decade after the Collapse of Communism : Why did Some Nations Succeed in their Political and Economic Transformations While Others Failed?", *SAIS Review* Vol 19, No. 2, 1999, pp. 1~15.

[14] Kitschelt, Wilkinson, *Patrons Clients and policies : Patterns of democratic accountability and political competition*, New York : Cambridge University Press, 2007, pp. 1~49.

[15] Hale, op. cit, 2011, p. 34.

[16] Governance Committee, Council of Europe, "The misuse of administrative resources during electoral processes : the role of local and regional elected representatives and public officials",

둘째, 약한 외부압력external pressure과 지원은 민주주의 이행의 진척과 밀접한 관련성을 갖고 있다. 1990년대와 2000년대에 걸쳐서 구사회주의 체제에서 전환하면서 민주주의 도입을 시도했던 많은 국가들 중에서 서구의 지원과 압력이 많이 작용한 나라들은 민주주의 이행의 성과가 앞선다는 사실이 이를 입증하고 있다. 서구의 지원은 구체적으로 NGO와 세계은행 등 국제 금융기관, EU와 나토, OSCE 등의 기관으로 규정할 수 있다. 특히 1990년대 폴란드와 헝가리 등 중부 유럽과 동부 유럽 국가들에 대한 EU와 미국의 원조 기관에서의 지원이 활발하게 진행되어 상당한 성과를 남겼다. NGO의 경우 서구 NGO가 해당 국가의 NGO에 지원하는 경우가 일반적이었으며, 지원 분야로는 인권, 사회활동 등의 영역에 집중되었다. 이른바 '민주주의 원조democratic assistance'는 현재도 계속되고 있지만, 유라시아 지역에서는 중부유럽과 동유럽에 비해 그 성과가 제한적이다. 이것은 개혁 의지가 확고하지 않은 곳에 지원을 하는 것은 성과가 별로 없다는 사실을 일깨워 주고 있다.[17] EU 가입을 원하는 국가에서 민주주의 이행을 위한 제도 개혁을 자발적으로 추진하는 사례가 대표적으로 이를 입증하고 있다.

셋째, 구사회주의 체제에서 민주주의로의 형식적인 체제 전환이 이루어진 이후 민주주의 시스템을 확립하려는 노력이 전반적으로 부족했다. 시스템 구축을 방해한 몇 가지 요소를 든다면, 첫째 폐쇄적 지배 엘리트 구조가 온존되었다. 엘리트 경쟁의 폭이 좁고, 구 사회주의 체제 당시의 권력 엘리트가 계속 권력 구조 내에서 특권적 지위를 유지하였다. 그 결과 우크라이나에서 빅토르 야누코비치Viktor Yanukovych 전 대통령이 재당선되는 등 과거 권위주의

31st Session Report CG31(2016)07final, 2016.
[17] Zeeuw, "Prospects Do Not Create Institutions : The Record of Democracy Assistance in Post-Conflict Societies", Aurel Croissant and Jeffrey Haynes(ed.), *Twenty Years of Studying Democratization Vol 1 : Democratic Transition and Consolidation*, New York : Routledge, 2014, pp. 151~173.

지도자 복귀를 허용하는 상황이 나타났다. 둘째, 권력 경쟁 게임의 규칙 미확립 현상이 지속되었다. 특히 조지아에서 미하일 사카슈빌리Mikhail Saakashvili 대통령이 집권 후 수 년 동안 행정권의 남용과 엘리트 간 비타협성 증대는 민주적 통합으로 가는 조지아의 미래 진로에 방해 요소가 되었다. 정권 장악 후 시민권 남용과 증가하는 권위주의 의식은 증가하는 반대 운동을 부채질했고, 정쟁의 심화와 정치적 안정성 파괴로 이어졌다.[18] 셋째, 키르기스스탄에서 사디르 자파로프Sadyr Japarov 대통령이 집권 후 집권층 내 공개적 갈등에 돌입하면서 정치 엘리트들과 반대 세력을 대거 투옥하는 등 엘리트 분열 현상으로 인해 정치적 불안을 가중시켰다.

넷째, 법의 지배 원칙이 정착되지 못했다. 민주주의 이행의 정착단계인 민주주의 공고화에 있어 '법의 지배rule of law'는 핵심적인 사항이다. 법의 지배 원칙의 확립은 민주주의의 내용과 형식을 뒷받침해주며, 정치인과 국민 모두에게 법적 정의의 실현을 통해 민주주의 실천의 자긍심을 높여 준다. 많은 유라시아 국가들이 '선거 민주주의electoral democracy'의 형식을 갖추었음에도 불구하고 재권위주의화의 함정에 빠져드는 원인 중 절대적인 비중을 차지하는 것이 법의 지배가 민주주의 제도의 운영을 보완해주고 있지 못하기 때문이라고 할 수 있다. 정기적 선거는 선출된 지도자들에게 일시적으로 수직적 책임성을 부과할 뿐이다. 법의 지배 원칙에 수평적으로 책임지지 않는 정치 지도자의 순환적 배출을 반복했던 경험이 유라시아에서 축적되었다. 행정부를 장악한 정치 부문에 대해 의회와 법원, 검찰 등 사법기관들부터의 견제가 부재할 때, 행정 권력을 확대하고 자의적으로 활용하여 일상적인 민주적 과정을 왜곡시킬 수 있다.[19] 다만, 법의 지배 전통은 민주주의 이행 단계에서

---

[18] Britannica, "Mikheil Saakashvili, president of Georgia", 2022.
[19] Jose Maria Maravall, "Accountability and Manipulation", *Democracy, Accountability and Representation*, A. Przeworski, S.C. Stokes and B. Manin (ed.), Cambridge : Cambridge University Press, 1999, pp. 154~196; 이선우, 「민주주의 공고화에 있어 '법의 지배'의 우선성 : 탈공산

선거제도의 도입 이후에 자연적으로 형성되는 것이 아니라, 서구의 경우에서 보듯이 법의 지배 전통이 먼저 확립되고 선거를 도입했던 과정을 볼 때 법의 지배 원칙의 확립은 오랜 시간을 요하는 과정임을 이해할 필요가 있다. 특히 신생 민주주의 국가가 외부 자극 없이 스스로 법의 지배 원칙을 확립하는 작업은 용이하지 않다는 점도 염두에 두어야 한다.

3. EU의 민주주의 프로그램

1) 필수 조건 및 민주주의 원칙

EU 가입 기준 또는 코펜하겐 기준은 1993년 코펜하겐에서 열린 EU이사회 이후 모든 후보국이 회원국이 되기 위해 충족해야 하는 필수 조건이 되었다. 그 내용은 다음과 같다.

- 정치적 기준 : 민주주의, 법치, 인권 및 소수자에 대한 존중과 보호를 보장하는 기관의 안정성(democracy, the rule of law, human rights and respect for and protection of minorities)
- 경제적 기준 : 기능하는 시장 경제 및 경쟁 및 시장 세력에 대처하는 능력(a functioning market economy and the capacity to cope with competition and market forces)
- 행정적 및 제도적 역량 : EU 회원국의 권리를 효과적으로 행사할 수 있는 능력과 회원의 의무를 다할 수 있는 능력

러시아의 사례」, 『한국정치학회보』 제51집 제1호, 서울 : 한국정치학회, 2017, 53쪽.

이와 함께 유럽 통합European integration의 모멘텀the momentum을 유지하면서 새로운 회원국을 흡수할 수 있는 연합의 능력도 중요한 고려 사항이라고 명시하고 있다.[20] EU 후보국이 회원국이 되려면 한마디로 민주국가 체제를 갖추고, 시장경제가 기능해야 한다. 또한 EU의 법률체계를 수용하고 경제통화동맹에도 참여해야 한다. 이런 기준을 충족했는지 확인하기 위해 EU와 후보국은 35개 장으로 세분한 분야에 대한 협상과 검증작업을 진행한다. EU와 지난한 가입 협상을 벌여야 하는 후보국은 EU에서 일정한 재정적, 행정적, 기술적 지원을 받게 된다.[21] 가장 최근에 가입 협상을 벌이고 있는 서발칸 지역 6개국의 가입 진단을 위한 거버넌스 지표는 다음 〈표 5〉와 같다.

〈표 5〉 서발칸 국가 진단을 위한 거버넌스 지표

대분류	중분류	소분류	내용	코펜하겐 범주
국가(12)	기본권(2)	정치	정치적 안정성	ch. 31
		자유	언론 자유 지수	ch. 10
	책무성(3)	부패	부패인식지수	ch. 34
		법치	법치 지수	ch. 23, ch. 24
	정부 역량(7)	행정의 질	규제 품질	ch. 12, ch. 13, ch. 16
		정부효과성	정부효과성지수	ch. 5, ch. 8, ch. 14, ch. 18
시장(17)	안정적 성장 (5)	소득	1인당 국민소득	ch. 9, ch. 11
		거시안정성	인플레이션	ch. 17
			중앙정부부채	ch. 32, ch. 33
	산업 경쟁력 (7)	혁신	R&D 지출	ch. 21, ch. 25
			전자정부발전지수	ch. 7
		무역	무역 자유도	ch1, ch. 2, ch. 30
			해외직접투자 비중	ch. 4
	경제 활력 (5)	기업 환경	창업에 걸리는 기간	ch. 6, ch. 15, ch. 20
		투자	고정자본형성 / 국민소득	ch. 3, ch. 29

20 European Commission, op. cit, 2022.
21 송병승, 「EU 회원국 확대 정체…가입 협상은 지지부진」, 『연합뉴스』, 2021.

				사회적 지지	ch. 19
시민사회 (5)	포용성(2)	사회적 자본		국가에 대한 신뢰	
				관용성	
		형평		경제 : 하위 10% 소득 비중	ch. 22
				사회적 형평 : 성 차별	
	환경(1)	자원 효율성		에너지 집중도	
		환경 위해성		이산화탄소 배출량	ch. 27
				대기 오염	
	웰빙(2)	보건		기대 수명	ch. 28
				GDP에서 보건 비중	
		교육		학령기간	ch. 26
				GDP에서 교육 비중	

출처 : 박명호, 「서발칸 국가의 EU 가입과 중국」, 『EU학 연구』 제26권 제2호, 서울 : 한국EU학회, 2021, 95쪽

상기한 조건을 내세우는 EU가 주로 어떤 유형의 민주주의를 지지하고 있으며, 이것이 사회를 어떻게 구조화하여야 한다고 생각하는지에 대해 답변을 하는 것은 쉽지 않다. EU가 지향하는 민주주의 개념은 '자유민주주의'개념에 부합한다는 것이 일반적으로 합의된 사실이다. 민주주의의 다원성을 보다 강조하는 입장에서는 '내재된 민주주의embedded democracy'로 확대해서 보아야 한다는 입장도 존재한다. 다시 말해, EU가 민주주의의 사회적, 경제적 맥락을 강조하면서 민주주의의 핵심 사항으로 자유민주주의 개념, 자유, 권리, 선거에 초점을 맞추고 있다는 점에서 내재된 민주주의로 규정하고 있다.[22] 민주주의에 대한 다양한 개념 규정과 관련되는 이 문제는 정치사상적으로 논증하기보다는 선거 과정과 법치주의 제도화, 표현의 자유, 언론 및 결사의 자유 등 핵심적인 민주주의 절차의 촉진을 수반해야 한다는 측면에서 '제도

---

22 A Wetzel & J. Orbie, *Substance of EU democracy promotion : concepts and cases*, New York : Palgrave Macmillan, 2015.

institution와 과정process'을 통해 접근하는 방법이 더욱 실질적이고 보편적이다.[23]

EU의 민주주의 지원Democracy assistance에 관한 사고는 논쟁적이지만, '민주주의'는 보편적으로 인정된 이상이며, 그 가치는 세계인권선언 권리와 시민적 및 정치적 권리에 관한 국제규약에서 규정하고 있는 법적 근거로부터 비롯된다고 할 수 있다. 또한 2005년, 모든 EU 회원국을 포함한 172개국이 참여하여 이 협약을 재확인하고, '민주주의의 본질적 요소'를 정의하는 유엔 총회 결의안이 유엔에서 승인되었다. "인권과 기본적 자유, 특히 결사의 자유 존중"은 평화적인 집회, 표현과 의견, 공공 사무 수행에 직접 또는 자유롭게 선택된 대표자를 통해 참여할 권리, 보편적이고 평등한 참정권, 국민의 의지의 자유로운 표현을 보장하는 비밀 투표에 의해 투표하고 선출될 권리, 정당 조직의 다원적 시스템, 법치주의 존중, 권력분립, 사법부의 독립성, 공공행정의 투명성과 책임성, 자유롭고 독립적이며 다원적인 언론을 지적하고 있다.[24]

민주주의의 필수요소에 대해 유엔에서 합의한 기준점은 보편적인 하나의 준거이지만, EU의 민주주의에 대한 공식적인 정의라고 볼 수는 없다. 오히려 민주주의가 너무 포괄적인 개념이기 때문에 민주주의에 대한 단일 모델은 없다고 EU이사회 차원에서 명시하기까지 했다. 그럼에도 불구하고 EU 차원에서 민주주의 원조를 위한 요소들을 제시하는 노력을 지속해왔다. 2015년 EU 이사회는 민주주의 원조의 기초로 세 가지 요소를 제시했다. ① 민주적 변화와 제도 건설, 특히 근본적인 자유, 헌법 개혁, 사법부의 개혁, 부패척결에 초점을 맞춘다. ② 시민들과의 더 강력한 파트너쉽, 시민사회에 대한 지원과 특히 젊은이들에게 초점을 맞춘 교류와 사람 대 사람 접촉의 기회 증대에 중

---

[23] Kurki, "Democracy and Conceptual Contestability : Reconsidering Conceptions of Democracy in Democracy Promotion", *International Studies Review* Vol. 12, No. 3, 2010, pp. 362~386.

[24] United nations, "General Assembly resolution on the '2005 World summit outcome'", A/RES/60/1, 2005.

점을 둔다. ③ 지속 가능하고 포괄적인 성장과 경제 개발, 특히 중소기업에 대한 지원, 직업 및 교육 훈련, 보건 및 교육 개선교육 시스템 및 빈곤 지역 개발.

2020년 3월 EU 집행위원회European Commission는 "2020~2024년 인권과 민주주의에 관한 EU 행동 계획EU Action Plan on Human Rights and Democracy 2020~2024"을 채택하여 인권과 민주주의에 있어 EU의 최우선 의제와 나아갈 방향을 제시했다. 행동계획은 네 가지 요소, 개인 보호 및 권한 부여, 탄력적이고 포괄적이며 민주적인 사회 건설, 인간을 위한 글로벌 시스템 추진 권리와 민주주의, 새로운 기술 활용 기회 및 과제 해결 등을 제시하고 있다. 각각의 주요 내용은 다음과 같다.[25]

① 개인 보호 및 권한 부여
  a. 전 세계적으로 사형제 폐지를 위해 노력
  b. 고문과 잔인하고 비인간적이거나 품위를 손상시키는 대우 또는 처벌을 근절하기 위해 노력
  c. 인권 옹호자와 그 법률 대리인을 지원하고 보호하며, 그들의 일이 가족에게 미치는 영향을 해결
  d. 민간 및 인도적 인프라를 포함한 무력 충돌에서 민간인의 보호를 보장하기 위한 노력을 강화
  e. 성별, 인종, 피부색, 인종 또는 사회적 기원, 유전적 특징, 언어, 종교 또는 신념, 정치적 또는 기타 의견, 재산, 출생, 장애, 나이, 성적 지향 등을 이유로 차별하는 행위에 맞서기 위한 조치를 강화
  f. 민족, 종교 및 언어적 소수자를 포함하여 소수자에 속하는 사람들의 인권을 존중하고 보호

[25] European Commission, "Human rights and democracy in the EU - 2020~24 action plan", 2020.

g. 인종 차별, 외국인 혐오 및 이와 관련된 무관용과 싸우기 위한 전략과 정책 촉진

h. 사상, 양심, 종교, 믿음의 자유에 대한 차별, 편협함, 폭력 및 박해를 예방하고 퇴치하기 위한 조치를 강화

i. 성평등을 달성하기 위한 조치를 확대

j. 여성 생식기 절단, 여성 유아 살해, 아동, 조혼 및 강제 결혼, 차별과 같은 사회 규범과 해로운 관행을 포함한 모든 형태의 성적 및 성별에 기반한 폭력의 제거, 예방 및 보호를 옹호

k. 모든 인권의 증진, 보호 및 이행, 베이징 행동 강령 및 국제 인구 개발회의의 행동 프로그램의 완전하고 효과적인 이행을 위한 작업

l. 레즈비언, 게이, 양성애자, 트랜스젠더 및 인터섹스(LGBTI)에 대한 모든 형태의 차별과 괴롭힘을 예방, 비난 및 퇴치하기 조치를 강화

m. 아동의 권리 존중, 보호 및 이행을 더욱 옹호

n. 노인들의 인권 향유 및 그들의 필요에 대한 적절하고 지속 가능한 해결책을 보장할 것을지지

o. 국제법 및 표준에 따른 국제 인권 의무에 따라 이민자, 난민, 망명 신청자, 국내 난민 및 무국적자를 포함한 취약한 상황에 있는 사람들에게 초점을 맞추는 인권 기반 접근 방식을 옹호

p. 기후변화, 환경악화, 생물 다양성 상실이 인권행사에 미치는 높은 위험과 심각한 영향을 해결하기 위한 지원책 모색

② 탄력적이고 포용적이며 민주적인 사회 건설
   a. 민주적이고 책임감있고 투명한 기관 강화
   b. 대응력, 포괄성, 참여성 및 대표 의사 결정
   c. 독립적이고 다원적인 미디어 지원, 정보에 대한 접근 및 잘못된 정보에 대한 투쟁

d. 분쟁 예방 및 위기 해결을 위한 인권 및 참여적 접근법 강화

  ③ 인권과 민주주의를 위한 글로벌 시스템을 촉진
   a. 다자간 협력
   b. 지역 파트너쉽
   c. 양국간 협력
   d. 시민 사회 및 국가 인권 기관
   e. 비즈니스 부문
   f. 국제 인권 준수 및 국제 인도법

  ④ 신기술 : 기회 활용 및 과제 해결
   a. 용량 구축 및 효과적인 모니터링
   b. 인공지능을 포함한 디지털 기술 사용에 대한 인권과 민주주의 증진

이 외에도 공공 외교 및 전략적 커뮤니케이션 등도 제시하고 있다. EU의 행동 계획은 EU와 유럽 차원 뿐 아니라 글로벌 수준에서 포괄적으로 적용되어야 할 원칙으로 제시되었다. 특히 이 계획에는 현재는 물론 미래 사회 변화에서 축을 담당할 신기술과 인공지능에 대해서도 방향성을 제공하고 있다는 점에서 의의를 갖고 있다. 즉, 인공지능 기술의 장점과 인권에 대한 위협 사이의 긴장을 이해하도록 촉진하고, EU 규제에서 예견된 것처럼 신뢰할 수 있는 인공 지능 시스템을 옹호하고 있다. 이에 더해 신기술의 오남용에 대응하기 위한 시민 사회의 조치를 지원하기 위한 추가 자금 지원도 거론하고 있다.

2) EU의 동방파트너십 Eastern Partnership

구소련 해체와 탈냉전의 도래가 진행되면서 과거에 공산주의 국가였던 중

· 동부 유럽 내 다수 국가들의 EU 가입이 2000년대에 들어와서 증대했다. 그렇지만 EU에 인접한 많은 국가들이 회원국 후보에서 배제되어 있었기 때문에 EU는 '친구들의 연결고리ring of friends'로 인접 국가들을 포괄하려는 유럽근린정책ENP, European Neighbourhood Policy의 정책 기조를 채택하였다. ENP는 남부와 동부의 유럽연합 인접 지역의 안정, 안보, 번영을 촉진하기 위해 2004년에 출범했다. EU는 동부지역 6개국과 남부지역 10개국을 유럽근린정책의 '동반자 국가partner country'로 설정하고, 이들 국가와의 협력을 도모했다. 동부지역 동반자 국가에는 우크라이나, 조지아, 몰도바, 아르메니아, 벨라루스, 아제르바이잔 등 6개국이, 남부지역 동반자 국가에는 알제리, 이집트, 이스라엘, 요르단, 레바논, 리비아, 모로코, 팔레스타인 자치정부, 시리아, 튀니지 등 10개국이 포함되었다. EU는 유럽근린정책을 통해 민주주의의 증진, 법치주의, 인권, 사회적 결속력과 같은 인류 보편의 가치를 동반자 국가에 이전하고 전파하는 데 주력했다. ENP는 협력을 위한 3가지, 즉 안정을 위한 경제발전, 안보, 이주 및 이동성migration and mobility에 공동의 우선순위를 두었다. EU의 유럽근린정책의 핵심 사업은 반부패와 농촌 개발에 초점을 맞추었다.[26] EU의 다자주의 구상은 2008년 동부지역 동반자 국가 6개국을 대상으로 한 '동방파트너십EaP, Eastern Partnership'과 남부지역 동반자 국가와 터키, 몬테네그로, 모나코, 모리타니, 보스니아-헤르체고비나, 알바니아를 포괄하는 '지중해를 위한 연합UfM, Union for the Mediterranean'을 각각 출범시켰다.[27]

EU는 유럽근린정책을 실행하기 위해 재정지원 프로그램을 가동했다. 2007년부터 2013년까지는 '유럽근린동반자관계기금ENPI, European Neighbourhood and Partnership Instrument'을, 2014년부터 2020년까지는 유럽근린동반자관계기

---

[26] Kourtelis, "The role of epistemic communities and expert knowledge in the European Neighbourhood Policy", *Journal of European Integration* Vol. 43, No. 3, 2021, pp. 279~294.
[27] 김훈, 앞의 논문, 2022, 212~213쪽.

금을 승계한 '유럽근린기금ENI, European Neighbourhood Instrument'을 중점 운영했다. 2007년에 개시된 유럽근린동반자관계기금은 동반자 국가의 거버넌스 증진과 사회경제적 발전에 중점을 두었다. 재정 지원을 위한 정책 우선순위는 EU와 동반자 국가가 공동 합의한 '행동계획Action Plan'을 통해 확정되며 '국가 지정 프로그램National Indicative Programme'을 통해 구체화 된다. 동방파트너십 국가의 경우 '연례 행동 프로그램Annual Action Programme'을 통해 연차별 세부 프로젝트가 설정된다. EU는 유럽근린정책 동반자 국가와 지역별 정책 우선순위를 지원하기 위해 2007년부터 2013년까지 7년간 총 112억 유로의 유럽근린동반자관계기금을 편성했다. EU는 유럽근린동반자관계기금이 만료됨에 따라 이를 승계한 유럽근린기금을 2014년부터 2020년까지 설정했다. EU는 유럽근린정책 동반자 국가와 지역별 정책 우선순위를 지원하기 위해 2014년부터 2020년까지 7년간 총 154억 유로의 유럽근린기금을 편성했다.[28] 2015년, EU 고위대표와 EU 위원회는 협력 프레임워크에 변화를 가져오고 근린정책을 통해 더욱 효과적인 파트너십을 구축하는 방법을 제안한 ENP 리뷰를 채택했다.[29]

우크라이나, 조지아, 몰도바 3국은 2007년부터 2018년까지 12년 동안 EU가 동방파트너십 6개국에 지출한 지원 금액의 83.7%를 차지했다. 이 세 개의 국가들은 탈사회주의 체제전환 기간 동안 줄곧 EU 가입 노선을 유지하면서 유럽근린정책에 적극 참여했다. 다시 말해 EU의 가치를 자발적으로 수용하면서 EU 노선을 견지하려 했다. 반면에 아르메니아, 벨라루스, 아제르바이잔은 수동적으로 EU 가치를 '마지못해' 따르는reluctant 역할을 하였다. 그 결과

---

[28] Regulation (EU), No 232/2014 of the European Parliament and of the Council of 11 March 2014 laying down general provisions establishing a European Neighbourhood Instrument, Official Journal of the European Union, L 77/27, 2014; 김훈, 앞의 논문, 2022, 214~215쪽.
[29] The Diplomatic Service of the European Union, "European Neighbourhood Policy", July 29, 2021.

민주주의 이행과 민주주의 지수에서 두 그룹 간에 차이가 생겼으며, 실제 EU 가입 대상 구분에 있어서도 명확한 구분이 드러나게 되었다.

3) EU 확대 정책과 지원 프로그램

2022년 10월 유럽의회 및 집행위원회European Parliament, THE Commission가 작성한 보고서 "2022 EU 확대 정책에 관한 커뮤니케이션2022 Communication on EU Enlargement Policy"에 따르면, 2021년 9월 15일 작성한 유럽의회 및 이사회 규정REGULATION (EU) 2021/1529 내 사전 가입 지원을 위한 규칙the Instrument for Pre-Accession assistance, IPA III 설정에 근거하여 가입 지원이 이루어지고 있음을 명시하고 있다. 이에 따르면 EU 가입의 대전제로 인간의 존엄성, 자유, 민주주의, 평등, 법치주의, 인권 존중의 가치를 존중하고 그러한 가치를 증진하는 데 전념하는 유럽 국가는 EU 회원국이 되기 위해 가입을 신청할 수 있다고 명시하고 있다. EU 가입 요건은 법치와 기본권을 가입 과정의 다른 두 가지 중요한 영역인 경제 거버넌스(경제 발전과 경쟁력 향상에 대한 집중 강화)와 민주주의 제도의 강화와 공공 행정 개혁과 연결시키는 데에 있다. 동시에 EU 가입을 신청한 국가 중에서 알바니아, 아이슬란드, 몬테네그로, 북마케도니아, 세르비아, 터키 등 서발칸 지역에 대한 논의가 우선적이라는 점을 확인하고 있다. EU는 신설된 유럽 지속가능개발기금EFSD+을 통해 EU 가입을 원하는 국가에 금융 지원을 시행하고 있다.[30]

EU 후보 회원국이 되면 사전 가입 지원Pre-accession Assistance에 관한 협약IPA II을 맺고 다년간의 재정 지원을 받는 대신 EU에서 규정한 조치들을 취해야 한다. EU와 가입신청국간 가입조약이 체결되면, 가입후보국Candidate Country

---

[30] EU, "REGULATIONS REGULATION (EU) 2021/1529 OF THE EUROPEAN PARLIAMENT AND OF THE COUNCIL of 15 September 2021 establishing the Instrument for Pre-Accession assistance (IPA III)", Official Journal of the European Union, 2021, pp. 2~26.

은 사실상 회원국으로 간주되는 '후보회원국Acceding State'이 되어 정식 회원국이 될 때까지 회원국이 누리는 특권을 잠정적으로 누린다. 이를 '잠정특권 interim privileges'이라 한다. 그 특권의 주요 내용으로는, EU의 제안, 통보, 권고 또는 입법발의에 대해 그(들)의 견해를 제시할 수 있고, EU의 부속 기구에서 '옵저버 지위'를 갖게 되어 발언권을 행사할 수 있다. 그러나 투표권은 부여되지 않는다.[31] 후보국가 지위를 획득한 국가는 집행위원회와 함께 35개 챕터로 구성된 코펜하겐 범주Copenhagen criteria를 협상한다. 협상은 기본적으로 후보국가가 EU를 대상으로 가입조건을 충족하였음을 설득시키는 과정이다. 35개 챕터는 상품, 노동, 자본의 자유로운 이동, 서비스 제공, 조달, 회사법, 지적재산권, 경쟁, 금융서비스, 정보화 및 미디어, 농업 및 농촌개발, 식품 안전 및 검역, 어업, 운송, 에너지, 조세, 경제 및 통화정책, 통계, 사회정책, 기업 및 산업정책, 범유럽 네트워크, 지역 정책, 사법 및 기본권리, 자유와 안전, 과학 및 연구, 교육 및 문화, 환경, 소비자와 보건, 관세, 대외관계, 안보 및 국방정책, 금융감독, 금융 및 재정, 제도 등으로 구성된다.[32]

 2022년 7월 현재 EU 가입후보국은 알바니아, 몰도바, 몬테네그로, 북마케도니아, 세르비아, 튀르키예(터키), 우크라이나, 몰도바이다. 현재 진행 중인 서발칸 지역 국가들과 EU 간의 협약 준수 확인 과정이 가장 최근에 진행되고 있는 회원국 확대의 구체적 사례에 해당된다. IPA III의 구체적인 목표는 법치, 민주주의, 인권 및 기본적 자유의 존중, 공공 행정의 효율성 강화와 투명성, 구조 개혁, 경제적, 사회적 발전과 결속력 강화, 국경 간 협력, 양성평등과 여성과 소녀의 권한 부여 촉진, 평생 학습, 양질의 고용과 노동 시장에 대한 접근 촉진, 사회적 보호와 포용, 빈곤 퇴치 촉진, 에너지 안보 및 다양성 강화, 중소기업의 환경 및 경쟁력 향상, 디지털 기술과 서비스 개선, 환경 보

---

[31] 채형복, 「EU와 회원국, 가입 조건이 왜 이리 까다로워」, 2022.
[32] 박명호, 앞의 논문, 2021, 7~8쪽.

호, 농업 및 식품 안전, 시장의 힘에 대처하는 농식품과 수산 부문의 능력 향상 등 앞서 제시한 EU 행동계획의 범주와 일치하는 주요 내용을 담고 있다. EU 차원에서 지역 개발을 위해 유라시아 지역 내에서 지원 프로그램을 실시하고 있는 대표적인 곳인 몰도바와 키르기스스탄의 사례는 다음과 같다.

(1) 몰도바의 사회적 책임 증가를 위한 권한 있는 시민 사회
: EU4 책임EU4 Accountability

EU4 책임Accountability 프로그램은 포괄적이고 지속 가능하며 통합된 지역 사회 경제 성장을 촉진하고, 웅헤니Ungheni와 카훌Cahul, 몰도바 내 두 지역 시민들의 생활수준을 향상시킴으로써 몰도바의 경제적, 영토적, 사회적 결속을 강화하는 데 초점을 맞춘 EU의 지원 프로그램이다. 이 프로그램은 정부와 민간 차원에서 필요한 서비스와 필요한 인프라를 개선하기 위해 민간 투자를 촉진하고 경제를 개선하며 남성과 여성의 고용 기회를 창출하기 위해 필요한 개선 사항을 목표로 두 지역을 지원하였다. 프로그램 시행 결과 상당한 성과가 있었는데, 주요 내용은 다음과 같다.[33]

- 지방 공공 기관은 공통의 경제 개발 목표를 달성하기 위해 지방 자치 단체 간 파트너십 플랫폼을 설립하는 데 안내를 받았다.
- 여성 34명을 포함한 47명의 지방자치단체 대표 및 기타 이해관계자는 지역전략 및 계획을 효율적으로 이행할 수 있는 역량을 향상시켰다.
- 웅헤니와 카훌 초점 지역은 향후 구현될 목표와 우선순위 조치가 포함된 SMART 개념 및 로드맵으로 공식화된 전자 변환 및 SMART 개발 의제를 개발하기 위해 지원되었다.
- 카훌과 웅헤니 시의 15개 유치원은 IT 장비를 갖추었다 : 150개의 레고 키트와

---

[33] UNDP, "EU4MOLDOVA : FOCAL REGIONS", 2022.

- 150개의 태블릿은 총 75,000유로에 달한다.
- 4개의 지역 행동 그룹은 총 20만 유로의 보조금을 지급받았으며, 카홀과 웅헤니 지역의 47개 농촌 개발 및 일자리 창출 이니셔티브를 추가로 지원해야 한다.
- 57개의 기존 기업, 스타트업 및 사회적 기업가정신 이니셔티브는 사업 확장, 신규 일자리 창출 및 신규 투자에 대한 중점 지역의 매력 증대를 위해 최대 150만 유로의 보조금 혜택을 받았다.
- 취약계층을 지원하고 카홀과 웅헤니의 중심 지역에서 지역사회가 직면한 문제를 해결하기 위해 10개 지역사회 이니셔티브가 최대 90,000유로의 지원을 받았다.
- 웅헤니, 카홀 및 주변 지역사회는 두 대의 쓰레기 트럭을 받았으며 현대 폐기물 수집 및 운송 서비스를 이용할 수 있다.
- 커뮤니티 유틸리티 인프라 개발과 지역 공공 서비스 제공을 위한 7개 프로젝트는 카홀 및 웅헤니 지역의 경제 발전을 촉진하기 위해 각각 최대 20만 유로의 재정 지원 혜택을 받는다.
- 현지인들이 창출한 300여개의 아이디어 중 최고를 뽑는 투표에는 2만여 명의 시민이 참여했다. 해커톤 공모전은 가장 실현 가능한 해결책을 제시하여 시민들의 폭넓은 참여를 이끌어냈다.
- 카홀과 웅헤니의 임시 난민 수용소에는 가전제품, 조명 발전기, 전기 히터 팬, 전기 공기 히터, 손전등과 300개의 침대, 350개의 매트리스, 700개의 침대 린넨, 이불, 수건 등이 설치되었다.
- 5개의 지방 공공 서비스 및 기반 시설 개발 프로젝트가 완료되어 78,000명 이상의 사람들의 생활환경을 개선하였다.

〈표 6〉 EU 및 UNDP 등 의 지역 개발 지원 내역

년도	예산			전달액
	EU	UNDP	지역 행정 기관	
2019	$28,463	$7,409		$34,210

2020	$3,364,166	$100,000	$111,261	$3,395,258
2021	$5,847,825	$113,230	$84,000	$5,102,654
2022	$5,564,829	$100,000	$127,184	
2023~2024	$8,327,255	$234,917		

출처 : https://www.undp.org/moldova/projects/eu4moldova-focal-regions (검색일 : 2022.11.02).

(2) 미디어 대화 프로젝트The Media Dialogue project

미디어 대화 프로젝트The Media Dialogue project는 아르메니아, 벨라루스, 조지아, 독일, 몰도바, 우크라이나에서 온 언론인, 학자, 예술가 및 학생들이 각 국가의 민주주의와 자유 언론을 안정시키고 강화하기 위한 EU 내 네트워크 및 협력 프로그램이다. 미디어 대화 프로젝트는 EU 민주주의 파트너쉽 European Partnership for Democracy의 자금 지원을 받고 있으며, 2021년 상반기까지 키르키스스탄에서의 선거를 보호하기 위해 언론의 힘을 이용하는 프로그램을 운영하였다. 이를 통해 미디어 종사자들이 정확하고 신뢰할 수 있는 선거 관련 콘텐츠를 키르키스스탄 시민들에게 제공하여 정보에 입각한 선택을 할 수 있도록 돕는 교육 및 역량 강화 활동을 실시하였다. 인쇄, 온라인 및 방송 매체뿐만 아니라 인쇄제작인, 개별 언론인, 온라인 활동가 및 인플루언서들을 대상으로 편집 용어뿐만 아니라 창의적이고 사회적으로 유익한 미디어 및 옹호 프로젝트에 대한 보조금을 지급함으로써 그들의 선거 관련 산출물의 생산을 지원하였다. 미디어 대화 보조금 프로그램은 키르기스스탄의 미디어 환경을 개선하고 공공 서비스 가치 콘텐츠를 생성하고, 보조금 지급자에게 미디어 정책 개혁을 촉진하도록 장려하였다.[34]

EU의 "몰도바의 사회적 책임 증가를 위한 권한 있는 시민 사회" 프로그램과 미디어 대화 프로젝트 등 민주주의와 지역 공동체 발전을 위해 지원하는 EU의 프로그램은 전반적으로 그 취지와 목적에 부합하는 성과를 올리면서

---

[34] Media Dialogue, "Media Dialogue Project Summary", 2022.

진행된 것으로 판단된다. 지역 공동체 프로그램은 계량적 지표를 통해 성과 평가가 가능하며, 언론과 선거 연계 프로그램은 프로그램 만족도 등을 통해 질적인 측면에서의 평가를 가늠할 수 있다. EU 측에서 의도한 바와 같이, 시민사회의 자율성 제고를 위해 지역공동체의 경제적 기반 확충과 선거에서의 자유로운 선택을 위해 공정한 언론 역할의 확대 목표를 달성하는데 EU 프로그램은 충분한 기여를 했다고 볼 수 있다.

4. 유라시아 국가별 EU 가입 추진 상황 및 가입 가능성

유라시아 지역에서 탈사회주의 체제 전환기에 일관되게 EU 가입 노선을 견지해 온 나라는 우크라이나, 몰도바, 조지아가 대표적이다. 이들 국가는 EU의 유럽근린정책에 적극적으로 동조하면서 EU의 가치를 포용하기 위해 노력을 기울였다. 글로벌 자유 지수에서 이 세 국가는 모두 "Partly Free"상태를 보여주고 있으며, 민주주의 판정 결과 역시 "transitional or hybrid regime"을 기록하고 있다. 이들은 유라시아의 다른 권위주의 국가들보다 민주주의 척도에서 앞서 있으며, EU 가입을 위한 민주주의 요건에는 한 발 가까이 다가서 있다고 할 수 있다. 물론 민주주의 지표는 여러 고려 사항 중 하나에 해당된다. 35개 챕터로 구성된 코펜하겐 범주에서 시장이 17개 챕터, 국가 12개 챕터, 시민사회 5개 챕터의 구성으로 미루어 보아 '시장'요소가 더 중요하다고 볼 수 있다. 평균 10여 년의 협상 기간을 거쳐 가입이 확정되는 EU 진입은 결코 용이한 과정이라 할 수 없다. 결국, EU 가입을 위해서는 EU와 유사한 환경을 만들어야 한다. 우크라이나, 조지아, 몰도바 등 EU 가입을 원하는 3개국은 국내외 안보 문제를 야기할 수 있음에도 불구하고 공통적으로 EU 가입을 시도하고 있다. 세 나라는 공통적으로 인접한 대국인 러시아의 위협으로 인해 야기되는 국가적 생존의 문제를 해결하기 위한 방안으로 EU

가입을 추구하기 때문이다. 서구와 관계를 적절하게 유지하는 상태에서 러시아와 동시에 우호관계를 유지할 수 없다는 사실을 2014년 크림합병과 이후의 돈바스 전투의 전개과정을 통해서 이들 나라들은 목격했고, EU 역시 크림 합병 이후 러시아의 세력권 확대에 반대하는 입장을 공고하게 하면서 유라시아 3국의 EU 가입 의사가 더욱 굳건해졌다. 2022년에 발발한 우크라이나 전쟁 역시 우크라이나, 몰도바, 조지아에서의 유럽 지향성을 더욱 공고하게 하는데 기여했다. 우크라이나 전쟁에서 러시아가 우크라이나 영토를 점령한 상태에서 전쟁을 종결한다면, 우크라이나뿐 만 아니라 조지아와 몰도바도 자국 내 러시아군의 점령지 고수 정책을 유지할 가능성이 높기 때문에 EU 가입에는 난항이 예상된다. 따라서 3국 모두 러시아의 우크라이나 점령지 철수와 러시아의 영향력 약화를 공통적으로 원하고 있다. 이 같은 상태에서 그간 진행된 노력과 EU 가입 전망을 국가별로 열거하면 다음과 같다.

1) 우크라이나 전쟁과 우크라이나의 EU 가입 추진 가속화

우크라이나의 경우, 2010년대 초반에 조성되었던 우크라이나의 정치 혼란을 가중시킨 데에는 EU의 태도도 한 몫을 하였다. 오렌지혁명 당시 많은 우크라이나 사람들은 우크라이나가 곧 EU에 가입할 수 있을 것이라는 희망이 지배적이었다. EU는 우크라이나가 시장경제라고 선언하였으며 우크라이나와 협력 협약을 2008년까지 체결할 것이라고 하였으나 그 후 실행되지 않았다. 2008년 9월 유셴코Viktor Yushchenko 대통령은 파리 정상회의에서 우크라이나의 EU 가입 논의를 요구하였으나 EU는 전혀 동조하지 않았다. 폴란드와 발트해 국가 및 핀란드 등이 우크라이나의 EU 가입을 지지하였으나 EU 내 주요국인 독일과 프랑스가 러시아를 의식하고 움직이지 않았던 점이 가장 큰 이유였다고 볼 수 있다. 당시 EU는 EU 내부의 많은 문제들 때문에 우크라이나 문제를 논의할 입장이 아니었던 점도 작용했다.[35]

우크라이나는 EU의 연간 행동 프로그램 가운데 민주적 참여와 시민사회, 법의 지배 프로그램을 실행했지만, 부패와 통제와 관련된 프로그램을 진행하지 않았다. 우크라이나는 민주주의 의제보다는 정부의 효과성과 규제 개선 등 행정적 거버넌스 프로그램에 집중했다. EU는 2007년부터 2018년까지 우크라이나에 유럽근린정책 실행 기금으로 총 113개 분야에 걸쳐 총 23.42억 유로를 집행했다. 하지만 이 가운데 민주적 거버넌스 분야가 차지하는 비중은 '민주적 참여와 시민사회'(15150) 프로그램(31.52백만 유로)을 포함하여 고작 3.45%(80.97백만 유로)에 불과했다. 게다가 EU의 유럽근린정책은 우크라이나 위기 이후 근린지역의 안정화를 위한 '이익 기반 유럽화'에 집중되었다.[36]

2014년 EU - 우크라이나 연합 협정은 EU와 관계에 있어 진일보한 조치였지만, 연합 협정은 EU가 우크라이나의 유럽에 대한 열망을 인정하고 지속 가능한 민주주의와 시장 경제를 건설하겠다는 약속을 포함한 유럽의 선택을 환영한다는 것을 확인했을 뿐이다. 이 협약은 EU 가입에 대한 국가의 제49조 권리 및 후보 지위를 위한 공식적인 전제조건으로 이행해야 할 코펜하겐 기준에 대해 언급하지 않았다. 이 기준은 EU 후보국이 민주적 제도와 시장경제를 갖추고 기본적 인권을 유지하며 회원국의 의무를 수용해야 한다고 규정하고 있다. 그러나 EU 확장은 본질적으로 회원국들의 정치적 결정이며, 때때로 극적인 사건들을 포함하는 다수의 고려사항에 기초한다. 우크라이나에 대한 러시아의 침략전쟁은 그런 전환점이다.

우크라이나는 러시아의 군사 공격을 받은 지 5일 후인 2022년 2월 28일에 EU 가입을 신청했다. 우크라이나는 2022년 6월 23일 우크라이나 전쟁이 진행 중인 가운데 EU 후보 회원국으로 몰도바와 함께 선정되었다. 2023년 12

---

35 김연규, 「탈공산체제 이행과 민주주의 공고화」, 『세계정치 13』 제31집 1호, 서울 : 서울대학교 국제문제연구소, 2010, 31쪽.
36 김훈, 앞의 논문, 2022, 223~224쪽.

월 16일 일정에 따라 유럽이사회European Council는 키이우Kyiv와의 가입협상을 공식적으로 시작할 예정이다. 러시아의 침공 이후 확고하게 유지된 우크라이나 정부의 견고성과 시민 사회의 힘은 서방에 경외감을 불러일으켰다. 우크라이나 정부는 러시아의 침공 군대가 수도 키이우에 근접했을 때 정부를 철수하지 않고 수도를 지켰으며, 러시아가 공격하는 동안 철도 등 우크라이나의 주요 교통수단도 제 기능을 다했다. 반면에 러시아가 점령지에서 행한 비인도적인 전쟁 범죄는 서방에 충격을 주었고, 우크라이나의 회원국 지위 부여를 가능하게 만든 EU 회원국들의 사고방식 변화에 큰 영향을 미쳤다.[37] EU는 피난처를 찾는 우크라이나인들에게 지원을 제공했고, 러시아가 일으킨 전쟁에 공모한 인사들에 대해 강경한 제재 조치를 취했다.

2023년 7월 나토 정상회의에서 우크라이나의 동맹 가입 절차를 가속화하지 않기로 결정한 이후 EU 가입은 우크라이나에 더욱 우선순위가 될 가능성이 커졌다. 2023년 6월 우크라이나가 제출한 첫 번째 보고서는 우크라이나가 가입을 위한 7가지 필수 요소 중 두 가지를 충족한 것으로 나타났다.[38] 2023년 말부터 우크라이나의 유럽연합 가입 절차를 진행하기로 예정된 가운데, 향후 2년 내 가입 목표를 갖고 있는 우크라이나가 EU와의 협상 과정에서 갖게 될 장점을 든다면 다음과 같다.

첫째, 우크라이나 전쟁이 언제 끝날지는 정확하게 예측하기 힘들지만, 전쟁 종결 이후 전쟁으로 파괴된 우크라이나의 인프라를 재건하기 위해 막대한 재정 지원을 필요로 하는 방대한 재건 프로그램 실시는 자명하다. 우크라이나의 민주주의 건설 노력은 이미 2014년 러시아의 크림반도 합병과 동부 돈바스 지역에서의 전쟁이 진행되는 과정에서부터 지속되어 왔다. 또한 EU와의 제휴

---

[37] Tannock, "The Case for Ukraine's EU Membership", Project Syndicate, July 1, 2022.
[38] Carlo Bastasin, "Want Ukraine in the RU? You'll have to reform the EU, too", *Brookings Brief*, Brookings Institution, July 2023.

협정과 자유무역 협정은 우크라이나가 공동 소유권acquis communautaire, the body of EU law의 60%를 이행하는 등 이미 중대한 구조 개혁을 시행했다. 이같은 내용은 가입 협상이 시작되면 우크라이나에게 유리한 출발점을 제공할 것이다.

둘째, EU 후보 지위는 사법부의 독립성 강화, 민주주의와 인권 강화, 소수자 보호, 부패와 정실주의 퇴치에 필요한 개혁을 더욱 고무할 것이며, EU 집행위원회가 절차를 감독하고 주변 EU 국가들이 필요한 전문성을 제공할 것이다.

셋째, 고령화와 노동력 부족 등 유럽에서 진행 중인 현재와 미래의 인구통계학적 문제와 영국의 EU 탈퇴를 고려할 때, 고도로 숙련된 우크라이나인 인력풀은 유럽 노동력에 유리한 추가 요인이 될 것이다. 또한 우크라이나 전쟁이 극적으로 보여주었듯이, 우크라이나의 EU 가입은 식량 안보 및 방위 능력과 관련된 다른 이점을 가져올 것이다.[39]

물론 우크라이나는 EU 가입에 있어 장점뿐 아니라, 단점도 갖고 있다. 그 대표적인 내용이 크림반도 등 영토분쟁으로 인한 불안 상존이다. 2014년 러시아가 크림반도를 점령한 후 합병을 강행했지만, 우크라이나는 이를 인정하지 않고 러시아와 전쟁을 계속해왔다. 러시아는 크림반도를 포기하지 않을 것이며, 이로 인해 우크라이나의 주권은 훼손될 것이다. EU는 물론 나토도 영토 문제가 해결되지 않은 새 회원국을 받아들이는 데 주저하는 경향이 있다.[40] 역으로 푸틴이 크림반도에 집착하는 것은 우크라이나의 유럽과의 결합을 방해하는 주요 요소로 삼을 수 있다. 영토 분쟁은 우크라이나 뿐 아니라 조지아와 몰도바 등 EU 가입을 원하는 국가들 모두 공통적으로 안고 있는

---

[39] Tannock, op.cit.
[40] Fix and Kimmage, "Go Slow on Crimea. Why Ukraine Should Not Rush to Retake the Peninsula", Foreign Affairs, December 7, 2022.

문제이며, 모두 러시아와 관련되어 있다는 점도 마찬가지이다. 그 밖에도 우크라이나는 정치·경제개혁과 부패 청산, 그리고 EU 분담금을 충당할 수 있을 정도의 국가 재정 규모 확충 등의 문제를 안고 있다. 우크라이나 당국은 2023년 2월 키이우에서 열린 EU 정상회담을 앞두고 전 내무장관과 국세청장 대행, 금융 올리가르히 등 고위직의 부패 혐의에 대해 수사하는 등 EU가 요구하는 부패 청산을 위한 노력을 과시하였다.[41] 우크라이나 전쟁의 와중에서도 고위층의 부패로 인해 서방의 지적을 받고 있는 우크라이나가 EU 회원국이 되기까지는 최소 수년, 혹은 십 년 이상이 걸릴 수도 있겠지만, 우크라이나의 후보 지위는 러시아와의 전쟁에서 강력한 사기 진작 요소로 작용하고 있다. 다시 말해 우크라이나가 유럽 안보에 희생을 하고 있는 측면도 있기 때문에 EU로서는 이에 대한 정치적 고려도 할 수 있다는 점을 지적할 수 있다.[42] EU는 향후에 우크라이나가 궁극적으로 유럽 가족에서 자신의 자리를 차지하도록 보장해야 한다는 여론에 반응해야 할 듯하다.

우크라이나 전쟁 발발 이후 우크라이나의 EU 가입 절차가 속도를 내고 있는 데에는 첫째, 대부분의 유럽 정부가 EU 가입이 키이우의 나토 가입 요청을 즉시 밀어내기를 바라고 있기 때문인데, 이 조치는 많은 유럽 지도자들이 푸틴 러시아 대통령이 레드 라인을 넘어 EU를 러시아와 정면충돌로 끌어들일 것을 우려하고 있는데 따른 것이다. 둘째, 우크라이나에서 군사행동이 종결되더라도 우크라이나를 유럽과 연계되지 않은 상태에서 지속적인 불안정의 위험에 빠뜨리는 것은 너무 위험할 수 있다는 인식을 유럽에서 갖게 되었다. 셋째, 시간이 갈수록 유럽이 우크라이나에 지원할 수 있는 군사적, 재정적 지원이 고갈될 수 있다. EU에게는 우크라이나 가입을 지지할 수 있는 이

---

[41] Kirby, "Ukraine billionaire Ihor Kolomoisky targeted in new anti-corruption swoop", *BBC News*, February 2, 2023.
[42] 송병준, 「우크라이나의 EU 가입 멀지만 반드시 가야 할 길」, 『공공정책』 제199호, 서울 : 한국자치학회, 2022, 68~71쪽.

같은 상황이 조건이 작용하고 있지만, 장기적으로 우크라이나를 비롯하여 새로운 가입 후보 국가들을 돕기 위한 비용이 충분하지 않다는 딜레마를 안고 있다.[43]

2) 조지아의 EU 가입 유보 조치와 권고 이행사항

조지아는 구소련지역의 국가들 중에서 나토 가입과 EU 가입에 대한 국민들의 지지도가 가장 높고 나토와 EU 입장에서도 가장 회원국으로 받아들일 만한 요건에 근접한 국가였다. 조지아에게 나토 가입에 가장 유리한 시기는 2008년 러시아 - 조지아 전쟁이 발발하기 직전이었다. 러시아는 조지아의 나토 가입 시도를 좌절시키는 군사적 개입을 단행했고, 이로 인해 조지아는 러시아의 영향력으로 인해 한계에 부닥쳤다. 당시에는 우크라이나 보다 조지아가 유럽공동체에 앞서는 진입대상이었다. 조지아는 정치적으로 개방되었고 시민사회가 발전한 국가였다.[44] 이후 조지아는 EU 가입 보다 나토 진입을 원했던 방침에서 선회하여 현실적으로 나토 가입보다 EU 가입을 우선 추구하는 전략을 추진하고 있다.[45] 무엇보다도 조지아 국민들과 정치인들의 EU 가입을 위한 열망이 드높았다. 그러나 조지아의 경우 유럽근린정책은 민주적 개혁보다는 제휴협정과 포괄적 자유무역지대, 비자 자유화에 필요한 제도 구축과 역량 강화에 집중되었다.

EU - 조지아 제휴협정EU-Georgia Association Agreement은 2016년 7월 발효되었으며, 이를 통해 EU와 조지아의 정치적 연합과 경제적 통합을 위해 노력하고 있다. EU와 조지아는 또한 "심화 · 포괄적 자유무역협정DCFTA, Deep and

---

43　Carlos Bastian, op.cit.
44　김연규, 앞의 논문, 32쪽.
45　정세진, 앞의 논문, 2021, 286~287쪽.

Comprehensive Free Trade Area"에 들어갔으며, 조지아 시민들은 2017년 3월 28일부터 솅겐Schengen 조약 대상지역으로의 무비자 여행 혜택을 받았다. EU는 조지아의 가장 큰 무역 파트너이며 매년 1억 유로 이상의 기술 및 재정적 지원을 조지아에 제공한다.[46]

제휴협정의 "아젠다 2021~2027"은 인권과 민주주의에 대한 EU - 조지아 협력을 규정하고 있다. EU는 아젠다를 통해 인권 문화는 여전히 전국에 확고하게 뿌리내려야 하지만, 인권과 민주주의 분야에서는 상당한 진전이 있었다고 평가하고 있다. 중요한 선거 및 사법 개혁이 이루어졌고, 이는 두 분야 모두에서 중요한 과제가 남아 있지만 국가의 민주적 통합을 위한 보다 견고한 법적 기반을 만들었다고 한다. 앞서 언급했듯이, 인권, 민주주의, 법치주의에 대한 EU의 지지는 특히 선거 과정의 투명성과 포괄성, 사법부의 독립성과 공정성, 성평등과 LGBTI 권리, 소수자의 권리, 장애인의 권리, 노동권을 지향한다.

그러나 2022년 6월 17일 브뤼셀에서 열린 EU 집행위원회는 우크라이나와 몰도바와 달리 조지아에게 EU 가입 후보국 지위를 당장은 부여하지 않기로 결정했다. 다만, 조지아에 후보 지위를 부여할 준비가 되어 있음을 확인하였다. 집행위원회는 조지아의 '유럽적 관점European perspective'을 인정하면서 회원국 후보 자격 재검토 전에 해결해야 할 광범위한 이슈 목록을 지적했다. 조지아는 정기적으로 선거를 치러왔지만, 근래에 들어 선거 부정 문제가 야기되는 등 불안정한 시스템을 드러냈다. 프리덤하우스에 따르면 조지아의 정치 생활과 미디어 환경에 올리가르히Oligarchs가 과도한 영향력을 행사하고 있으며, 시민의 자유는 일관되게 보호되고 있지 않다고 보고 있다. 2020년 10월, 야당들이 의회 선거가 조작되었다고 주장하며 패배를 인정하지 않으면서 정치적 위기가 발생했다. 집권당인 조지아 드림Georgian Dream이 새로운 정부

---

[46] Delegation of the European Union to Georgia, "The European Union and Georgia", 2022.

를 구성하는 동안 야당은 의회 입성을 거부했다. 위기가 길어지자, 유럽이사회European Council 의장 찰스 미셸Charles Michel은 직접 개입하여 합의를 중개하고 모든 정당을 입법부로 복귀시켰다. 이 합의는 또한 일련의 선거와 사법 개혁을 제안했다. 조지아 드림은 나중에 서명을 철회했다. 이러한 지속적인 정치적 불안정은 조지아의 EU 가입에 대한 집행위원회의 의견에 반영되었다. 집행위원회는 정치적 양극화(political polarisation, 극단적인 정치적 대립), 모든 국가 기관의 적절한 기능, "탈올리가르히화de-oligarchisation"의 필요성을 포함하여 조지아가 해결해야 할 우선순위 목록을 제시했다. EU의 핵심 요구는 정치적 통합, 법치주의 강화, 부패 척결로 요약할 수 있다. 조지아에 제안된 개혁안 목록은 2022년 말까지 일련의 핵심 조치를 시행할 것으로 예상되는 우크라이나와 몰도바에 주어진 것보다 현저히 길다.[47]

〈표 7〉 EU의 조지아의 후보지위를 위한 12가지 권고 이행사항(steps)

번호	EU 권고 사항	이행 조치	시간표와 절차
1	여야 간 합의(2022.04.19)의 정신으로 정당 간 협력을 통해 정치적 양극화 문제를 해결	의회 내 권력 분담 i) 야당이 5개 위원회의 의장 차지. 5개 위원회 중 재정·예산위원회와 인권·시민통합위원회는 의무적으로 배당 ii) 상임의회 의장 중 1인은 야당에 할당 *의회 절차 규칙 개정	절차 규칙의 초안 수정 의석 150석의 단순 과반수(76표) 일정: 법률 초안의 3회 독회
2	모든 국가기관의 완전한 기능 보장과 민주적인 감독 기능 강화 OSCE/ODIHR 및 유럽의회/베니스 위원회가 관리	헌법의 선거 조항 개정 선거법 개정	2차의 독회 남음 선거법 개정안 발의 6주
3	2021년 이후의 투명하고 효과적인 사법 개혁 전략 및 실행 계획 채택 및 실행 유럽 표준과 베니스 위원회의 권고에 부합해야 함	1. 새로운 사법 개혁 전략 및 실행 계획 채택 및 실행 2. 고등사법위원회의 철저한 개혁 착수 3. 고등사법위원회의 비상임 위원 임명	한 달 안에 완전한 제정이 가능 초안 작성 의석 과반수의 찬성

[47] Liboreiro, "Why was Georgia not granted EU candidate status?", *Euro News*, June 24, 2022.

		4. 대법원에 대한 최근의 모든 임명을 재평가 5. 검찰총장 임명규칙 개정	의회는 5명의 대법관을 비밀투표로 선출 임시위원회 창설 헌법 개정 초안 작성
4	반부패 기관의 독립성 강화. 새로운 특별 조사 기능과 개인 정보 보호 서비스 강화	1. 반부패기관. 기관에 대한 법률 제정 2. 특별 조사 기능과 개인 정보 보호 서비스 강화	국회에서 이미 발의 국회 과반수 찬성 필요 3회의 독회, 6주 소요
5	탈올리가르흐화(de-oligarchization) 진행 - 경제, 정치와 공적 생활에서 기득권의 과도한 영향력 제거	12가지 조치의 이행은 자동적으로 민주주의 기관에 대한 올리가르히의 영향력 감소를 유도함. 검찰총장, 대법원판사, 중앙선관위 위원장 임명을 위한 새로운 규칙 제정이 특히 중요	
6	조직 범죄와의 싸움 강화	법 집행 기관의 권능 강화	
7	언론의 자유 보장	비판적 언론사에 대한 수사와 재판 중단 언론인들에 대한 대규모 감시에 대한 조사 착수	TV 채널 소유자인 니카 그바라미아(Nika Gvaramia) 사면
8	취약 계층의 인권 보호	폭력적 인권 침해 조사 동성애와 외국인 혐오를 줄이기 위한 캠페인 실시	
9	양성 평등 강화 및 여성에 대한 폭력에 대처	성범죄에 대한 법제 정비 가정폭력 대처 피해자 지위의 요건 폐지	
10	모든 수준의 의사 결정 과정에 시민 참여 보장	개방형 정부 파트너쉽 구축 시민사회단체의 정책 참여 보장	
11	조지아 법원이 유럽인권재판소의 판단을 적극적으로 고려할 수 있도록 법률을 채택	사전 예방적 ECHR 적용.	
12	새 옴부즈맨(Public Defender)을 지명하는 과정에서 독립적인 인사가 우선권을 갖는지 확인	후보자는 초당적 협의를 통해 동의를 얻음	

출처 : Transparency International, "12 steps towards EU candidacy", 2022.

<표 7>을 통해 확인할 수 있듯이, EU가 조지아의 후보국 지위 검토를 위해 선행해야 할 조치들은 정치적 대립을 완화하고, 법치주의를 확립하면서

정책 결정에 시민사회의 참여를 확대하기 위해 필수적인 개혁을 포함하고 있다. 조지아는 시민들의 EU 가입 열망이 높은 데 비해 정치권에서의 극단적 대립과 민주주의 후퇴 경향으로 인해 EU 후보 지위가 일단 보류되었다. 2022년에 실시된 여론조사 결과는 단 2%의 조지아인만이 친러시아적임을 보여주었다.[48] 우크라이나 전쟁이 야기한 유럽의 새로운 지정학적 현실에서 EU 가입을 신청할 수 있는 기회의 창이 조지아에게 열렸지만, 우크라이나와 몰도바와 달리 준비되지 않은 상황에서 EU 후보 지위를 얻는 데 실패했다. 대신 조지아는 유럽의 관점을 갖고 있다는 점을 인정받았고, 다시 한 번 만회할 수 있는 기회를 얻었다. 유럽이사회가 조지아에 특정 시한을 주는 것은 회피했지만, EU이 지정한 12개 우선 순위를 해결하는 데 조지아에게 대략 1년의 시간이 주어졌다. 만일 조지아가 필요한 개혁을 행한다면 결국 후보국 지위를 얻을 것이라는 데에 대해서는 EU와 조지아 양쪽 모두 대체로 긍정적이다. 정치 개혁과 통합의 과제를 2023년 말까지 실행한다면, 이에 대한 보고가 유럽이사회에서 이루어지고 조지아의 후보 지위 부여에 대한 논의가 다시 진행될 듯하다.

3) 몰도바의 회원국 지위 부여와 새로운 기회

2022년 3월 3일, 몰도바의 대통령, 국회의장, 총리는 리스본조약 제49조에 따라 EU 가입 신청서에 서명하고 제출하였다. 이것은 블라디미르 푸틴 러시아 대통령이 2월 24일 러시아가 우크라이나를 침공하기로 결정하면서 유럽이 2차 대전 이후 최초의 대규모 국가 간 전쟁을 시작함으로써 촉발되었다. 결국 러시아의 우크라이나 침공은 유럽의 일원이 되고자 하는 몰도바와 우크

---

[48] Genté, "Broken Dream : The oligarch, Russia, and Georgia's drift from Europe", December 21, 2022.

라이나, 조지아를 자극했을 뿐 아니라, 유럽 전체에 큰 변화의 결과를 촉발시켰다.

몰도바는 유럽의 넓은 전략적 지형grand strategic landscape 내에서 몇 가지 주목할 만한 특징을 가지고 있다. 한편으로는 헌법(13조)에서 '영구적 중립permanent neutrality'을 선언하고 있지만, 나토를 포함한 군사블록에 가입하겠다는 의사를 포기했다. 반면에 몰도바는 매우 취약한 안보 상황에 있다. 독립을 선언한 트란스니스트리아Transnistria의 분리주의 지역은 여전히 우크라이나의 항구 도시 오데사Odessa와 인접한 지역으로서 러시아 군사 기지를 고수하고 있다. 크렘린의 오랜 야망은 트란스니스트리아까지 확장된 러시아 제국 지도에서 '노보로시야Novorossiya' 지역을 재건하는 것을 목표로 아조프 해Azov Sea와 흑해Black Sea 연안 전체를 점령하는 것이었고 아마도 여전히 그럴 것으로 몰도바 정부는 인식하고 있다.[49] 우크라이나 전쟁 기간 중인 2022년 4월 25일부터 26일까지 원인을 알 수 없는 폭발이 트란스니스트리아 지역의 보안 기관 건물과 통신 철조망 등 기반 시설을 강타했다. 몰도바 측은 친러시아 요원의 '가짜 깃발false flag' 작전에 의한 것으로 의심했다.

몰도바는 우크라이나와 조지아와 마찬가지로 EU가 2022년 상반기까지 '회원국 관점membership perspectives'을 인정하지 않은 데 대해 회원국 증가로 인해 더욱 확대된 EU의 통치 가능성에 대한 실질적인 문제에서부터 러시아가 유럽의 평화를 훼손하도록 자극하지 않도록 하기 위한 '현실주의적realist' 전략적 우려에 이르기까지 여러 가지 이유가 복합적으로 작용한 것으로 판단했다.[50] 그러나 2008년 조지아와 2022년 우크라이나에 대한 러시아의 잇따른 침략은 이러한 전략적 추론이 잘못된 것임을 입증하고 있다고 보면서, 오히

---

[49] Michael Emerson, Denis Cenusa, Steven Blockmans, Tinatin Akhvledian, OPINION ON MOLDOVA'S APPLICATION FOR MEMBERSHIP OF THE EUROPEAN UNION, Brussels : CEPS, 2022, p. 1.
[50] Youngs, "Ukraine's EU Membership and the Geostrategy of Democratic Self- Preservation", 2022.

려 EU의 반응이 전쟁을 유도하는 데 도움이 되었다고 판단했다. 이런 측면에서 몰도바의 후보 지위 획득은 EU에 대한 강력한 정치적 지지 신호이자 새로운 전략의 신호가 될 것이며, 현재 난제인 트란스니스트리아에 대한 영토 분쟁을 해결하기 위한 강력한 EU 외교 정책으로 이어질 것으로 몰도바는 기대하고 있다.[51]

〈표 8〉 제휴협정 및 DCFTA의 주요 조항에 대한 몰도바의 이행 등급

정치 원칙, 법치주의		
선거 민주주의	2.5	수 년 간의 불안정성과 올리가르히 지배 이후 크게 개선
인권	2	소수자에 대한 일부 차별; 트란스니스트리아의 문제
법치	1.5	정치적으로 부패한 사법부, 개혁 필요
반부패	1	지금까지의 기록은 좋지 않지만, 새 대통령과 정부의 우선순위 차지
DCETA		
시장 접근	2.5	산업 제품 무관세; 농식품 관세 할당량이 상향 조정되고 있음
관세 서비스	2	진행 중이지만, 여전히 구식 인프라와 부패
기술 제품 표준(TBT)	2.5	EU 표준의 포괄적인 채택
식품안전(SPS)	1.5	종합적 SPS 전략 채택, 그러나 제도적 약점 있음
서비스	2	수입 및 설립 권리에 대한 자유주의 체제
유럽연합 측의 유보 공공 조달	2	EU 라인에서 시스템을 현대화하는 데 상당한 진전이 있음
지적재산권(IPR)	1.5	법적 틀은 대부분 갖춰져 있지만 집행은 여전히 미약
경쟁 정책	1.5	경쟁 위원회는 강화된 집행 능력 필요
통계	2	EU 관행으로의 점진적인 이행
경제 협력		
거시경제정책	1.5	충격에 취약, IMF/EU 대출 의존
금융 서비스	2	2014년 은행 사기 사건의 여파가 남아있음. 회수된 자금 없음
운송	1.5	민간 항공 발전; EU와의 도로 운송 문제

51 Wilson, "Escape routes : How the EU can help Moldova end its dependence on Russian gas", October 13, 2022.

에너지	2	루마니아와의 가스 및 전기 연결 진전
환경	1.5	중대한 약속, 불리한 기후 변화 영향
디지털 및 사이버	2	빠르게 성장하는 분야, 전자 정부 발전; 사이버 분야 취약
소비자 보호	1.5	소비자 권리 자주 무시됨
회사법	1.5	개혁 진행 중, 지연
고용 및 사회정책	2	대부분 근사치, 코로나19 영향이 심함
시민사회		
비자 제도, 사람들의 이동	1.5	무비자 제도 널리 이용; 가짜 망명 요청의 급증
교육과 문화	2.0	학교 교육 기준은 유리하지만, 교육 재설정이 필요
양성평등	2.5	긍정평점, 새 여성 대통령·총리에 의해 상승
시민사회	2.5	정부에 책임을 지우는 데 적극적

* 회원가입 준비를 3, 2, 1로 환산, 각각은 '좋은', '중간', '일부'의 질적 척도로 평가
출처 : Michael Emerson, Denis Cenusa, Steven Blockmans, Tinatin Akhvledian, op. cit.

<표 8>의 평가는 2021년 초에 이루어졌다. 이후 몰도바는 2021년 7월에 치러진 의회 선거가 제대로 치러졌다는 평가를 받는 등 선거 민주주의의 질에서 인상적인 진전을 이어나가고 있다. 사법 개혁과 관련하여 가장 중요한 진전은 2022년 2월 17일 몰도바 의회에서 통과된 주요 법관 임명에 관한 법안이다. 이 법은 검사장급 및 치안판사급 평의회 직책에 대한 후보자의 청렴도 사전 확인(사전 조사)을 규정하고 있다. 시민사회 부문에서도 비자 제도의 운영상의 일부 문제를 제외하고는 대체로 좋은 평가를 받고 있다.

몰도바는 EU와의 고위급 대화를 통해 방위력 향상을 위한 평화시설 프로그램, 사이버 보안 역량 강화 등을 위해 EU로부터 재정지원을 받고 있다. 몰도바의 수행 평가 결과는 세르비아, 몬테니그로, 북마케도니아, 알바니아 등 기존 서발칸 후보 국가에 필적하고 있다. 몰도바의 취약점인 분리주의 지역 분쟁이 계속되고 있지만, 트란스니스트리아의 몰도바와의 국경은 사람과 무역의 이동을 위해 개방되어 있다. 지난 수 년 동안, 트란스니스트리아는 심지어 EU과의 무역 관계를 위해 DCFTA의 당사자가 되었다. 독립을 선언한 트란스니스트리아 당국은 몰도바가 협상한 DCFTA의 조건을 받아들였고, 따라

서 이는 전 영토에 걸쳐 적용된다. 그러나 앞서 언급했듯이, 우크라이나 전쟁 중에 트란스니스트리아의 인프라와 관련하여 설명할 수 없는 행위가 발생했다. 몰도바, 우크라이나, 러시아는 모두 책임을 부인하였지만, 이같은 문제는 별도로 해결되어야 하는 성격을 갖고 있다.[52]

몰도바는 민주주의와 법치에 있어 진전이 있었지만, 사법부의 개혁과 이와 연계된 부패를 줄이기 위해 결정적 조치로까지는 이어지지 못하고 있다. 또한 몰도바는 경제가 취약한 국가이다. 2022년 이후 에너지 및 난민 위기가 다가오면서 이를 극복하기 위한 몰도바의 노력이 요구되고, 여기에 더해 EU 차원의 지원책도 필요하다. 수입 가스의 전량을 러시아에 의존하고 있는 몰도바의 가스 공급원 다양화는 몰도바의 생존과 직결된 문제인데, 우크라이나 전쟁으로 인해 몰도바의 에너지 수급 현실은 더욱 악화되었다. EU는 이미 1,500만 유로의 보조금을 몰도바의 에너지 부문에 지원하였고, 에너지 안보를 위해 6천만 유로의 예산 지원에 이어 7,500만 유로의 추가 예산 지원이 2022년 7월에 발표하는 등 몰도바에 대한 예산 지원 패키지 총액이 1억3500만 유로에 달한다.[53] EU은 몰도바가 필요하면 국제 시장에서 가스를 구매할 수 있도록 돕기 위한 재정적 지원과 같은 단기적인 조치와 EU 에너지 네트워크와의 상호 연결을 가속화하고, 몰도바의 재생 가능 에너지를 지원하고 에너지 효율성을 높이는 것과 같은 장기적인 조치를 모두 고려할 필요가 있다는 의견이 제시되고 있다.[54]

2022년 6월 23일 몰도바는 우크라이나와 함께 EU이사회로부터 EU 후보회원국 지위를 부여받았다. 몰도바는 2021~2024년 "글로벌 유럽Global Europe, NDICI"을 통해 EU로부터 2억 6,000만 유로의 보조금을 받으며, 이외에 대출

---

52 Michael Emerson, Denis Cenusa, Steven Blockmans, Tinatin Akhvledian, op. cit, pp. 7~8.
53 EU Neighbourseast, "The European Union and Moldova", July 21, 2022.
54 Wilson, op. cit, 2022.

과 보증 형태의 자금 지원뿐 아니라 다른 지역 및 주제의 프로그램으로 보완될 예정이다. EU는 향후 수 년 동안, 몰도바에서 다음과 같은 다섯 가지 주요 프로젝트에 투자할 예정이다.

- 50,000개의 몰도바 중소기업에 대한 직접 지원
- 유럽 횡단 수송 네트워크에 몰도바의 참여
- 치시나우(Chisináu)에 내륙화물터미널 건설
- 인간자본개발(Human Capital Development)에 투자
- 치시나우와 벨리시(Bălți)에 주거용 건물의 지역난방시스템 정비.[55]

몰도바는 인구의 대다수가 EU 가입을 지지하고 있어 열의가 높지만, EU 회원국이 되는 데 결정적인 두 가지 장애가 있으며, 그것은 다음과 같다.

첫째, 앞서 언급한 트란스니스트리아 문제가 해결되지 않는 한 EU 가입을 완전하게 달성하기 어려울 것이다. 트란스니스트리아는 자체 정부, 국기, 국립은행, 독립기념일을 가지고 러시아가 평화유지군이라고 말하는 1,500명의 군대를 주둔시키고 있다. 러시아가 우크라이나 전쟁을 치르면서 몰도바 동쪽의 러시아 국경에서 트란스니스트리아까지 '육지 통로land corridor'를 만들고 싶다는 러시아 군 관계자들의 발언이 나오면서 몰도바 정부를 긴장시켰다. 우크라이나 남부의 최대 거점 항구 도시인 오데사Odessa가 러시아에 무너진다면 러시아의 트란스니스트리아 점령과 몰도바 수도 치시나우 위협은 현실화될 수 있다. 그러나 우크라이나군의 분전으로 남부에서 러시아군이 더 이상 진격을 못하고 헤르손Kherson 등 러시아의 점령지를 우크라이나가 수복하는 등 오데사까지 러시아의 진군을 막았기 때문에 당분간 이 가능성은 없어졌다. 또한 트란스니스트리아 측도 전쟁을 원치 않는다는 점 역시 변수로 작

---

55 EU Neighbourseast, op. cit, 2022.

용할 수 있다. 트란스니스트리아 지도부는 EU과 루마니아와 사업을 하고 싶어 한다.[56]

둘째, 몰도바는 부패를 해결하는 데 더욱 주력해야 한다. 과거의 부패 관행을 바꾸기 위해서는 지배구조 개편과 현 정부가 착수하겠다고 밝힌 과거의 올리가르흐 지배와의 과감한 단절이 필요하다. 올리가르히 정치의 관행은 몰도바 GDP의 12.5%인 10억 달러 이상을 몰도바 최대 은행으로부터 사라지게 만든 혐의로 기소된 블라디미르 플라호트닉Vladimir Plahotniuc 전 민주당Democratic Party 당수와 같은 사람들에 의해 악명이 높다. 올리가르히 정치의 청산은 사법 개혁과 맥락이 맞닿아 있다. EU는 EU 회원국이 되었음에도 아직 부패 구조를 완전히 청산하지 못하고 있는 루마니아와 불가리아의 사례를 겪으면서, 어떤 형태의 부패도 용납할 수 없다는 단호한 태도를 취하고 있다. 2021년 선거에서 승리한 직후 친유럽 성향의 마이아 산두Maia Sandu 대통령과 의회 다수당은 부정행위에 대한 무관용을 약속했다. 국가의 유럽 지향성과 정치적 안정성 및 국가 안보는 몰도바 정부가 그 약속을 이행함으로써 성공하는 데 달려 있다.

5. 결론

우크라이나 전쟁 이전 우크라이나, 조지아, 몰도바 세 나라 모두에서 유럽 통합에 대한 광범위한 찬성이 있었지만, 러시아의 침공은 각국 정부에 대한 대중의 지지율 상승과 우크라이나, 조지아, 몰도바의 EU 가입 신청서 제출 결정을 가속화했다. 러시아의 전쟁 도발은 EU에 가입하고자 했던 이들 세

---

[56] Gherasim, "Moldova - between EU accession and mounting regional tensions", *Euro Reporter*, July 20, 2022.

국가가 러시아의 유라시아 지배에 대해 경각심을 갖고 유럽과 함께 결속하려는 의지를 자극했음은 물론 EU 외곽에서 예상치 못했던 러시아의 침공에 큰 충격을 받은 EU의 우려가 증폭되도록 작용했다. 지난 20년 동안 러시아는 허위 정보, 경제적 압력, 하이브리드 공격, 영토 보전에 대한 간섭, 군사적 충돌 도발을 통해 세 나라의 EU 가입 노력을 약화시키려 하였다. 따라서 EU 후보 회원국 지위 부여는 러시아의 공격에 대한 단호한 답변이자 적절한 대응이기도 하다.

유라시아의 세 국가, 우크라이나, 조지아, 몰도바의 EU 정회원 승인을 위해서는 아직 지난한 과정이 남아 있다. 후보 회원국이 된 우크라이나와 몰도바는 EU 인수 채택과 EU 입법을 적절하게 적용하기 위한 준비, 필요한 사법, 행정, 경제 또는 기타 개혁을 시행해야 한다. 이 모든 것은 후보국이 EU 가입 (코펜하겐) 기준을 충족하고, EU 법률의 본체를 국가 시스템에 흡수하며, 경제 가입 기준을 충족할 수 있도록 한다. 예비 회원국은 안정적인 행정 및 사법 제도를 갖추고 인간의 존엄성, 자유, 민주주의, 평등, 법치주의 등의 가치를 존중해야 하며 소수자 보호를 포함한 인권을 존중해야 한다. 선례를 따르면, 회원 가입을 위한 협상 기간과 속도는 정해진 바가 없지만, 근래의 추세를 볼 때 시간이 많이 소요되고 있다. 우크라이나, 몰도바, 조지아의 EU 가입 희망이 언제 실현될지에 대한 신뢰할 수 있는 예측이 어렵다. 다만, 세 국가는 모두 제휴협정 등 EU와의 프로그램에 적극적으로 참여했고, 사실상 가입의 길을 따라 이미 많은 단계를 달성했다는 점에서 향후에도 이 추세를 유지하여 꾸준히 개혁 조치를 취한다면 EU 가입은 가능할 것으로 보인다.

유라시아 민주주의 성과를 토대로 조지아, 우크라이나, 몰도바가 제도 개혁과 법의 지배를 확립해 나간다면, 민주주의 경험이 없고 법의 지배의 전통이 없는 곳에서 자발적 노력과 외부의 자극으로 민주주의 이행에 성공하는 사례로 기록될 것이며, 이로 인한 파급 효과 역시 기대할 수 있다. EU 가입이 민주주의의 완성이라거나 민주주의의 공고화를 의미하는 것은 아니다. 그러나 EU에 가입하기 위해 EU가 요구하는 민주주의 요건들은 전형적인 '외부압력'에 해당된다. 우크라이나, 조지아, 몰도바가 모두 역사적으로 민주주의 경험이 없고, 법의 지배 원칙이 구현되어 온 사회환경을 갖추지 못했음에도 불구하고 EU에 가입하기 위해 자발적으로 민주주의 원칙을 확립하고 제도 개혁에 매진한다면 민주주의 공고화의 여건을 만들어 가고 있다고 평가할 수 있다. 이들 국가가 자발적인 노력 의지를 갖고 있고, 민주주의와 시장 경제 이행의 한 배에 EU와 함께 타고 있는 이상 '재권위주의화'와 같은 역행이나 역진으로 되돌아가기는 어려울 것이다. 이를 통해 유라시아에서 체제전환을 경험한 신생 민주주의 국가들에서도 자발적인 민주주의 이행 의지와 더불어 외부 지원 등 적절한 외부압력이 작용하면 민주주의 공고화가 가능하다는 경험을 입증할 수 있다.

참고문헌

김태환, 『탈사회주의 25년의 경험과 북한의 체제전환 : 함의와 정책 방향』, 서울 : 국립외교원 외교안보연구소, 2015.
김연규, 「탈공산체제 이행과 민주주의 공고화」, 『세계정치 13』 제31집 1호, 서울 : 서울대학교 국제문제연구소, 2010.
김 훈, 「EU의 유럽근린정책이 동방 파트너십 국가의 거버넌스 증진에 미치는 영향 : 우크라이나, 조지아, 몰도바 사례를 중심으로」, 『유럽연구』 제40권 1호, 서울 : 한국유럽학회, 2022.
박명호, 「서발칸 국가의 EU 가입과 중국」, 『EU학 연구』 제26권 제2호, 서울 : 한국EU학회, 2021.
송병준, 「우크라이나의 EU 가입 멀지만 반드시 가야 할 길」, 『공공정책』 제199호, 서울 : 한국자치학회, 2022.
우평균, 「2013년 푸틴의 압박과 우크라이나의 EU 접근 좌절 과정」, 『e-Eurasia』 제49호, 서울 : 한양대학교 아태지역연구센터, 2013.
이선우, 「민주주의 공고화에 있어 '법의 지배'의 우선성 : 탈공산 러시아의 사례」, 『한국정치학회보』 제51집 제1호, 서울 : 한국정치학회, 2017.

송병승, 「EU 회원국 확대 정체…가입 현상은 지지부진」, 『연합뉴스』, 2021.10.08.

정세진, 「조지아 대외정책의 방향성 : 조지아의 對 EU, 러시아 관계 및 나토 가입 이슈를 중심으로」, 『중소연구』 제44권 4호, 서울 : 한양대학교 아태지역연구센터, 2021.

조홍식, 「탈 냉전기 EU의 우크라이나 정책」, 『통합유럽연구』 제6권 1호, 서울 : 서강대학교 국제지역문화원, 2015.

채형복, 「EU와 회원국, 가입 조건이 왜 이리 까다로워」, https://www.newsmin.co.kr/news/20927 (검색일 : 2022.11.2)

홍완석, 「우크라이나의 EU 가입 전망 : 가능성과 한계」, 『국제정치논총』 제48집 1호, 서울 : 한국국제정치학회, 2008.

EIU, *Democracy Index 2021, The China Challenge*, London : Economist Intelligence, 2022.

Emerson, Michael, Denis Cenusa, Steven Blockmans, Tinatin Akhvledian, OPINION ON MOLDOVA'S APPLICATION FOR MEMBERSHIP OF THE EUROPEAN UNION, Brussels : CEPS, 2022.

Kitschelt, H, S. I. Wilkinson (ed.), *Patrons Clients and policies : Patterns of democratic accountability and political competition*, New York : Cambridge University Press, 2007.

Treisman, Daniel, "The Political Economy of Change after Communism", in Anders Aslund and Simeon Djankov (ed.), *The Great Rebirth : Lessons from the Victory of Capitalism over Communism*, Washington, D.C. : Peterson Institute for International Economics, 2014.

Wetzel, A & J. Orbie, *Substance of EU democracy promotion : concepts and cases*, New York : Palgrave Macmillan, 2015.

Zeeuw, Jeroen de, "Prospects Do Not Create Institutions : The Record of Democracy Assistance in Post-Conflict Societies", Aurel Croissant and Jeffrey Haynes(ed.), *Twenty Years of Studying Democratization Vol 1 : Democratic Transition and Consolidation*, New York : Routledge, 2014.

Hale, Henry E., "Eurasian polities as hybrid regimes : The case of Putin's Russia", *Journal of Eurasian Studies* Vol. 1, No. 1, 2010.

_____, "Formal Constitutions in Informal Politics : Institutions and Democratization in Post-Soviet Eurasia", *World Politics* Vol. 63, No. 4, 2011.

Kourtelis, Christos, "The role of epistemic communities and expert knowledge in the

European Neighbourhood Policy", *Journal of European Integration* Vol. 43, No. 3, 2021.

Kurki, M., "Democracy and Conceptual Contestability : Reconsidering Conceptions of Democracy in Democracy Promotion", *International Studies Review* Vol. 12, No. 3, 2010.

Maravall, Jose Maria, "Accountability and Manipulation", Democracy, Accountability and Representation, A. Przeworski, S.C. Stokes and B. Manin (ed.), Cambridge : Cambridge University Press, 1999.

Prizel, I., "The First Decade after the Collapse of Communism : Why did Some Nations Succeed in their Political and Economic Transformations While Others Failed?", *SAIS Review* Vol 19, No. 2, 1999.

Regulation (EU), No 232/2014 of the European Parliament and of the Council of 11 March 2014 laying down general provisions establishing a European Neighbourhood Instrument, Official Journal of the European Union, L 77/27, 2014.03.15.

Shleifer, A. & D. Treisman, "A normal country", *Foreign Affairs* Vol. 83, No. 2, 2004.

Britannica, "Mikheil Saakashvili, president of Georgia", 2022, https://www.britannica.com/biography/Mikheil-Saakashvili (검색일 : 2022.11.08)

Delegation of the European Union to Georgia, "The European Union and Georgia", 2022, https://www.eeas.europa.eu/georgia/european-union-and-georgia_en?s=221 (검색일 : 2022.11.03)

EU Neighbourseast, "The European Union and Moldova", July 21, 2022. https://euneighbourseast.eu/news/publications/the-european-union-and-moldova (검색일 : 2022.11.05)

EU, "REGULATIONS REGULATION (EU) 2021/1529 OF THE EUROPEAN PARLIAMENT AND OF THE COUNCIL of 15 September 2021 establishing the Instrument for Pre-Accession assistance (IPA III)", Official Journal of the European Union, 2021.09.20.

United Nations, "General Assembly resolution on the '2005 World summit outcome'", A/RES/60/1, 2005.

Bastasin, Carlo, "Want Ukraine in the RU? You'll have to reform the EU, too", *Brookings Brief*, Brookings Institution, July 2023. https://www.brookings.edu/articles (검색일 : 2022.08.10)

European Commission, "Human rights and democracy in the EU - 2020~24 action plan",

2020, https://ec.europa.eu/info/law/better-regulation (검색일 : 2022.12.10)

_____, "Accession criteria, European Commission - Enlargement - Accession criteria", 2022, https://neighbourhood-enlargement.ec.europa.eu/enlargement-policy/glossary/accession-criteria_en (검색일 : 2022.10.30)

Fix, Liana and Michael Kimmage, "Go Slow on Crimea. Why Ukraine Should Not Rush to Retake the Peninsula", Foreign Affairs, December 7, 2022, https://www.foreignaffairs.com/ukraine/go-slow-crimea? (검색일 : 2022.12.08)

Freedom House, "Countries and Territories", 2022a, https://freedomhouse.org/countries/freedom-world/scores (검색일 : 2021.10.31)

_____, "Countries", 2022b, https://freedomhouse.org/countries/freedom-net/scores (검색일 : 2020.10.31).

_____, "Countries and Territories", 2022c, https://freedomhouse.org/countries/nations-transit/scores (검색일 : 2022.11.02)

Genté, Régis, "Broken Dream : The oligarch, Russia, and Georgia's drift from Europe", December 21, 2022, https://ecfr.eu/publication/broken-dream-the-oligarch-russia-and-georgias-drift-from-europe/ (검색일 : 2023.01.10)

Gherasim, Christian, "Moldova - between EU accession and mounting regional tensions", *Euro Reporter*, July 20, 2022, https://www.eureporter.co/world/moldova/2022/07/20/moldova-between-eu-accession-and-mounting-regional-tensions (검색일 : 2022.11.05)

Governance Committee, Council of Europe, "The misuse of administrative resources during electoral processes : the role of local and regional elected representatives and public officials", 31st Session Report CG31(2016)07final, 2016.

Kirby, Paul, "Ukraine billionaire Ihor Kolomoisky targeted in new anti-corruption swoop", *BBC News*, February 2, 2023, https://www.bbc.com/news/world-europe-64482072 (검색일 : 2023.02.05)

Liboreiro, Jorge, "Why was Georgia not granted EU candidate status?", *Euro News*, June 24, 2022, https://www.euronews.com/my-europe/2022/06/24/why-was-georgia-not-granted-eu-candidate-status (검색일 : 2022.11.03)

Media Dialogue, "Media Dialogue Project Summary", 2022, https://epd.eu/wp-content/uploads/2021/10/project-information-summary_june-15-2020.eng_.pdf (검색일 : 2022.11.03)

Tannock, Charles, "The Case for Ukraine's EU Membership", Project Syndicate, July 1, 2022, https://www.project-syndicate.org/commentary/ukraine-case-for-eu-membership-by-charles-tannock-2022-06? (검색일 : 2022.11.03)

The Diplomatic Service of the European Union, "European Neighbourhood Policy", July 29, 2021, https://www.eeas.europa.eu/eeas/european-neighbourhood-policy_en (검색일 : 2022.11.06)

Transparency International, "12 steps towards EU candidacy", 2022, http://transparency.ge/sites/default/files/action_plan_for_getting_eu_candudacy_status_eng.pdf (검색일 : 2022.12.15)

UNDP, "EU4MOLDOVA : FOCAL REGIONS", 2022, https://www.undp.org/moldova/projects/eu4moldova-focal-regions (검색일 : 2022.11.02)

Wilson, Andrew, "Escape routes : How the EU can help Moldova end its dependence on Russian gas", October 13, 2022, https://ecfr.eu/article/escape-routes-how-the-eu-can-help-moldova-end-its-dependence-on-russian-gas/ (검색일 : 2022.11.05)

_____, "Cold winter : How the EU can help Moldova survive Russian pressure and protect its democracy", European Council on Foreign relations, *Policy Brief*, November 15, 2022, https://ecfr.eu/ (검색일 : 2022.12.15)

Youngs, Richard, "Ukraine's EU Membership and the Geostrategy of Democratic Self-Preservation", 2022, https://carnegieeurope.eu/2022/04/01/ukraine-s-eu-membership-and-geostrategy-of-democratic-self-preservation-pub-86771 (검색일 : 2022.11.05)

우크라이나 전쟁 이후 EU와
유라시아의 에너지협력

윤성학

1. 서론

    2022년 2월 24일, 우크라이나 전쟁 이후 서방 사회는 우크라이나에 전쟁물자와 비용을 제공함과 동시에 러시아를 압박하기 위해 경제제재 조처를 내렸다. EU 역시 외교, 개인, 크림반도와 세바스토폴 지역, 미디어, 경제협력 제한 등 8단계의 경제제재 패키지를 시행하고 있는데, 가장 핵심적인 사안은 에너지 제재이다. EU와 러시아는 에너지 중심의 교역이 큰 비중을 차지하고 있으므로 EU의 에너지 제재는 러시아에 치명적이며, EU도 반대급부로 부정적 영향을 받지 않을 수가 없다.

    EU 집행위원회는 늦어도 2030년까지는 러시아로부터 에너지 수입을 전면 중단할 계획을 밝혔지만,[1] EU 자체가 에너지 자립도가 굉장히 낮고, 특히 러시아에 에너지 의존도가 매우 높으므로 실현 가능성은 더 두고 봐야 할 것이다. EU는 러시아에 대해 높은 에너지 의존도를 가진 한계 속에서 단기간에

---

[1] European Commission, "Opening Remarks by President von der Leyen at the Joint Press Conference with President Michel and President Macron Following the Informal Meeting of Heads of State or Government of 10-11 March 2022", March 11, 2022.

러시아 비중을 급격하게 낮추는 것은 비용의 상승은 물론이고 EU 전체 경제에도 큰 충격을 몰고 오고 있다.

러시아는 EU의 에너지 제재에 맞서, 천연가스 수출을 급격하고 감축하는 것은 물론이고 루블화로 가스 대금을 지불하지 않았다는 이유로 핀란드, 폴란드, 불가리아, 덴마크, 네덜란드 등에 가스 공급을 중단했다. 러시아의 가스프롬Gazprom은 기술 점검을 이유로 노드스트림 1을 통한 가스 공급을 제한하면서 독일, 오스트리아, 슬로바키아로 향하는 가스 공급이 급격히 감소하였으며, 독일에서 프랑스로 들어오는 가스 공급은 중단되었다.[2]

EU와 러시아와의 에너지 분쟁은 유라시아 다른 국가에도 큰 영향을 미치고 있다. 카자흐스탄은 러시아가 운영하는 CPC 송유관을 제대로 사용하지 못함에 따라 원유 수출에 큰 차질을 빚었다.[3] 아제르바이잔, 투르크메니스탄 등은 EU와 러시아와의 에너지 분쟁에 따른 유가 상승에 간접적인 혜택을 보고 있지만 장기적으로 이 지역 에너지 개발에 장애가 될 것을 우려하고 있다.

이 글은 우크라이나 전쟁 이후 EU의 대러시아 에너지 경제제재의 실효성을 분석하여 경제제재가 실제로 EU와 유라시아 국가의 에너지 수출에 어떠한 영향을 끼쳤고, 향후 어떠한 프로젝트가 논의되고 있는지를 알아보고자 한다. 이를 위해 우크라이나 전쟁으로 인해 대러 경제제재 전후 EU의 대러시아 에너지 수입 규모와 EU의 대러시아 에너지 의존도를 비교함으로 유럽이 직면한 에너지 위기를 파악할 것이다. 또한 러시아의 에너지 수출 규제 정책이 EU 기업 차원에서 어떻게 대응하고 있는지를 살펴볼 것이다. 이를 통해 장기적으로 EU는 화석연료에 기반을 둔 전통 에너지 정책이 우크라이나 전쟁을 통해 어떻게 변화할 것인지를 예측할 것이다.

---

[2] Montel, "Russian gas flows to France at zero – TSO", 2022.06.17.
[3] CPC는 전 세계 원유 공급의 약 1%를 담당하며, 러시아 국영 석유회사인 트란스네프트가 최대 주주이다. 카스프해에서 생산되는 카자흐스탄 석유 수출은 CPC 송유관을 통해 처리되는데, 현재 송유관 이상으로 과거 물량의 70% 수준에 불과한 실정이다.

2. EU의 대러시아 경제 제재의 특징

1) EU의 대러시아 에너지 의존도

EU는 높은 에너지 수입 의존도를 가지고 있다. 2020년 기준 석유 에너지 수입 의존도는 97%, 천연가스는 83.6%였는데, 가장 큰 에너지 수입 대상국은 러시아였다. 경제제재 이전인 2020년에 러시아는 석유 26.9%, 천연가스는 41.1%의 점유율로 EU의 에너지 시장을 독점하다시피 했다. 경제제재 이후 EU의 러시아 에너지 의존도는 석탄은 26%, 천연가스는 49%, 그리고 석유는 38%를 차지하고 있다.[4]

유럽은 2000년 이후 여러 차례 가스 공급 관련 위기를 겪으면서 해외 에너지 의존도를 낮추기 위한 노력을 지속적으로 해왔으나, 러시아에 대한 의존도는 오히려 증가했다. EU는 2006년, 2009년 등 러시아 - 우크라이나 가스 분쟁에 이어 2014년 크림반도 합병에 따른 가스 공급 위기를 겪으면서 2016년 에너지 안보 패키지Energy Security Package를 발표하는 등 에너지 공급 위기에 대비하였지만, 실질적인 조치는 이루어지지 않았다. 이것은 우크라이나 전쟁 이후 러시아의 에너지 공급이 줄어들면서 치명적인 경제위기를 초래했다.

EU의 에너지 수입 의존도는 국가별로 차이를 보이고 있는데, 이러한 특징이 가장 잘 드러나는 것이 천연가스 분야다. 석유의 경우 EU 27개 국가 중 22개 국가가 90% 이상의 의존도를 보여주지만, 천연가스는 15개의 국가가 러시아에 90%의 의존도를 보여주며 국가별 편차가 드러난다. 천연가스로 러시아 의존은 이탈리아와 독일이 가장 높다. 특히 독일은 2020년 전체 천연가스 수입의 50%를 러시아에서 조달했는데, 이것은 독일이 탈원전 정책을 강력

---

[4] Eurostat, *Energy statistics - an overview*, 2022, online data code : nrg_bal_s

하게 추진하는 과정에서 천연가스에 의존하고 있기 때문이다. 또한 러시아에 비우호적인 동유럽 국가들인 라트비아, 불가리아, 폴란드는 각각 93%, 77%, 40%의 대러 천연가스 의존도를 기록하고 있다.

우크라이나 전쟁으로 EU가 러시아 에너지 수입을 제재하는 것은 상당한 희생을 각오하지 않고서는 가능하지 않다. 2022년 유럽에서는 천연가스와 전력의 도매가격이 급등함과 동시에 수백만 명의 소득에서 에너지 지출 비율이 사상 최대에 달하고 있다. 유럽 가스 가격의 지표가 되는 네덜란드 TTF(Title Transfer Facility)는 우크라이나 전쟁 이후 무려 550%나 상승했는데 이것은 EU 경제에 치명적이었다. 영국은 물론이고 EU 대부분 국가는 치솟는 가스와 전기 요금으로 고통받았다. 이탈리아는 가구당 평균 에너지 지출이 전체 지출에서 차지하는 비중은 2019년 3.5%에서 2022년 약 5%로 상승했으며, 독일 가정의 에너지 비용도 거의 2배 이상 폭등했다.

2) EU의 대러시아 에너지 제재 조치와 에너지 상한제

EU는 러시아의 우크라이나 침공 이후 8단계의 대러 제재를 시행했는데, 4월 8일 발표된 5차 제재부터 에너지 분야를 포함하기 시작했다. EU는 5차, 6차 제재를 통해 러시아 석탄(5차) 및 원유, 정유 상품(6차)의 수입 중단을 발표했다. 이 조치는 대러 에너지 수입 의존도 차이가 큰 EU 회원국 특성상 큰 이견이 발생하기도 했다.

파이프라인을 통한 러시아산 석유 수입이 많은 헝가리, 체코, 슬로바키아 등은 전환 기간 연장과 육로 이동 원유는 제재에서 제외할 것을 요구했고, 러시아에 대규모 정유공장이 위치한 불가리아도 자국에 예외를 적용해줄 것을 주장했다.[5] 이에 따라 수입 총액 가운데 2/3를 차지하는 해상 유조선을

5　Euro active, "Russia's sixth sanction package opens EU's Pandora's Box", May 5, 2022.

통해 들어오는 러시아산 석유 수입만 금지하고 송유관을 통해 수입되는 석유에 대해서는 일시적으로 면제하기로 합의했다. 그리고 2022년 말까지 러시아 석유 수입의 90%가 단계적으로 금지하기로 했으며, 10월 6일 발표된 8차 조치로 제3국에 대한 러시아 석유의 해상 수송과 관련된 가격 상한선을 설정하는 데 합의했다.

12월 2일, EU가 러시아산 원유 가격 상한액을 배럴당 60달러로 합의하고 이 가격을 기준으로 유가 상한제를 시행했다. 미국 등 주요 7개국(G7)과 호주도 EU와 함께 이 제도에 동참했다. 유가 상한제는 우크라이나 전쟁에 흘러 들어갈 수 있는 러시아의 원유 수출 수익을 제한하려는 취지에서 이뤄졌다. 유가 가격을 일정 범위로 제한해 러시아가 유가 상승으로 큰 이익을 보지 못하게 한 것이다. EU가 정한 배럴당 60달러는 12월 2일 기준으로 러시아산 원유 가격인 ESPO 지수는 배럴당 73달러, Solol 지수는 77달러보다 조금 낮은 수준이다.

유가 상한제를 논의하는 과정에선 폴란드 등 일부 국가들은 제재의 실효성을 확보하기 위해 가격 상한선을 20~30달러까지 크게 낮춰야 한다고 지적했다. 그러나 EU는 향후 가격 상한을 2개월 단위로 재검토하고 러시아산 원유가 배럴당 60달러 아래로 내려가면 가격 상한을 이보다 최소 5% 아래로 유지하는 체계를 제시해 합의를 이끌었다. 가격 상한선이 소극적으로 잡힌 것은 러시아산 원유 공급에 과도한 타격을 줘서는 안 된다는 판단 때문이다. 러시아산 원유가 계속 유통되도록 해 공급 부족 사태를 방지하고, 유가 급등을 예방하겠다는 것이다.

러시아는 EU의 제재에 대한 보복으로 대응하고 있다. 2022년 5월 3일 일부 외국 및 국제기구의 비우호적 행위에 대한 특별경제 조치를 발표했는데, 이것은 EU의 러시아산 석탄과 석유 수입금지에 대응한 보복 조치이다. 그런데 러시아가 지정한 지목된 31개 제재 대상기관은 모두 천연가스 부문에서 활동하는 가즈프롬과 관련된 업체이어서 이번 조치는 사실상 EU에 대한 천연가스 수출금지조치라고 할 수 있다.

EU가 제재 패키지를 통해 러시아산 석유와 석탄 수입에 대한 금지조치를 채택한 상황에서 러시아가 EU에 대한 천연가스 수출을 금지한 것은 EU의 에너지 수급에 영향을 미치려는 의도이다.[6] 러시아가 운영하는 노드스트림 가스관은 2022년 6월부터 천연가스 공급을 60% 줄였으며, 7월에는 독일을 향하는 천연가스 공급을 무기한 중단했다. 그해 10월에는 노드스트림 일부 구간이 인위적인 폭발을 통해 복구가 힘들 정도로 파괴되었다.

유가 상한제도 마찬가지다. 러시아는 유가 상한제에 동참하는 국가에는 석유를 팔지 않고 인도, 중국, 인도네시아 등 제재에 동참하지 않는 국가에만 원유와 석유제품을 공급하겠다고 선언했다. 또한 러시아는 2023년 1월부터 하루 50만 배럴씩 석유 생산을 줄여 석유의 무기화를 추진할 계획이다.

그러나 러시아의 대응은 시장 상황을 크게 바꾸어놓기 힘들다. 인도와 중국을 제외한 국가들은 서방이 주도하는 해상보험 시장을 외면하기는 쉽지 않으며 간접 제재의 대상이 될 수 있으므로 유가 상한제를 외면하기는 어렵다. 푸틴 대통령이 유가 상한제 참여국에 가스와 원유를 수출하지 않겠다고 하자 EU는 유가뿐만 아니라 가스도 가격 상한제도 실시했다.

EU는 2023년 2월 15일부터 1년 간 가스 가격상한제를 시행하는 것을 최종 합의했으며, TTF 선물시장 기준 180유로/MWh로 상한선을 결정했다. 가격 상한제는 가스 선물가격이 180유로 이상이면서, 선물 TTF가 글로벌 LNG 가격보다 35유로 비싼 상황이 3일 연속 지속되면 발동한다. 그동안 가스 가격 상한제에 반대해 온 독일은 가스 부족 위험이 있을 경우 상한제를 중단한다는 세이프가드Safeguard가 도입되자 상한제에 찬성했으며, 헝가리는 러시아와의 장기 가스 계약을 수정할 필요가 있을 때 EU 집행위와 논의할 필요가 없

---

[6] 조동희·이현진·윤형준, 「우크라이나 사태 관련 EU 제재의 제약요인과 영향」, 『KIEP 세계경제 포커스』, 2022. http://www.kiep.go.kr/gallery.es?mid=a10102030000&bid=0004&list_no=10009&act=view

는 조건으로 합의했다. 러시아는 이 조치가 시장 질서를 위반하는 것이라며 EU에 대응할 것이라고 말했다.

3. 경제제재 이후 EU의 에너지 수입 변화

1) EU의 에너지 수입 규모와 의존도 변화

EU는 총에너지 소비량 중 57.5%를 수입하는데, <표 1>에서 보듯이, 2020년 기준 러시아는 EU 전체 석유 수입의 26.9%, 석탄 수입의 46.7%, 천연가스 수입의 41.1%를 차지하고 있다.

<표 1> EU의 대러시아 에너지 수입 의존도(2020)

석유	비중(%)	석탄	비중(%)	천연가스	비중(%)
러시아	26.9	러시아	46.7	러시아	41.1
이라크	9.0	미국	17.7	노르웨이	16.2
나이지리아	7.9	호주	13.7	알제리	7.6
사우디아라비아	7.7	콜롬비아	8.2	카타르	5.2
기타	48.5	기타	13.7	기타	29.9

자료: 민지영, 「러시아 천연가스 수출규제조치의 주요 내용과 시사점」, 『KIEP 세계경제 포커스』, 2022.

EU가 2022년 5월 4일 5차 제재 패키지로 에너지 제재를 시행하자 에너지 교역에 즉각적인 변화가 일어났다. EU 에너지 수입에서 러시아의 비중은 26.0%~27.6%로 2022년 1분기까지 다소 안정적이었으나 이 비중은 2022년 1분기와 2분기 사이에 급격히 감소했으며 이러한 하락 추세는 25.5%에서 15.1%로 2022년 2분기와 3분기 사이에 계속되었다.

천연가스는 대러 경제제재 분야에서는 제외되었지만, 러시아의 보복 조치로 인해 수입 규모가 크게 줄어들었다. 2021년 2분기 대비 2022년 2분기 EU 의 러시아 가스 수입은 평균 189,470만㎥ 하락했다. 그러나 개별국가별로 변화 양상에서는 차이를 보였는데, 벨기에, 스페인의 경우 경제제재에도 불구하고 소폭 증가했으며, 반대로 독일의 경우에는 평균 196,680㎥로 하락했다.

가장 큰 폭의 내림세를 보였던 독일은 전체 천연가스 소비의 50%를 러시아에 의존하고 있어 5월 푸틴의 보복 조치와 7월 노드스트림1 무기한 중단은 천연가스 공급에 치명적이었다. 실제로 7월 노드스트림1 중단 이후 7월

〈표 2〉 EU의 러시아 천연가스 수입 (2021.05~2021.08/2022.05~2022.08)

Time GEO(Labels)	2021-05	2021-06	2021-07
European Union - 27countries (from 2020)	7,972.698	7,345.266	5,503.520
Belgium	900.200	334.700	196.900
Bulgaria	918.118	761.452	1,120.883
Czechia	0.000	0.000	0.000
Denmark	0.000	0.000	0.000
Germany(until 1990)	5,026.483	4,763.817	3,269.762
Estonia	8.400	2.200	14.700
Ireland	0.000	0.000	0.000
Greece	0.000	0.000	0.000
Spain	192.364	585.905	196.019
France	0.000	0.000	0.000
Croatia	0.000	0.000	0.000
Italy	0.000	0.000	0.000
Cyprus	0.000	0.000	0.000
Latvia	364.313	344.091	367.457
Lithuania	0.000	0.000	0.000
Luxembourg	0.000	0.000	0.000
Hungary	0.000	0.000	0.000
Malta	0.000	0.000	0.000

207,350만㎥, 8월 405,300만㎥의 감소 폭을 보여주며 빠르게 감소했다. EU 전체 하락 수치보다 독일의 하락 수치가 더 크게 나타났는데, 이것은 그만큼 독일이 러시아 가스에 의존하고 있다는 것을 잘 보여준다.

석유도 천연가스와 마찬가지로 수입이 감소했다. EU 기준 2021년 2분기 대비 평균 33,765㎥의 하락세를 보였다. 2021년 2분기와 2022년 2분기를 월별로 비교했을 때, 각각 5월 216,720㎥, 6월 255,020㎥, 7월 372,280㎥, 8월 506,590㎥으로 큰 폭의 공급중단 조치를 확인할 수 있다.

2021-08	2022-05	2022-06	2022-07	2022-08
6,978.290	7,422.943	5,754.565	3,656.686	3,384.801
108.700	633.300	1,048.000	414.700	296.800
1,105.304	818.662	559.013	972.081	1,273.828
0.000	0.000	0.000	0.000	0.000
0.000	0.000	0.000	0.000	0.000
5,005.853	5,000.845	3,048.891	1,196.241	952.901
3.400	0.000	0.000	0.000	0.000
0.000	0.000	0.000	0.000	0.000
0.000	0.000	0.000	0.000	0.000
198.134	387.573	778.405	472.898	497.979
0.000	0.000	0.000	0.000	0.000
0.000	0.000	0.000	0.000	0.000
0.000	100.000	93.000	0.000	0.000
0.000	0.000	0.000	0.000	0.000
282.030	56.679	59.874	84.441	21.809
0.000	0.000	0.000	0.000	0.000
0.000	0.000	0.000	0.000	0.000
0.000	0.000	0.000	0.000	0.000
0.000	0.000	0.000	0.000	0.000

Netherlands	460,201	429,033	197,213
Austria	0,000	0,000	0,000
Poland	5,619	3,068	2,586
Portugal	0,000	0,000	0,000
Romania	0,000	0,000	0,000
Slovakia	0,000	0,000	0,000
Slovakia	0,000	0,000	0,000
Finland	97,000	121,000	138,000
Sweden	0,000	0,000	0,000

자료 : Eurostat(2022).

수입 수치 변화는 가시적으로 제재의 영향을 확인할 수 있는 지표이지만, 전체 에너지 중 비중을 확인할 수 없다는 한계를 지닌다. 천연가스에 있어 총 역외수입 중 러시아 천연가스 수입의 비중을 2021년 2분기와 2022년 2분기를 비교하였을 때 러시아 의존도가 하락하였다. 5월부터 8월간 이어진 내림세로 수입 비중이 감소한 국가는 에스토니아와 라트비아에 불과하나 그 비중이 1%, 4%에 불과하므로 큰 기여를 하진 못했다. 하지만 전체 러시아 천연가스 수입의 70%를 차지하는 독일은 2021년 대비 2022년 6, 7, 8월에 걸쳐 러시아 의존도가 하락해 EU 전체 의존도에 큰 영향을 주었다.[7]

개별 국가보다 더 주목해야 하는 점은 EU의 천연가스의 전체 수입량이 줄어들었다는 것이다. 2021년 대비 2022년 수입 규모는 매달 약 50,000만㎥에서 1,000,000만㎥까지 감소했다. 이것은 EU의 러시아 천연가스 의존도가 수입이 감소했지만, 러시아 이외에 다른 천연가스 조달처를 찾기 어려웠다는 것을 보여준다. 또한 EU의 대러 경제제재로 인한 러시아의 보복 조치가 EU 에너지 수급 불안정을 일으키고 있다는 점을 확인할 수 있다.

EU는 2022년 약 130Bcm의 LNG를 확보했지만 주로 단기 물량을 확보하

---

[7] Eurostat, *Energy statistics - an overview*, 2022, online data code : nrg_bal_s.

133,402	215,519	140,755	499,001	206,972
0.000	0.000	0.000	0.000	0.000
6,467	5,357	5,627	6,324	4,857
0.000	101,008	0.000	0.000	102,655
0.000	0.000	0.000	0.000	0.000
0.000	0.000	0.000	0.000	0.000
0.000	0.000	0.000	0.000	0.000
133,000	104,000	21,000	11,000	27,000
0.000	0.000	0.000	0.000	0.000

는 과정에서 엄청난 추가 비용이 들었다. 2023년에도 이와 비슷한 물량의 LNG를 확보할 수는 있지만 전년과 비슷한 가격은 지불하지 않을 것이다. 안정적인 LNG 공급 확보를 위해 EU는 글로벌 LNG 수출 파트너와의 관계를 더욱 공고히하며, 2022년 구축한 에너지 플랫폼을 통해 역내 회원국 간 가스 공동 구매 메커니즘을 추진·운영할 것이다.

석유 분야는 천연가스와 다른 양상을 보여주었다. 2022년 상반기는 전년 대비 러시아 의존도가 소폭 하락하였지만, 전체 석유 수입 규모는 소폭 증가한 것을 보여준다. 이탈리아, 헝가리, 슬로베니아, 키프로스, 체코의 의존도는 상승하긴 했지만, 러시아 석유 수입에서 많은 비중을 차지하는 국가는 독일, 네덜란드, 폴란드, 벨기에, 프랑스 순이기 때문에 전체 의존도에 미치는 영향력은 미비했다. 석유의 경우에는 천연가스와 반대로 러시아 석유 의존도가 낮아졌음에도 불구하고 전체 석유 수입량은 증가했다.[8] 이것은 EU 국가가 러시아산 원유보다는 미국과 중동, 아프리카산 원유를 긴급 수입하였기 때문이다. 그 결과 전체 석유 에너지 수입 자체에는 큰 변화가 없지만 EU는 국제 유가 상승을 촉진했고 이것은 결과적으로 EU 경제에 치명적인 영향을 주었다.

---

8 Eurostat, *Energy statistics - an overview*, 2022, online data code : nrg_bal_s.

2) EU 기업의 대응 전략

석유와 가스 부족에 따른 수급 차질 및 에너지 가격 상승 가운데, EU는 다양한 대응방안을 모색하고 있다. 에너지 가격 상승으로 직접적 폭탄을 맞은 자국 에너지 기업을 살리기 위해 EU 정부는 국유화로 재편하거나 화석연료 활용을 계획 대비 연장하거나 선제적으로 확보, 그리고 가스를 대체할 재생에너지 확보에 초점을 두는 등 위기 타개를 위해 적극 대응 중이다.

첫째, EU는 에너지 가격하락으로 엄청난 적자에 빠진 에너지 기업을 국유화하고 있다. 독일의 최대 가스/전력 기업인 Uniper는 정부의 지분 소유를 포함한 안정화 패키지에 합의하였다. Uniper와 천연가스 장기 공급계약을 맺은 소비자에게 국제 현물 시장에서 높은 가격으로 구매한 가스를 공급함에 따라 손실이 누적되어 올해 손실이 독일 기업 역사상 최대 금액인 180억 유로에 달했다. 이에 따라 독일 연방정부와 안정화 패키지를 맺었으며, 정부는 Uniper의 지분 99%를 소유하게 되었다. 프랑스 정부가 84% 지분을 소유한 전력 산업 전 분야를 사실상 지배 중인 기업 EDF도 가스 가격 폭등으로 반(半)민영화 기업에서 다시 국유 기업이 되어버렸다. 영국의 전력/가스 공급 기업 Bulb가 국유화되는 등 유럽의 에너지 기업은 엄청난 적자를 견디기 위해 정부에 의존하지 않을 수 없고, 국유화되어 갔다.

둘째, EU는 가능한 에너지 소비를 줄이고 환경 문제로 폐쇄했던 석탄 발전을 재가동하고 있다. 프랑스는 에너지 절약, 효율 증대, 재생·원자력 에너지를 통해 에너지 소비를 2024년까지 10%, 2050년까지 40% 감축하는 방안을 선택했으며, 독일, 프랑스, 오스트리아, 네덜란드, 이탈리아 등 다수의 유럽 국가 등은 2022년 겨울철 에너지 부족에 대비하여 에너지 절약을 촉구하면서 석탄 발전을 재개할 계획이다. 독일 또한 향후 2년간 한시적으로 석탄 화력발전소를 재가동하는 법안을 준비 중이며, 프랑스는 이미 이번 겨울에 생아볼드Saint-Avold 지역의 석탄발전소를 재개했다. 네덜란드와 오스트리아 또한 석탄 발전을 2년 만에 재개하고 있다.

마지막으로 EU는 러시아 에너지 의존을 결정적으로 줄이기 위해 재생에너지 전환 가속화로 대응하고 있다. EU 집행위원회는 5월 에너지 의존도 감축을 통한 에너지 안보 향상과 지속가능한 에너지 공급방안 마련을 위한 'REPowerEU Plan'을 발표하고, 2022년 말까지 러시아산 천연가스 의존도를 2021년의 2/3가량 감축, 2027년까지 수입 전면 중단을 목표로 설정하였다.[9] 영국은 4월 탄소 중립과 에너지 분야 혁신을 위한 에너지 안보전략Energy Security Strategy을 발표하였는데, 2030년까지 전력의 95%를 저탄소 전력으로 전환, 재생에너지 효율성 개선, 원자력 발전 확대, 그린 수소 생산 글로벌 파트너십 강화 등의 방안을 제시했다.

4. 우크라이나 전쟁 이후 EU의 대유라시아 에너지협력 전략

1) EU의 탈脫러시아 에너지 전략

러시아의 대유럽 에너지 공급 축소에 대응해 EU는 '탈脫 러시아 에너지(특히, 천연가스)'를 추진하고 있다. EU는 공급망 다각화, 에너지 효율 증대와 신산업전환을 통한 수요 절감, 그리고 신에너지(수소), 재생에너지(태양광, 풍력, 바이오 등) 육성을 통해 이 전략을 달성하겠다는 것이다. 하지만 EU가 제시한 청사진은 실현 가능성이 여전히 의문시되고 있다.

첫째, 청사진의 가장 중요한 LNG 공급 정책의 지속 가능성이다. 2022년은 다른 우방국들과의 LNG 협력을 통해 LNG 공급 확충 목표를 달성한다고 해도 앞으로도 지속적으로 물량 확보는 쉽지가 않다. LNG의 비용 상승과 EU

---

[9] European Commission, op. cit, 2022.

내 LNG 인프라 한계 등 현실적 문제도 여전히 해결되고 있지 않고 있기 때문이다.

둘째, 도전적인 목표로 언급되는 'Fit-for-55' 법률안도[10] 여전히 달성하기엔 쉽지 않다는 점이다. 이 전략에 따라 EU는 바이오 메탄 생산을 현재 17bcm에서 35bcm으로 확대하고, 재생 수소 생산·수입을 560만 톤에서 2000만 톤 증가, 그리고 2030년 기준 히트펌프 3천만 개 설치, 태양광 및 풍력 용량 3배 확충 등을 추진하고 있다. 국제 에너지 기구IEA는 세계의 재생 가능 에너지에 의한 발전 능력이 향후 5년간 증가할 것이라고 전망하고 있다.[11] 세계 발전 능력은 2027년까지 2,400기가와트가 늘어나 5,640기가와트가 될 전망이며, 2,400기가와트는 현재 중국의 전체 발전 능력에 해당한다. IEA는 신재생에너지 증가 폭을 1년 전 전망에서 30% 상향 조정됐는데, 이것은 우크라이나 전쟁에 따른 에너지 안보에 대한 우려가 커지면서 세계 각국에 신재생에너지에 집중적으로 투자할 것이란 전망 때문이다. 재생에너지는 향후 5년간 세계 발전 능력 증가분의 90% 이상을 차지해 2025년 초 석탄을 제치고 세계 최대 발전원이 될 것으로 예상한다. EU는 과거 20년간 증설된 규모의 재생 가능 전력이 향후 5년 안에 증설하겠다고 공약했지만 재정적, 기술적 문제는 여전히 해결되고 있지 않다.

셋째, 공급망의 다각화이다. EU는 세계에서 가장 큰 천연가스 수입국인 만큼 천연가스 공급망 다변화는 탈러시아의 가장 중요한 목표이다. EU는 러시아를 대체할 공급자로 미국을 염두에 두고 있다. 현재 미국은 LNG 수출국 1위이며, EU가 2016년 4월 미국산 LNG를 처음 수입하기 시작한 이후로 미국산 수입량을 지속적으로 늘려 온 점 등이 EU - 미국 간 에너지협력의 기반이 되고 있다. 최근 우크라이나 전쟁으로 촉발된 에너지 안보 위기 의식은

---

[10] IEA, *Gas Market Report*, Q1-2021.
[11] Ibid.

EU - 미국 간의 에너지협력을 보다 구체화, 가속화시키고 있으며, 양측은 2022년 3월 러시아 에너지에 대한 EU의 의존도를 줄이기 위해 에너지 안보 태스크포스를 발족하는 등 공동의 노력을 배가해 나가고 있다. EU는 미국을 포함한 전 세계적으로 한정된 공급 속에서 일본, 중국, 한국 등 기존 LNG 주요 수입국 사이에서 물량을 확보하는 것이 필요하다. 물량을 확보하더라도 지금처럼 천연가스 가격이 급등한 상황에서 수입 물량 확대에 따른 가격 상승 요인은 피할 수가 없다.

2) 러시아의 탈(脫)유럽 에너지 다각화 전략

러시아는 우크라이나 전쟁 이후 서방의 광범위한 경제 제재를 피하기 위한 활로를 찾고 있다. 유럽·서방국가들의 '러시아 고립화 전략'이 러시아와 중국 간 에너지협력를 이끌고 있는 것이다.[12] 2022년 2월 전쟁 발발 이후 미국과 유럽연합 등은 개전 직후 러시아산 원유 수입을 금지했고, 특히 2022년 12월엔 주요 7개국(G7) 주도로 가격 상한제까지 도입했다. 그에 따라 서방의 대러 제재에 참여하지 않는 중국·인도·튀르키예 등으로 가는 에너지 수출이 크게 늘었다.

러시아는 국경을 접하고 있으며 대규모 에너지 수요가 있는 중국 시장으로 에너지 다각화를 시도하고 있다. 러시아와 중국은 전통적으로 러시아의 원자재와 에너지 자원이 중국의 제조업에 공급되는 등 대체적인 상호보완적 관계를 유지해왔다. 그러나 우크라이나 전쟁 이후 러시아의 서방 교역이 막히면서 그 대안으로 중국과의 무역이 많이 늘어났다. 2022년 중러 양국 간 전체 교역량은 전년 대비 거의 30% 늘어난 1천850억 달러(238조2천억원)를 기

---

[12] 윤익중·이성규, 「우크라이나 사태 이후 러시아 - 중국 간 에너지협력의 정치·경제적 의미 : 가스 부문을 중심으로」, 『슬라브 학보』 vol. 30, no. 4, 2015.

록했다.

러시아는 유럽 수출길이 막힌 천연가스를 중국에 더 많이 공급해야 하는 상황이다. 이를 위해 러시아는 중국까지 연결되는 '시베리아의 힘' 두 번째 가스관을 설치하기 위해 중국과 협상하고 있다. 2023년 3월 시진핑 주석의 모스크바 방문에서 핵심적인 의제의 하나는 이 가스관 건설이었다. 러시아는 시베리아의 힘-2 가스관 설치와 관련한 협의가 진척을 보이고 있다고 주장하지만, 중국은 이 문제에 침묵했다. 중국으로서는 기존 서방과 중앙아시아 가스 수입량을 고려해 러시아 물량을 조정해야만 하기 때문이다.

러시아 석유의 또 다른 새로운 구매 고객은 인도이다. 2022년 러시아와 인도 간 교역 규모는 384억 달러(약 50조1000억원)에 달하면서 러시아가 처음으로 인도의 5대 교역국이 되었다. 러시아가 인도로 수출한 지난해 원유 수출량은 2021년 대비 2022년에 무려 22배 증가했으며, 러시아에서 인도로 가는 우랄산 원유의 배송은 전체 우랄 수출량의 50% 이상을 차지하고 있다. 러시아는 인도에 석유 공급량을 점차 늘리고 다양한 등급의 원유를 제공할 예정이다. 러시아와 인도 기업들은 원유를 거래할 때 달러를 거치지 않고 양국 통화인 루블과 루피로 결제하는 방법을 검토하고 있으며, 인도석유공사는 러시아 정부가 추진하는 석유·천연가스 개발사업인 '사할린1' 등에서 양국 간 공동 프로젝트를 검토하고 있다.

또한 튀르키예는 러시아로부터 에너지 수입이 연간 5억 달러 미만에서 2022년 7월부터는 10억 달러를 넘어섰으며, 2022년 대러시아 수입은 전년 대비 112.4% 늘어난 543억1000만달러(약 70조원)에 이른다. 튀르키예는 흑해를 통해 러시아 가스를 공급받고 있는데 향후 이 물량을 확대해 러시아 천연가스를 인근 시장에 재판매하는 정책을 추진하고 있다.

중국, 인도, 튀르키예 등은 러시아산 석유와 석탄, 가스를 싼값에 수입해 큰 이익을 챙기고 있다. 특히 중국과 튀르키예는 러시아산 에너지를 세계 시장에 재판매하는 정책을 추진하고 있는데, 보통 러시아의 대중국, 인도 등 수출 에너지 가격은 국제시세의 약 70% 수준에 미치지 못하기 때문이다. 러시아는 유럽과의 에너지 분쟁으로 거대한 시장을 상실하고, 에너지 공급자이면서 국제 시장에서 제대로 대우를 받지 못하게 된 것이다.

3) 투르크메니스탄의 카스피해 횡단 가스관 프로젝트

천연가스 공급원 다각화를 꾀하고 있는 EU는 투르크메니스탄 가스자원에 특별한 관심을 보인다. 2011년 9월, EU는 EU 집행위원회에 카스피해 횡단 가스관TCP을 검토하기 시작했는데, TCP는 EU 에너지 대외정책External Energy Relations of the European Union에도 명시했다. EU는 유럽 에너지 안보 실현을 위해 필요한 주요 대형 프로젝트 중 카스피해 횡단 가스관을 주목하고 있다. TCP는 카스피해 해저를 따라 300km 길이의 가스관을 설치하는데, 필요한 숫자만큼의 턴키 방식 가스전 굴착, 정제한 가스를 카스피해 횡단 가스관에 주입하기 위한 가스처리시설 및 기타 모든 제반 인프라를 건설해야 한다.

최근 아제르바이잔이 EU의 지원을 바탕으로 TANAP 가스관[13] 건설을 완료하였고 TAP[14] 완공을 위한 작업을 지속하고 있다. 이러한 상황에서 투르크메니스탄에서 카스피해 해저를 따라 가스관을 설치하는 것이 가시화되고 있다. 미국 또한 이 프로젝트를 지지하고 있으며, 최근 카스피해 법적 지위 확정 이후 투르크메니스탄은 서방으로의 가스 수출 기회를 모색하고 있다.

---

[13] 트랜스 아나톨리아 천연가스 파이프라인(Trans-Anatolian Natural Gas Pipeline, TANAP)은 터키의 천연가스 수송관이다. TANAP은 남코카서스수송관(South Caucasus Pipeline)과 아드리아해 횡단 수송관(Trans Adriatic Pipeline)을 통해 아제르바이잔의 샤데니즈(Shah Deniz) 대형 가스전과 유럽을 잇는 남부가스회랑(Southern Gas Corridor)의 중심부이다.
[14] 아드리아해 횡단 수송관(Trans Adriatic Pipeline, TAP)은 그리스에서 시작해서 알바니아와 아드리아해를 거쳐 이탈리아 및 서유럽으로 천연가스를 운반하기 위한 수송관 프로젝트이다.

Map 1. The Trans-Capian and White Stream Pipelines Complement the Southern Gas Corridor
(Source : Trans-Capian Pipeline)
〈그림 1〉 TCP 라인

EU와 미국이 TCP를 지지하는 것에 반해 러시아, 이란 및 기타 카스피해 연안국은 프로젝트 시행에 반대한다. 이들 국가는 카스피해 관련 신규 협약에 따라 관련국은 자신의 법적 영토 내의 해저를 통하는 가스관을 건설할 권리가 있지만 환경적 우려로 인해 모든 연안국과 동 프로젝트를 논의해야 한다는 논리를 내세운다. 이란은 가스관 건설은 역내 생태계에 심각한 피해를 유발할 수 있으므로 반대한다고 밝혔으며, 러시아 또한 공평한 환경적 검토가 이루어져야 한다며 TCP 프로젝트에 반대했다.

실제로 카스피해 관련 신규 협약에서는 영해 내 해저를 통하는 수송관을 건설하기 전에 모든 연안국이 함께하는 환경 모니터링을 수행할 것을 강제하고 있다. 그러나 협약 제 12조에서는 "해저케이블 및 수송관의 경로는 해당 케이블 또는 수송관이 지나가는 해저를 소유한 당사국 간의 협약에 따라 결정한다"고 명시하고 있어 아제르바이잔과 투르크메니스탄은 러시아와 이란의 허가 없이 프로젝트를 시행할 수 있다. 이란과 러시아가 환경 및 생태계를 고려하여 반대한 것은 자국의 정치적 및 경제적 이익을 감추기 위한 것이다. 특히 러시아는 아제르바이잔산 가스가 투르크메니스탄산 가스와 함께 대량으로 유럽 시장에 유입될 경우 추후 유럽 국가에 대한 러시아의 영향력이 크게 약화할 것을 우려한다.

TCP 가스관 설치의 문제는 약 15억 달러의 엄청난 비용에 있다. 아제르바이잔은 자국의 어려운 경제 상황을 이유로 투자에 주저하고 있지만, 중국으로 지나친 가스 수출 의존도를 가진 투르크메니스탄은 관심이 높지만, 최종 사용자인 EU의 동향을 주목하고 있다. 투르크메니스탄은 TCP에 대해 EU와 미국의 관심이 높아지고 있는 것을 고려하여 이를 자국의 지정학적 이익을 위한 카드로 사용한다. 유럽은 TCP 가스관에 관심은 많지만, 유라시아 가스관이 가진 지정학적 리스크 때문에 프로젝트 추진을 주저하고 있다.

또한 EU는 러시아가 통제하는 CPC 송유관을 대체하기 위해 아제르바이잔의 BTC(아제르바이잔 바쿠항→터키 세이한항) 송유관과 바쿠-숩사(조지아의 흑해연안 항구) 송유관을 연결하는 프로젝트를 준비 중이다. 이미 2022년 8월 카자흐스탄과 아제르바이잔 국영석유기업은 BTC 노선을 통해 카자흐스탄 원유 3만 b/d, 바쿠-숩사 노선으로 7만b/d를 각각 수송하기로 합의했다. 대신 카자흐스탄에서 아제르바이잔 바쿠까지 노선은 유조선을 이용해서 원유를 수송해야 한다. 그동안 카스피해에서 국가 간 해저 파이프라인 건설은 카스피해 연안국인 러시아와 이란의 반대로 이루어지지 못했다. 이는 카스피해 영유권 분쟁이 러시아와 이란에 유리하게끔 조정되었기 때문이다.

5. 결론

러시아 에너지 제재의 영향이 가장 잘 드러난 2022년 2분기 러시아 에너지 수입 수치와 경제제재의 영향을 받지 않았던 2021년 2분기 러시아 에너지 수입 수치를 비교했다. 이 과정에서 천연가스는 감소세를 보였으며 특히 노드스트림의 영향을 가장 많이 받았던 독일이 가장 큰 감소세를 보였다. 또한 석유 역시 감소세를 보였는데, EU에서 6차 제재 당시 예고했던 대로 단계적으로 감소하는 양상을 보였다.

2021년 2분기와 2022년 2분기의 대러 에너지 의존도를 비교해 보았을 때, 천연가스의 경우 대러 에너지 의존도가 하락하긴 했으나 전체 에너지 의존도도 함께 하락해 에너지 공급 불안정을 일으키고 있다는 사실을 확인할 수 있었다. 석유의 경우 2021년 2분기 대배 2022년 2분기에는 대러 에너지 의존도가 하락하였는데, 이것은 EU의 에너지 수입 대체 효과가 작동하였다고 할 수 있다.

EU의 에너지 수입 적정 규모를 고려할 때 석유와 천연가스 공급망 다원화 어려움이 겹치면서 EU가 러시아 에너지 수입을 전면 금지하는 것은 불가능에 가깝다. 우크라이나 전쟁으로 인해 대러 제재로 EU의 에너지 수입 수치가 줄고 대러시아 에너지 의존도가 감소하며 경제제재의 효과를 확인할 수 있었으나 적정 규모의 에너지를 러시아로부터 수입하거나 특정 에너지 분야에서만 제재를 시행되는 등 EU의 안보를 위협하지 않는 수준에서 진행되었다. 부가적으로, 현재 에너지 수급 불안정으로 EU의 경제를 위협하는 것은 천연가스 수출금지와 같은 러시아의 보복조치로 인한 것이다.

자원 빈국인 EU는 러시아 에너지 수입을 전면 중단하는 것은 불가능에 가깝다. 석유의 경우 중동이나 아프리카에서 러시아산을 어느 정도 대체할 수 있지만 가스는 신규 공급도 어렵지만, LNG 터미널 건설 등 새로운 인프라 건설에 시간이 필요하다. EU는 공급원 다원화의 어려움으로 인해 1차 에너지 생산량의 30%를 차지하던 대러시아 에너지 수입량을 전면 금지하는 것은 현실적으로 불가능하다.

EU는 러시아 에너지 공급 위기를 극복하기 위해 자국 에너지 기업의 국유화, 석탄발전소의 재가동, 그리고 신재생에너지의 전환이라는 대응 전략을 추진 중이다. 최근 신재생에너지 기술의 놀랄만한 발전은 EU에 한 가닥 희망을 주고 있다. 2022년도 글로벌 에너지 위기로 가스와 전력 가격이 급등하면서 신재생 발전 기술의 매력이 높아지고 있으며 이 분야 투자가 집중되고 있다. 만약 EU가 '재생에너지 - 에너지저장 - 수소화 - 슈퍼 그리드'로 이어지는 안정된 전력망을 갖추면 러시아 에너지 의존은 크게 줄일 수 있을 것이다.

참고문헌

유혜정, 「미국의 대러시아 경제제재와 한국기업의 대응방안」, 수출입은행 해외경제연구소, 2018.
윤익중·이성규, 「우크라이나 사태 이후 러시아-중국 간 에너지협력의 정치·경제적 의미: 가스 부문을 중심으로」, 『슬라브 학보』 vol.30, no.4, 2015, 243쪽.
에너지경제연구원, 「러시아 연방정부의 러시아 에너지전략-2030」, 2009.
한희진·안상욱, 「러시아 천연가스 의존도와 반복되는 EU에너지 위기」, 『유럽연구』, 2022.
조동희·이현진·윤형준, 「우크라이나 사태 관련 EU 제재의 제약요인과 영향」, 『KIEP 세계경제 포커스』, 2022.
민지영, 「러시아 천연가스 수출규제조치의 주요 내용과 시사점」, 『KIEP 세계경제 포커스』, 2022.

Cebotari, L., "EU-Russia energy relations : problems and perspectives", *Proceedings of the International Conference on Business Excellence* 16(1), 2022, pp.1001~1014.
Bogoviz, A., Lobova, S., Ragulina, Y., & Alekseev, A., "Russia's energy security doctrine : Addressing emerging challenges and opportunities", *International Journal of Energy Economics and Policy* 8(5), 2018.
BP, *BP Statistical Review of World Energy 2021*, June. 2020.
IEA, *Gas Market Report*, Q1-2021.
___, "Coronavirus impact on CO_2 emissions six times larger than 2008 financial crisis", https://www.carbonbrief.org/iea-coronavirus-impact-on-co2-emissions-six-times-larger-th
IRENA, "Renewable capacity highlights", 2021.
Russia & CIS Oil and Gas Weekly, "Russian govt approves program to develop LNG domestically; target production 140 mln tonnes by 2035", 2021.
Rathbone, Meredith; Jeydel, Peter; Lentz, Amy, "Sanctions, Sanctions Everywhere : Forging a Path through Complex Transnational Sanctions Laws Symposium Article", *Georgetown Journal of International Law*, 2013.

"REPowerEU : A plan to rapidly reduce dependence on Russian fossil fuels and fast forward the green transition", European Commission Home Page (검색일 : 2022.07.08)

European Commission, "Opening Remarks by President von der Leyen at the Joint Press Conference with President Michel and President Macron Following the Informal Meeting of Heads of State or Government of 10-11 March 2022", March 11, 2022, https://ec.europa.eu/commission/presscorner/detail/en/statement_22_1708 (검색일 : 2022.12.05)

Eurostat, "Energy imports dependency", 2022.04.11. https://ec.europa.eu/eurostat/databrowser/view/nrg_ind_id/default/table?lang=en (검색일 : 2022.12.06)

_____, "Russian energy imports fell by €6.1 billion", 2022.11.22. https://ec.europa.eu/eurostat/en/web/products-eurostat-news/-/ddn-20221122-3 (검색일 : 2022.12.06)

_____, "Imports of oil and petroleum products by partner country - monthly data", 2022.12.06. https://ec.europa.eu/eurostat/databrowser/view/NRG_TI_OILM__custom_4050456/default/table?lang=en (검색일 : 2022.12.06)

_____, "Imports of natural gas by partner country - monthly data", 2022.12.06. https://ec.europa.eu/eurostat/databrowser/view/nrg_ti_gasm/default/table?lang=en (검색일 : 2023.01.17)

Euro active, "Russia's sixth sanction package opens EU's Pandora's Box", May 5, 2022. https://www.euractiv.com/section/energy-environment/news/russias-sixth-sanction-packag e-opens-eus-pandora-box/ (검색일 : 2022.11.30)

Montel, "Russian gas flows to France at zero - TSO", 2022.06.17, https://www.montelnews.com/news/1328996/russian-gasflows-to-france-at-zero—tso (검색일 : 2022.11.15)

유라시아와 유럽연합(EU) 간 산업협력의 주요 요인과 발전 방향*

이상준

1. 서론

　냉전 이후 유럽과 유라시아 간 교역이 빠르게 증가한 것은 상품과 자원 교환이 가지는 상호보완적 성격에서 비롯된다. 자원에 의존한 경제구조에만 머물 수 없어 유라시아 각국은 국가의 발전단계에 맞추어 재산업화 혹은 산업화를 위한 정부 정책을 수립하고 본격적으로 추진하였다.
　산업화를 위해서는 연구개발 능력, 생산 시스템 구축 및 운영, 인재 양성, 인프라 건설 및 투자 등이 포괄적으로 진행되어야 한다. 그리고 유라시아 각국은 자국이 지닌 비교 우위 요인에 바탕을 두고 정책 방향성을 정하고 산업화를 시작하였다. 산업정책을 성공적으로 실현하기 위해서는 기술 확보, 기계 장치 수입, 인재 양성, 인프라 건설, 자본 조달이 통합적으로 이루어져야 하며 부족한 부분이 있다면 이를 보완할 수 있는 수단으로서 국제협력을 모색해야 한다. 유라시아 국가의 최대 교역 대상이었던 EU는 유망한 협력 대상

---

* 이 글은 이상준, 「유라시아와 유럽연합(EU) 간 산업협력의 주요 요인과 발전 방향」, 『러시아연구』 제33권 제1호, 서울대 러시아연구소, 2023, 159~189쪽에 게재된 논문을 부분 수정한 것임을 밝힙니다.

국이었다.

　EU도 주요 선진국과 겨룰 수 있는 경쟁력을 확보할 수 있을 것으로 기대하면서 유라시아 국가와 협력을 추진하였다. 유라시아와의 협력으로 값싼 에너지를 가까운 지역으로부터 확보할 수 있게 되었고 새로운 시장 개척도 가능하였기 때문이다. 유럽 국가로서는 독일이 가장 적극적이었는데 유라시아와의 협력으로 산업경쟁력 향상 효과가 가장 큰 국가였기 때문이다. 노드스트림 파이프라인 건설과 독일 기업의 러시아 진출은 이를 보여주는 대표적인 사례이다.

　그러나 우크라이나 전쟁이 발발한 이후 서방이 러시아를 강도 높게 제재하면서 양 지역 간 협력은 대전환을 맞이하고 있다. 세계 3대 경제거점 중 하나인 EU와 세계 주요 자원 공급국인 러시아 간 석유, 천연가스, 광물, 금융, 상품, 인간, 문화 교류가 축소되면서 글로벌 공급망 재편을 촉발하고 있다. EU는 러시아로부터 자원 수입을 줄이고 중동, 북아프리카, 북미, 중앙아시아 등으로부터 수입을 늘리고 있다. 러시아는 산업화에 필요한 기술과 장비 등을 EU로부터 수입하지 못하게 됨에 따라 기존의 수입대체정책에서 한 걸음 더 나아가 독자적인 기술개발을 주된 정책으로 채택하고 있으며 부족한 부분은 중국, 터키, 이란 등과의 협력을 통해 해결하고자 한다. 이로써 글로벌 공급망 재편뿐 아니라 국제분업 구조도 재규정되고 있으며 4차 산업혁명의 기술혁신과 연계되면서 예측하기 어려운 변화가 발생하고 있다.

　전쟁 이후 유라시아 국가와 EU 간 산업협력이 재편되는 것은 유럽-유라시아 지역 간 국제분업 구조의 변화를 보여주는 것일 뿐 아니라 글로벌 공급망 재편을 통해 세계 전체 협력의 변화 방향을 알 수 있게 한다. 그래서 이 글은 먼저 유라시아와 EU 간 산업협력의 주요 동인을 살펴보고 그간 협력의 성과가 무엇인지 또 우크라이나 전쟁 이후 나타나고 있는 현황 등도 분석한다. 그리고 현재의 어려움을 극복하고자 하는 양 지역의 노력과 개선 방향을 파악하여 이러한 변화와 방향성이 시사하는 바를 제시한다.

2. 유라시아 국가와 EU 간 산업협력 동인

1) 유라시아 국가의 대對EU 산업협력 주요 동인

유라시아 국가의 산업협력 동인은 각국의 비교 우위 요소와 산업정책에 의해 결정된다. 비교 우위 요소가 자연과 전통에 의해 주어진 것이라면, 산업정책은 인위적으로 만들어진 것이다. 산업정책은 실물 경제에 대한 국가 개입이 가장 많이 들어가는 부분이다. 2008년 글로벌 금융위기 이후 경제에서 정부 영역을 축소하는 것이 바람직하지 않으며 적극적인 정부가 있어야 시장경제가 제대로 작동할 수 있다는 인식이 강하게 형성되었다. 유라시아 각국은 독립 이후 국가를 새로이 건설하면서 재정적으로 제도적으로 취약한 정부를 가졌으며 상당 기간 산업을 정책적으로 육성하지 못하였다. 유라시아 각국의 정치체제가 점차 자리매김한 다음 각국은 경제에 대한 정부의 역할을 강화하였고 이에 따라 산업화를 위해 산업협력도 강화하였다.

유라시아 국가의 산업발전 정도는 큰 편차를 가졌다. 러시아는 산업 분야 전반에 걸쳐 생산 체제를 구축하고 있다. 러시아 산업정책의 목표는 산업 고도화를 통해 자원 이외 산업경쟁력을 강화하는 것이었다. 반면 러시아 이외 유라시아 국가 대부분은 지역의 부존 요소에 의해 결정되는 비교 우위 요소를 바탕으로 일부 산업 분야에 특화되어 있다. 키르기스공화국, 타지키스탄, 투르크메니스탄 등 일부 국가는 산업화 초기에 머물러 있다. 이들 국가의 산업정책은 산업 다각화를 주된 목표로 삼고 있다.

〈표 1〉 유라시아 국가의 2021년 GDP 및 산업별 구성비와 주요 산업

국가	GDP	산업별 구성비	주요 산업
러시아	1,780.0	농업(17.9%), 산업(33.7%), 서비스(48.5%)	에너지, 석유화학, 기계 등
카자흐스탄	197.1	농업(4.7%), 산업(34.1%), 서비스(61.2%)	에너지, 석유화학, 금융, IT

우즈베키스탄	69.2	농업(17.9%), 산업(33.7%), 서비스(48.5%)	에너지, 섬유, 자동차
키르기스공화국	8.5	농업(14.7%), 산업(26.7%), 서비스(48.4%)	농업, 섬유, 광물
투르크메니스탄	45.2	농업(12.7%), 산업(50.1%), 서비스(37.7%)	천연가스, 농업
타지키스탄	8.8	농업(23.3%), 산업(22.8%), 서비스(53.9%)	면화, 알루미늄
아제르바이잔	54.6	농업(6.9%), 산업(41.4%), 서비스(42.5%)	에너지
조지아	18.6	농업(17.9%), 산업(33.7%), 서비스(48.5%)	관광
아르메니아	13.9	농업(17.9%), 산업(33.7%), 서비스(48.5%)	농업, 광산업
벨라루스	68.2	농업(17.9%), 산업(33.7%), 서비스(48.5%)	석유화학, 제조업, 농업
우크라이나	200.1	농업(17.9%), 산업(33.7%), 서비스(48.5%)	농업, 철강, 기계
몰도바	13.7	농업(17.9%), 산업(33.7%), 서비스(48.5%)	농업, 관광

출처 : "World Bank Open Data", *The World Bank*, https://data.worldbank.org/ (검색일 : 2023.03.20)

    EU의 대對유라시아 산업협력은 자원, 인력, 기술, 시장규모, 인프라 등 모든 면에서 압도적으로 우위를 가진 러시아에 집중되었다. 하지만 2014년 크림 병합 이후 서방의 제재가 시작되었고 전쟁이 발발한 이후 제재가 더욱 강화되면서 EU의 대對러시아 무역은 급격하게 줄어들었다. 러시아는 서방의 대러 기자재 수출 금지에 대응하여 수입대체정책에서 벗어나 2022년부터 자국의 생산력과 기술 주권을 강화하는 정책을 채택하였다. 푸틴 대통령은 2022년 6월 17일 제25회 상트페테르부르크 국제경제포럼에서 기술 주권 개념을 제시하였다.[1] 미슈스틴 러시아 총리는 7월 4일 예카테린부르크 이노프롬 Innoprom(산업혁신포럼)에서 제재로 중요한 물자를 원활하게 수입하지 못한다고 밝히면서 제약, 바이오, 화학, 기계장비 분야의 기술 주권 확보를 우선시하겠다고 언급하였다.[2] 만투로프 러시아 산업통상부 장관은 7월 15일 러시아 산

---

1 "St. Petersburg International Economic Forum Plenary session", *President of Russia*, 2021.06.04, http://en.kremlin.ru/events/president/news/68569 (검색일 : 2022.11.25).
2 Anna Nadibaidze, "Understanding Russia's Efforts at Technological Sovereignty", *Foreign Policy Research Institute*, 2022.09.08, https://www.fpri.org/article/2022/09/understanding-russias-efforts-at-technological-sovereignty/ (검색일 : 2023.03.25)

업정책을 기술 주권 확보에 초점을 두는 것으로 하여 원자력, 우주, 항공, 조선, 전자, 방산 분야에 대한 비전을 제시하였다.[3] 이렇게 정부 차원에서 기술 주권을 핵심으로 하는 산업정책이 선언되었다. 그러나 기술 주권 확보는 당장 성과를 내기 어려울 것이다. 기술 선도 국가들도 혁신 제품 생산 전 과정을 도맡아 완수하지 못하고 있다. 러시아가 기술 주권에 입각한 산업정책을 통해 계획한 일정 내 혁신 제품을 자체적으로 생산할 수 있을지 또 자체적으로 생산한다고 하더라도 경쟁력 있는 제품을 생산할 수 있을지 의문시된다. 반도체를 예로 들면, 특정 국가가 모든 생산 과정을 자체적으로 갖추는 것이 불가능해서 미국, 한국, 중국, 일본, 대만, 영국, 네덜란드 등 많은 국가가 참여하는 협업을 통해 생산하고 있다. 그래서 제재가 해제되지 않는 상황에서 러시아가 반도체 분야의 기술 주권을 확보하기가 쉽지 않을 것이다. 물론 러시아 정부가 2030년까지 계획하고 있는 28nm 팹이 정교함에 있어 다소 떨어지는 범용 반도체라는 점에서 불가능한 목표설정이라고 단정할 수는 없다.[4] 해당 반도체에 요구되는 기술 수준이 높지 않다고 하더라도 양질의 반도체를 생산할지는 여전히 우려스럽다. 따라서 러시아 정부는 기술 주권을 확보하겠다는 분야 전반에 걸쳐 다양한 방식의 국제협력을 시도할 것으로 예상된다. 러시아의 대외 협력에 있어 EU가 차지하는 비중이 과거에 비해 현저하게 줄어들 전망이다. 그러나 문화적 친밀성, 지리적 근접성, 역사적 연결성 등을 단번에 끊기는 어려울 것이기 때문에 일정 정도의 협력 채널을 운영할 가능성도 없지 않다.

러시아 이외 유라시아 국가들의 산업협력 의지는 강하다. 자원 부국 카자

---

[3] "Manturov to seek technological sovereignty in certain industrial sectors as Russian Deputy PM", *Interfax*, 2022.07.15, https://interfax.com/newsroom/top-stories/81342/ (검색일: 2023.03.25)

[4] P. Clarke, "Russia plans to spend $38.6 billion on semiconductor catchup", *EENews*, 2022.04.18, https://www.eenewseurope.com/en/russia-plans-to-spend-38-6-billion-on-semiconductor-catchup/ (검색일: 2023.03.25)

흐스탄, 아제르바이잔, 투르크메니스탄, 우즈베키스탄은 자원을 매개로 산업화에 필요한 자본, 인력 등을 외국과의 협력을 통해 확보하고자 한다. 유라시아 자원 부국은 산업발전에 투여할 수 있는 자본을 가지고 있지만 산업화를 실현할 수 있는 기술, 인적자본 등이 부족하다. 자원 부국의 산업화 이슈는 자원에 의존한 경제구조로서 벗어나 산업을 다각화하는 것이다. 공산품 가격은 일정하게 유지되면서 기술혁신에 의하여 점차 하락하는 것과 달리 자원 가격은 큰 변동성을 가진다. 자원 가격의 변동성으로 안정적인 거시경제 운영이 영향을 받아 국가 발전이 영향을 받을 수 있다. 그래서 이른바 자원의 저주 현상에서 벗어나기 위해 자원 이외 분야를 육성하는 것이 이들 국가의 주요한 국정과제이다. 자원 부국은 협력 파트너에게 매력적인 프로젝트를 제안하기 위해 에너지로부터 벌어들이는 재정을 신규 산업 프로젝트에 적극적으로 투입하기도 한다. 카자흐스탄, 아제르바이잔은 국부펀드 제도를 마련하고[5] 에너지 수출로 벌어들이는 일정 부분의 부를 국부펀드에 편입하고 이 펀드를 활용하여 인프라 건설, 수익사업 운영 등 다양한 프로젝트를 추진하면서 외부의 다양한 투자자와 파트너를 유치하고 있다.[6] 투르크메니스탄, 우즈베키스탄 역시 에너지 수출을 통해 벌어들인 자본을 활용하여 산업화를 추진하고 있다.

자원 빈국은 외부의 지원 없이 산업화를 자력으로 진행하기 어려운 형편이다. 시장 규모, 중심시장과의 거리, 내륙 국가라는 불리함으로 자본의 수익성 측면에서 매력적인 국가는 아니다. 벨라루스는 다른 자원 빈국에 비하여 EU로부터 물리적 거리가 멀지 않아 산업협력의 기회가 많지만, 폐쇄적인 국가 운영에 따른 제도적 장벽으로 EU와의 협력이 제한적이다. 키르기스공

---

[5] 조영관, 『중앙아시아 에너지 수출국 국부펀드의 특징과 시사점 : 카자흐스탄과 아제르바이잔을 중심으로』, 전략지역심층연구 12-07, KIEP 대외정책연구원, 2012.

[6] Z. Mamyshev, "Money from National Fund is set to be spent on infrastructural projects", *Курсив*, 2022.11.30, https://kz.kursiv.media/en/2022-11-30 (검색일 : 2023.03.25)

화국은 내륙 국가이며 중심시장으로부터의 거리도 멀고 아르메니아는 주변 튀르키예, 아제르바이잔과 갈등 관계에 있어 이웃 국가의 효과도 누리지 못하고 있다.

그래서 자원이 빈약한 유라시아 국가는 러시아가 주도하는 EAEU와 협력하여 회원국 간 국제분업에 참여해 산업화를 추진하거나 주요 선진국과 개발 협력하여 산업을 발전시켜야 한다.[7] 그래서 이들 국가는 러시아와의 협력을 중시하는 경향을 보인다. 벨라루스, 키르기스공화국, 아르메니아는 러시아로부터 에너지를 지원받고 있다. EAEU 회원국 간 제도적 동질성으로 산업협력 추진이 비교적 쉽게 진행되어 글로벌 경제 편입에 긍정적으로 작용하는 부분도 있지만, 러시아가 EAEU를 주도하고 있고 러시아에 대한 의존도가 높다는 점에서 제약받는 부분도 있다. 이들 국가는 EU와의 협력에서 주로 산업 인프라를 확보하고자 한다. 그리고 이러한 인프라 구축을 통해 국제분업 참여는 유라시아 국가와의 협력에서 출발해야 하는데 그 중심에 있는 러시아가 EU와의 관계가 나빠져 현실적으로 EU와의 산업협력은 매우 제한적으로 이루어질 것이다.

2) EU의 대對유라시아 산업협력 주요 요인

산업화를 오래전에 이룩한 EU는 미래 산업의 핵심 동인으로 디지털화와 탄소중립화로 설정하고 있다. 글로벌 역량 강화를 위해 디지털 전략과 그린딜Green Deal 전략을 채택하여 EU의 잠재성장률을 높이고 일자리를 늘리기 위

---

[7] E. Rovenskaya, E. Sedighi, N. Komendantova, N. Strelkovskii, S. Sizov, N. Karabashov, N. Atakanov, U. Chekirbaev, Z. Zheenaliev, A. Stepanova, L. Ekenberg, and F. S. Rodriguez, "Industrial Development of Kyrgyzstan : Background", *IIASS*, 2018.10, https://www.unido.org/sites/default/files/files/2018-12/Industrial_Development_Kyrgyzstan-Background.pdf?_token=742299773 (검색일 : 2023.03.25)

해 이에 걸맞게 산업을 성장시켜 경쟁력을 유지·향상시키고자 한다.[8] EU는 산업 전반에 걸쳐 경쟁력을 가지고 있지만 제조업 생산에서 EU가 차지하는 비중은 계속 감소하였다. 다행히도 체제 전환을 겪은 동유럽 국가들을 회원국으로 받아들여 독일을 포함한 EU 제조 강국의 산업 생산력을 신규 회원국으로 이전하면서 EU 차원에서 제조업의 공동화를 늦출 수 있었고 자동차, 제약, 화학 산업의 경쟁력을 유지하는 성과를 거두기도 하였다.

EU의 산업정책은 EU 차원에서 추진되는 공동 정책과 개별 국가 차원에서 전개되는 정책으로 구분된다. EU 차원의 산업정책은 단일시장으로서 EU의 시장기능 강화, 제도적 장벽 해소, 공정한 경쟁 보장 등 EU의 산업경쟁력 향상을 위한 법제도 개혁을 전제로 한다.[9] 이러한 제도적·기능적 기반을 바탕으로 미래 지향적인 산업을 선정하고 중점적으로 육성 지원하여 EU 산업경쟁력을 향상시키고자 한다. EU는 탈제조업 현상을 해결하기 위해 제조업을 재편·육성하고 혁신성을 담보하여 고용을 안정적으로 확대하고자 한다. 동시에 EU가 추진해온 탄소 중립과 디지털 대전환이라는 미래 지향적인 특성을 유지·발전시키고자 한다.

EU는 체제 전환을 겪은 동유럽 국가를 새롭게 유럽의 생산 네트워크로 편입하였는데 이는 EU의 산업정책이 산업육성에만 국한한 것이 아니라 지역 균형발전 전략과도 연관되어 있다. 이러한 맥락과 연관되어 EU는 근린 국가정책을 통해 EU 체제의 안정성을 도모한다. EU의 동방파트너십EaP, Eastern Partnership은 이러한 정책을 가장 잘 대변하고 있다.[10] 동방파트너십은

---

[8] Joint Research Centre, "The twin green & digital transition : How sustainable digital technologies could enable a carbon-neutral EU by 2050", *EU Science Hub*, 2022.06.29, https://joint-research-centre.ec.europa.eu/jrc-news-and-updates/twin-green-digital-transition-how-sustainable-digital-technologies-could-enable-carbon-neutral-eu-2022-06-29_en (검색일 : 2023.03.25)

[9] "European industrial strategy", European Commission, https://commission.europa.eu/strategy-and-policy/priorities-2019-2024/europe-fit-digital-age/european-industrial-strategy_en (검색일 : 2023.03.25)

[10] Strategic Communications, "Eastern Partnership", *European Union External Action*, 2022.03.17, https://www.eeas.europa.eu/eeas/eastern-partnership_en (검색일 : 2023.03.25)

EU와 구소련 국가 벨라루스, 몰도바, 우크라이나, 아제르바이잔, 아르메니아, 조지아의 관계를 관리하는 공동 이니셔티브로서 무역, 산업발전, 인적교류 및 기타 문제를 논의하는 프로그램이다. 동방파트너십은 유라시아 국가 가운데 EU와 물리적 경계를 맞대고 있는 국가와 협력 관계를 규정하는 양자·다자 협력 틀이다. 동방파트너십은 공동의 가치와 규칙, 상호 이익과 약속, 소유권과 책임을 기반으로 한다. EU, 회원국 및 파트너 국가 간의 정치적, 경제적 관계를 강화하고 심화하고 동방파트너십 국가의 지속 가능한 개혁 프로세스 지원을 목표로 한다. 또한 민주주의, 번영, 안정, 협력 증진이라는 공유 가치의 공동 영역을 구축하는 것을 목표로 한다. 2009년 12월 8일 브뤼셀에서 동방파트너십의 틀 안에서 첫 외무 장관 회의가 개최되었다.

동방파트너십은 EU의 외교 및 안보 정책을 위한 글로벌전략과 2015년 유럽근린정책 검토에 명시된 대로 EU 근린국가의 안정성, 번영 및 탄력성을 높이는 전반적인 목표 달성을 위해 추진된다. 또한 기후 변화에 관한 파리 협정, UN 2030 의제 및 지속 가능한 개발 목표를 포함하여 많은 글로벌 정책 목표와 연계된다. 그리고 유럽이사회의 전략 의제 2019-2024와 완전히 부합한다.

EU의 대對유라시아 산업협력 전략은 EU의 안전과 EU의 경제적 영향력 확대를 위한 근린 지역 안정화 정책과 EU 자체의 에너지 공급 안정을 통한 경제안보 개선, 그리고 중장기적으로 중동, 인도, 중국으로 이어지는 시장 확대를 위한 거점 확보라는 큰 틀에서 진행된다고 할 수 있다.

전쟁 이전 EU는 국경을 맞대고 있는 벨라루스, 우크라이나, 그리고 자원부국이면서 동시에 첨단기술력을 가진 러시아와의 산업협력에 중점을 두었다. 그러나 전쟁이 발발한 이후 EU는 러시아를 강력하게 제재하고 있다. 벨라루스에 대해서는 러시아 군의 우크라이나 침공 경로를 열어주었다는 이유로 현재 협력을 최소한으로 진행하고 있다.[11] 전쟁터가 되어버린 우크라이나와의 협력은 군사적·인도적 지원으로 바뀐 상태이다. 우크라이나 재건을 통해 본격적으로 협력하려는 논의가 있지만 이는 전쟁이 먼저 끝나야 가능할 것이다.

EU는 러시아 에너지 수입을 대체할 에너지 공급망 구축에 관심을 두고 있다.[12] 러시아를 우회하여 카스피해로부터 에너지를 공급받기를 바라고 있지만 인프라 미비 등으로 어려움을 겪고 있다. 현재 카스피해로부터 튀르키예로 연결된 물류 운송망은 BTE 가스관, BTC 송유관, BTK 철도로 모두 아제르바이잔 바쿠까지만 연결되어 있다. 그래서 중앙아시아 지역으로 접근은 러시아를 경유하게 되어 있다. 중앙아시아 국가로부터 에너지를 직접 공급받을 수 있는 인프라 구축에 많은 투자가 필요한 상황이라 산업협력을 본격적으로 진행하기에는 어려움이 있다. 그러나 EU는 중앙아시아 국가와의 협력을 강화하게 되면 장기적으로 유라시아 지역과의 협력을 강화하는 초석이 된다는 관점에서 협력 가능성을 고려하고 있다.

3) 유라시아와 EU의 협력 동인과 상호작용

유라시아와 EU는 산업정책을 통해 글로벌 공급망과 가치사슬 재편에 양 지역이 취약점을 개선하여 발전할 수 있는 지역으로 거듭나려는 목표를 분명히 하고 있다. 이러한 목표 달성에 부족한 부분을 메우기 위해 유라시아와 EU는 협력하고자 한다. 다만 전쟁으로 러시아가 빠진 상태에서 협력을 추진해야 한다. 그간 러시아는 EU와 유라시아 간 협력에 있어 연결고리로서 중요하였다. EU의 관점에서 러시아와는 자원, 기술, 생산 등 모든 형태의 산업협

---

[11] "EU relations with Belarus", *European Council*, 2023.01.12, https://www.consilium.europa.eu/en/policies/eastern-partnership/belarus/ (검색일 : 2023.03.25)

[12] L. Boehm and A. Wilson, "EU energy security and the war in Ukraine : From sprint to marathon", *European Parliamentary Research Service*, 2023.02.21, https://www.europarl.europa.eu/thinktank/en/document/EPRS_BRI(2023)739432 (검색일 : 2023.03.25)

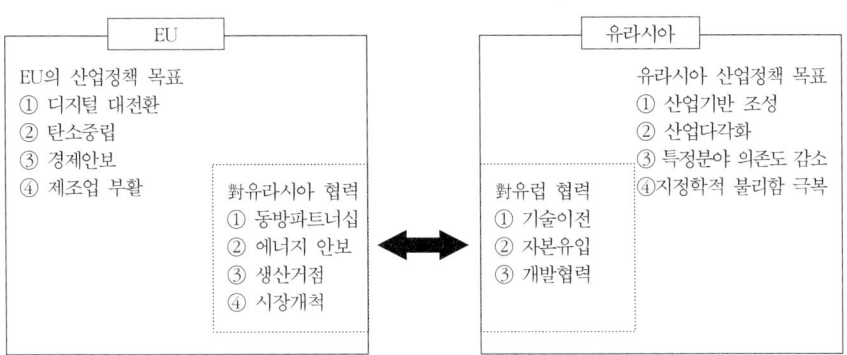

<그림 1> 유라시아와 EU 산업정책 목표 및 협력 동인

력을 할 수 있는 국가이다. 유라시아 국가의 입장에서 러시아는 유럽으로 연결하는 기회의 창이었다. 지정학적 이슈를 제외한다면 EU와 유라시아 간 협력 동인은 위의 <그림 1>로 요약할 수 있다.

전쟁으로 러시아의 역할이 제한되겠지만 EU와 유라시아 간 산업협력의 기본적인 방향성은 큰 변화가 없을 것이다. 하지만 러시아가 전쟁으로 배제된 상태에서 EU와 유라시아 지역 간 산업협력이 유의미한 성과를 달성하기 위해서는 현재와 같은 방식으로부터 탈피할 필요가 있다. 무엇보다 EU가 투자하지 않고 무역만으로 원하는 성과를 얻을 수는 없을 것이다. 유라시아 국가 역시 개혁하지 않고 산업화에 필요한 자본을 유치할 수 없을 것이다.

3. 유라시아 국가와 EU의 산업협력 현황

1) 전쟁 이전 유라시아 국가와 EU 간 산업협력

유라시아 국가의 산업협력은 국제분업에서 자국의 역할을 규정하는 일과 연관된다. 러시아는 체제 전환을 시작하면서 국가의 역할을 축소하였으나 경제 침체에서 벗어나지 못하였다. 소련 시기 하나의 경제단위로 묶여 있던 유라시아 국가들은 소련 해체 이후 독립하였으나 글로벌화가 진행되고 있는 세계 경제에서 독자적으로 경쟁력을 확보하기 어렵다는 것도 인식하게 된다. 21세기 들어서면서 유라시아 국가들은 국가의 역할을 강화하기 시작하였다. 유라시아 국가들은 거시경제 안정 등 전략적 조정자 역할에서 벗어나 생산구조의 다양화를 위해 시장에 직접적으로 개입하였다. 국영기업 운영, 무역과 외환 관리, 산업지대 조성을 통해 생산력을 복원하거나 강화하였다.[13] 하지만 자국이 가진 비교 우위 분야가 많지 않아 새로운 분야에 대한 투자와 생산 증가는 느리게 진행되었다.

유라시아 국가가 선택한 산업정책에 따라 산업협력이 결정됨에 따라 먼저 산업정책을 구분하여 살펴볼 필요가 있다. 자국이 경쟁력을 가지고 있는 자원 분야는 시장의 힘에 맡겨두기보다 국가가 직접 개입하는 산업정책을 전개하였다. 자원 부국 러시아, 카자흐스탄, 아제르바이잔, 투르크메니스탄, 우즈베키스탄은 석유와 천연가스, 광물자원 분야에서 국영기업을 운영하면서 에너지 산업의 경쟁력을 높였다.[14] 에너지 및 자원산업에서 축적한 부를 국가가 거두어 재정지출에 충당하고 일정 부분은 국부펀드 조성 등 거시경제 개선에 활용하였다. 에너지 및 자원기업이 축적한 부는 에너지 생산력 증진과 에너지 인프라 투자에도 사용되었다. 에너지 및 자원 분야 산업협력은 전후방 연관산업의 가치사슬 확장 및 공유 등으로 발전할 수 있었다. 에너지 및 자원 분야에서 산업협력은 자원 가격이 상승하는 시기에 더욱 활성화되어 진행될

---

[13] Philip Hanson, "Russian Economic Policy and the Russian Economic System Stability Versus Growth", *Chatham House*, 2019.12.17, https://www.chathamhouse.org/2019/12/russian-economic-policy-and-russian-economic-system-stability-versus-growth (검색일 : 2023.03.25)

[14] Anna Bjerde and Tatiana Proskuryakova, "Climate Action Can Catalyze Ka-zakhstan's Economic Diversification. Inaction Will Be Costly", *World Bank*, 2022.11.04, https://www.worldbank.org/en/news/opinion/2022/11/04/climate-action-can-catalyze-kazakhstan-economic-diversification-inaction-will-be-costly (검색일 : 2023.03.25).

수 있었다. 모든 국가가 에너지 및 자원 분야에서 협력하고자 하였으나 산업협력이라는 틀에서 대상이 될 수 있는 국가는 제한되었다. 에너지 및 자원을 안정적으로 확보하려는 주요 선진 공업국은 유라시아 국가와의 협력을 강하게 희망하였으나 유라시아 국가들은 경제적인 이익만으로 협력을 결정하지 않았다. 에너지 및 자원 분야에서의 주도권, 지정학적 이해, 체제안정, 산업연관효과 등을 고려하여 러시아는 독일, 중국, 일본, 카스피해 연안국은 러시아, 유럽, 중국과의 협력을 강화하였다.[15]

부존 요소가 있지만 자본 축적이 쉽지 않은 분야는 국가가 개입해서 자원 분야 등에서 축적한 부를 인위적으로 이전하는 방식을 통해 산업화를 추진하거나 대외 개방을 통해 외국 자본을 유치하는 방식으로 진행되었다. 러시아는 경제 규모가 크고 자본 축적도 많은 편이었기에 두 가지 방식을 모두 활용하였다. 가스프롬이 국내용 가스 가격을 상대적으로 할인하여 설정하였기에 다른 산업 분야에 보조금이 되었고 이로써 러시아 기업들이 가격 경쟁력을 가질 수 있게 하였다. 하지만 가격만으로 경쟁력을 확보할 수 없었기에 자동차, IT산업에 대한 외국인 투자도 적극적으로 유치하였다. 모든 외국 자동차 기업이 러시아에 공장을 건설하였고 외국의 IT 기업들도 러시아 현지에서 생산, 판매, 서비스를 강화하였다. 러시아는 기계, 항공우주, 조선 분야에서는 국영기업을 설립하여 산업경쟁력을 높였으며 여타 산업에서는 외국 기업을 통해 산업 다각화와 고도화를 동시에 진행하였다.[16]

카자흐스탄, 아제르바이잔, 투르크메니스탄, 우즈베키스탄 등도 러시아와 비슷한 형태의 산업정책을 활용하였지만, 경제 규모와 자본 축적, 국가 개입

---

[15] "Power-hungry Kyrgyzstan to buy electricity from Russia", *Eurasianet*, 2023.03.30, https://eurasianet.org/power-hungry-kyrgyzstan-to-buy-electricity-from-russia (검색일: 2023.03.30)
[16] Yu. Simachev, M. Kuzyk, B. Kuznetsov, and E. Pogrebniak, "Industrial Policy in Russia in 2000-2013: Institutional Features and Key Lessons", *Russian Economy in 2013. Trends and Outlooks*, Iss. 35, M.: Gaidar Institute Publisher, 2014, p. 396.

등에서 차이를 보였고 특정 산업을 육성하는 데 성공하기도 했다. 카자흐스탄은 석유화학, 건설, IT, 금융산업을 육성하고자 하였으나 2007년 경제 위기를 겪었다.[17] 아제르바이잔, 투르크메니스탄도 자원 분야 이외 산업 다각화에는 실질적인 성과를 이루지 못하였다. 이는 경제 규모가 크지 않은 점도 있지만 폐쇄적인 국가 운영 방식, 인프라 구축에 불리한 지정학적 요인들이 작용한 결과이다. 그러나 이와 비슷한 조건 혹은 더 열악한 상황에서 우즈베키스탄은 성과를 보였다. 앞의 세 나라와 다르게 우즈베키스탄 경제에서 자원 분야가 차지하는 비중이 작아 국가가 대규모 자본투자를 할 수 없었으나 국제 금융기관과 외국 기업과의 협력을 통해 자동차, 섬유, 석유화학 산업의 초기적인 발전을 이룩할 수 있었다.

벨라루스, 키르기스공화국, 아르메니아, 타지키스탄 등 자원 빈국은 산업화에 필요한 자본을 축적하는 것이 쉽지 않았다. 이들 국가는 경제 규모도 크지 않아 외국 자본의 주목도 받지 못했다. 자력으로 산업을 육성하기 어려운 상황에서 폐쇄적인 국가 운영 방식, 내륙 국가라는 지리적 여건 등으로 인해 대외 협력도 어려운 상황이었다. 이들 국가는 제도의 동질성을 어느 정도 유지하고 있는 유라시아 인근 국가와의 협력을 고려하였고 유라시아경제연합EAEU에 적극적으로 참여하였다. 러시아로부터 값싼 에너지자원을 공급받고 있다는 특징도 가진다. 그러나 값싼 에너지가 산업화의 필요충분조건이 되지는 못한다. 그래서 유라시아 지역을 넘어서는 지리적 범위에서 산업협력의 파트너를 찾아야 했다. EU와 동북아 국가는 가장 유망한 파트너였다. EU가 민주주의와 시장경제를 지원하는 협력을 희망하고 있어 권위주의 성향의 국가는 EU와 대대적인 협력을 하기 어려웠다.

벨라루스는 제조업 기지로서 독립 이후에도 러시아로부터 값싼 에너지자

---

[17] "IMF Survey : Kazakhstan on Road to Recovery, But Banking System Still Weak", IMF News, 2010.08.17, https://www.imf.org/en/News/Articles/2015/09/28/04/53/socar081710a (검색일 : 2023. 02.25)

원을 수입하여 제조업의 경쟁력을 유지하였다. 그러나 산업 고도화에는 값싼 에너지로는 충분하지 않았다. 높은 교육 수준, EU와 직접 경계하는 국가로서의 지리적인 이점을 가지고 있다. 한때 벨라루스는 일부 개방적인 태도를 보이면서 EU와 협력 가능성을 보이기도 하였으나 폐쇄적인 국가 운영과 관리 경제로 인해 협력이 제한적으로 진행되었다. 더욱이 2021년 대선 부정투표 관련 시위로 서방과의 관계가 나빠지자 러시아를 포함한 EAEU, 중국과의 협력을 다시 강화하게 되었다.[18]

키르기스공화국, 타지키스탄, 아르메니아는 부존자원도 빈약하고 시장도 작으며 내륙 국가라는 지리적인 불리함을 가지고 있다. 또한 러시아로부터 에너지를 낮은 가격에 수입하고 있다. 그리고 많은 인구가 러시아에서 이주 노동자로 일하고 이들이 고국으로 보내는 송금액이 각국 경제에서 차지하는 비중이 큰 편이다. 산업화에 필요한 자본, 교육, 기술 등은 서방보다는 러시아를 포함한 유라시아 국가와의 협력을 통해 얻는 것이 상대적으로 쉽다.

러시아는 소련 말기 후기 산업사회에 이미 도달하였으며 산업발전에 필요한 자본, 기술, 인력 중 유라시아 인근 국가에서 얻을 수 있는 것은 값싼 노동력이었다. 그러나 값싼 노동력을 활용하여 해외 투자한 경험이 적었고 유라시아 인근 국가도 러시아의 생산 시스템을 도입할 의지도 크지 않아 산업협력은 제한적이었다. 러시아는 비자원 분야의 산업경쟁력을 향상시키기 위해 유럽과 협력하기를 원했다. 유럽과는 무역 규모가 큰데다 지리적으로 가까워 다양한 교류가 가능하고 기독교 문명의 공통성이 존재한다. EU와 러시아 간 무역 성과는 양 지역 간 상호보완성이 있음을 보여주기에 산업생태계를 연결하면 상생적 산업협력이 가능하리라 기대되었다. 러시아와 유럽은 에너지, 자동차, 기계 장치, 엔지니어링 분야에서 실질적인 협력을 이루고 있었다. 그

---

[18] Anders Åslund, "How sustainable is the Belarusian economy?", *Atlantic Council*, 2021. 10. 13, https://www.atlanticcouncil.org/blogs/belarusalert/how-sustainable-is-the-belarusian-economy/ (검색일: 2023. 03. 25)

러나 2014년 러시아가 크림반도를 병합한 다음 이러한 협력에 부정적인 기류가 조성되기 시작하였다.

2) 전쟁 이후 유라시아 국가와 EU 간 산업협력

우크라이나 전쟁 이후 서방이 러시아를 강력하게 제재하면서 EU가 러시아로부터 에너지 수입을 줄이고 러시아 투자 외국 기업 가운데 가장 비중이 큰 유럽 기업들이 러시아 시장을 떠났다. 서방은 러시아 해외자산을 동결하였고 러시아 주요 은행을 SWIFT에서 퇴출시켰다. EU는 러시아 주요 인사에 대한 비자 발급을 중지하였고 EU와 러시아 간 민간항공 운항도 중단되었다. 유럽과 러시아 간 협력 관계가 모든 수준에서 어려워졌다. 우크라이나는 전쟁터가 되면서 유럽과 유라시아 국가 간 협력의 통로도 제약받게 되었다.[19] 글로벌 공급망과 가치사슬 재편의 전이효과로 개별 국가의 경제가 직간접적인 영향을 받고 있는데 유럽에서 캅카스와 중앙아시아로 교통물류 회랑 운영이 제한받고 있어 유럽과 유라시아 국가 간 산업협력도 위축되고 있다.

전쟁 이후 EU와 러시아 간 상호 제재로 유럽과 유라시아 국가 간 무역과 산업협력은 직접적인 영향을 받고 있다. 첫째, 서방의 대러 제재와 러시아의 맞제재로 생겨난 인위적인 장벽에 의해 유럽과 유라시아 간 상호보완적인 협력 구도는 깨지고 있다. 유럽은 러시아 등 유라시아 국가로부터 상대적으로 값싼 에너지와 자원을 수입하여 이를 생산 가공하여 유라시아에 수출하는 방식으로 경쟁력을 확보할 수 있었다. 러시아를 비롯한 유라시아 각국은 유럽에서 기계·장치와 기술을 수입하여 각국의 부존 요소와 결합한 생산 시스템 구축을 통한 산업화를 추진할 수 있었다. 전쟁으로 유럽은 에너지와 자원을

---

[19] "EU sanctions against Russia explained", *European Council*, 2023.04.14, https://www.consilium.europa.eu/en/policies/sanctions/restrictive-measures-against-russia-over-ukraine/sanctions-against-russia-explained/ (검색일: 2023.04.14)

러시아가 아닌 다른 국가로부터 수입해야 하는 상황이 되었고 러시아는 신산업 발전에 필요한 기술과 기계·장비 등을 서방이 아닌 중국 등 개도국으로부터 획득해야 한다.

둘째, 유럽과 러시아 간 산업협력이 약해지면서 유럽과 유라시아 각국을 연결하는 러시아의 역할이 제한되고 그 여파가 유라시아 각국에 부정적으로 작용하고 있다. 독립 이후에도 많은 유라시아 국가는 러시아가 주도하는 EAEU를 중심에 두고 협력하였다. 소련 시기 형성된 국가 제도의 유사성과 독립 이후 FTA에 의해 체계화된 무역제도의 조화성으로 무역과 산업협력에 있어 EAEU가 차지하는 위상이 크기 때문이다. 물론 에너지 가격이 상승하고 러시아와 협력이 어려운 상황에서 러시아를 대체하기 위해 카자흐스탄, 아제르바이잔, 투르크메니스탄으로부터 에너지를 확보하기 위해 노력할 수 있지만 에너지 인프라 미비로 성과를 내기위해서는 상당한 시일이 요구된다.

러시아를 제외한 유라시아 자원 부국으로부터 에너지 수입을 원활하게 하기 위해서는 산업화 수요를 어느 정도 채워주어야 하는데 유라시아 국가와 산업협력에 있어 제도적인 장벽은 문제가 되고 있다. 러시아와 유라시아 각국이 참여하는 EAEU의 제도화가 늦어지면서 유라시아 국가 간 분업구조도 형성되지 않았고 EAEU의 러시아 중심성에서 벗어나지 못하고 있다.[20] 전쟁 이후 러시아가 제재받으면서 오히려 유럽과 유라시아 각국 간 협력이 제약받고 있다. 러시아는 유라시아 각국의 미래 성장에 대한 모델 국가이다. 러시아가 진행하는 산업화가 잘 진행되면 그것을 참조하여 유라시아 각국의 산업화도 상대적으로 쉬워지기 때문이다.

셋째, 우크라이나 전쟁으로 EAEU의 중추인 러시아와의 무역이 제한되면서 다른 EAEU 회원국의 대외 무역도 영향을 받고 있다. 서방 제재하 글로벌

---

[20] 이상준, 「EAEU 통합과 회원국 간 경제적 상호작용의 변화」, 『슬라브 연구』 제33권 제1호, 2017, 89~91쪽.

기업이 러시아 시장에서 철수하면서 러시아는 필요한 부품과 공산품을 수입하기 위해 병행수입을 허가하였다.[21] 서구의 생산품이 카자흐스탄과 벨라루스 등 EAEU 회원국을 우회하여 러시아 시장으로 수출되면서 유럽과 러시아를 제외한 유라시아 국가 간 무역이 증가했지만, 실질적인 무역 증가가 아니었으며 중개 무역기지로 활용되었고 유라시아 국가의 산업 기반을 형성하는 것은 아니었다. 장기적으로 러시아에서 철수한 글로벌 기업들이 러시아의 생산 설비를 유라시아 내 다른 국가로 이전하여 생산할 수 있겠지만 IT분야를 제외하고 생산기지를 옮기는 경우는 그렇게 많지 않다.

4. 유라시아 국가와 EU 간 산업협력 발전 방향

1) 유라시아 국가와 EU 간 산업협력의 고려 사항

코로나19 팬데믹 이후 세계 경제는 경제활동 재개에 대한 기대가 있었다. 그러나 러시아와 우크라이나 전쟁 이후 유럽과 러시아 간 관계 악화로 글로벌 공급망은 재편되기 시작하였다. 코로나19 팬데믹 기간 주요국 금리 인하와 양적 완화 조치가 맞물려 인플레이션이 커지고 경기는 침체하는 고물가 경기 침체 기미도 보인다. 거시경제 지표가 불안하게 보이는 상황에서 산업협력을 위한 비교 우위를 파악하고 시시각각 변화하는 상황에 적응하는 대응력을 갖추는 것이 EU와 유라시아 국가 모두에게 요구된다.

EU와 유라시아 국가 간 산업협력 가능성을 파악하기 위해 앞서 서로의 관심을 살펴보았다. EU의 가장 큰 관심은 디지털 대전환과 탄소 중립이라는

---

21 「러시아, 일부 상품 병행수입 허용 법안 채택」, 『KITA 해외시장뉴스』, 2022.04.01, https://www.kita.net/cmmrcInfo/cmmrcNews/overseasMrktNews/overseasMrktNewsDetail.do?type=0&nIndex=1821347 (검색일: 2023.01.10)

미래 방향성에 걸맞은 생산 시스템을 경쟁력 있게 유지하는 것이다. 이를 위해 EU는 유라시아 국가의 부존자원을 값싸게 공급받고 자신들의 상품을 유라시아 시장에 수출하기를 바란다.

EU의 대對유라시아 산업협력 발전 방향은 다음의 상황을 고려하여 마련될 것이다. 첫째, 전쟁 발발 이후 대러 제재가 강화하고 있는 상황에서 EU와 러시아 간 산업협력은 거의 단절 또는 절연되는 방향으로 전개되고 있다. 전쟁이 길어지면서 EU와 러시아 간 산업협력을 언제 재개할지 알 수 없는 노릇이다. 러시아는 유라시아 대륙에서 가장 큰 경제권역이고 그래서 유라시아 지역과 다른 지역 협력에 크게 영향을 주고 있다. 러시아와 EU 간 에너지협력이 약해지는 상황에서 러시아는 기술과 자본에 있어 대외 협력이 필요하고 EU를 대체할 파트너를 찾기가 쉽지 않은 상황이다. EU 역시 새로운 에너지 공급망을 구축하기가 쉽지 않다. 유럽과 러시아는 서로가 필요하지만, 대대적으로 협력을 재개할 명분이 없는 실정이다. 그래서 EU는 러시아 이외 유라시아 각국과의 산업협력을 강화할 가능성이 크다.

둘째, 유럽이 러시아를 우회하여 카스피해 연안 국가로 접근하는 에너지 물류 인프라에서 더 많은 관심을 보일 것이고 기존의 BTC 송유관, BTE 가스관, BTK 철도 이용이 활발해지고 이 물류망의 역할과 비중이 커지게 되면서 이러한 에너지 공급망을 따라 연결되는 주요 거점에 대한 투자가 늘어날 수 있다. 캅카스와 중앙아시아 국가들은 러시아를 우회하고자 하는 EU의 자본을 유치하고 기술을 획득하기 위해 노력할 전망이고 이러한 기회를 현실화하려고 할 것이다. 러시아 이외 유라시아 각국도 유럽과의 산업협력을 적극적으로 추진할 동기부여가 존재한다.

셋째, 유라시아 국가들의 풍부한 천연자원이 주는 매력 덕분에 자본과 기술을 가진 국가와는 상호보완성을 가지게 마련이다. EU와의 관계도 이와 다르지 않다. 유라시아 국가의 풍부한 천연자원과 노동력, EU의 자본과 기술이 가지는 상호보완성은 양 지역 간 협력 동인이 될 수 있다. 체제 전환을 시작한 이후 협력은 러시아에 집중되었고 캅카스와 중앙아시아 국가에 대한 투자는 상대적으로 적었다. 러시아와의 협력이 당분간 어려운 상황이라는 점에서 러시아 이외 유라시아 국가가 협력 대상으로서 주목받을 기회이다. 현실적으로 참여국의 경쟁력 제고와 복지 향상이 이루어질 때 협력의 실행 가능성은 커질 것이다. 산업협력을 현실화하기 위해서는 무역장벽 제거에 초점을 맞춘 통상적인 무역자유화 못지않게 무역원활화를 위한 노력이 요구된다. 무역원활화를 위해서는 공급망에 대한 추가적인 투자가 필요하겠지만 당장 통관, 통행, 통신에 대한 비용과 시간을 줄이는 관세행정 시스템의 효율적인 운영만으로도 성과를 거둘 수 있다. 즉 인프라 등 하드웨어적인 투자뿐 아니라 행정개혁 등 소프트웨어적인 접근도 중요하게 작용할 것이다.

넷째, 유라시아 국가의 가장 큰 관심은 자원을 수출하고 상품을 수입하는 전근대적인 교역 구조를 바꾸는 것이다. 유라시아 국가는 EU의 투자유치를 통해 선진 생산 시스템을 구축하고 궁극적으로 생산 주권을 확보하고자 한다. 산업협력은 양 지역 간 공통의 이해를 반영할 때 실현될 가능성이 크다. 유라시아 국가의 부존 요소가 차이가 있다는 점에서 EU와 유라시아 간 산업협력 발전 방향은 하나가 아니라 유라시아 국가들의 상대적인 비교 우위에 따라 다소 다른 발전 방향이 제시되어야 할 것이다. 자원이 풍부한 국가는 자원 분야에서 파생하는 산업을 육성하는 것이 유리할 것이며 자원이 빈약한 국가는 노동력을 활용한 산업을 발전시켜야 할 것이다. 내륙 국가라는 단점과 대륙 간 물류 인프라가 충분하게 구축되지 않았다는 점에서 유라시아 역내 가치사슬 형성을 우선으로 추진하는 것도 바람직할 수 있다. 또한 EU와 유라시아 국가 간 협력의 지리적 범위를 중동, 이란, 파키스탄, 인도, 중국 등으로 확대하는 것도 고려해야 할 것이다.

2) 러시아와 EU 간 산업협력의 발전 방향

러시아는 다른 모든 유라시아 국가가 가지고 있는 요소를 포괄적으로 가진 국가이다. 광활한 영토로 인해 지역별로 차이가 크며 그래서 어떤 지역은 선진국 체제의 특징이 드러나지만, 또 다른 지역에서는 개도국의 특징도 발견된다. 시장으로서 매력도에도 지역별로 차이를 보인다. 천연자원도 많아 자원 수출 부국이지만 과학기술도 높은 수준을 유지하고 있다. 그래서 러시아는 EU의 유라시아 산업협력의 핵심적인 대상국이다.

앞서 언급한 대로 EU는 러시아로부터 값싼 에너지와 자원을 수입하여 자국의 산업경쟁력을 확보하고, 나아가 러시아 시장에서 자국의 생산품의 경쟁력을 유지하기를 원하고 있다. 따라서 이러한 목적을 달성하기 위해서는 산업협력이 필수적이다. 산업협력은 산업생산 시스템의 경쟁력을 유지하기 위한 것이고 기술개발, 인력양성, 원자재 조달, 자금지원 등이 수반되어야 한다.

러시아의 물류 인프라가 유럽을 향해 건설된 것이 많아서 원자재 조달 관련 이슈도 러시아의 다른 지역과 비교하여 유럽이 압도적으로 우세한 구조이다. 이러한 장점을 활용하기 어려운 현 상황을 고려하여 현실적인 발전 방안이 수립되어야 할 것이다.

기술개발 협력은 EU와 러시아가 서로 교환할 수 있는 협력이다. 중국, 북미, 아세안 등 국제 경쟁력이 강한 국가 혹은 지역을 비교할 때 EU와 러시아 간 기술 협력은 양 지역 모두에 있어 매우 중요한 협력이다. 일반적으로 기술협력은 단순히 기술을 주고받는 것에 그치지 않고 기술을 교류할 수 있는 일종의 생태계가 조성해야 한다. 역사적인 맥락에서 교류의 결과로 EU와 러시아 간 기술 교류를 위한 산업생태계는 러시아와 다른 국가와의 관계와 비교하여 가장 잘 조성된 편이다.

EU의 기술 협력은 항공우주, 바이오 등 EU가 다른 국가에 비해 경쟁력을 가지고 있으며 러시아가 이를 보완할 수 있는 분야에 집중되어 있다. 산업협력을 위한 기술 협력을 구성하는 데 있어 인적 교류는 중요하다. 러시아인들의 유럽 지향성으로 인해 다른 경쟁국에 비해 유럽이 가지는 매력은 러시아 인재를 적극적으로 수용할 수 있었고 유럽 지식인과 대학생들도 러시아와의 교류에 큰 관심을 가졌다. 인력양성은 대학과 연구기관 간 교류를 통해 활발하게 진행되었는데 러시아인들의 유럽 연수가 유럽인들의 러시아 연수에 비해 월등히 많았다. 투자와 관련하여 EU와 러시아의 교역규모를 통해 짐작할 수 있듯이 자원획득형, 시장 확보형, 기술 획득형이 주를 이루고 있으며 원가절감형 투자는 그렇게 많지 않았다.

그러나 이와 같은 협력 구도는 러시아의 소위 특별군사작전이 시작되면서 유럽이 러시아를 배제한 공급망과 가치사슬 재편을 시도하면서 유럽과 러시아 간 관계 회복에는 많은 시간이 필요한 상황이다. 유럽은 2022년 2월 24일 이후 9차례에 걸쳐 대러 제재를 강화하였고 전쟁이 장기화하면서 우크라이나의 피해가 천문학적으로 커짐에 따라 전쟁이 종식되더라도 러시아를 과거의 같은 파트너로 수용할 수 없는 상황에 놓이게 되었다.

러시아는 유럽의 파트너로서 산업협력의 근간이 되는 산업생태계가 연계된 국가이다. 이는 유럽의 유라시아 투자의 상당수가 러시아에 집중되어 있으며 러시아로의 해외투자 유입 역시 규모, 분야의 다양성 등을 고려한다면 EU가 가장 중요한 파트너임을 알 수 있다. 러시아로부터의 해외투자 자원개발을 제외한 분야는 EU에 집중되어 있다. 이처럼 무역을 통해 상호 판매시장의 크기를 확인하고 투자를 통해 EU와 러시아 간 산업협력 관계는 강화되었다. 그러나 이러한 상호보완성은 2014년 러시아의 크림 합병으로 점차 약화하였으며 2022년 우크라이나 전쟁으로 양 진영의 장기적인 협력 관계는 훼손될 가능성이 커지고 있다.

전쟁으로 빚어진 유럽과 러시아 간 산업협력 악화는 양 진영 모두에게 부정적인 영향을 끼치고 있으며 가장 큰 고민은 양 진영이 가진 상호보완성을 당분간 활용할 방안이 마땅치 않다는 것이다. EU의 9차례 제재는 러시아로부터 에너지 수입을 최소화하고 가능할지는 알 수 없지만 2030년까지 러시아로부터 에너지 수입을 전혀 하지 않겠다고 계획하고 있다. 에너지를 매개로 EU가 러시아에 수출하였던 석유 건설 기계나 장치 등도 제재로 인해 또 러시아의 기술 주권 정책으로 인해 급격하게 줄어들 것이다. 제재받지 않은 분야들도 금융 제재와 EU 기업의 러시아 시장 철수 등으로 점차 그 연결 고리가 약해지고 있다. 산업 전반에 걸쳐 서로의 상호의존성이 크게 위축되면서 그간 러시아에서 EU가 누리던 상대적인 비교 우위는 약해질 전망이다. 기술 및 인적 교류 역시 크게 위축됨에 따라 EU와 러시아 모두 인적교류에 의한 혁신 협력을 위한 대안을 모색해야 하는 상황이다.

  EU가 러시아를 대신하여 찾을 수 있는 대안으로 러시아 이외 유라시아 국가가 먼저 고려될 수 있다. 그러나 이들 국가와 협력을 통해 러시아를 대체하여 만족할 수 있는 수준에 도달할 수 있을지는 아직 미지수다. 러시아 역시 EU를 대체할 새로운 파트너를 찾아야 한다. 하지만 서방과 주요국이 대러 제재에 참여하는 상황에서 이를 제외한 국가와 자원과 상품·기술을 교환할 수 있는 최적의 협력 구조를 조성해야 하는데 이 역시 쉽지 않은 일이 될 것이다.

3) 러시아 외 유라시아 국가와 EU 간 산업협력의 발전 방향

  EU는 러시아 이외 유라시아 국가와의 협력에 있어 다소 소극적이었다. 그 이유는 아무래도 러시아를 제외한 유라시아 국가와의 산업협력이 기대에 미치지 못하기 때문이다. 러시아를 제외한 유라시아 각국은 천연자원 부존으로 경쟁력을 가지는 것이며 낮은 산업화 정도와 에너지 산업에의 높은 의존도로 인해 EU와 산업협력이라고 할 내용이 없는 실정이다.

  EU는 러시아 이외 유라시아 국가와의 협력은 주로 개도국과의 협력 틀에서 추진되었다. 가장 대표적인 협력은 TRACECA 교통 회랑이다. 이는 EU가 러시아를 우회하여 카스피해로 이어지는 교통물류 회랑을 건설하는 프로젝트이다. 포스트 소비에트 중앙아시아 국가들의 자원 수출 다각화 목표를 위해 국제금융기관과 개발 기구 등은 EU, 아랍, 중국, 인도 등 이웃 지역으로 교통물류 회랑을 건설하는 데 지원하였다. 여기에는 EU의 TRACECA와 세계은행이 주도하는 CAREC 등이 있으며 이외에도 중앙아시아 국가들이 참여하는 SCO, CICA 등 다양한 국가들의 참여로 조합되는 협의체가 존재한다.

EU의 이러한 협력은 에너지 수입의 다변화를 추구하는 것이지만 이러한 시도가 러시아 이외 유라시아 국가와의 산업협력이 본격적으로 추진될 수 있는 필요충분조건은 되지 않는다. 러시아 이외 국가와의 산업협력은 기술이전, 인력 교육, 인프라 조성 등이 동시에 진행되어야 가능하며 일부 내륙국들은 이에 따른 경제적 부담이 클 수밖에 없다. 그래서 EU는 개발협력을 통해 카프카스와 중앙아시아 지역의 특성을 반영한 개발협력을 동시에 진행하였다. 그러나 그 성과는 현재까지 크지 않은 편이다. 에너지자원을 수출하는 유라시아 국가들은 자원 이외 산업 다각화를 추진하고 있지만 선별적으로 우선순위를 두고 추진하기보다는 자원으로부터 얻는 수입을 매개로 한편으로 단번 도약을 목표로 지나치게 많은 계획을 동시에 실행하거나 다른 한편으로는 자원 수입 극대화에만 공을 들이면서 권위주의 체제를 강화하고 있다.

EU가 가졌던 문제는 러시아와의 협력에 따른 이익이 크지만, 러시아 이외 유라시아 국가와의 협력을 구성하기 위해서는 인프라 투자 비용과 경유국에 의한 지정학적 리스크를 고려해야 한다는 것이다. 2006, 2009년 러시아-우크라이나 가스관 분쟁이 있어 러시아와의 협력에만 의존하면 발생할 수 있는 문제가 무엇인지 확인하였으나 당시로서는 경유국 우크라이나만을 회피하면 큰 문제가 없을 것으로 판단하였고 터키-조지아-아제르바이잔으로 이어지는 가스관과 송유관을 카스피해 넘어 중앙아시아로 이어지게 하는 데는 카스피해 영유권 분쟁이 해결되어야 했기에 EU가 원하는 물량을 충분하게 확보하지 못하는 문제도 있었다. 그래서 EU는 러시아와의 협력에 치중하는 쪽으로 방향을 선회하였다. 여기에 글로벌 유가의 변동성도 EU가 러시아 이외 유라시아 국가와의 협력을 강화하는 데 제약요인이 되었다.

이러한 상황에서 카자흐스탄과 투르크메니스탄은 중국으로 이어지는 송유관과 가스관을 각각 건설하면서 EU와의 협력 기대 수준을 낮추었다. 종교, 문화적인 차이와 인구 규모 등을 고려한다면 EU보다는 터키가 이 지역과의 다양한 산업협력을 강화하였다. 유럽의 개발협력은 구속성을 가지지 않으며 현물보다는 상당 부분 현금으로 지원한다는 점에서 재정적으로 어려움이 많은 키르기스공화국 등 민주주의와 시장경제를 잘 구현하는 국가에는 실질적인 도움이 되었다. 이들 국가는 EU의 개발지원을 통해 선거 절차를 개선하는 데 도움을 받았지만 이를 넘어서는 도움은 없었다. 부유한 산유국을 제외한 키르기스공화국, 타지키스탄, 우즈베키스탄 등은 전쟁 이전 러시아로 많은 이주노동자를 송출하고 있었다. 중앙아시아 많은 노동력이 산업인력이 되지 못하고 러시아 노동시장에서 주로 3D업종에 종사하는 등 주변 노동자가 되었고 이로써 중앙아시아 산업화에 필요한 인력양성은 방해받았다. 이에 대한 지원이 없었기에 EU와 캅카스, 중앙아시아 지역과 무역과 투자, 산업기술, 인재 양성 등 산업협력을 구성하는 많은 분야에서 실질적인 협력이 제한적으로 진행되었다.

EU가 러시아 이외 유라시아 국가와의 협력을 강화하려는 움직임은 우크라이나 전쟁이 발발한 다음 국제 에너지 가격이 급등하여 이들 산유국과의 협력이 중요하게 되면서 다시 시작되었다. 전쟁으로 유가 상승이 이루어지고 러시아 시장으로 우회하여 상품을 공급하기 위해 - 러시아는 병행수입을 허가하고 있다 - 카자흐스탄 등의 국가들이 주목받기 시작하면서 EU가 이 지역에 다시 관심을 기울이고 있다.

다만 EU가 관심을 기울이고 참여하기 위해서는 중앙아시아, 캅카스 등으로 연결을 추진할 때 교통물류 회랑의 출입구가 되는 튀르키예, 이란, 파키스탄, 아프가니스탄 등과의 협력도 중요하다. 그런데 이들 국가 역시 우크라이나 전쟁 이후 중립을 지키면서 사실상 서방과는 다르게 반응하고 있다. 특히 그간 EU의 중앙아시아로의 입구로서 역할을 한 튀르키예가 철저하게 중립을 지향하면서 자국의 이익에 입각한 행태를 보여서 EU가 부담해야 하는 위험도는 크게 작용할 수 있다. 튀르키예가 이런 상황이고 다른 국가들의 지정학적 리스크는 더욱 크기에 EU의 러시아 이외 유라시아 국가 간 대대적인 협력은 제약받고 있다.

5. EU와 유라시아 간 산업협력의 교훈과 전망

유라시아 국가와 EU 간 산업협력의 결과를 통해 확인할 수 있는 교훈은 다음과 같다. 첫째, EU와 유라시아 간 산업협력은 특정 국가에 한정되어 제한적으로 이루어졌다. 러시아와 우크라이나, 벨라루스 등 소련 시기 산업화한 국가들이 EU와 실질적으로 산업협력을 할 수 있었다. 여타 유라시아 국가들은 소련이라는 거대 경제권에 한 부분으로 기능하여 자원 혹은 농업 등 특정 분야를 중심으로 발전되었기에 체제전환을 시작한 이후 산업화를 본격적으로 추진해야 하는 상황이었다. EU는 시장, 기술, 자원, 인력을 모두 갖춘 러시아와의 산업협력을 중점적으로 추진하였는데 전쟁으로 이러한 관계가 단절되는 상황을 맞이하면서 뒤늦게 대안 찾기하고 있다. 전쟁으로 산업협력의 악화로 인한 피해는 즉각적으로 발생하고 있는 가운데 여타 유라시아 국가와의 협력은 장기적인 투자로 얻어질 수 있으며 이마저도 성과가 보장된 것이 아니라는 점에서 EU의 고민이 깊어지고 있다.

둘째, EU와 유라시아 국가 간 산업협력은 경쟁력 있는 산업협력 생태계를 조성하는데 집중되어야 한다. 유라시아 국가들은 글로벌 생산 체제에서 자신들의 독자적인 입지를 확보하기 어려운 형편이며 그 결과 국제협력이 중요하게 기능할 수 있다. 유라시아 국가는 자국이 가진 비교 우위인 자원을 매개로 산업화를 위한 투자를 유치하고자 하였으나 큰 성과를 이루지 못하였다. 산업화와 산업협력은 국가의 정책 의지만으로 달성하기 어려운 과제이다. 기술개발, 인력양성, 제조설비, 생산 시스템을 지탱하는 인프라, 생산 시스템을 지원하는 법제도 및 금융제도 등이 제대로 작동해야만 생산 시스템이 경쟁력을 가질 수 있으며 산업화도 성공할 수 있다.

시장의 수요를 확인받은 러시아는 자동차, 음식료, 가전, 통신 서비스 등으로 외국 자본을 적극적으로 유치하여 해당 산업의 경쟁력을 높일 수 있었지만, 전쟁으로 이러한 동력도 상실되고 있다. 유럽 기업들은 러시아가 국제법을 위반하고 전쟁을 시작하였기에 러시아 현지에서 비즈니스를 아무 일이 없었던 듯이 이어갈 수 없게 되었다. 이에 따라 EU와 러시아 간 산업협력은 당분간 정체기를 맞이하게 될 것이다. EU는 러시아 이외 유라시아 국가들은 산업협력을 이루기 위한 성과를 내지 못하고 있다. 동방파트너십 프로그램은 그나마 유라시아 서쪽 끝의 국가들에 EU로의 접근을 수월하게 한다고 했지만, 경제적인 논리보다는 외교·안보적인 논의에 치우쳐지면서 프로그램으로서의 동력을 확보하지 못하고 있다. 따라서 EU도 유라시아 국가도 양자적인 협력에만 협력 가능성을 열어두지 않고 이를 보완할 수 있는 국가의 참여를 희망할 것이다. 그래서 유라시아 국가들은 균형외교를 적극적으로 추진하고 있다.

셋째, 러시아가 빠진 상황에서 EU와 유라시아 간 산업협력의 성과는 제한적이라는 점에서 EU도 유라시아 국가들도 EU와 러시아의 관계 회복을 희망할 것이다. 다만 언제, 어떠한 조건을 명분으로 할 것인지는 매우 불확실하다. EU는 산업협력에서 있어 가장 많은 가능성을 내포한 러시아에 금융, 에너지, 무역, 상호교류 등 사회·정치·경제 전반에 걸쳐 제재하고 있다. EU와 러시아 간 산업협력을 다시 활성화할 가능성이 현재로서는 많은 시일이 걸릴 것이라는데 이견이 없다. 서방의 대러 제재로 러시아 경제와 산업발전은 정체될 것이라는 논의가 많은데 무역과 투자로 긴밀하게 연결되어 있던 독일을 비롯한 EU 국가 역시 경제적인 어려움이 있다. 그렇기에 EU로서는 전쟁이 어떻게 마무리되고 종결되는지에 따라 산업협력의 가능성을 조금이나마 열고자 하는 기대가 있을 것이다.

넷째, 유라시아 국가의 산업발전에 있어 역내 국가 간 협력도 중요하다. 유라시아 국가들은 소련이라는 틀에서 나왔으며 그래서 역내 국가 간의 협력보다는 역외 국가와의 협력을 통해 산업발전을 도모하였다. 그러나 현실적으로 경제 통합을 추구하는 유라시아경제연합이 결성된 이유를 살펴봐야 한다. 이런 맥락에서 유라시아 국가는 인근 국가와의 협력에도 관심을 가질 필요가 있다. 러시아 시장에 진출했던 기업들은 EAEU 회원국 가운데 개방적이고 자원과 관련된 잠재력이 큰 카자흐스탄으로 거점을 옮기려는 시도를 고려하고 있다. 이는 유라시아 국가들이 EAEU를 형성하고 러시아와의 협력 관계를 마련하였기 때문에 가능하였다. 러시아에서 철수했지만, 유라시아 시장을 포기하지 않는 기업들은 카자흐스탄에 거점을 두고 우회해서 러시아와의 무역을 이어가고 있다. 물론 러시아 이외 유라시아 국가와 EU 간 산업협력이 본격적으로 추진되는 것이라고 평가하기에는 이르다. 그래도 이러한 변화가 발생할 수 있었던 이유는 러시아가 참여하는 EAEU가 역내 협력을 가능하게 하였기 때문이다.

다섯째, 전쟁 이후 유럽과 유라시아 국가 간 산업협력은 경제안보적인 측면에서 중요해지게 되었다. 글로벌 공급망 재편과 경제 안보의 중요성이 계속 주목받으면서 유럽은 유럽대로, 유라시아 국가들은 유라시아 국가대로 각자의 방식대로 경제안보와 산업발전을 도모하겠지만 양 지역 간 산업협력은 경제안보 문제를 보다 쉽게 해결하는 계기를 마련할 것이다. 이에 유라시아 국가와 EU 간 산업협력을 위한 다양한 시도가 진행될 전망이다. 유라시아 각국의 인프라 부족 등은 대대적인 협력을 저해하는 요인이 되고 있지만 이를 해결하는 노력도 있을 전망이다. 다양한 형태의 개발협력이 강화될 것인데 중앙아시아 지역에서 서쪽으로 이어지는 교통물류 회랑뿐 아니라 중앙이

지역에서 인도양으로 이어지는 교통물류 회랑이 발달할 가능성이 커질 것이다. 그동안 EU는 TRACECA 등 동서로 이어지는 교통물류 회랑에 큰 관심을 보였으나 경제안보 이슈가 커지고 있는 상황에서 교통물류의 특정 방향성에 집착하지 않을 수 있다. 유라시아 남부로 연결되는 교통물류 회랑이 현실적으로 또 지정학적으로 제약받고 있지만 이러한 조건은 언제든지 변할 수 있는 요소이다.

6. 결론

유라시아와 EU 간 산업협력은 현실적으로 많은 어려움을 가지고 변화하는 글로벌 질서 속에서 새로운 형태의 시도하에 발전할 수 있을 것으로 전망된다. EU는 지역통합의 가장 성공적인 사례였지만 최근 몇 년 동안 일부 회원국의 경쟁력 저하, 미·중 패권 경쟁, 우크라이나 전쟁, 이주 및 기후 위기 등으로 EU는 러시아를 포함한 유라시아 각국과의 협력 관계를 새롭게 설정해야 하는 과제에 직면하고 있다. 유라시아 대륙과 유럽을 연결하는 길목에 위치한 러시아와 우크라이나 간 전쟁으로 유라시아 지역과 EU 간 지리적 근접성에 따른 천연자원 공급의 편리함은 약해지고 있다. 러시아를 배제한 에너지 공급망 구성과 가치사슬 형성에는 막대한 규모의 인프라 투자가 병행되어야 한다. 러시아를 우회하여 캅카스 지역으로 이어지는 TRACECA 역시 아제르바이잔 바쿠를 넘어 중앙아시아와 중동으로 이어져야 그 가치가 더해질 것인데 카스피해를 넘어 물류망을 구축하기 위해서는 경제적인 이익도 못지 않게 캅카스와 중앙아시아 인근 국가와의 관계도 중요하게 고려해야 한다. 그렇게 안 된다면 캅카스와 중앙아시아 지역의 국가들로 이어지는 교통물류 회랑은 제한적으로 활용될 것이며 이에 따라 산업협력 공간도 확장되지 않을 수 있다. 그런데 교통물류 회랑의 기능이 제한적인 것은 전쟁 이전부터 존재하였던 현실이었고 전쟁으로 인해 러시아가 배제되면서 그 활용가능성은 더욱 제약될 것이다.

전쟁 발발 이후 중앙아시아 지역이 러시아로 우회수출되는 경로로 이용되면서 유럽과 중앙아시아 간 증가한 무역은 당장은 러시아 시장을 목적으로 한 협력 관계에 그치고 있다. 하지만 이러한 무역 증가가 새로운 무역회랑의 시작이 될 수 있다면, 중앙아시아 지역이 유라시아 역내 생산과 무역의 거점으로 발전할 가능성을 살펴보아야 할 것이다. 이러한 새로운 무역 운송로는 양자의 협력과 관계 발전을 위한 인센티브 중 하나가 될 수 있으며 동시에 현재의 위기 상황에서 벗어날 기회를 중앙아시아에 제공할 수 있다.

러시아와 가장 많은 협력을 추진하였던 EU가 전쟁으로 러시아를 제재하고 주요 협력 대상에서 제외하면서 EU도 러시아도 변화를 새로운 정상상태로 받아들이고 대안 모색을 적극적으로 할 것이다. 실제 EU도 러시아 이외 유라시아 국가들도 서로의 필요성을 인식하고 보다 적극적으로 협력 가능성을 모색하고자 한다. 러시아를 제외한 EU와 유라시아 산업협력은 과거의 관성적으로 추진하였던 방식과는 다르게 접근할 필요가 있다.

EU는 러시아 이외 유라시아 국가와의 협력을, 러시아는 중국을 포함한 다양한 비동맹 국가와의 협력을 대안으로 모색하겠지만 기설정된 협력체제를 뛰어넘는 성과를 당장 얻지는 못할 전망이다. 대러 제재하에 러시아와 EU 간 에너지협력이 약해지는 상황에서 유라시아와 EU 간 산업협력의 새로운 지형 형성에 대응해 중국, 인도, 사우디아라비아, 베트남, 브라질, 아르헨티나 등 다양한 국가들은 이러한 변화를 기회로 삼고자 할 것이다.

러시아가 EU의 대유라시아 산업협력의 주요한 파트너에게서 이탈되면서 이에 따른 공백이 발생할 것으로 예상되는바 한국 역시 대유라시아 산업협력 방안을 다시 설정하면서 우리의 경제안보와 대유라시아 협력 방안을 고민할 필요가 있을 것이다.

참고문헌

「러시아, 일부 상품 병행수입 허용 법안 채택」, 『KITA 해외시장뉴스』, 2022.04.01, https://www.kita.net/cmmrcInfo/cmmrcNews/overseasMrktNews/overseasMrktNewsDetail.do?type=0&nIndex=1821347 (검색일: 2023.01.10)

이상준, 「EAEU 통합과 회원국 간 경제적 상호작용의 변화」, 『슬라브 연구』 제33권 제1호, 2017, 71~94쪽.

조영관, 『중앙아시아 에너지 수출국 국부펀드의 특징과 시사점: 카자흐스탄과 아제르바이잔을 중심으로』, 『전략지역심층연구』 12-07, KIEP 대외정책연구원, 2012.

Åslund, Anders, "How sustainable is the Belarusian economy?", *Atlantic Council*, 2021.10.13, https://www.atlanticcouncil.org/blogs/belarusalert/how-sustainable-is-the-belarusian-economy/ (검색일: 2023.03.25)

Bjerde, Anna and Tatiana Proskuryakova, "Climate Action Can Catalyze Kaza-khstan's Economic Diversification. Inaction Will Be Costly", *World Bank*, 2022.11.04, https://www.worldbank.org/en/news/opinion/2022/11/04/climate-action-can-catalyze-kazakhstan-economic-diversification-inaction-will-be-costly (검색일: 2023.03.25)

Boehm, L. and A. Wilson, "EU energy security and the war in Ukraine: From sprint to marathon", *European Parliamentary Research Service*, 2023.02.21, https://www.europarl.europa.eu/thinktank/en/document/EPRS_BRI(2023)739362 (검색일: 2023.03.25)

Clarke, P., "Russia plans to spend $38.6 billion on semiconductor catchup", *EENews*, 2022.04.18, https://www.eenewseurope.com/en/russia-plans-to-spend-38-6-billion-on-semiconductor-catchup/ (검색일: 2023.03.25)

"EU relations with Belarus", *European Council*, 2023.01.12, https://www.consilium.europa.eu/en/policies/eastern-partnership/belarus/ (검색일: 2023.03.25)

"European industrial strategy", *European Commission*, https://commission.europa.eu/strategy-and-policy/priorities-2019-2024/europe-fit-digital-age/european-industrial-strategy_en (검색일: 2023.03.25)

"EU sanctions against Russia explained", *European Council*, 2023.04.14, https://www.consilium.europa.eu/en/policies/sanctions/restrictive-measures-against-russia-over-ukraine/sanctions-against-russia-explained/ (검색일: 2023.03.25)

Hanson, Philip, "Russian Economic Policy and the Russian Economic System Stability Versus Growth", *Chatham House*, 2019.12.17, https://www.chathamhouse.org/2019/12/

russian-economic-policy-and-russian-economic-system-stability-versus-growth (검색일: 2023.03.25)

"IMF Survey : Kazakhstan on Road to Recovery, But Banking System Still Weak", *IMF News*, 2010.08.17, https://www.imf.org/en/News/Articles/2015/09/28/04/53/socar081710a (검색일: 2023.02.25)

Joint Research Centre, "The twin green & digital transition : How sustainable digital technologies could enable a carbon-neutral EU by 2050", *EU Science Hub*, 2022.06.29, https://joint-research-centre.ec.europa.eu/jrc-news-and-updates/twin-green-digital-transition-how-sustainable-digital-technologies-could-enable-carbon-neutral-eu-2022-06-29_en (검색일: 2023.03.25)

Mamyshev, Z., "Money from National Fund is set to be spent on infrastructural projects", *Курсив*, 2022.11.30, https://kz.kursiv.media/en/2022-11-30 (검색일: 2023.03.25)

"Manturov to seek technological sovereignty in certain industrial sectors as Russian Deputy PM", *Interfax*, 2022.07.15, https://interfax.com/newsroom/top-stories/81342/ (검색일: 2023.03.25)

Nadibaidze, Anna, "Understanding Russia's Efforts at Technological Sovereignty", *Foreign Policy Research Institute*, 2022.09.08, https://www.fpri.org/article/2022/09/understanding-russias-efforts-at-technological-sovereignty/ (검색일: 2023.03.25)

"Power-hungry Kyrgyzstan to buy electricity from Russia", *Eurasianet*, 2023.03.30, https://eurasianet.org/power-hungry-kyrgyzstan-to-buy-electricity-from-russia (검색일: 2023.03.30)

Rovenskaya, E., E. Sedighi, N. Komendantova, N. Strelkovskii, S. Sizov, N. Karabashov, N. Atakanov, U. Chekirbaev, Z. Zheenaliev, A. Stepanova, L. Ekenberg, and F. S. Rodriguez, "Industrial Development of Kyrgyzstan : Background", *IIASS*, 2018.10, https://www.unido.org/sites/default/files/files/2018-12/Industrial_Development_Kyrgyzstan-Background.pdf?_token=742299773 (검색일: 2023.03.25)

Simachev, Yu., M. Kuzyk, B. Kuznetsov, and E. Pogrebniak, "Industrial Policy in Russia in 2000-2013 : Institutional Features and Key Lessons", *Russian Economy in 2013, Trends and Outlooks*, Iss. 35, M. : Gaidar Institute Publisher, 2014, pp.395~428.

"St. Petersburg International Economic Forum Plenary session", *President of Russia*, 2021.06.04, http://en.kremlin.ru/events/president/news/68669 (검색일: 2022.11.25)

Strategic Communications, "Eastern Partnership", *European Union External Action*, 2022.03.

17. https://www.eeas.europa.eu/eeas/eastern-partnership_en (검색일: 2023.03.25).
"World Bank Open Data", *The World Bank*, https://data.worldbank.org/ (검색일: 2023.03.20).

안보/방위 영역 EU 전략적 자율성의 제약과 러시아 요인

강봉구

1. 글머리

러시아의 우크라이나에 대한 전면 침공은 유럽인들에게 충격으로 다가왔다. 냉전 후 약 30년간 유럽은 국가간 관계에서 평화를 유지해 왔으며, 그것은 유럽인들에게 자연적 일상으로 여겨져 왔기 때문이다. 포스트모던 유럽도 국가간 전쟁에서 예외일 수 없다는 인식은, EU 고위대표 주제프 보렐J. Borrell의 표현대로, "지정학적 EU의 때늦은 탄생" 혹은 EU에 '지정학적 각성geopolitical awakening'의 계기를 제공한 것으로 묘사된다.[1] 독일인들은 이를 일컬어 주요 역사적 전환점/분수령을 의미하는 자이텐벤데Zeitenwende[2]로 지칭한다.

---

[1] Alexandra de Hoop Scheffer, Gesine Weber, "Russia's War on Ukraine : the EU's Geopolitical Awakening", March 8, 2022, GMF, https://www.gmfus.org/download/article/20650 (검색일 : 2022.12.24).

[2] 자이텐벤데(Zeitenwende)는 침공 후, 독일의 외교/안보정책의 개조를 둘러싼 논쟁에서 핵심 용어로 사용되고 있다. Tobias Bunde, "Lessons (to be) learned? Germany's Zeitenwende and European security after the Russian invasion of Ukraine", *Contemporary Security Policy* Vol. 43, No. 3. pp. 516~517.

냉전 후 시기에 유럽에서 심각한 분규와 무력 갈등이 없었던 것은 아니다. 보스니아-헤르체고비나 내전, 세르비아인들의 알바니아계 코소보인들에 대한 잔학행위 등 반인권적, 반인도주의적 참상들이 발생하였으며, 나토 주도의 세르비아 공습 등 국내 분쟁에 대한 외세의 개입이 있었다. 그러나 먼저 도발하지 않은 주권 국가에 대한 전면적인 전쟁의 개시는 러시아의 우크라이나 침공이 처음이었다. 러시아의 침공은 아무런 사전 징후 없이 전격적으로 자행된 사건이 아니었다. 2021년 가을에서 2022년 겨울로 이어지는 몇 달간의 결코 짧지 않은 긴장 고조 국면이 있었다.[3] 전쟁 예방을 위해 중요한 역할을 할 수 있었던 결정적 시기에 EU의 존재감은 미미하였다. 또 전쟁 발발 후, EU는 침략행위를 규탄하면서 대 우크라이나 지원에 나섰지만, 그 역할은 제한적이었다. 유럽 안보/방위의 위기 상황에서 신속하고 적절한 EU 차원의 지원체제를 가동하지 못했다. 그나마 나토를 통한 미국의 지도력이 있었기에 EU도 결속된 (헝가리 등 일부 제외한) 단일 대오로 우크라이나 경제/군사 지원에 적극 나설 수 있었다.

EU가 장구한 총체적 유럽통합 기획 실현의 현상태라는 점을 감안하면, 또 1993년 마스트리흐트 조약 발효 이후 최대의 안보/방위 위기 상황에서 높은 수준의 경제/사회/가치 결속력을 가진 EU의 자율적 운신의 여지가 매우 협소하였다면, 그 원인은 무엇이었나에 대한 의문을 피할 수 없다. 이 지점에서 안보/방위 분야 'EU의 전략적 자율성EU-SA, European Union's strategic autonomy' 문제[4]는 다시 뜨거운 쟁점으로 부각되고 있다. EU의 공동 안보/방위 수준의

---

[3] 러시아는 침공 전에(2021년 12월) 나토와 미국에 대해 법적 효력이 있는 문서의 형태로 러시아의 안보를 보장해 달라는 서한을 보내고 답변을 재촉하였지만, 유의미한 응답을 받지 못했다. 이 일종의 우회적 최후통첩의 무산은 러시아의 불법적 자력구제의 형태, 전면 침공으로 발화하였다.

[4] Judy Dempsey, "Judy asks : Is European strategic autonomy over?", Carnegie Europe, January 19, 2023; Judy Dempsey, "Judy asks : Are France and Germany wavering on Russia?", Judy Dempsey's Strategic Europe, December 08, 2022; Bart M. J. Szewczyk, "Scholz and Macron have a perilous ambition for Europe : The idea of 'European strategic autonomy' just will not go away", Argument, Foreign Policy, September 8, 2022. (검색일 : 2022. 11. 20); Philippe Maze-Sencier,

미흡성과 역량 부족에 대한 문제의식과 개선을 위한 모색 시도는 어제 오늘의 일이 아니었다. EU 국가들은 이미 1990년대 말에 자율적 행위를 위한 역량 증대를 목표로 설정했던 바 있다. 몇 차례의 전략문서와 실행 계획들을 상정해 왔으며,[5] 특히 2016년의 '공유된 비전, 공동 행동 : 더 강한 유럽, EU의 외교/안보정책을 위한 글로벌전략 2016(Shared Vision, Common Action : A Stronger Europe, A Global Strategy for the European Union's Foreign And Security Policy)[6] [이하, 'EU 글로벌전략 2016']은 전략적 자율성 문제를 핵심으로 간주하였다. 그러나 안보/방위 영역에서 눈에 띄는 결실을 거두지 못하던 가운데 우크라이나 전쟁을 계기로 EU 국가들은 다시 전략적 자율성 의제를 직면하고 있다.

러시아의 우크라이나 침공으로 EU의 공동안보/방위정책 수립 및 역량 강화에 대한 관심이 어느 때보다도 고조되어, 전략적 자율성 증진 문제에 대한 정부간 의견 차이도 과거와 비교하면 줄어든 편이다. 그러나 전략적 자율성 의제를 둘러싼 유럽 내 지역/국가간의 이견은 그 개념뿐만 아니라 실천의 방도에 대해서도 여전히, 정도의 차이만 있을 뿐, 해소되지 않은 채로 남아 있다. 근년에 들어 EU - SA 의제에 대한 논의는 안보/방위 분야 뿐 아니라 경제(특히, 공급/가치 사슬), 첨단 과학기술, 에너지, 환경, 이주 등 다양한 영역들에서 이루어지고 있다. 그러나 여기서는 주로 안보/방위 분야에서의 전략적 측면에 초점을 두고 논의할 것이다.

특히 이 글은 EU의 전략적 자율성 특히 안보/방위 영역의 자율성 증진 논의와 기획, 정책 수행의 핵심 사항들을 검토하고, 짧지 않은 기간 동안의 공동안보/방위정책의 수행 노력에도 불구하고 유의미한 수준의 진척이 없었던

"Has European strategic autonomy crashed over Ukraine?", 2022.07.13.

5 European Security Strategy 2003, EU Global Strategy 2016, Strategic Autonomy and Sovereignty 2021 등.

6 European Union Global Strategy, "Shared Vision, Common Action : A Stronger Europe, A Global Strategy for the European Union's Foreign And Security Policy", https://www.eeas.europa.eu/sites/default/files/eugs_review_web_0.pdf.

근본 원인은 무엇인지를 논구하는 데 연구의 목적이 있다. 가장 극적인 사례로서 나토/미국 - 러시아간 갈등과 긴장 고조 및 우크라이나 전쟁 발발 과정에서 드러난 EU의 협소한 전략적 운신의 주 원인은 러시아 요인, 특히 러시아가 제기하는 위협인식에 대한 회원국간의 상이한 입지 때문임을 부각하고자 한다.

연구의 주된 시간적 범위는 EU가 공동외교안보정책을 도입하게 되는 2010년 대(리스본조약이 발효된 2009년 12월 이후)부터 우크라이나 전쟁의 발발(2022년 2월) 직후까지에 걸쳐 있지만, 주된 논의의 맥락은 우크라이나 전쟁 전후에 초점을 맞추어 진행된다. 이글의 구성은 EU - SA의 개념 및 논의 과정; EU - SA가 본격 의제로 등장한 2016년부터 우크라이나 전쟁 발발 이전 및 이후 EU의 안보/방위 역량 제고 노력; 우크라이나전쟁을 배경으로 한 미 - 중 - 러 - EU 강대국 정치 구도와 맥락에서 EU - SA; 결론의 순서로 이어진다.

안보/방위 분야의 EU - SA는 개별국과 EU 전체 차원의 전략/정책에 대한 문제이다. 그것에 대한 회원국의 입지는 각자의 상이한 지정학적 위치, 역사적 경험 및 위협인식에 따라 다를 수밖에 없다. 그리고 그 총합으로서 개별국간의 전략문화의 차이는 EU의 강/중/소 국가간의 러시아에 대한 인식/정책의 차이에서 현격하게 부각된다. 이 점은 불완전한 국가연합으로서 EU의 안보/방위정책에 내재하는 근본적인 딜레마이다. 그러므로, 특별히 강조하지 않더라도 이점은 늘 분석의 상수로서 고려될 필요가 있다.

2. EU의 안보/방위 역량 증진을 위한 전략적 자율성 논의

냉전 후 약 30년 동안 EU 국가들은 유럽 및 역외 여러 전장에서(보스니아, 코소보, 아프가니스탄, 이라크, 리비아) 미국과 함께 싸웠지만, 언제나 미국의 역할이 결정적이었다. 우크라이나 전쟁은 지리적 유럽에서 일어났으며, EU가 '동방파트너십EaP' 기획으로 우크라이나를 협력 대상국으로, 잠재적인 예비회원국으로 상정하고 있었다는 점에서 유럽의 안보 문제와 긴밀한 연관이 있음을 부인할 수 없다. 더구나 러시아는 구소련지역 경제통합 기획으로서 유라시아 경제연합EAEU에 우크라이나가 동참하기를 간절히 희망해 왔다는 점에서, EU의 유럽통합 및 안보 영역에서 대 우크라이나 정책은 러시아와의 기존 갈등 관계를 더욱 악화할 가능성이 명백하였다. 즉, 우크라이나 전쟁은 나토, 특히 자유주의 증진 정책과 연관하여 미국과도 연관이 있지만 무엇보다도 EU와 더욱 밀접한 연관성을 가진 사건이다.

  그럼에도 불구하고 우크라이나 전쟁에 대한 유럽의 대응은 나토의 틀에서 미국의 주도로 이루어졌다. 이번 전쟁에서 우크라이나에 대한 군사원조에서도 EU가 $25억을 지원한 데 비해 미국은 $100억 이상을 지원하였다. 나토의 동쪽 측면을 강화하기 위해 미군은 1만명의 병력을 제공한 데 비해, 독일은 1천5백명, 프랑스는 1천명을 제공하였다. 나토 내 유럽 대표국들은 EU 전체 명의의 병력을 파견하지 않았다. EU의 대국인 독일, 프랑스, 이탈리아의 군사원조 공약은 그 GDP가 3국 총합 GDP의 1/14에 불과한 폴란드보다 적었다. 유럽 대표국들의 미국 의존 및 소극적 행보는 우크라이나 전쟁에 국한한 것이 아니다. 냉전 후 지금까지 군사적 분업 구조를 보면 위 사실은 예외가 아닌 것이, 유럽의 분담률은 20%를 넘은 적이 거의 없었다.[7] 군사원조액과 동유럽 방면의 방위력 증강을 위한 파견 병력 수에 있어서도 미국의 부담이 70~80%에 달하는 실정이다.

  전쟁 발발의 충격 그리고 그에 대응하는 EU 역량의 현주소를 목도하면서 EU 차원, 개별국 정부 및 안보/군사/외교 연구기관들에서 안보/방위 영역에서의 EU의 위상에 대한 물음이 제기되었다 : 미국은 언제까지 유럽 안보의 보장자 역할을 해야 하는가, 유럽은 언제 어느 시점에서 자신의 안보/방위 문제

---

7 Szewczyk, op. cit, 2022.

를 독자적으로 결정하고 실행하는 역량을 보유하게 될 것인가, 그리고 좀 더 근본적으로, 과연 EU의 구성원들은 독자적 안보/방위 역량의 필요성에 대해 합의하고 그 실천의지를 공유할 수 있을 것인가.

객관적 지표로만 본다면, EU는 단일세력으로서 글로벌전략 행위자로서의 충분한 규모와 힘을 보유하고 있다. EU의 인구는 4억 5천만이며, 회원국의 국내 총생산액(인플레 반영 2021년 기준)은 $17.09조이며, 세계경제(글로벌 국내 총생산액)에서 차지하는 비중은 약 14.85%에 달한다.[8] 가장 큰 규모의 단일 시장이며 해외개발원조의 가장 큰 몫을 담당해 왔다. 회원국들의 방위비 지출 총액은 $2천억을 상회하여 미국, 중국 다음의 3위를 차지하고 있다.

이와 같은 객관적 조건에도 불구하고 EU가 그에 버금가는 독자적인 안보/방위 자율성을 행사하지 못하는 것은 무엇보다 먼저, 불완전한 국가연합으로서 EU가 안보/방위 분야의 전략/정책 형성에서 부딪히는 근본적 장애 요인들 때문이다. 회원국들의 상이한 지정학적 위상, 이해관계와 안보 정체성 및 외부세력(특히, 러시아)의 위협에 대한 인식의 차이 등이다. 그러면 먼저 전략적 자율성 개념에 대한 기존의 이해방식을 개관한 다음, EU의 전략적 자율성 의제에 대한 회원국간 의견 차이를 검토하고자 한다.

EU - SA 논의의 역사는 깊다. 1993년 EU로의 진화 시기부터 지금까지 30년이 넘는 기간 동안 자율성에 대한 아이디어, 정책, 실천을 둘러싼 논의가 진행되어 왔다. 전략적 자율성이란 표현이 EU의 공식문서에 처음 등장한 것은 EU 공동안보/방위정책CSDP에 관한 EU 정상회의(2013년 12월)의 결론부에서였다. 여기서 EU의 전략적 자율성과 파트너들과의 공동 행동 역량 증진을 위한 유럽 방위의 기술적/산업적 기초 마련의 필요성이 언급된 정도였다. 그 개념이 현저히 부각된 것은 'EU 글로벌전략 2016'이며, 이후 이 용어는 안보/

---

[8] "GDP (current US$) - European Union", World Bank national accounts data, and OECD National Accounts data files, https://data.worldbank.org/indicator/NY.GDP.MKTP.CD?locations=EU. (검색일 : 2022.11.20)

방위 영역분야 뿐 아니라 여타 폭넓은 정책 분야에서 두루 사용되기 시작하였다. 특히 전략적 자율성 개념은 우르줄라 폰 데어 라이엔이 EU 집행위원장으로 취임한 2019년 이래 EU를 더 강한 지정적 행위자로 자리매김하려는 방향성 속에서 부각되었다. 더 나아가, 주제프 보렐Josep Borrell EU 집행위원회 고위 외교안보정책 대표 체제에서 안보/방위 분야를 넘어 경제/무역, 디지털화, 과학기술, 친환경 성장 등에까지 강력한 준거틀로서 자리를 잡게 되었다.[9]

EU의 전략적 자율성 개념이 내포하는 기본적인 아이디어는 "EU는 (더) 신속히 통일된 결정을 채택하고 즉각적인 위협에 대응하여 행위할 수 있어야만 하며, 또한 증대하는 지정학적 경쟁에 직면하여 자신의 우선순위와 이해관계를 전략적으로 설정할 수 있어야 한다"[10]는 데서 출발한다. 또한, 그 주요 아이디어는 "일련의 외부적 의존으로부터 자유를 증진하기 위한, 그리고 역시 자율적으로 그리고 자신의 근본적인 이익에 맞추어 자신의 정책을 수행할 수 있는 자유를 증진하기 위한, 역량과 수단"[11]을 포함한다. 정책의 입안/수행과 관련하여 최소한 방향지시적 정의에 따르면, EU 전략적 자율성은 "전략적으로 중요한 정책 영역에서 자율적으로 - 즉, 다른 나라들에 의존함이 없이 - 행위할 수 있는 EU의 능력이다. 그 정책 범위는 방위정책에서 경제 그리고 민주적 가치를 보존할 수 있는 역량까지를 모두 포괄한다."[12]

2021년부터는 EU - SA의 범위가 사실상 (EU의 가치 확산을 포함한) 모든 EU 정책 영역으로 확장되었다. 전략적 자율성이란 표현은 좀 덜 사용되고, 유사한

---

[9] DR Aline Burni, et al., "Progressive pathways to European strategic autonomy", Policy Brief, FEPS, March 2023, p. 6.
[10] "Strategic Autonomy - Security & Defense", Policy Breakfast Series, July 5, 2022.
[11] Burni, et al., op. cit., p. 4.
[12] Mario Damen, "EU strategic autonomy 2013-2023 : From concept to capacity", Briefing, EU Strategic Autonomy Monitor, July 8, 2022, https://www.europarl.europa.eu/RegData/etudes/BRIE/2022/733589/EPRS_BRI(2022)733589_EN.pdf (검색일 : 2022.11.20)

개념들 즉, 프랑스에서는 '유럽 주권European sovereignty'으로 표현되며, 그 외에도 '전략적 주권strategic sovereignty', '행동할 역량capacity to act' 등이 대체 용어로 사용되고 있다.[13] 그리고 매우 포괄적 범주에서 '개방된 전략적 자율성 open strategic autonomy' 개념이 폭넓게 자리잡고 있는 중이다. '개방된 전략적 자율성'은 원자재, 첨단 기술/부품 등의 공급망 다각화 및 리쇼어링을 통해 EU가 "위기 상황에서도 역외국이나 특정국에 의지하지 않고 주체적으로 행동할 수 있는 역량을 의미"[14]한다. '개방된 전략적 자율성'개념은 공급/가치 사슬 뿐만 아니라, 과학기술, 에너지자원, 환경, 거버넌스 등에 이르기까지 넓은 범주를 포함한다. 이러한 의미 요소들에 포함된 교집합적 개념으로서 더욱 간략하게 정의해 보자면, 전략적 자율성은 "자신의 (정책) 선호를 스스로 결정하고 그것에 따라 행위할 수 있는 역량"이다.

여기서는 EU - SA에 대한 유럽 지역/국가들의 찬반 논리와 접근법에 대한 비판적 해법이나 대안 제시가 초점이 될 수 없다. 각각의 입지 선정의 이유와 전략 문화의 차별성을 드러내고 그것과 안보/방위 영역의 자율성 증진 의제와의 긴밀한 연계를 부각하는 데 초점을 둔다. 왜냐하면, EU의 안보/방위 분야 전략적 자율성 의제는 회원국들이 처한 지정학적 입지, 위협 인식, 대외/방위 정체성 등이 반영된 전략 문화 그리고 국가발전 모델과 미래 비전 등에 따라 정책 선호가 분명하게 차별화되기 때문이다.

먼저, EU - SA 증진 찬성론은 이제는 유럽이 스스로 자신을 방어할 수 있는 자율적인 전략적 행위자가 되어야 할 때임을 강조한다. 일례로, 숄츠 독일

---

[13] Ibid.

[14] "EU가 원자재 공급망을 다각화하기 위해 자유무역협정을 적극적으로 활용하는 것처럼 EU는 2021년부터 개방된 전략적 자율성을 강조하는 신통상전략을 추진하고 있다. 여기서 개방이란 WTO의 다자무역체제에 대한 EU의 지지를 의미하며… 에너지 및 원자재 공급망에서 자유무역을 통해 원자재 조달을 확대하고 공급망을 다변화해 EU의 경쟁력을 강화하고자 노력하고 있다", 「대외관계 변화에 따른 EU정책 변화의 주요 키워드」, 『kotra 해외시장뉴스』, 2023-03-15, https://dream.kotra.or.kr/kotranews/cms/news/actionKotraBoardDetail.do?SITE_NO=3&MENU_ID=410&CONTENTS_NO=1&bbsGbn=242&bbsSn=242&pNttSn=200814

총리는 미국의 초점이 인도-태평양에서 벌어지는 중국과의 경쟁으로 옮겨 갔다고 진단한다. 미중 전략경쟁이 초래한 국제정세의 변화에 대비하여, "더 강하고, 더 주권적이며, 지정학적 EU"가 되기를 요청하면서, "유럽이 우리의 미래"라고 결론짓고 있다. 특히 유럽에서 나토의 역할과 관련하여, 대표적으로 프랑스의 입장에서, EU의 전략적 자율성은 자신의 이해관계를 더 잘 보호하기 위해서 필수적이다. 향후, 나토/미국이 보호자/보장자 역할을 할 의사가 없거나 할 수 없는 경우를 미리 대비해야 한다는 주장이다.

다음으로, EU의 전략적 자율성 제고론의 반대자들은 무엇보다 그 논의 자체에 불편함을 느낀다. 이들은 그러한 논의 자체가 나토와 미국의 전통적인 유럽 안보 관여에 대해 잠재적 충격을 줄 것을 우려한다. 반대자들에게 EU의 전략적 자율성 제고는, 설령 잘 된다고 하더라도, 유럽안보의 보장자로서 나토의 의미와 역할을 훼손할 위험성을 내포한다. 또, 기능 중복으로 한정된 자원을 낭비하고, 유럽과 미국 관계에 분열의 쐐기를 박게 된다면 그럴 위험성이 높아진다는 논리이다.[15] 만약, EU가 자신의 힘을 증대하지 않은 채, 미국을 유럽 방위에서 밀어낸다면, 그러한 형태의 전략적 자율성은 유럽을 더 약하고 덜 안전하게 하는 것으로 귀결될 것이다. 그러므로, EU는 미국과 대서양 세계의 연대에 계속 의지하는 것이 상책이다. 따라서, 반대자들의 결론은 "서방the West이 그들(유럽인들)의 미래다."[16]

EU의 전략적 자율성에 대한 회의론은 러시아의 침공에 대해 합동 대응한 서방의 강력한 태세로 인해 더욱 강화되었다. 우크라이나 전쟁을 통해 재래식/핵 전력 모두에서 유럽 안보의 대미 의존도가 적나라하게 노출되었기 때문이다. 러시아의 침공 이후 수만 명으로 늘어난 유럽 주둔 미군 병력은 유럽

---

[15] Luigi Scazzieri, "Beyond European strategic autonomy?", Bulletin article, Center for European Reform, August 3, 2022.
[16] Szewczyk, op. cit.

에 대한 위협과 침략을 억지하는 인계철선 역할을 수행하고 있으며, 유럽의 나토 동맹국들에 대한 미국 방어 공약의 실제 징표로 간주된다. 여기에 더하여 미국의 핵전력은 영국과 프랑스의 핵전력이 스스로 수행할 수 없는 방식으로 유럽 안보를 확약해주는 최종 보장 수단이다. 러시아의 유럽안보에 대한 위협이 실증된 현 상황에서 러시아의 위협을 억지하는 과제에 대해서는 나토 그리고 나토의 통합된 지휘 구조를 대체할 생존력 있는 대안은 없다는 인식이 다수를 차지하고 있다.

다른 한편으로, 전략적 자율성 강화론의 반대자들은, 전쟁 진행 국면에서, 미국을 유럽 방위에 헌신하도록 묶어 두는 것이 어느 때보다도 더 중요하며, 전략적 자율성 논의는 이전보다 훨씬 덜 현실적이며, 바람직하지 못하다고 본다. 대부분의 중부/동유럽의 나토 신회원국들은, 적어도 러시아발 위협 억지에 관해서라면, 독일과 프랑스, 이탈리아 등 서유럽 대국들을 신뢰하지 않는다. 신회원국들은 독일과 프랑스가 러시아에 대해 너무 온건하며, 우크라이나를 지원하겠다는 자신들의 약속을 기꺼이 지키려 하지 않는다고 비판한다. 또, 우크라이나의 이해관계를 훼손할 수도 있는 협상/거래를 물밑에서 모스크바와 하려는 경향이 있다고 우려한다. 결과적으로 EU 신회원국들의 시각에서 독일, 프랑스의 대러 태도와 입지는 최종 안보 보장자로서 미국의 중요성을 더욱 부각되게 할 뿐이다. 이들이 볼 때, 독일, 프랑스의 불분명한 태도는 영국의 태도와 대비된다. 영국은 이미 우크라이나 전쟁 이전부터 조지아전쟁, 크림병합, 러시아의 국내외 인권 문제 및 권위주의적 통치 행태에 대해 강경한 태도로 일관해 왔다. 이제 러시아의 침공으로 인해 중동부 유럽의 EU 신회원국들은 런던의 대러 강경 기조가 근거있는 것이었으며, 유럽 안보에 기여한 것으로 판단하고 있다. 이런 맥락들을 고려하면, 신회원국들은 미국/나토에 대한 의존도를 줄여 EU의 전략적 자율성을 증진한다는 구상을 사실상 비현실적인 것으로 간주한다.[17]

이와는 대조적으로, 전략적 자율성 지지자들은 우크라이나 전쟁과 그 대응에서 미국 의존적 상황을 목도하면서, 동일 상황에 대해 회의론자들과 다른 처방/주장을 개진하고 있다. 우크라이나 전쟁에 대한 대응에서 유럽의 독자적 대응 역량 미비를 확인한 만큼, 만약 필요하다면, 유럽인들은 독자적으로 행동할 수 있도록 자율성 증강을 위한 중장기적 비전과 실행 계획을 통해 체계적으로 역량을 강화해 나가자고 주문하고 있다.

EU의 전략적 자율성 지지자들이 생각하는 목표 달성의 구비요건들은 큰 틀에서 보자면, 공동의 비전, 정치적 의지, 과제 수행 능력 및 회원국들과 글로벌 행위자들 사이에 위치한 EU의 고유한 역할 등이다. 이들을 전략적 자율성 증진을 위한 정책 입안 및 수행의 관점에서 보자면, 크게 역량 강화를 위한 힘의 수단 증대 요소 및 외부에 대한 의존도 감소 요소로 대별된다. 전략적 자율성 행사 역량, 과제 수행 능력을 가늠하는 지표로는 먼저, 안보/방위 분야에서는 객관적인 자체 방위력의 구비와 EU 고유 안보 정체성의 공유 정도에 달려 있다. 다음, 경제/교역 및 여타 분야에서는 특정 국가에 대한 과도한 의존성을 줄이는 데, 또 그 의존성을 낮은 수준으로 유지하는 데 달려 있다. 전형적 예로, 독일은 천연가스 수입에서 러시아에 대한 의존도가 높아 취약성을 노출해 왔던바, 대러 전략적 입지 및 정책 결정에서 자율성을 저해하는 주요한 요인이었다. 따라서 EU의 전략적 자율성 증진을 위해서는, 독일과 프랑스 등 대국의 외부 영향력에 대한 취약성을 줄여야 하며, 독일의 대러 에너지 의존도는 물론, 중국에 대해서는 중국의 방대한 시장과 공급사슬에서의 주요한 역할에 대한 의존도 역시 감소해 나가야 한다고 본다.

그러나 이같은 자체 방위 역량 강화 및 대외 의존도 감소에 초점을 둔 공식적/통상적 접근법은 첫째, 정량적/기계적 경향성이 있다고 비판받고 있다. 리차드 영R. Young은 지난 10년 동안의 경우만을 보더라도 EU가 주요 대외문제에서 좀 더 전향적/적극적으로, 자율적으로 행위하지 못한 것을 역량의 부족

17 Ibid.

보다는 정치적 판단과 전략적 선택의 문제로 본다. 간단히 말해서, 좀 더 합동적인 유럽 프로젝트를 통해 정량적인 안보/방위 역량의 두께를 조금 더 키운다고 하더라도 그 자체로서 토대가 되는 기층基層 현실을 바꿀 수 없기 때문이다. 우크라이나 전쟁 이후 EU에서 지전략적 관심 증대는 행위할 역량 부족보다는 자신이 가진 역량을 사용할 선택의 방식에 기인한 것이다. 역량에 효율적인 레버리지를 부여하는 것이 핵심이며, 그것은 "기계적 방식, 하드웨어 유형의 정량적 지표들에 근거해서 그것이 충족되었다고 가능한 것이 아니고, 어떤 비전과 목적하에서, 어떤 관계 속에서, 어떤 수단을 사용하여 행위 역량이 투입되고 배치되느냐에 달려 있는 것이다."[18]

둘째, 일방향적 대외 의존성 감소 시도에 대한 비판 역시 경청해야 할 부분이다. 영은 일방적/기계적으로 외부 의존도를 감경하면, 그만큼 기계적으로 자율성이 증대하리라고 기대해서는 안된다고 본다. 그것은 경계해야 할 '전략적 자율성'의 함정이다.[19] 왜냐하면, 유럽의 지도자들은 자주 EU의 선택을 '자율성 vs. 의존' 양자 간에 있는 것으로 상정하지만, 국제문제는 어느 극단과도 부합하지 않는 상호의존의 동학 속에서 작동하기 때문이다. 자율성과 의존성은 동시에 증진하거나 감소할 수 없는바, 적절한 접근법은 '자율성'과 '의존성' 사이의 불가피한 '교환거래trade-offs'를 인정하는 데 있다고 결론짓는다.[20]

역량 및 자율성 증진의 전통적/통상적 접근법에 대한 상기 두 가지 비판

---

[18] Richard Young, "The EU's strategic autonomy Trap", Carnegie Europe, March 08, 2021, https://carnegieeurope.eu/2021/03/08/eu-s-strategic-autonomy-trap-pub-83955 (검색일 : 2022.12.05)
[19] 외부 의존도를 축소하는 목적은 타자의 힘과 결정으로부터 오는 EU의 취약성을 감소하는 데 있다. 그러나, 타자로부터 EU의 자율성 제고는 역으로 타자에게 EU에 대한 더 큰 자율성을 갖게 한다. EU가 타자로부터 더 자율적일수록 타자 역시 자신의 전략적 행위에서 EU와 협력할 필요가 더 줄어들기 때문이다. 이것은 타자에 대한 영향력 증대를 통해 국제규범을 형성하며 좀 더 안정적이며 예측 가능하게 그것을 운영하고자 하는 EU의 구상과는 동떨어진 결과를 낳는다. 소위 '전략적 자율성 함정'이다. Ibid.
[20] Ibid.

내용 가운데 첫째 요소, 정치적 의지와 전략적 선택의 강조는 설득력이 크다. 반면에 두 번째 지적은, 일부 합리적 논증이 있지만, 지나치게 근본적인 접근 방식으로 인해 통상적 접근을 통해 기대되는 실용적 적실성을 훼손하고 있다. 통상적 접근법으로 기대되는 독자적 행위 능력 증대 및 외부에 대한 일방적 혹은 지나친 의존성 감소는 안보/방위 영역 뿐 아니라 개방된 전략적 자율성의 여타 영역들에서도 필수적이다. 왜냐하면, 전략적 자율성 개념이 파트너십을 배제하는 것도 아니고,[21] 경쟁자와의 완전한 분리와 절연을 의미하는 것도 아니며, 절대적 자율성을 추구하는 것과도 거리가 멀기 때문이다. 일례로 EU-SA의 상대방으로 미국을 상정할 경우, EU의 방위 역량 증대 및 합의된 정책노선 수행을 위한 강력한 정치적 의지는, 미국과 관계 악화나 단절까지 가지 않고서(즉, 절대적 자율성에 도달하지 않는 선에서), 미국에 대한 EU-SA를 일정 정도까지 증대하는 '건설적인' 효과를 갖게 될 것이다.

3. 우크라이나 전쟁 전후 EU의 전략적 자율성 증진 모색

1) 2016년부터 전쟁 발발까지

소련 붕괴 후부터 우크라이나 전쟁 발발까지 유럽-미국과 러시아 간의 갈등의 가장 큰 원천은 전자의 나토 동진 기획이었다. 이 기획의 주체는 나토이지만, EU가 자신의 희망대로 나토 내에서 '유럽의 튼실한 기둥a strong European pillar'이 되지 못하고, 나름의 전략적 자율성을 갖지 못한 조건에서

---

[21] 전략적 자율성이라는 것은 누구로부터의 자율을 의미하기보다는 가능한 한 타자와의 파트너십 속에서 필요한 역량들을 개발하고 이용하여 과제를 수행하는 자율에 관한 것이다. 이런 맥락에서 파트너십은 EU의 목표를 달성하는 데 있어서 부가적인 것이 아니라 기본 요소이다. DR Aline Burni, et. al., "Progressive pathways to European strategic autonomy", Policy Brief, FEPS, March 2023, p. 7.

이 거대한 대결의 물결에 휩쓸려 표류하고 말았다. 소련 말기의 고르바쵸프 대통령 재임기는 물론 이후 옐친 정권에서 현재까지 러시아는 일관되게 나토 동진을 비판/반대하고, 유럽 동서 분리의 부정적 결과에 대해 경고해 왔다. 뮌헨 안보회의(2007년 2월)에서 푸틴 대통령은 격렬하고 노골적으로 서방을 비판하고, 우크라이나와 조지아가 나토 접근을 지속하면 양국의 영토 보전은 보장되지 못할 것이라고 경고하였다. 이 경고는 조금도 수용되지 않은 채, 도리어 조지아정부군이 츠힌발리(남오세티아의 수도)를 공격하자, 러시아는 푸틴의 경고대로 조지아전쟁(2008년 8월)에 개입하였다. 이후 우크라이나와 조지아의 나토 접근이 어느 정도 억제되었지만, 이후에도 EU는 전체 차원에서 나토와 러시아간 갈등 관계 해소를 위해 어떤 유의미한 자율적 행보를 하지 못했으며, 이를 위한 전략적 자율성의 역량을 키워나가지도 못했다.

조지아전쟁 후 5년 반이 경과하여 일어난 크림병합은 냉전 후의 유럽 안보 지형에서 이웃 주권국가의 영토를 무력 장악하여 ('국민투표'를 거치긴 했지만 적법/정당성이 취약한) 병합한 최초의 사례였다. 이를 계기로 한편으로 '루소포비아 Russophobia' 담론 정도에 머물렀던 '러시아의 위협'에 대한 유럽국가들의 경각심이 고조되었다. 그러나 러시아의 국제법 위반에 대해 경제제재로 대응하는 외에 크림병합의 불법성을 처벌하거나 원상 복구할 EU 차원의 의견일치와 정책 수단을 가동할 수 없었다. 왜냐하면, 러시아는 이미 1990년대 후반부터 국가단위에서 EU에 대한 잠재적 불안정 요인으로 상정되어 왔었지만, EU의 확장과 함께 '신유럽' 국가들(중부/동유럽에 위치하며, 새로 EU 회원국이 된 나라들)과 구유럽 국가들이 위협인식을 공유하기 어려운 제1의 대상국으로 남아 있었기 때문이었다.

마스트리흐트 조약 이후 EU는 '규범권력'으로서 역할을 수행하는 데, 자신의 글로벌 정치 위상을 설정해 왔다. 이 점에서 우크라이나에 대한 러시아의 주권침해와 국제법 위반은 규범창출의 주요 행위자이며 '규칙기반질서'의 옹호자인 EU에 대한 명백한 도전이었지만, 공동안보/방위정책을 통한 EU 차원의 대응 역량은 매우 제한적이었다. 그럼에도 불구하고, EU의 핵심국인 프랑스와 독일은 크림병합 직후부터 시작된 돈바스 무력 분규에서 유럽 지도국가로서의 역할을 하고자 노력하였다. 우크라이나 동부 돈바스 지역에서의 정부군과 러시아의 지원을 받는 친러 분리주의자간의 무력 충돌을 종식하기 위한 민스크-1협약(2014년 9월)과 민스크-2협약(2015년 2월)의 협상 과정에서 프랑스와 독일은 EU의 주도국으로서 우크라이나와 러시아 사이에서 중재자로서 역할하고 지리적 유럽의 갈등 상황 해소 노력에서 자신의 위상을 높였다. 이처럼 미국이 참여하지 않은 협상 테이블에서 프랑스와 독일이 유럽의 문제인 돈바스 내전의 휴전 협약을 끌어내는 데 기여한 것은 '유럽인의 손으로' 유럽문제를 해결하고자 하는 자율성에 대한 의지를 잘 드러내고 있다. 그러나 민스크-2협약은 그 내용의 구체적 실천을 위한 상세 행동계획의 설계와 추진 과정에서 장애물에 부딪혔다. 그것은 도네츠크와 루한스크 두 자치체가 어느 정도의 권한을 가질 것인지, 주민투표의 전후 어느 시점에서 반군이 무장해제할 것인지 등에 합의를 이루지 못하고 난관에 봉착하였고 이후 장기간의 교착상태가 지속되었다.

우크라이나와 위기와 관련해서는 이처럼 돈바스 지역의 무장 충돌이 지속되는 가운데, 'EU의 외교/안보정책을 위한 글로벌전략 2016EU Global Strategy 2016'이 발간(2016년 6월)되었다. 이 'EU 글로벌전략 2016' 보고서에서 처음으로 EU의 전략적 자율성 의제가 본격 부각되었으며, 주로 안보/방위 분야와 연관하여 전략적 자율성 표현이 네 번 사용되었다.[22] 유럽/서방의 대러 경제제재가 지속 중인 상황에서도 동 보고서는 러시아에 대한 제한적/선택적 관여를 천명하여 유라시아 지역강대국 러시아를 게임 참가자로 인정하는 것이 EU의 자율성 증진에 유리한 구도라고 파악하고 있음을 시사하고 있다.

---

22 그 이후 EU정상회의 혹은 EU 기관 차원에서의 전략적 자율성 용어 사용 사례에 대해서는, Damen, op. cit., Annex 2 참조.

이 점은 보고서의 대러 정책 가이드라인에서 잘 드러나고 있다. 동 문서는 유럽의 주요 이해관계가 자유롭고 안정된 무역/투자 환경의 유지에 있는바, 러시아가 유럽안보질서의 토대인 국제법과 원칙들을 존중할 것을 기대하며, 이해관계가 부합한다면, 또 부합할 때 러시아와 협력할 준비가 되어 있음을 표명하였다. 또, EU 대외관계이사회가 제출한(2016년 3월) 러시아에 대한 EU의 다섯 가지 지도원칙은 탈소 유라시아의 6개 동방파트너십EaP 대상국들과의 관계를 더욱 진작할 준비가 되어 있다고 천명한다. 아울러 러시아와 공동의 이해관계가 있는 영역에서의 협력과 선택적 관여를 강조하고 있다.[23] 러시아의 크림병합은 유럽질서의 관점에서는 헬싱키최종의정서Helsinki Final Act (1975년 8월) 이후의 '규칙기반질서'에 대한 도전이며, 전후 세계정치에서는 UN 체제 하 핵심 국제규범에 대한 위반임에 분명하다. 그럼에도 불구하고, 대러 관계에 대한 EU의 유연한 접근법은 규범권력으로서의 유럽이 현실권력정치 realpolitik가 지배하는 세계질서 속에서 부딪히는 한계점을 상당부분 수용한 것을 의미한다.

다른 한편으로, 'EU 글로벌전략 2016' 보고서는 유럽 방위통합 문제를 주된 의제로 설정한 분수령이었다. 동 보고서는 EU이사회에서 공식 채택된 것으로 안보/방위 영역에서 회원국들의 협력 및 국가간 정책 통합을 촉진할 목적으로 작성되었다. 더 나아가 종국적으로 "유럽 방위와 공동방위정책을 위한 명확한 비전과 구체적 가이드라인을 제시"하고자 하였다.[24] 그런데 여기서는 유럽 방위통합에 필수적인 전제조건들에 검토가 누락되어 있다. 유럽방위는 EU 기관들과 회원국들이 유럽방위의 개념을 함께 정의하고 승인할 때, 그리고 위협 요인과 그에 대한 방위 가능성 즉, 누구로부터 자신을 방위하려고

---

[23] Stefan Meister, "A paradigm shift : EU-Russia relations after the War in Ukraine", Carnegie Europe, November 29, 2022, p. 1, https://carnegieeurope.eu/2022/11/29/paradigm-shift-eu-russia-relations-after-war-in-ukraine-pub-88474 (검색일 : 2022.12.05)
[24] 온대원, 「EU의 글로벌전략(EUGS)과 유럽방위통합 전망」, 『EU연구』 제46호, 2017, 7쪽.

하고, 어느 정도의 방위 자산을 투하할 수 있으며, 얼마만한 성공 가능성을 기대하고 있는가, 방위통합 인프라 구축을 위한 공동 연구/개발/무기획득 과정에서 이해당사국들의 이견을 어떻게 조정할 것인가 등을 분명히 할 때 가능하다. 일례로 방위통합의 인프라 구축을 위한 토대인 방산시장을 보면, 중소 회원국들은 유럽산 무기체계의 생산과 시장의 발전에 투자할 준비가 되어 있지 않다. 그들은 이 시장이 자국내 경제/기술 부문에 손실을 초래할 것이며, 거대 무기 생산/수출 기업들 및 프랑스에게 득이 될 것이라고 보기 때문이다. 그래서 대부분의 유럽 국가들은 유럽방위에 신뢰를 주는 데 그게 적극적이지 않다.[25]

이처럼 2010년대 중반 이후 EU 구성기관과 주도국 차원에서 EU-SA 용어의 빈번한 사용 및 방위 분야 EU의 자율성 강조가 미국 - 나토와의 안보/방위 협력의 약화를 초래하는 게 아닌가 혹은 더 나아가 미국 - 나토와는 별개의 안보/방위를 의미하는 게 아닌가 하는 의심을 불러 일으켰다. 가장 강한 의구심의 주체는 구 소련과 국경이 인접했던 사회주의 국가들, 발트 국가들 등 신유럽 국가들이었다. 유럽 안보/방위 영역 역량 증진의 일반론에 대해서는 EU 회원국 대부분이 동의할 수 있겠지만, 지금까지의 구도와 다른, 혹여라도 미국 없는 유럽 방위는 완전히 다른 문제가 된다. 나토 - 미국의 안전보장을 신뢰하고 여기에 의지하고자 하는 신유럽 회원국들에게 미국의 참여 없는 독자적 유럽 방위 자율성은 거의 수용 불가능한 선택지이다. 미국과 나토의 지원 없이 EU는 어떻게 최대 위협국(으로 가정되는) 러시아의 도전에 맞설 것인가. 더더구나 대러 정책, 특히 러시아 봉쇄 정책에 대한 EU 내부의 컨센서스가 없는 상황에서 그것은 거의 불가능한 것에 가깝다. 무기체계와 운용, 작전 능력에서 월등한 미군의 지휘 없이, 핵무기 강대국 러시아에 대적하는 프랑

---

[25] Dmitry Danilov, "European defence : Tough questions", Valdai Club, Expert Opinions, 2019.09.23.

스 혹은 프랑스-독일 지휘하의 유럽군에 대한 생각은 많은 회원국들에게 신뢰도가 낮으며, 매력적인 선택지가 되지 못하고 있다.[26]

물론, 당시에 프랑스를 비롯한 전략적 자율성의 옹호국들에게 방위 분야에서의 유럽의 자율성 증대는 나토 틀에서 EU국가들과 미국 간의 협력의 감소를 의미하는 것이 아니었다. EU의 전략적 자율성은 나토에 대항하는 것이 아니라 나토와의 범대서양 협력에서 좀 더 강력한 유럽의 역할을 의미하는 것이었다.[27] 그럼에도 불구하고 EU의 전략적 자율성 논의가 등장한 초창기부터 그것이 초래할 결과에 대한 의구심은 적지 않았으며, 지금까지도 해소되지 않은 채 지속되고 있다.

일례로, 2017년 마크롱 대통령은 취임 직후 소르본느에서의 기조연설에서 유럽 아젠다의 핵심에 방위 과제를 놓고, EU 회원국들의 긴밀한 방위 협력을 강조하였다. 이것은 유럽이 자신의 이해관계를 증진하기 위해서는 스스로 더 많은 노력과 헌신을 해야 한다는 본인의 확신을 반영한 것이다. 마크롱은 나토 내에서의 '선명한 유럽 방위 정체성' 형성 및 이 토대 위에서 '유럽의 튼튼한 기둥a strong European pillar' 구축을 주창하였는데, 안보/방위 분야의 전략적 자율성과 연결되는 이러한 입지는 애초부터 프랑스의 의도에 대한 중부/동유럽 국가들의 의구심을 불러일으켰다.[28] 의구심은 프랑스의 주도적인 역할이 과거 드골주의Gaullist 전통에 맞닿아 있는 대미관계에 대한 자주성 강조로 이어지고 그리고 그 결과 대나토/대미 관계 훼손 및 유럽안보 문제에 대한 프랑스 영향력의 과도화를 우려하는 것이었다. 특히 안보/방위 분야의 EU - SA가 유럽 - 대서양 동맹의 내부 결속력을 균열하면서 이루어지는 것이 아닌가 하는 우려가 그 의구심의 근저에 있었다. 이러한 의구심은 가히 심각한 수준이

---

26 Ibid.
27 Damen, op. cit., p. 2.
28 Philippe Maze-Sencier, "Has European strategic autonomy crashed over Ukraine?", 2022.07.13, p. 3.

어서, EU 고위외교안보대표 주제프 보렐은 EU - SA는 나토 내에서 EU 국가들의 독립성 증대를 의도하는 것이 아님을 강조하는 일이 우선 되는 상황이었다.[29]

　EU - SA 강화를 위한 첫걸음이라 할 수 있는 EU의 공동외교안보정책 역시 유럽의 국제문제에 대해 EU의 목소리를 갖는 것이며, 그 정책 결정과정에서 의존성/종속성을 줄이고 자율성을 증대하는 데 목적이 있다. 그러나 목표 지점에 도달하기 전까지는 목적을 목적이 아니라고 강조해야 하는 상황이 EU의 전략적 자율성 과제가 직면해 온 어려움이었다. 리스본조약 발효 이래 프랑스와 함께 EU 공동외교안보정책을 이끌어 온 독일 역시 프랑스의 주도에 대해 자기식의 우려를 갖고 있을 정도이다. 독일은 프랑스가 특히 브렉시트 이후에 EU내의 지정학적 논쟁을 자극하고 자국의 이익 증진에 초점을 두는 것이 아닌가 경계해 왔다. 프랑스 정부의 한 고위관료 역시, 마크롱이 더 강하고 더 정치적인 유럽을 만들기 위해 방위비 증대를 주장한 것은 회원국들 특히 독일에게는 프랑스를 의제 논의의 중심 위상에 부각하려는 노회한 방법으로 보일 수가 있다고 논평하였다.[30]

　상술한 마크롱의 유럽 방위 정체성 및 역량 증대 노력은, 크림병합 이후 프랑스가 원하는 대러시아 재관여 정책과 궤를 같이 한다. 마크롱은 2017년 취임 직후 푸틴 대통령을 베르사이유궁으로 초청하여 EU 중/소 회원국들의 실망과 의구심을 초래하였다. 또 2019년, 프랑스가 일방적으로, 유럽에서 신뢰와 안보 아키텍처를 통한 대러 전략적 관여정책을 선언한 것은 나토의 대러 정책/접근법에 대한 하나의 도전으로 간주되었다. 폴란드, 체코, 발트3국 등 대러 관여정책 반대국들은 프랑스가 중부/동유럽 안보에 대한 러시아의 증대하는 위협 및 그것에 대한 자신들의 공포심을 경시하고 있다고 생각한다.[31]

29　Damen, op. cit., p. 4.
30　Maze-Sencier, op. cit., p. 3.

EU 글로벌전략 2016과 연관하여 또 하나 간과해서 안될 주요 논쟁점은 EU가 2016년과 2018년에 EU - 나토협력공동선언에 서명하였다는 사실이다. 이 선언은 두 조직의 전략적 협력을 강조하고 있는데, 이것은 사실상 EU가 나토의 안보/군사적 운영 계획 참여를 의미하는 것이며, 러시아 봉쇄전략에 동참을 의미한다. 여기서 핵심은 미국이 기획한 유럽의 전략자산 재배치를 수행하기 위한 'EU군사이동성행동계획'에 있다. 이후 유럽방위 자산들은 실제로 대러시아 전진 봉쇄전략에 배치되고 있다. 이런 식으로 나토와 파트너십에 기초한 유럽방위는 EU의 전략적 자율성과는 거리가 멀다. 나토와의 파트너십 위에서 양자간의 기능 중복을 피하는 데 동의하는 조건의 유럽방위는 자신의 위협 인식과 판단에 따라 명료한 전략적 목표들을 설정하는 EU의 자율적인 방위 조직 구상은 아니다. 상기 구도가 지속된다면, 유럽방위와 전략적 자율성을 향한 EU의 대돌파는 기대하기 어려운 것이 현실이다.[32]

트럼프 행정부(2017년 출범)가 '미국 우선주의'를 주창하며 미국의 나토에 대한 공약과 헌신을 의문시하고, 유럽 국가들의 방위비 부담 증대를 촉구하면서, 또 EU의 방위역할 강화에 반대해 왔던 영국이 EU 탈퇴를 결정한 이후부터 EU의 안보/방위 분야에서 자율성의 필요성과 여지는 조금 더 확대되는 추세였다. 이처럼 유럽 방위를 위한 독자 역량 강화의 필요성이 부각되는 국제환경에서, EU 집행위원회는 2017년 6월 '유럽방위기금European Defence Fund'을 출범하였다. 집행위원회는 무엇보다도 방위역량의 효율성 증대를 위해 회원국들의 무기 연구/개발/획득 분야의 협력 및 회원국간 중복 투자 축소에 대한 지원을 강조하였다. EU 회원국들은 무기체계 개발/연구의 90%, 무기/장비 획득의 80%를 개별 국가 차원에서 진행하고 있었다(본 기금이 출범하던 2017년 당시). 만약 회원국들이 무기/장비 획득에서 협력한다면, 연간 방위비

---

31 Ibid.
32 Danilov, op. cit.

는 약30% 정도 절감될 것으로 예상되었다.[33] 유럽방위기금은 회원국들이 방위자산을 공유하도록 혜택을 제공하는 방식으로, 혁신적 방위산업을 장려하고, 방위 영역에서 EU의 독자 역량 증대 및 첨단 분야 기술 리더십 강화를 목적으로 한다.

이로부터 반년 후에 EU각료이사회는 안보/방위 영역의 역량 강화를 위해 '상설방위협력체PSC or PESCO, Permanent Structured Cooperation'를 창설(2017년 12월)하였다. 당시 28개 회원국 중 영국, 덴마크, 몰타가 불참하고 나머지 25개 회원국이 참여하였다. PESCO의 목표는 회원국들의 개별 방위역량을 통합하여 군사적 상호운용성을 높이는 데 있다. 주로 무기체계의 연구/개발을 위한 다국적 공동사업을 발주하는 방식인데, 각 사업마다 1개의 주도국과 여타 참여국으로 구성되어 진행한다. 이것은 개별 국가들이 자신이 원하는 몇 가지 연계된 방위 프로젝트에 참여하여 공동 작업이 가능한 협력틀이다. 25개 참여국들 모두가 관여된 유일한 공동사업은 네덜란드가 주도국으로 진행하는 군사이동성 증진 프로젝트이다. 이 프로젝트는 군전력이 EU 회원국들의 국경을 넘어 신속히 이동할 수 있도록 물리적 장애와 각종 규제를 완화하기 위해 인프라 쇄신, 법적/제도적 규제 제거 등을 목적으로 하고 있다.[34]

PESCO의 역할은 개별국가들의 방위 역량을 통합하여 효율성을 높이는 데 있으며, 방위통합 과정의 가이드라인 역할을 하는 주요 개념이 유럽방위연합EDU, European Defense Union이다. 유럽방위연합은 독자적 작전능력과 군사력의 해외 투사가 가능한 유럽군의 창설을 의미한다. 그러므로 유럽군의 창설은 EU 회원국들의 방위산업 통합으로 시작되는 것이다. 2004년에 설립된 유럽방위청EDA, European Defense Agency이 이 통합과정을 맡고 있다. 그리고 상기

---

[33] 「EU, 공동무기연구·개발·구매 촉진 위한 '유럽방위펀드' 출범」, 『연합뉴스』, 2017.06.07.
[34] 고상두, 「유럽안보에 대한 러시아의 위협요인」, 『슬라브학보』 제35권 1호, 2020, 15~16쪽; Scazzieri, op. cit.

한 바, 회원국들의 군사/군사기술 전문화는 PESCO의 틀 내에서 발전될 것이다. 프랑스, 독일, 네덜란드 등 선진방위산업을 보유한 회원국들은 PESCO의 발전 그리고 방위산업의 통합에 이해관계가 크다. 통합된 방위산업이 국가별로 개별화되어 있던 무기체계 연구/개발 및 첨단 인프라 구축에서 시너지 효과를 가져올 것이며, 유럽방위펀드뿐만 아니라 개별국 차원에서도 지속적인 발주와 일자리를 제공할 것이기 때문이다.[35] 방위산업 선진국들의 과도한 우위를 경계하고 우려하는 중소국들의 이해관계를 고려하여, EU 통합 방위산업 효율화의 적정성과 방산 업체들의 수익 적정성 간의 균형을 추구해 나가는 것이 통합 과정을 심화하는 데 필수적이다.

마지막으로 러시아의 EU - SA에 대한 선호를 감안하여 대 EU 접근법을 평가하는 것으로 본 절을 마무리 하고자 한다. 러시아는 EU 안보/방위정책에서 전략적 도전, (잠재적) 위협요인으로 상정되어 왔던 반면에, 모스크바는 EU가 '미국으로부터' 전략적 자율성을 가진 힘의 단위로 부상하기를 희망해 왔다. 러시아가 선호하는 21세기 글로벌 세력관계, 강대국 정치 구도는 다극/다중심이 상호 견제하고 경쟁/협력하는 체제이다. 이 구도가 성립하려면, EU가 반드시 미국, 중국, 러시아, 인도 등 복수의 힘의 중심들 가운데 한 중심, 다극 중의 1극의 위상을 가져야 한다. 다극성이 잘 기능하기 위해서는 무엇보다 EU의 전략적 자율성 증대가 전제조건이다. 사안에 따라 EU의 독자적 판단과 운신의 여지가 확보되어야 하며, 경우에 따라서는, 미국 - 나토의 지원 없이도 유럽의 안보/방위 분야 정책/전략을 실행할 수 있는 역량을 갖추어야 한다. 강대국 정치 구도를 바라보는 이 관점 때문에, 러시아는 EU를, (미국 주도의) 유럽 - 대서양 블록으로 간주되지 않는, 미국과 구별되는 하나의 독립적 힘의 중심으로서 부각하려고 노력해 왔다.

---

[35] Fyodor Basov, "Is Europe ready to form its own army?", Valdai Club, Expert Opinions, 2019. 09. 25.

그렇다고 해서 모스크바가 EU - SA 기획에 대해 낙관적 기대를 가졌던 것은 아니다. 대러 정책에 대한 EU 개별 국가들의 대러 정책에서 입지와 이해관계의 충돌은 항시적 성격이었으며, 그것은 주로 러시아발 위협에 대한 상이한 인식에 근거하고 있었기 때문에 극복되기 어려운 부분이었다. EU 회원국들 간의 이러한 갈등적 입지 때문에 모스크바는 EU의 EU - SA 언급이나 논의에 대해 늘 의구심을 가져왔으며, 비중을 두지 않는 편이었다. 이런 정황에서 EU 글로벌전략 2016이 유럽과 이해관계가 부합하는 영역에서 '선택적 파트너십'을 제안하였지만, 모스크바는 그것이 안보/방위 분야의 제한된 자율성에 유의미한 변화를 가져 올 것이라고 기대하지 않았다.[36]

강대국 정치 구도에 대한 상기 러시아 측의 관점을 유럽 - 대서양 세계는 유럽과 북미 관계에 불화와 분열의 쐐기를 박으려는 의도로 해석하고 경계해왔다. 이런 시각에서 보자면, 러시아의 대 유럽 정책은(많은 외교 자원을 투입했다고는 보기 어렵지만, 여하튼), 우크라이나 전쟁 발발 전까지 성공적이지 못했다. 여기서는 이 글의 주제로 한정하여, 안보/방위 분야의 EU - SA를 후원하려는 모스크바의 정책은 프랑스, 독일 등 대국 위주의 접근이었던바, 그 문제점이 가볍지 않았다. 러시아의 대유럽 안보/방위정책은 통상적으로 독일, 프랑스, 이탈리아 등 대국을 통해 EU 정책결정 과정에 영향력을 미치려 하였다. 이 과정에서 자연히 대러 강경 입지를 견지해 온 폴란드와 발트3국 및 여타 소국들에 대한 고려는 뒷전으로 물러나게 되고, 이들의 반발로 인해 의도한 결과가 나오지 않는 경우가 많았다.[37] 이것은 주로 EU의 대부분 주요 정책결정 과정에서 이루어지는 만장일치의 합의 구조를 경시했던 결과이기도 했다.

이 현상의 이면으로서, 러시아의 구유럽 대국 위주의 EU 정책/접근법은 신유럽 국가들의 전략적 계산과 대미 접근에 대해서도 잘 대응하지 못했다. 이

---

36 Danilov, op. cit.
37 Meister, op. cit.

점은 신유럽 국가들 가운데 러시아를 불신하며 러시아로부터의 위협인식에서 민감한 대표적 국가인 폴란드의 경우에 잘 예시된다. 중부/동유럽의 EU 신회원국들 특히, 폴란드는 트럼프 행정부의 유럽 군사/안보 정책에 동조적이었다. 동유럽으로 군사력의 전진 배치와 EU 국가들의 GDP대비 2% 이상으로 국방비 증대 등에 적극적으로 호응하였다. 트럼프 전 대통령이 독일의 방위비 지출 증대를 압박하면서 주독 미군 감축을 언급하자(2020.06.15) 모라비에츠키 총리는 독일에서 폴란드로 미군 병력의 이동/재배치를 희망하였으며, 두다 대통령 역시 워싱턴 정상회담(2020.06.24) 중에 트럼프 대통령의 감축 미군 일부 폴란드 재배치 계획을 환영하였다.[38] 트럼프의 유럽 방위비 분담 압력에 대한 폴란드의 적극적 호응은 유럽에서 나토의 동진과 함께 미군의 존재감을 좀 더 동쪽으로 이동하여 유럽의 안보위협이 어디에 있는가를 강조하려는 미국의 의도와 잘 맞아 떨어졌다.[39]

이같은 폴란드의 적극적 대미 협력 행보의 근저에는 15세기 이래 모스크바 공국의 팽창 이후 동유럽 지역을 둘러싼 러시아와의 영향권역 경쟁과 점령통치의 아픈 역사로부터 2차 대전 직전과 전쟁 중 프랑스, 독일의 행태에 대한 불신 등 안보 정체성이 작용하고 있다. 물론, 러시아의 위협에 대한 나토/미국의 안보 확약을 넘어서서, 폴란드가 중부/동유럽에서 미국의 가장 신뢰받는 동맹국, 유럽에서 미국의 축 역할을 자임하는 것은 이 노선이 자국의 안보를 위한 최선책이라는 전략적 계산의 결과이다. 동시에 이것은 유럽의 안보/방위 분야 자율성 증진 기획의 가장 근본적인 장애요인이며, 러시아가

---

[38] 트럼프 전 대통령은 독일이 약속한 방위비 규모를 지출하지 않는다며 주독 미군을 현재 3만4천500명에서 2만5천 명으로 감축하겠다고 밝혔다(2020.06.15). 그간 폴란드는 러시아의 위협에 대응하도록 자국 주둔 미군을(2020년 현재 4천500명 수준) 늘려 달라고 요청해 왔던바, 트럼프 대통령은 두다 대통령과의 정상회담에서 감축 미군 일부를 폴란드로 재배치할 수 있다고 밝혔다. 트럼프 대통령은 이날 폴란드가 나토 회원국 중 GDP 대비 국방비 2% 목표를 달성한 8개 국가 중 하나라고 칭찬하며, 폴란드와 미국이 방위협정에 서명하길 기대한다고 언급했다.

[39] Igor Avlasenko, "The European security dilemma : Is the EU ready to leave the US fold?", Valdai Club, Expert Opinions, 2020.09.23.

선호하고 기대하는 '하나의 세력 중심'으로서의 EU 즉, 전략적 자율성을 가진 EU 시나리오와는 가장 거리가 먼 현실이다. 모스크바는 EU - SA 증진 기획에서 폴란드의 대러 경계심과 위협 인식이 가장 큰 원천적 장애물이며, 또 이것이 완화되지 않는 한, 프랑스, 독일, 이탈리아 등의 대러 재관여 정책도 모멘텀을 갖기 어렵다는 점도 잘 알고 있었다. 그러나 모스크바가 폴란드의 이유 있는 경계심과 우려 완화를 위해 지속적으로 수행해 왔던 외교적 노력은 찾기 어렵다.

2) 우크라이나 전쟁 발발 이후 EU의 대응과 전략적 자율성

전쟁 발발 후, EU와 회원국들은 전례없이 즉각적 대응에 나섰다. 자체 방위능력 증강을 위해 2천억 유로 규모의 방위비 증액을 선언하였다. 특히 독일은 국방예산을 GDP의 2%로 올리고 그 목표 도달을 지원하기 위해 1천억 유로의 특별 펀드 설립에 동의하였다. 이러한 독일의 대응은 러시아의 침공이 유럽 안보에 대해 갖는 장기적 함의를 이해하는데 각별한 의미가 있다. 이미 전쟁 전부터 EU의 유럽방위기금과 PESCO 등을 통해 방위통합 및 방위력 증강을 위한 다각적인 노력이 이루어져 왔던바, 전쟁을 목도한 후 EU 회원국들은 배증의 노력을 하고 있다. 일례로 유럽방위기금은 EU 방위역량 강화 및 혁신 사업에 12억 유로를 배정하기로 하였다(2023년 3월). 새로운 워크프로그램은 EU방위혁신계획EUDIS 산하에서 국방혁신 촉진의 일환으로 전략적 방위역량과 기술을 공동 개발하기 위한 방위 프로젝트 관련 자금이다.[40]

그러나 독자적인 방위 역량 증대는 연구/개발 및 획득 투자를 늘린다고 해서, 공동의 안보/방위 정체성 강화 필요성을 공감한다고 해서, 단기간에 이루

---

[40] 이 "워크프로그램은 우주 상황 인식, 극초음속 미사일 대응, 유럽 순찰 코르벳함(EPC)의 프로토타입 개발 등의 프로젝트를 지원한다". 「집행위, 유럽방위기금(EDF) 워크프로그램 2023 채택(3.30)」, EU Policy, What's New in Europe, KERC, 2023.04.11.

어질 수 없다. 동유럽에서 러시아의 일방적 침공으로 인한 전쟁 발발과 유럽의 군사적 대응의 제한성은 유럽에 대한 미국의 안보 제공자 역할을 더욱 증대하는 결과를 가져왔다. 피침국 우크라이나 지원을 주도한 것은 프랑스, 독일, 이탈리아 등 EU 대국들이 아니라 폴란드, 체코, 발트3국 등 신유럽 국가들이며, EU가 아니라 미국 주도의 나토였다. 미국의 군사적/재정적 지원이 없었더라면, 우크라이나가 러시아군을 대항해서 전쟁을 지속하기가 어려웠을 것이다. 이처럼 유럽 국가의 주권과 영토 침탈에 대응하는 과정에서 나토 그리고 나토의 주도국인 미국이 유럽 안보의 보장자임이 재확인되었다. EU가 러시아를 견제할 수 있는 방위역량 강화 및 상호운용성 증대에 소요되는 비용과 시간을 감안하면, 상당 기간 동안 나토 방위력에 대한 EU의 의존성은 지속할 수밖에 없다.

유럽 안보/방위 전반에 대한 우크라이나 전쟁의 영향은 먼저, 유럽인들이 러시아의 위협을 목도한 데서 온다. 루소포비아 수준의 경계와 혐오를 넘어서 러시아가 주된 위협 요인임이 증명됨으로써, 유럽 안보/방위정책에 대한 태세 전환을 가져왔다. 내부적으로는 자신의 방위역량 증대 및 공동의 안보/방위 정체성 강화 필요성, 대외적으로는 나토를 통한 미국과의 동맹 쇄신의 방향으로 나타났다. 비나토 개별 국가들의 경우, 스웨덴과 핀란드는 전통적인 비동맹 원칙을 버리고 나토에 가입 신청(2022년 5월)을 하였으며, 덴마크는 EU의 공동안보/방위정책 불참 정책을 폐기하기로 결정하였다. 이 중 핀란드는 나토 가입이 최종 확정되었다(2023.04.04). 핀란드의 나토 가입으로 인해 러시아가 나토 동맹국과 접경한 국경 길이는 1천 3백여 km 더 늘어나 기존보다 두 배 가량 증가되었다.[41] EU 전체 차원에서 보자면, 러시아의 침공 이후,

---

[41] 보리스 그리즐로프 주 벨라루스 러시아 대사는, 벨라루스 국영TV와의 인터뷰에서, 러시아의 전술핵무기가 벨라루스의 서부 국경에 배치되어 러시아의 안전보장 가능성을 증대할 것이라고 밝혔다. "핀란드 '나토 31번째 회원국' 4일 확정...러시아 강력 반발 '나토 국경으로 전술 핵무기 이동'" https://www.voakorea.com/a/7034249.html (검색일 : 2023.05.12)

EU는 '규범권력normative power' 혹은 '규범형성/운영기업가norm entrepreneur'의 역할을 넘어, 유럽 지역의 안보/방위 영역 행위자로서 자신을 지정학적으로 재규정하는 계기를 맞게 되었다.[42]

EU가 글로벌전략 2016을 발간한 후, 안보/방위 분야 자율성 증진을 위한 가장 포괄적/구체적인 공식 로드맵으로 출간된 문서(유럽이사회, 2022년 3월 21일 승인)가 '안보/방위를 위한 전략 콤파스A Strategic Compass for Security and Defence'[43]이다. 이 문서는 EU의 "지정학적 각성을 더 항구적인 전략적 태세로 전환"할 것을 촉구한다.[44] 이 목표의 달성을 위해 구체적 수행안을 설정하고 진도 측정을 위한 명료한 마감시한을 정하여 과제 이행의 확인 과정을 강화함으로써 전략 콤파스는 국제무대에서 안보제공자로서 EU의 로드맵을 가장 구체적이며 현실적으로 제시하였다는 평가를 받는다. 이것은 한 달 전 러시아의 우크라이나 침공 때문에 긴급 작성된 문서도 아니며 그에 대한 직접적인 대응의 일환이 아니라, 이미 전쟁 발발 전 약 2년에 걸쳐 이루어진 작업의 결과물이다. 그러나 작업의 막바지에 발발한 전쟁 상황을 문서의 전체적 방향과 주요 논조에 반영함으로써 문서의 초점은 예리해 졌으며(more focus), 유럽의 방위비 지출 목표는 대폭 증대되었고(more money), 계획 수행의 긴급성에 대한 인식이 높아졌다(more urgency). 전략 콤파스의 우선 실천 과제는 위기관리(행동), 충격복원력(안전확보), 역량(투자) 및 파트너십(동반자) 등 네 가지로 대별된다. 여기서 특이한 점은 50가지 사업성과 달성에 모두 마감 기한이 설정되어 있는데, 대부분의 과제를 2025년까지 수행하는 것으로 계획되어 있다. 즉 이 점은 정책 수행과 결과물 실현의 긴급성에 대한 EU의 인식을 반영하는 것이다.[45]

---

42 Meister, op. cit, 2022.
43 The Council of the European Union, "A Strategic Compass for Security and Defence", March 21, 2022, https://www.eeas.europa.eu/sites/default/files/documents/strategic_compass_en3_web.pdf (검색일 : 2022.11.20).
44 Josep Borrell, Foreword in "A Strategic Compass for Security and Defence", p. 4.
45 Nicole Koenig, "Putin's war and the strategic compass - A quantum leap for the EU's security

전체 EU 회원국들은 군사적 역량의 합동 발전, 하이브리드 및 사이버 위협 대응, 5천명의 신속개입군 설치 동의, 상시 배치 가능한 상호운용가능 전력 확보 등에 동의하였다. 그간 공동 안보/방위의 문화/정체성 증진을 위한 무수한 토론과 공식 문서 출간에도 불구하고, EU 회원국들은 대외 정책/행위의 목표에 대한 이해와 접근방법을 공유하기 어려웠다. 동 문서 전에 발간된 EU의 두 '유럽전략' 역시 전체 회원국들의 완전한 지지를 얻지 못했다. 이처럼 낮은 수준의 공동 안보/방위 문화는 지금까지 EU가 추구해 왔던 '공동안보/방위정책'에서 근본적인 약점으로 여겨져 왔던바, 대외정책과 행동에서 염원하는 눈높이를 구체화하고 공동의 안보/방위 문화 증진을 목표로 전회원국의 합의를 이루었다는 것은 큰 의미가 있다.

　이러한 긍정적인 평가에도 불구하고, 전략 콤파스의 기획과 수행과정이 설정된 목표에 도달할 것인가와 연관하여 세 가지 근본적인 의문이 제기된다. 그것들은 제안된 조치들이 어느 정도로 EU의 행위 능력과 의지를 증대할 것인가? 방위지출의 증대는 성과적인 투자로 귀결될 것인가? 전략 콤파스로부터 최종적으로 얼마만큼의 전략적 자율성이 산출될 것인가?[46] 등이다. 이러한 의문들에 대한 응답은 공동 안보/방위 정체성 강화의 출발점으로서 위협 인식의 차이 해소, 연구/개발/획득 등 제반영역에서 방위통합 효율성 극대화를 위한 각국 방위산업의 이해관계 조정 및 통합군의 상호운용성 증대, EU - SA가 자국과 EU의 안정/번영에 도움이 될 것이라는 판단 및 수행을 위한 정치적 의지 등에 달려있다.

　다음으로 콤파스가 EU와 나토와의 관계를 어떻게 설정하고 있는가는 콤파스가 증진하려는 전략적 자율성과 직접 연관된다는 점에서 중요한 지점이다. 콤파스는 양자관계의 포괄성, 상호성 및 EU의 정책 결정 자율성 등의 원칙

and defence policy?", Policy Brief, Hertie School, Jacques Delors Centre, April 29, 2022.
46 Ibid.

강조에도 불구하고, 안보/방위 역량이 강화된 EU는 글로벌/범대서양 안보에서 나토에 보완적임을 적시하고 있다.[47] 이 점은, 나토의 주도국이자 실제 군사작전의 지휘/수행국이며, 어떤 면에서는 전권대표격인 미국의 이해관계를 고려한 것으로 보인다. 그러나 EU가 나토와의 상호보완성을 강조하는 것은, EU의 독자적인 군사안보/방위 능력의 부족함을 고려할 때, 그 자체로서 사실상 전략적 자율성에 대한 제약을 스스로 부과한 측면이 있다. 또, 콤파스의 방위비 증대 및 방위인프라 강화 계획을 보더라도, 거기에는 러시아가 주된 위협이라는 인식이 크게 작용한 것이지, 유럽의 전략적 자율성 강화에 초점이 두어진 것은 아니다. 여전히 대다수 회원국들에서는 나토가 유럽 안보/군사 기획 및 방위의 주된 틀이라는 인식이 지배적이다.

콤파스에서는 46쪽에 달하는 전체 문서를 통틀어 '전략적 자율성'에 대한 언급은 단 한 번 등장한다. 그 개념에 대해 회원국 간 합의가 없을 뿐만 아니라, 그간에 이 문제를 둘러싼 소모적인 논쟁을 고려했기 때문으로 보인다. 근본적인 질문 중 하나를 좀 더 직접적으로 던지자면, 미국과 나토가 유럽의 안보 위기 상황에 관여하지 않기로 선택할 때, EU는 무엇을 자율적으로 할 수 있어야 하는가 이다. 콤파스는 이에 대해 명백한 답변을 제시하지 않는다. 다만 EU의 위기관리 도구함 발전 로드맵이 제시되는 정도이다. 이 로드맵은 새로운 EU 신속배치역량RDC을 구축하여 초기 국면의 안정화 작전뿐 아니라 재난 시 구조와 소개 작전 등에 초점을 두고 있다. 그러나 EU가 독자적으로 더 본격적인 군사 작전을 기꺼이 수행해야 하는지, 어떤 상황 하에서 그렇게 해야 하는지에 대해서는 언급하지 않고 있다. 또 EU의 상호원조 조항(Art. 42.7 TEU)의 내용에 대한 실질적인 평가나 구체화를 포함하고 있지 않다. 또 하이브리드전과 연관된 대규모 사이버 공격이 있을 시, EU 조약 42조 7항을 나토 조약 5조와 잘 조응하여 대응할 것인지, 별개로 대응할 것인지 여전히

---

[47] "A Strategic Compass for Security and Defence", p. 23.

불분명하다.⁴⁸ 현재 EU의 상호원조 조항은 회원국들이 공격당한 동맹국에게 동원가능한 모든 수단으로 도움을 제공해야 한다고 규정하고 있다. 만약 유럽방위연합이 진척되어 유럽통합군의 운용이 가능해질 경우, 이 조항들은 나토 조약 5조 내용과 유사한, 영토에 대한 집단방위 개념으로 대체될 가능성이 높다.⁴⁹

마무리 하자면, 우크라이나 전쟁 발발을 반영한 전략 콤파스 역시 여전히 안보/방위 영역의 EU - SA에 대한 근본적 질문 즉, 러시아발 위협에 대한 회원국간 인식/평가/대응의 차이점을 어떻게 다루어 나갈 것인가에 대해서는 최소한의 응답도 회피하고 있다. 유럽과 인근지역에서의 러시아의 힘과 영향력 투사 행태는 유럽 안보에 대한 "장기적이며 직접적인 위협이며, 그것에 대해 단호히 대응을 지속할 것"⁵⁰이라고 천명한 것 외에 어떤 방향제시도 시사도 없다. EU 공동외교/안보정책을 도입한 리스본조약 발효 이후, 러시아발 위협에 대한 회원국간 인식/평가의 괴리는 EU 공동의 대러 전략/정책 입안에 결정적 장애요인으로 작용해 왔다. 이 차이의 해소 방안 혹은 최소한 이 차이를 다룰 수 있는 합의 구조의 형성 없이 공동안보/방위정책의 실현 그리고 전략 콤파스가 목표하는 강력한 지정학적 행위자로서 EU의 부상은 기대하기 어려울 것이다. 우크라이나 전쟁의 종결 후에 러시아는 검증된 위협의 발원지로서 더 높은 성벽으로 유럽으로부터 차단되어야 하는지 아니면 재관여 정책을 가동해야 하는지? 물론 의문에 대한 응답은 전쟁의 종결 방식 및 러시아의 위상 변화에 따라 달라질 것이지만, 이 물음은 안보/방위 분야 EU - SA 의제 논의에서 피할 수 없는 것이다.

---

48 Ibid.
49 Basov, op. cit.
50 "A Strategic Compass for Security and Defence", p. 18.

4. 미 - 중 - 러 강대국 정치 속 EU의 전략적 자율성

우크라이나 전쟁의 안보/방위 영역 EU - SA에 대한 영향은 전쟁 발발을 전후한 미 - 중 - 러 강대국의 상호인식과 전략적 상호작용의 결과이다. 2019년에 발간된 EU '글로벌전략 2016' 수행보고서(2019년)[51]는 러시아를 EU에 대한 전략적 도전으로 파악하고 일관된 2중트랙 접근을 수행해 왔다고 기술한다. 2중 트랙은 국제법 위반에 대응한 제재 그리고 동시에 EU의 이해관계 이슈에서의 선별적 관여와 병행을 의미한다. 특정 분야에서는 협력하였지만, 동시에 러시아의 공세적이며 비협력적인 태도를 제약해 왔다고 보고하였다.[52]

러시아를 '전략적 도전'으로 보는 EU 수행보고서의 인식은 우크라이나 전쟁 발발 이후 처음 열린 마드리드 나토 정상회의(2022년 6월 29~30일)에서 채택된 '나토 2022 전략개념'[53]에서 명백한 위협으로 변화한다. 신전략개념에서 나토는 먼저, 이웃 주권국가를 침공하여 규칙기반 국제질서를 위반한 러시아를 나토의 안보에 대한 "가장 심각하고 직접적인 위협"으로 지목하였다(신전략개념 제8조). 더하여 중러 협력의 위험성에 대해, "중러 전략 파트너십의 심화 그리고 규칙기반 국제질서 훼손을 상호 고무하는 시도들은 나토의 가치와 이익에 반한다"고 진단(동 13조)하면서, 서방의 전면적인 대러 제재 이후 더욱 심화된 중러 협력의 위험성을 한 쌍으로 묶어서 강조하였다. 물론, 크림병합 이후 서방의 대러 제재의 지속을 배경으로 나토 동맹국들은 이미 오래 전부터 러시아와 중국간 협력 관계의 심화를 우려해 왔다. 중러 교역 확대와 제반

---

[51] '글로벌전략 2016' 이후 3년이 경과한 후 2016 문서에 제시된 과제의 수행 정도를 평가한 보고서이다.
[52] "The European Unions's global strategy - three years on, looking forward", Implementing the European Union's Global Strategy, p.19. https://www.eeas.europa.eu/sites/default/files/eu_global_strategy_2019.pdf
[53] NATO 2022 Strategic Concept Adopted by Heads of State and Government at the NATO Summit in Madrid, 29 June 2022, https://www.nato.int/nato_static_fl2014/assets/pdf/2022/6/pdf/290622-strategic-concept.pdf (검색일 : 2022.11.20)

분야 협력이 대러 제재 효과를 결정적으로 제한한다고 보았기 때문이다. 그럼에도 불구하고 이 부분을 새삼 주목하는 이유는 중국과 러시아를 이렇게 동시에 도전/위협 요인으로 적시하고, 권위주의적 자본주의 중국/러시아를 자유(민주적) 자본주의 유럽과 이질적 체제이며 우월성을 다투는 체제 수준의 경쟁자로 규정한 것은 나토 정상회담에서 처음 있는 일이기 때문이다. 이처럼 중러 협력의 위험성 강조, 중러가 제기하는 위협인식을 한 쌍으로 묶은 것은 미국/나토의 대 중러 전략의 요체 및 세계전략적 의도를 반영한 것이다.

'나토 2022 전략개념'의 적대/경쟁자 규정에서 시사되듯이, 워싱턴이 우크라이나 전쟁을 통해 기획한 목표는 EU와 중국, EU와 러시아 두 쌍의 양자관계를 일격에, 동시에 갈라 쳐서 쐐기를 박는데 있다. 그런데 우크라이나전 발발 1~2년 전의 국제관계에서 미국의 대중, 대러 관계와 비교할 때, EU와 중국, EU(특히, 주도국들)와 러시아 두 쌍의 관계가 대결로 고착될 가능성이 낮다는 데 미국의 고민이 있었다. EU, 중국, 러시아를 상대하는 미국의 강대국 정치에서 자신의 최고권에 대한 직접적인 두 가지 도전 요인은 중화굴기(중국몽)와 EU의 전략적 자율성 획득이다. 이 두 파도가 어우러져 한꺼번에 닥치면 미국 최고권의 약화는 추세화될 가능성이 높다. 미국의 입장에서 이 두 문제를 묶어서 대응하는 최선의 방책은 EU를 자신의 통제 하에 두고 중(/러)를 견제하는 데 있다. 이를 위해 러시아와 중국의 위협을 한 쌍으로 간주하여 증폭하고 EU/나토를 통해 동시에 중러 견제 구도를 상시화하는 것이 이 전략의 요체이다. 27개 EU 국가들 중 21개국이 나토 회원국인바, 나토를 통해 중국 견제를 위한 서방 세계의 연대를 형성하고 그 결속력을 유지하는 것이 가장 효율적인 접근법이다. 이 지점에 미중 전략경쟁 구도 하의 러시아의 입지 그리고 우크라이나 전쟁의 전술적 계산이 위치한다. 러시아의 침공을 통해 유럽에 대한 '현존하는 위협'을 실증함으로써 미러 갈등은 '미국/유럽 vs. 러시아'의 구도로 전화하였다. 그러나 이것은 외형상의 전선 구도이며, 주 전선은 '서방 vs. (러)중', 그 최종적인 타겟은 전략경쟁의 맞수인 중국이다.

2021년 봄부터 겨울에 이르는 우크라이나의 긴장고조 국면에서 특히, 겨울에 접어들면서 전쟁 발발 시기를 예고하는 등 나토 - 러시아간 갈등의 외교적 해결보다는 러시아의 무력 침공을 자극한 워싱턴의 의도는 상기한바, 이 같은 중국, 러시아 및 EU를 상대로 한 강대국 정치/전략의 큰 틀 속에서 이루어졌다. 미국이 유라시아 대륙에 대한 통제력을 유지/강화하기 위한 거대전략은 분리-지배이며 그것은 EU와 러시아의 분리, 더 나아가 EU와 중국의 분리를 두 고리로 하여 이루어진다. 미국은 먼저 EU와 러시아 관계의 분리/적대화를 위해 EU의 단일대오 형성을 저지할 수 있는 가장 약한 고리인 회원국들이 위협인식 불일치를 파고들었다. 미국은 안보/방위 분야에서 EU - SA 실현으로 갈 수 있는 토대 즉, 회원국들이 공동의 기획, 의사결정, 행동계획을 통해 단일 대오로 결속될 수 있는 출발점을 위협인식의 공유로 보았던 것이다.

프랑스, 독일, 이탈리아 등이 러시아와의 관계 정상화와 경제/안보협력 파트너십을 추구하는 것과 달리, 폴란드, 체코, 발트3국 등 신유럽 국가들은 러시아에 대한 신뢰와 파트너십보다는 자신들에 대한 위협의 원천으로 간주하는 러시아를 견제/봉쇄하는 데 더 집중하고자 한다. 워싱턴은 EU 회원국들간이 불일치에 초점을 두고서, 러시아가 영토 팽창주의적, 제국주의(신식민주의)적 야심을 가진 시대착오적 국제질서 파괴자이며, 국제법과 규범의 위반자임을 확증하고자 시도한다. 미국의 전략적 목표는 이 확증을 통해 대러 인식을 두고 분열된 EU와 러시아 사이를, 그리고 침략국 러시아와 한 쌍인 중국과 EU 사이를 동시에 갈라치기하고, 또 가능하다면, 두 쌍의 양자관계를 적대적으로 유지하는 데 있다. 미국의 이러한 강대국 정치의 의도가 서방세계에서 특히, 유럽에서 어렵지 않게 수용되는 역사적 뿌리는 '루소포비아Russophobia'에 닿아 있으며,[54] 이것은 국제 안보/방위 영역에서 '러시아 위협론'의 정서/

---

[54] 기 메탕, 김창진 · 강성희 역, 『루소포비아 : 러시아 혐오의 국제정치와 서구의 위선』, 고양 : 가을의 아침, 2022.

심리적 기제로 작용한다.[55]

이러한 세계정치 구도 속에서 프랑스, 독일, 이탈리아 등은 워싱턴의 의도를 파악하고 긴장의 고조와 전쟁으로의 비화를 막기 위해 러시아와 미국/나토 사이, 러시아와 우크라이나 사이를 중재하려고 적극 시도하였다. 그러나 미국은 우크라이나 침공 가능성을, 말미에는 침공 일자까지 예측하면서 러시아를 자극하고 러시아 위협론을 극대화하였다. 중부/동유럽 국가들은 러시아의 영토 팽창주의 혹은 구 소련 영향권 복원 야욕을 전제하여 침공을 예단하고 미국과 나토를 통한 확고한 안전보장을 희망하였다. 프랑스, 독일, 이탈리아 등의 긴장 완화를 위한 중재 노력도 신유럽 국가들의 대러 위협인식과 안보 정체성을 바꾸기는 불가능하였다. 러시아발 위협을 심각하게 느끼지 않는 서유럽, 남유럽 국가들도 미국의 의지와 선호를 거슬러가면서, 더 많은 방위비 부담을 져야할 프랑스의 EU - SA 증대 노선을 선호하지 않았으며, 적극적으로 따르기도 원치 않았다.

이처럼 우크라이나 위기 고조와 전쟁 발발 과정에서 EU내의 러시아에 대한 위협인식, 전략적 입지, 선호의 차이가 반영된 분열적 행태는 우크라이나의 나토 가입 근접이라는 갈등 요인의 완화에 전혀 도움이 되지 못했다. 주로 회원국간 국익과 안보 정체성의 차이로 인해 EU 단일 대오를 향한 정치적 의지의 부재는 미국의 세계/유럽 전략을 견제하는 데 실패하였다. EU 차원에서 나토 - 러시아 간 갈등의 외교/평화적 해결을 주창한 만큼, 전쟁 방지를 위한 적극적 역할을 수행하였는가라는 점에서 보면, 내부 반목으로 일관한 EU의 행태는 상당 부분 미필적 책임 회피와 위선으로 점철되었음을 부인하기 어렵다. 물론 그 이유는 상당한 EU의 방위 자산에도 불구하고 매우 낮은 수준의 방위 통합성과 전략적 자율성 때문이다. 그러한 현실은 EU - SA의 증진을

---

[55] 위 책에 대한 서평 참조, 강봉구, 「루소포비아 : 러시아 혐오의 국제정치와 서구의 위선」, 『중소연구』 제45권 제4호, 2021/2022 겨울.

견제하는 미국의 방해 때문만은 아니다. 글로벌/지역 전략을 운용하는 초강대국 미국의 주도권과 지도력에 (무임승차는 아닐지라도) '저임 편승'하려는 EU 개별 국가의 욕구가 크게 작용해 온 결과임을 부인하기 어려울 것이다.

왜 부유하고 강한 EU의 대부분 회원국들은 안보/방위를 미국/나토에 의존하고자 하는가? 크게 좀 더 근본적으로 보면, 유럽 - 대서양 세계가 공유하는 가치와 정체성도 근저에서 작용하겠지만, 더 현실적/단기적으로 보면, EU 회원국들의 실용적 계산 또한 크게 작용해왔다. 의존에서 오는 수익이 비용보다 더 월등하기 때문에 미국/나토에 의존해 온 것이지 어떤 외부적 압박 때문이 아니었다. 탈냉전 시기 EU는 나토의 안보우산에 저임 편승하여 평화를 누리고, 규칙기반 질서 속에서 소위, 규범권력normative power 혹은 규범 기업가normative entrepreneur로서 '변형된(보호의 책임R2P 규범 도입)' 자유주의국제질서 및 자유자본주의 규범의 생산/옹호/보급자 역할을 자임하였다. 오랫동안 EU는 미국의 최고권American primacy 및 달러 패권 유지에 기대어 안보/방위 예산을 1% 내외로 지출하면서도 냉전 후의 세계를 평화롭게 살아왔다. 이와 같은 EU의 안보/방위 저임 편승에 토대한 평화주의와 포스트모던 국제 '융화방식modus vivendi'은 미국과 신유럽 탈사회주의 국가들의 나토 확장 요구가 관철되고 지속하는 데 일조했다.

여기서 그런 방식의 나토 확장 메커니즘의 안보심리적 기제를 들여다보면, 왜 나토 동진에 대해 EU 차원의 반대 컨센서스가 부재했는가를 더 명료하게 이해할 수 있다. 1999년 구 사회주의권으로의 나토 확장에서는 폴란드, 체코, 헝가리 등 3개국이 2004년의 확장은 불가리아, 루마니아, 슬로베니아, 슬로바키아, 발트3국 등 7개국이 포함되었다. 이 1차/2차 나토확장은 서유럽 국가들에게 자신의 동북/동남 방향의 외곽, 변방에 위치한 새로운 민주주의 국가들로 방어벽이 설정된 효과를 가져왔다. 새로운 나토 동맹의 확대 과정은 지속적인 전위/초병 국가의 확보를 의미하며, 자국의 그리고 집단안보체제의 안정/안전감 증대를 가져왔다. 구유럽의 선진 1등급, 2등급 국가에 더하여 체코, 헝가리, 폴란드 등 탈사회주의 국가들이 3등급으로 나토에 합류하였으며, 여기에 7개국을 더한 데 이어 탈소국가들로의 동진이 기획되어 왔다. 이런 안보/방위 심리적 메커니즘에서 보자면, 이번 전쟁은 우크라이나, 조지아 등 탈소 4등급 국가 후보충원 과정에서 발발한 것이다. 우크라이나의 나토 접근 기획에 EU 다수 회원국들이 소극적으로 동조했던 데 비하여 전쟁 발발 후에 재정/군사적 지원 제공에 적극 동참한 것은, 기본적으로 미국 - 나토에 대한 안보 저임 편승 전통에 대한 그리고 EU 외곽 방위벽 2중 3중 강화에 (일부 국가들은 소극적으로) 동의한 데 대한, 후불 청구서를 받고 이를 거부할 명분이 약해진 결과이다.

이러한 EU 회원국들의 안보/방위에 대한 도구적/실용적 접근 및 ('상대적 안보이익'에 비교되는 의미에서) '절대적 안보이익' 증진에 대한 일상화된 욕구는 러시아에 대한 안보위협 인식의 차이/이질성과 결합하여 EU 회원국들의 개별 국익추구를 더욱 강화하였으며, 안보/방위 자율성 증진의 출발점인 단일 대오보다는 분열로 귀결되었다. 분열을 초래한 회원국간 대러 전략/정책/접근에서 상반된 입지는 위협인식의 상이성 즉, 무엇보다도, 개별 EU 회원국에 대한 위협 요인이 무엇인가에 대한 인식과 판단이 국가별로 매우 상이하다는 데서 출발한다. 외부의 (잠재적) 적대자, 러시아에 대한 회원국간 위협인식 내용의 차이가 너무 커서, 공동안보/방위 역량 증대의 다음 단계로 내디딜 토대 (위협인식의 공유)를 다지지 못했다는 것이 가장 근본적인 장애물로 작용하였다.

5. 맺음말

지금까지 논의한 바대로 EU - SA 담론은 2013년부터 수면 위로 부상하고 안보/방위 분야의 EU - SA 의제는 이미 2016년에 본격 의제로 상정되었다. 하지만, 그 실현에 따르는 근본적인 질문에 대한 논의는 시작조차 어려웠던 것이 현실이었다. 회원국간 위협인식과 안보 정체성의 차이에 대한 언급이 공식석상에서 나오는 순간 밀어닥칠 날카로운 분열과 분란의 소용돌이를 누구도 원치 않았기 때문이다. 'EU 글로벌전략 2016' 수립 이후 우크라이나 전쟁 발발 전까지 약 5년이 경과하는 동안 EU의 안보/방위 역량 증대를 위한 제도와 재원 조달 방안 등 여러 가지 정량적/절차적 사항들에서 진척이 있었지만, EU 회원국에 대한 위협 요인의 적시와 평가, 상이한 위협 인식의 조정/완화 방안, EU 방위 자율성 증대의 이익과 목표 공유, EU 차원의 방위산업/방위역량의 통합성 증진 등 근본적인 토대는 큰 진척이 없었다.

우크라이나 위기 고조 국면 당시 EU는 2016년 글로벌전략을 수행/평가하면서 2년 여 기간 동안 전략 콤파스 문서를 작성 중이던 상황이었다. 말하자면, 당시는 EU의 안보/방위 영역의 자율성 증진을 위한 조치들이 막 시작하던 시점이었다. 물론, 나토 - 러시아간 긴장이 정점을 향해 고조되어 갔던 2021년 가을부터 2022년 초까지 EU는 안보/방위 분야 전략적 자율성을 위한 근본적인 전제조건들을 대부분 충족하지 못한 상태에 있었다. 만약, 'EU 글로벌전략 2016' 이후 안보/방위영역에서 EU - SA에 대한 근본적인 질문을 통과하고 전략/정책적 논의가 진전되어, 공동의 이익/목표 규정, 안보위협 평가, 목표 달성을 위한 정책/접근법 등에서 수렴이 있었더라면, 우크라이나 사태의 긴장 고조 국면에서 EU 차원의 전략적 자율성의 협소화 혹은 부재라는 막다른 상황에 봉착하지는 않았을 것 같다.

그러면, 이처럼 우크라이나를 둘러싼 갈등과 위기 고조 국면에서 EU의 대러 정책이 미국과 차별적인 어떤 운신의 여지를 갖지 못하도록 만든 제약요인은 무엇인가. 달리 말하면, EU가 나토 - 러시아, 미국 - 러시아, 우크라이나 - 러시아 간 갈등에 직면하여 전략적 자율성을 발휘하기 어려웠던 근본적인 원인은 무엇인가. 여러 가지 원인들 가운데서도, 본 연구의 결과, 가장 근본적인 문제점은 두 가지로 압축된다.

먼저, 냉전기에서 냉전 후 시기로 장기간 이어져 온 EU의 안보/방위 분야 나토 의존성에서 오는 회원국들의 편안함과 안보이익이다. 개별 국가들은 지정/지경학적 위치 여부를 불문하고, 장기간 유지되어 온 낮은 방위 부담의 이익을 포기하기 어려웠다. 이것은 유럽국가들 모두에게 해당되는 경우이기도 하다. 말자자면, 나토 회원국인 대부분의 유럽국가들은 전후 장기간 지속되어 온 대미 편승의 이점에 일정 정도 이상 습관화 혹은 중독이 되어 있는 상태이다. 습관화의 관점에서 보자면, 나토의 회원 자격을 유지하면서 EU-SA의 증진 논의란 사실상 나토 동맹국들의 연대와 결속을 균열하는 행위이며, 동맹의 효율적 운용을 저해할 수 있는 모순적 행위이다. 이러한 리스크를 부담하면서까지 습관화된 안보/방위 저임 편승의 혜택을 선제적으로 포기하기는 어려웠다.

두 번째 원인은, 이것이 첫째 원인보다 더 치명적인 것인데, EU 회원국들간 대러 위협인식의 차이점과 그로 인한 EU의 대러 입지/접근법의 통일성 부족이다. 유럽은 러시아의 크림병합을 전후 국제체제 그리고 냉전 후 유럽의 규칙기반질서에 대한 심각한 위협 요인으로 규정하였던 바 있다. 이후 'EU 글로벌전략 2016', 유럽방위기금, PESCO 등 EU 차원의 독자적 역량 증대 모색이 있었지만, 우크라이나 전쟁 발발 시점까지도 회원국들이 감지하는 러시아발 위협인식의 정도 차이는 큰 채로 머물러 있었으며, 대러 정책/전략에 대한 회원국들의 접근법과 입지는 통일되지 못하고 대립하는 상태였다.

이 같은 회원국간 대러 전략/정책/접근에서 상반된 입지의 출발점은 위협인식의 상이성 즉, 무엇보다도, 개별 EU 회원국에 대한 위협 요인이 무엇인가에 대한 인식과 판단이 국가별로 매우 상이하다는 데 있다. 외부의 (잠재적) 적대자에 대한 회원국간 위협인식 내용의 차이가 너무 커서, 공동안보/방위 역량 증대의 다음 단계로 내디딜 토대(위협인식의 공유)를 다지지 못하고 있다는 것이 가장 근본적인 장애물이었다. 결과적으로 EU 전체 차원에서 러시아를 대상으로 한 공동외교안보정책의 수립/수행이 사실상 거의 불가능하였다. 크림병합 이후 돈바스 무장 충돌이 지속하는 가운데, EU와 러시아간의 갈등 상황이 협상을 통해 진척되고 해결되지 못한 가장 근본적인 이유도 '러시아의 위협'에 대한 신유럽과 구유럽의 인식 차이에 있었다. (잠재적) 위협인식의 공유는 EU 공동 안보/방위 정체성 형성의 출발점이 된다. 이 문제를 둘러싼 구유럽과 신유럽 사이의 거리를 좁히기 위해서는 개별국가들의 위협인식과 안보득실에 대한 근본적 재고찰, 포괄적 접근방법/행동계획 모색이 필수적이다.

그러면, 우크라이나 전쟁을 피날레로 하여 EU - SA 의제는 파산한 것인가. 현재 주류 진단은 우크라이나 전쟁으로 유럽 안보/방위에 대한 나토/미국의 통제권은 더 강화되고, EU - SA 기획은 동력이 크게 약화하거나 파산으로 향할 것으로 본다. 그러나 이 질문에 대한 대답은 아직 열려 있다. 우크라이나 전쟁의 종결 방식에 따라 여러 가능성이 존재하기 때문이다. 러시아의 입장에서는 최악의 경우이지만, 워싱턴의 의도대로 러시아가 다시는 타국을 침공할 수 없을 만큼 약화된다고 가정하면, 이 경우, 더 이상 유럽에서 러시아 위협론은 발붙일 곳이 없어질 것이다. 그렇게 되면, EU 회원국간에 러시아로부터의 위협에 대한 인식 차이를 두고 대립하는 일은 드물게 되고, 안보/방위 영역 자율성 증진의 여지는 좀 더 넓어질 수도 있다. 그것은 세계정치에서 변화하는 힘의 배열을 반영하면서 느린 속도로 시작하겠지만, EU - SA가 정초하는 최하단의 토대가 될 것이다.

참고문헌

고상두, 「「유럽안보에 대한 러시아의 위협요인」, 『슬라브학보』 제35권 1호, 2020.
____, 「유럽연합의 내부갈등 해결 메커니즘 : 외교안보 정책분야를 중심으로」, 『정치·정보연구』 제25권 2호, 2022.
기 메탕, 김창진·강성희 역, 『루소포비아 : 러시아 혐오의 국제정치와 서구의 위선』, 고양 : 가을의 아침, 2022.

김시홍, 「유럽연합의 대외정책 : 다극화, 전략적 자율 그리고 인도태평양」, 『EU연구』 제59호, 2021.

온대원, 「EU의 글로벌전략(EUGS)과 유럽방위통합 전망」, 『EU연구』 제46호, 2017.

윤성욱, 「제3기 푸틴 정부 출범이후 러시아 - EU 관계 변화 : 협력에서 갈등으로」, 『국제지역연구』 제17권 제4호, 2014.

이종광, 「유럽연합의 공동외교안보정책 발전과 리스본조약에서의 안보전략 강화」, 『국방연구』 제15집 1호, 2012.

「44개국 유럽정치공동체 출범 '러시아 고립시킬 새 질서 찾아야'」, 『한겨레』, 2022년 10월 6일, https://www.hani.co.kr/arti/international/international_general/1061735.html(검색일 : 2022.11.15)

「집행위, 유럽방위기금(EDF) 워크프로그램 2023 채택(3.30)」, EU Policy, What's New in Europe, KERC, 2023.04.11.

「핀란드 '나토 31번째 회원국' 4일 확정…러시아 강력 반발 '나토 국경으로 전술 핵무기 이동'」 https://www.voakorea.com/a/7034249.html (검색일 : 2022.12.24)

"GDP (current US$) - European Union", World Bank national accounts data, and OECD National Accounts data files. https://data.worldbank.org/indicator/NY.GDP.MKTP.CD?locations=EU. (검색일 : 2022.11.20)

"Joint Statement of the Russian Federation and the People's Republic of China on the International Relations Entering a New Era and the Global Sustainable Development", February 4, 2022, President of Russia, http://en.kremlin.ru/supplement/5770 (검색일 : 2022.11.20)

"Russia attacks Ukraine as Putin warns countries who interfere will face 'consequences you have never seen'", PBS, February 24, 2022 https://www.pbs.org/newshour/world/russia-launches-attacks-ukraine-as-putin-warns-countries-who-interfere-consequences-you-have-never-seen (검색일 : 2022.11.20)

"Strategic Autonomy - Security & Defense", Policy Breakfast Series, July 5, 2022.

Avlasenko, Igor, "The European security dilemma : Is the EU ready to leave the US fold?" Valdai Club, Expert Opinions, 2020.09.23.

Balfour, Rosa, "Transatlantic woes : Neither side can have it all", Judy Dempsey's Strategic Europe, Carnegie Europe, December 01, 2022.

Basov, Fyodor, "Is Europe ready to form its own army?", Valdai Club, Expert Opinions,

2019.09.25.

Bond, Ian and Luigi Scazzieri, "The EU, NATO and European security in a time of war", Centre for European Reform, London, Brussels, Berlin, August 05, 2022.

Bunde, Tobias, "Lessons (to be) learned? Germany's Zeitewende and European security after the Russian invasion of Ukraine", *Contemporary Security Policy* Vol. 43, No. 3.

Burni, DR Aline et al., "Progressive pathways to European strategic autonomy", Policy Brief, FEPS, March 2023.

Calderon, Jose Luis, "A Strategic Compass for Security and Defence of the European Union. Another document?", Analysis Paper, 42/2022, ieee.es, June 2022, https://www.ieee.es/Galerias/fichero/docs_analisis/2022/DIEEEA42_2022_JOSPON UE_ENG.pdf (검색일: 2022.11.20)

Damen, Mario et. als., "EU strategic autonomy 2013-2023: From concept to capacity", Briefing, EU Strategic Autonomy Monitor, European Parliament, July 8, 2022. https://www.europarl.europa.eu/RegData/etudes/BRIE/2022/733589/EPRS_BRI(2022)733589_EN.pdf (검색일: 2022.11.20)

Danilov, Dmitry, "European defence: Tough questions", Valdai Club, Expert Opinions, 2019.09.23.

Dempsey, Judy, "Judy asks: Are France and Germany wavering on Russia?", Judy Dempsey's Strategic Europe, December 08, 2022.

_____, "Judy asks: Is European strategic autonomy over?", Carnegie Europe, January 19, 2023.

European Parliament, "EU strategic autonomy 2013-2023: From concept to capacity", Briefing, EU Strategic Autonomy Monitor, July 08, 2022. https://www.europarl.europa.eu/RegData/etudes/BRIE/2022/733589/EPRS_BRI(2022)733589_EN.pdf (검색일: 2022.12.05)

European Union Global Strategy, "Shared Vision, Common Action: A Stronger Europe, A Global Strategy for the European Union's Foreign And Security Policy", June 2016, https://www.eeas.europa.eu/sites/default/files/eugs_review_web_0.pdf (검색일: 2022.12.05)

Flockhart, Trine and Elena A. Korosteleva, "War in Ukraine: Putin and the multi-order world", *Contemporary Security Policy* Vol. 43, No. 3, 2022.

Geeraerts, Gustaaf, "China, the EU, and the new multipolarity", European Review Vol. 19

No. 1, 2011, p.63, 66,

Koenig, Nicole, "Putin's war and the strategic compass - A quantum leap for the EU's security and defence policy?", Policy Brief, Hertie School, Jacques Delors Centre, April 29, 2022.

Maze-Sencier, Philippe, "Has European strategic autonomy crashed over Ukraine?", 2022.07.13.

Meister, Stefan, "A paradigm shift : EU-Russia relations after the War in Ukraine", Carnegie Europe, November 29, 2022. https://carnegieeurope.eu/2022/11/29/paradigm-shift-eu-russia-relations-after-war-in-ukraine-pub-88476 (검색일 : 2022.12.05)

NATO 2022 Strategic Concept Adopted by Heads of State and Government at the NATO Summit in Madrid, 29 June 2022, https://www.nato.int/nato_static_fl2014/assets/pdf/2022/6/pdf/290622-strategic-concept.pdf (검색일 : 2022.11.20)

Scazzieri, Luigi, "Russia's assault on Ukraine and European security", CER Bulletin, Issue 143, April/May 2022.

_____, "Beyond European strategic autonomy?", Bulletin article, Center for European Reform, August 3, 2022.

Scheffer, Alexandra de Hoop & Gesine Weber, "Russia's War on Ukraine : the EU's Geopolitical Awakening", March 8, 2022, GMF, https://www.gmfus.org/download/article/20650 (검색일 : 2022.12.24)

Szewczyk, Bart M. J., "Scholz and Macron have a perilous ambition for Europe : The idea of 'European strategic autonomy' just will not go away", Argument, Foreign Policy, September 8, 2022. (검색일 : 2022.11.20)

The Council of the European Union, "A Strategic Compass for Security and Defence", March 21, 2022, https://www.eeas.europa.eu/sites/default/files/documents/strategic_compass_en3_web.pdf (검색일 : 2022.11.20)

Young, Richard, "The EU's strategic autonomy Trap", Carnegie Europe, March 08, 2021. https://carnegieeurope.eu/2021/03/08/eu-s-strategic-autonomy-trap-pub-83955 (검색일 : 2022.12.05)

제2부

유라시아 국가와 유럽연합(EU)
: 협력과 갈등

제6장 우크라이나 - EU 협력관계 고찰과 EU 가입 가능성_ 김정기
제7장 벨라루스와 유럽연합(EU)의 협력과 갈등_ 김선래
　　　　　　　　　　　　　　　ㅡ러시아 영향력을 중심으로ㅡ
제8장 카자흐스탄 전방위 외교와 EU 정책_ 이지은
　　　　　　　　　　　　　　　ㅡ주요 협력과 동인(動因)ㅡ
제9장 우즈베키스탄과 EU의 협력 과정과 특징 분석_ 성동기

우크라이나-EU 협력관계 고찰과 EU 가입 가능성*

김정기

1. 서론

이 글은 러시아의 우크라이나 침공에 대한 대응을 둘러싸고 EU와 우크라이나가 전개하고 있는 협력관계와 그 과정에서 표출되고 있는 EU 회원국들의 의견과 행태, 갈등 현상을 살펴보고 있다. 그리고 이를 통해 EU의 우크라이나 전쟁 지원, 종전 협상, 전후 재건, EU 가입 가능성 등에 대한 양측의 협력 가능 수준을 파악하고자 한다. 이러한 고찰이 우크라이나 전쟁의 종결이 과연 어느 방향으로 흘러갈지를 예상하는 하나의 과정이 될 수도 있기 때문이다.

러시아의 침공으로 발발한 우크라이나 전쟁은 전후 최초로 강대국이 힘으로 국제질서 변화를 시도하는 범법적 전쟁행위[1]이고 국제사회에서도 그렇게 인식하고 있다. 그리고 그 전쟁행위가 강대국 사이에 끼인 약소국들을 볼모

---

* 이 글은 「러시아 - 우크라이나 전쟁에 대한 EU의 전략적 대응과 함의」, 『한반도 안보전략』통권 제 12호 (2023. 년 5월호)에 게재된 내용을 수정 · 보완한 것임.
1 남승현, 「우크라이나 침공에 대한 국제법적 검토」, 『주요국제문제분석』, 2022-16, 서울 : 국립외교원, 2022.

로 이루어지고 있고, 이들이 희생양이 되고 있다. 이러한 현상은 20세기에 횡행하던 지정학적 위기와 강대국들의 지정학적 각축전이 2010년대 이후 나타나고 있는 복합대전환의 초불확실성 시기와 맞물리며 다시금 도래하고 있다는 점에서 상당한 의미를 지닌다.

우크라이나 전쟁은 미중 전략경쟁이 격화되는 와중에 일어났다는 점에서 국제질서 전반에 걸쳐 불확실성을 더해 주고 있으며, 이에 따라 우크라이나가 속한 서부 유라시아의 지정학적 단층대와 맞닿은 유럽에는 정치안보 지형에 일대 변화를 가져오는 촉매제가 되고 있다. 바로 유럽 국가들에게는 러시아의 위협이 턱밑까지 다다르는 안보 불안 현상이 현실화하고 있음을 여실히 보여주는 실질적 사례가 되고 있다. 그리고 우크라이나는 국민적 결사 항전 의지에도 불구하고 미국과 유럽 등 자유 민주 세계의 지원과 도움, 신뢰 없이는 국가 주권과 국민의 안전을 보전하기 어려운 것이 현실이다. 우크라이나는 러시아의 공격으로 국토가 유린당하는 풍전등화의 국가적 위기를 국제사회의 도움으로 벗어나야 하는 상황에 직면해 있다.

이와 함께 우크라이나 전쟁은 인도 태평양 지역에서 중국의 패권적 세력확장 시도에 따른 긴장감 고조와도 연계되고, 가깝게는 한반도에서도 언제든지 일어날 수 있는 현실적인 사례가 되고 있어 심도 있게 고찰해야 할 사안이다. 우크라이나가 자리한 서부 유라시아 지대처럼 한반도에서도 강대국의 세력 각축으로 인한 지정학적 불확실성이 깊어지면서 안보위협과 안보 불안이 고조되고 있고, 북한이 러시아의 핵무기 사용 태세 점검 등 전술핵 사용 가능성 언급을 그대로 따라서 핵 위협을 가하는 상황이어서 긴장된 끈을 놓을 수 없다.

국제사회는 일부 권위주의적 국가들을 제외하고는 러시아의 우크라이나 침략을 규탄하고 있으며, 인도적 차원에서 우크라이나에 물심양면의 지원을 보내고 있다. 특히, 안정적 국제질서를 유지하고 이를 주도하고자 하는 미국은 물론 EU를 중심으로 하는 유럽 국가들은 러시아의 우크라이나 침략에 대해 직접적인 개입보다는 간접적인 개입 방식으로 우크라이나를 지원하며 대응하고 있다. 러시아에 강력한 정치 경제적 제재를 가하고 러시아의 전략자원 무기화에 따른 에너지 위기 등에도 대응 방안을 마련하고 있다. 유럽 국가들은 유럽 전체에 다가온 위기에 맞서고자 공동 입장 도출에 노력하고 있다.

우크라이나와 EU는 이미 긴밀한 협력관계를 유지하고 있고 EU가 재정적 어려움에도 불구하고 우크라이나에 대한 지원을 확대함으로써 양측 관계를 더욱 밀착시키고 있다. 유럽연합이 우크라이나를 보는 관점은 이제 단순한 우크라이나만의 문제가 아니라 유럽의 정정 불안 심화 요인으로 작용하는 등 유럽의 안보와 경제를 뒤흔드는 유럽의 약한 고리이다. EU에게 우크라이나는 놓을 수 없는 끈이 되어가고 있다. 우크라이나는 유럽 국가의 일원으로서 자유와 경제적 번영을 구가하는 국가로 거듭나고자 한다. 이제 EU 가입국이 되어 전쟁을 승리로 이끌고 전후 재건에 나서며 국방력을 강화해 나가고, EU로부터 신뢰와 협력을 확보하는 관계를 형성하는 것이 우크라이나의 EU에 대한 협력 전략이다.

그리고 이러한 협력 과정에서 유럽 내 불만 표출과 갈등 유발이 일어나는 것도 현실이다. 유럽의 정치적 위기를 초래할 수도 있으며 우크라이나 전쟁의 향배에도 영향을 줄 수 있는 요소가 될 수 있다. 또한, 우크라이나의 EU 가입과도 연관될 수 있다. 그런 점에서 이에 대한 분석과 고찰도 중요하다. 현재 러시아가 일으킨 우크라이나 전쟁과 관련하여 많은 연구가 진행되고 있지만, 전쟁 발발 이후 유럽과 우크라이나의 협력관계와 이를 둘러싼 유럽 내 갈등을 다루는 연구는 미진한 상태여서 이를 중심으로 한 연구가 필요하다.

따라서 이 글에서는 1장 서론에 이어 2장에서 우크라이나와 EU의 상호 인식과 정책 방향을 다루고 3장에서는 우크라이나 전쟁 관련 우크라이나와 EU의 협력관계 구축 추이와 전쟁에 대한 대응 동향, 전쟁 피로도를 증가시키는 주요 이슈 등 양측의 협력관계와 유럽 내 갈등 동향을 다루고 있다. 이어 4장에서는 앞 장의 내용을 기초로 우크라이나의 EU 가입 장애 요인과 기회 요인을 살펴보고, 각 장의 내용을 바탕으로 5장 결론을 기술하였다.

연구 방법은 우크라이나와 유럽에 대한 현안 관련 주요 발간 자료 등 문헌 연구와 함께 EU, 독일, 프랑스 및 주요 회원국 정상의 발언과 정부 입장 등을 분석하여 반영하고 있다. 그리고 이 글은 순수 학술적, 이론적 탐구에 치중하는 것이라기보다는 사실관계를 중심으로 상호 연계성을 분석하고 전문가들의 견해도 고려하여 객관적으로 기술하고 있다. 다만 다루어야 할 변수가 많아짐에 따라 논의 초점이 분산되고 각 장과의 연계성이 다소 미흡한 한계점을 지닐 수 있다.

2. 우크라이나 - EU의 상호 인식과 정책 기조

1) 우크라이나의 대EU 인식과 정책 기조

우크라이나가 속해 있는 서부 유라시아 지역은 소련 해체와 냉전 종식 이후 새로운 거대게임이 전개되고 있고, 이에 따라 글로벌 및 질서 재편을 부추기고 있으며, 미중/미중러/중러 간 전략경쟁과 세계패권경쟁을 촉발할 수 있다. 그런 점에서 우크라이나는 강대국들이 자신들의 세력권에 두고자 하는 전략적 요충지이다. 바로 미국, 중국, 러시아, 영국, 독일, 프랑스 등이 이 지역을 둘러싸고 전략적 이해관계에 얽매어서 각축전을 벌이고 있다. 이들 강대국 사이의 끼임 국가인 우크라이나는 이들과의 관계 설정에 고민하며 생존과 번영을 모색하고 있다.

이와 관련 우크라이나는 이미 러시아가 크림반도를 병합하고 돈바스를 분쟁화한 2014년 이후 중립국 지위를 포기(2014년)하고 나토가입을 대외정책 목표로 설정(2016년)한 데 이어 EU 가입을 지속 추진하는 등 친서방 노선을 견지해 오고 있다. 그리고 2019년 5월 취임한 젤렌스키 정권은 전 정권의 친서방 정책 노선에 변화가 없다고 천명하였다. 우크라이나인들의 EU와 NATO

가입 지지율이 러시아의 우크라이나 침공 전인 2월 초에는 50%대에 달했으나 침공 이후에는 이후 각각 86%, 83%에 이르고 있다.[2]

우크라이나의 EU 통합과 선택에 대한 여론 추이(2013~2022.02.12)

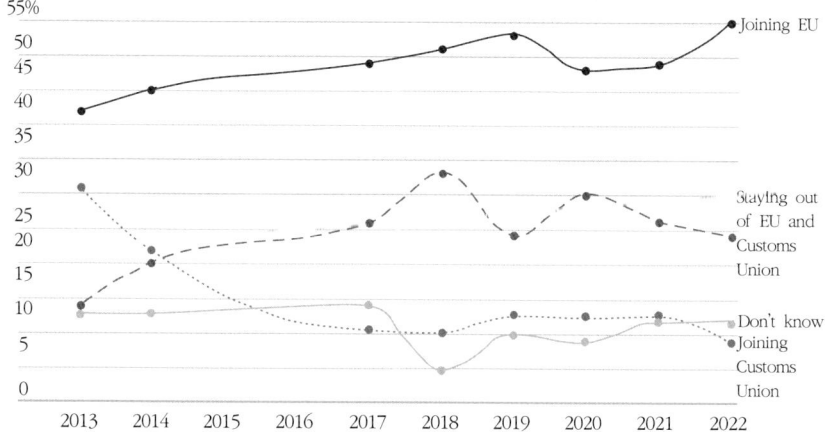

출처 : https://www.iai.it/it/pubblicazioni/eu-and-ukraines-public-opinion-changing-dynamic

우크라이나의 국가안보 관련 NATO 가입에 대한 여론 추이(2012~2022.02.12)

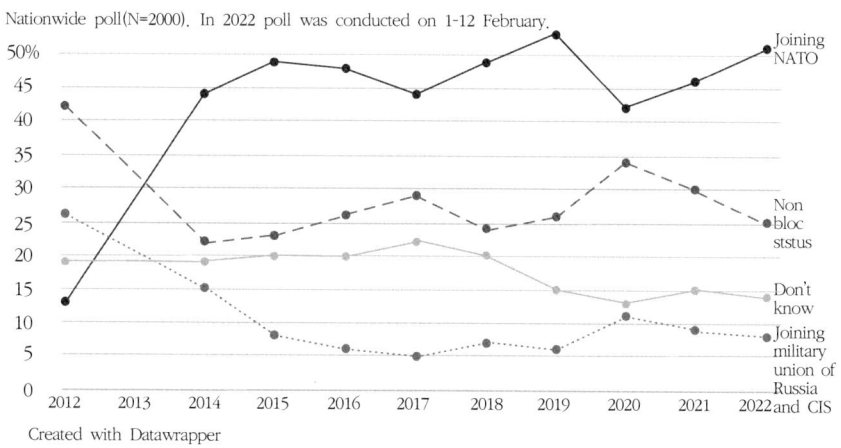

출처 : https://www.iai.it/it/pubblicazioni/eu-and-ukraines-public-opinion-changing-dynamic

[2] "The EU and Ukraine's Public Opinion : Changing Dynamic", 06/12/2022, https://www.iai.it/it/pubblicazioni/eu-and-ukraines-public-opinion-changing-dynamic (검색일 : 2023.02.05)

그러면서도 우크라이나는 미국의 최우선 관심이 중국과의 대립에 집중하고 있고, 유럽도 러시아에 대한 에너지 의존도가 높아서 러시아의 안보위협에 놓인 자국의 문제는 유럽과 미국에 부차적인 문제로 치부될 수 있고, 강대국 논리에 자국의 운명이 좌우될 수 있다며 우려해 왔다.

러시아가 우크라이나를 공격(2022.02.24)한 이후 우크라이나는 결사적인 항전 의지를 천명한 가운데 자국 문제가 이미 '우크라이나 vs 러시아'의 문제만이 아니라 '미국·NATO vs 러시아'의 문제가 되어있고, 더 나아가 세계정세에 영향을 주는 글로벌 문제화되고 있다고 보고 있다. 더군다나 우크라이나는 핵 포기 대가로 보장받기로 했던 안전보장 약속을 미국과 유럽이 지켜야 한다고 촉구하고 있다.[3]

이러한 차원에서 우크라이나는 미국과 유럽이 군사적, 재정적 지원을 계속할 것으로 인식하고 있다. 우크라이나인들은 2022년 8월 여론 조사에서, 서방의 경제적(응답자의 63%), 군사적(응답자의 74%) 지원에 국가의 생존과 승리가 달려 있다는 것에 동의하고 있다.[4] 그러면서도 미국, 유럽, 러시아가 자신들의 세계전략에 맞추어 유리한 방향으로 우크라이나의 운명을 좌지우지할 수도 있다고 우려하고 있다. 사실 우크라이나는 미국의 아프가니스탄 철군과 이후 탈레반의 아프간 정부 전복 등 급격한 상황 전개를 지켜보며 심각한 안보 위기를 느끼고 있었고, 유라시아 지역에서 미국의 입지가 약화하면서 러시아의 입지가 오히려 강화되어 자국의 안보를 위협하게 될 수도 있다고 보고 있었다.

---

[3] 우크라이나는 1994년 12월 7일 미국, 영국, 러시아 등과 당시 세계 3위 규모였던 핵무기를 포기하는 대가로 영토의 안전성과 독립적 주권을 보장받기로 하는 '부다페스트 각서'를 체결하였다. 이에 우크라이나는 1,800여 개의 핵탄두와 대륙간탄도미사일(ICBM)을 모두 러시아로 이관했으며, 1996년 6월 비핵화를 완료했다. 이 문서는 유엔 안전보장이사회가 이행을 보증한 국제적 합의인데도 안보리 상임이사국이자 각서 체결 당사자인 러시아가 지키지 않고 있다.

[4] DIF, Presentation "How Ukrainians See Goals and Exit from War and Why It Is Important for Ukraine's Partners", 2 December 2022, https://dif.org.ua/en/article/presentation-how-ukrainians-see-goals-and-exit-from-war-and-why-it-is-important-for-ukraines-partners (검색일 : 2023.02.05)

젤렌스키 우크라이나 대통령은 이러한 점들을 염두에 두고 크림반도를 포함하여 러시아가 점령한 영토 수복을 다짐하고 있고 끝까지 항전할 것임을 천명하고 있다.[5] 그리고 유럽과 미국에는 전쟁 수행 의지를 내세우며 계속 군사적, 재정적, 인도적 지원을 해주기를 요청하고 있다.[6] 또한, 러시아와의 협상에 대해서도 영토 수복이 이루어지기까지는 시기상조라는 태도를 보이고 있다. 즉 자국 영토에서 러시아군이 완전히 철수하기 전에는 협상하기 어렵다는 점을 강조하고 있다. 특히 미국과 유럽이 전쟁 장기화와 러시아의 핵 위협으로 국내 여론이 악화하게 되면 지원 태도를 변화시킬 가능성을 우려하며 경계하고 있다.

이러한 우크라이나의 태도와 입장은 미국과 유럽, 더 나아가 전쟁 당사자인 러시아에 어떻게 투영되고 반영될 것인지가 관건이지만 우크라이나의 미래 향배를 결정하는 기준으로 작용할 것이다. 그런 점에서 향후 우크라이나의 EU와의 관계 설정은 오랫동안 염원해 온 유럽의 일원으로, EU 회원국으로 등장하는 것이며, 우선 전쟁 승리와 이를 위한 유럽연합의 적극적인 지원과 신뢰 확보, 이를 발판으로 한 전후 재건에 중점을 두는 한편 국가 방위역량 강화에 집중하는 데 둘 것이다. EU 가입 기준을 충족할 수 있도록 EU와 협력하여 국가체계를 정비해 나가는 그 자체가 대EU 전략이다.

---

[5] 볼로디미르 젤렌스키 대통령은 2022년 10월 25일 실시한 대국민 연설에서 "우리는 분명히 크림반도를 해방시킬 것"이라며 "우리는 우리나라의 이 부분을 모든 우크라이나인의 땅으로, 그뿐 아니라 모든 유럽인의 땅으로 되돌릴 것"이라고 밝혔다. 2021년에는 크림반도 탈환을 위한 국제 자문기구 '크림 플랫폼'을 창설하는 등 크림반도 탈환에 대한 의지를 지속해서 표명해 왔다.
[6] 젤렌스키 대통령은 유럽연합(EU) 집행위원회와 주요 7개국(G7) 의장국인 독일이 공동 주최한 우크라이나 재건을 위한 국제 콘퍼런스(2022.10.25) 화상 연설을 통해 자국의 2023년도 재정적자 규모가 380억 달러(약 55조 원)에 달할 것이라며 이 규모에 상응하는 지원을 호소하였다. 한편 폰데어라이엔 EU 집행위원장은 세계은행(WB)이 우크라이나의 피해 규모를 3천500억 유로로 추산한 점을 언급하면서 이는 특정한 국가나 국가연합체가 홀로 제공할 수 있는 규모를 넘어선 것이라고 설명했다.

2) EU의 대우크라이나 인식과 기조

EU는 기본적으로 우크라이나를 러시아와 유사한 사고 체계를 가진 같은 부류로 인식해 왔다. 그런 점에서 유럽과 미국에서는 우크라이나와 러시아의 다른 점을 보기보다는 유사한 측면을 강하게 인식하였다. 바로 소비에트 유산, 공통의 역사 및 소비에트 이후의 관행, 특히 취약한 제도, 고유한 부패 및 비공식 정치가 횡행하는 것으로 받아들였고, 이러한 것들이 시민 사회의 역할을 약화하고 우크라이나의 국가 정체성 강화를 무색하게 하는 것이라고 보았다. 그 결과 우크라이나를 "회색지대"[7] 또는 러시아의 속국으로 인식하는 경향이 강했고 이에 따라 우크라이나에 대한 EU의 모호성도 덩달아 깊어졌다. 최소한 2014년 유로마이단 광장 혁명 이전까지는 이러한 경향이 강했다. 그러나 이후 유럽의 안보 문제와 결부되면서 우크라이나를 보는 관점이 다소 달라지기 시작하였다. 특히 '2.24 러시아 침공' 이후 더욱 그러하다.

EU는 유럽의 정치안보 지형을 변화시킬 뿐만 아니라 글로벌 안보 질서를 뒤흔들고 있는 러시아의 우크라이나 침공에 대응하여 유럽 내 결속을 다지고, 이를 바탕으로 안보위협에 적극적으로 나서서 대처하고 있다. 그 과정에서 유럽 국가들은 EU를 중심으로 다양한 대처 방안을 제시하고 시행하면서 유럽의 자유 민주적 가치와 인권, 안보를 수호하기 위한 협력 기조를 견지하고 있으며, 상호 이견 조율도 긍정적인 관점에서 행하고 있다. 우크라이나가 EU의 매우 중요한 요소로 부상하고 있으며, 이런 관점에서 EU의 대우크라이나 전략이 구상되고 있다.

그러나 유럽 국가들은 러시아의 공격으로 위기에 처한 우크라이나를 둘러싸고 일련의 협력 기조를 견지하면서도 갈등 현상도 노출하고 있는 등 협력

---

[7] Robert Legvold and Celeste A. Wallander (eds), "Swords and Sustenance", *The Economics of Security in Belarus and Ukraine*, Cambridge, MIT Press, 2004.

과 갈등, 공조와 분열이 혼재하는 양상을 나타내고 있다. 당연히 유럽 국가 간 협력 기조가 강하지만 그에 못지않게 국가 간 갈등도 있으며, EU 집행위원회가 중심이 되어 이를 조율하고 있는 상황이 전개되고 있다.

EU는 기본적으로 우크라이나 전쟁을 '불법 전쟁'으로 규정하고 있고, 러시아가 유럽을 전략적으로 압박하는 수단으로 이용하고 있다고 보고 있으며, 이에 미국과 함께 적극적으로 우크라이나를 지원하고 러시아의 침략에 대응하고 있다. 샤를 미셸 EU 정상회의 상임의장 등 EU 수뇌부는 유럽이 러시아의 에너지 자원에 과도하게 의존함으로써 유럽 내 러시아의 입지 강화와 함께 유럽이 안보 위기와 무역 불균형을 초래했으며, 이것이 러시아에 잘못된 상황 판단으로 작용하도록 했다는 인식이 크다.

더 나아가 EU는 러시아의 우크라이나 침공이 단순한 러시아의 안보 위기의식이 작용한 것이라고 보기보다는 유라시아 패권 세력 복원 과정의 하나라는 인식이 크다. 실제로 러시아는 그간 미중 전략경쟁 상황을 이용하여 현재의 유라시아 국제질서 구도에서 자국에 유리한 전략적 국면을 형성하고자 시도해 왔으며, 이는 궁극적으로 미국과 유럽에 서부 유라시아 지역에서 어려움을 안겨줄 가능성이 있다.

결과적으로 EU에서는 우크라이나를 매개로 한 러시아의 안보위협에 대한 우려가 깊다. EU는 러시아가 이러한 약한 고리를 집중적으로 물고 늘어지며 기회를 놓치지 않고 목적 관철에 전력을 집중하는 행태를 보일 것이라고 예상해 왔고, 우크라이나 전쟁도 이런 관점에서 인식하고 있다. EU는 러시아가 유라시아 지역에서 미중 전략경쟁 틈새를 파고들면서 미중러 삼각 전략경쟁 관계의 틀이 형성되고 있고, 이 틀 속에서 러시아에 의한 우크라이나 전쟁이 작동하고 있다고 인식하고 있다. 즉 우크라이나 전쟁은 러시아와 우크라이나 간의 문제이지만, 동시에 미국과 유럽의 안보 문제, 그리고 국제질서 변화와 연계되어 있고, 또한, 국제적으로 중러 연대 강화 상황에서 일어났다고 보고 있다.[8]

그리고 이의 연장선상에서 우크라이나 전쟁은 우크라이나가 자리한 서부 유라시아 지역을 둘러싸고 EU와 NATO 블록, 러시아라는 역내 전략적 행위자가 개입하는 세력경쟁 양상으로 나타나고 있다. 서부 유라시아 판을 둘러싼 미국·유럽과 러시아 간의 대립이 미중 전략경쟁 가열과 복합 작용하면서 힘에 의한 새로운 질서 구도 형성 가능성을 높이고 있다.[9] 이는 유라시아 지역의 미중러 삼각 전략경쟁이 역내 지정학적 갈등을 고조시키고 안보 불안과 군비경쟁, 민족주의적 성향을 부추기는 원인으로 작용하고 있으며, 결과적으로 유럽의 정정 불안 심화 요인으로 작용하게 될 것이다.

따라서 EU가 우크라이나를 보는 관점은 단순한 우크라이나 그 자체만의 문제가 아니라 유럽의 안보와 경제를 뒤흔드는 유럽의 약한 고리이며, 러시아가 이를 집중적으로 공략하고 있다는 것이다.

이에 따라 EU에서 주장해 왔던 '유럽의 전략적 자율성(자주성)' 구상이 흔들리는 양상이다. 사실 EU는 기본적으로 미국과의 협력을 우선시하고 강화하면서도 유럽의 자율성, 소위 '전략적 자율성strategic autonomy'을 강화하려는 노력을 계속해 왔다. 국제무대에서 EU의 자율성을 구축해야 한다는 것이다. 그런 상황에서 미국과 중국의 전략적 갈등이 심해지자 이러한 현상은 유럽에 전략과 선택을 요구하는 부담으로 작용하고 있다. 유럽의 인식은 미국과의 전략적 협력관계를 우선시하면서도 미국의 정책을 그대로 따르지 않고 차별을 두는 정책 기조를 취하는 등 전략적 자율성을 추구하는 것이다. 그러나 전략적 자율성은 EU가 모든 분야에서 자율성과 독자성을 확보하겠다는 의미가 아니라, EU의 이익을 최우선으로 고려하는 EU 자체의 전략이 필요하다는 것이다. EU는 공유 가치가 많은 미국과의 협력을 우선시하지만 그렇다고 각자의 이익이 언제나 똑같을 수 없음을 인식하고 있다. 미중 전략경쟁과 관련

---

[8] 김정기, 「미중 전략경쟁과 우크라이나의 대응전략」, 『중소연구』 제46권 제2호(2022 여름), 218~226쪽.
[9] 위의 글.

EU의 정책은 미국을 의식하여 중국을 후 순위에 두는 것이 아니라, EU의 이익을 우선 고려하는 데 둔다는 것이다. 즉 EU의 정책 결정은 과거 미국의 보조적 역할이라는 틀에 얽매인 인식에서 벗어나서 모두 유럽의 이익에 기반하여 이루어져야 하며 독자적으로 행동할 준비를 해야 한다는 것이다.

그러면서도 EU는 먼저 UN, 미국, NATO, 그리고 ASEAN 등 각종 지역 공동체들과의 파트너십의 중요성을 강조하고 있다. 그리고 중국과 러시아를 EU 차원에서 직간접적 위협이 되는 전략적 경쟁자로 규정하고 대비해야 한다는 인식이 강하다. 이는 EU가 미중 세력경쟁에서 일방적으로 한쪽에 치우치지 않고 EU 이익을 먼저 고려하되 중국의 전략적 세력확장을 견제하는 정책 기조를 견지하겠다는 의미를 담고 있다.

이러한 EU의 판단은 미중 전략경쟁과 에너지 의존도가 높은 러시아를 보는 기준이며, 인식으로 자리하고 있다. 실제로 미국이 강조하는 민주주의와 시장경제 등의 가치를 공유하고 있는 국가들이 경제적 측면에서뿐만 아니라 국제무대에서 위상이 높아진 중국·러시아와의 관계를 소홀히 하기가 그리 쉬운 일이 아니다. 그런 점에서 미중/미러 어느 한쪽에 편향하는 정책을 택하는 유럽의 국가들은 그리 많지 않고, 오히려 미중/미러 간 세력경쟁에 관여하지 않는 방향으로 정책 추진을 모색해 왔다. 아울러 유럽의 대다수 국가는 미국과 중국 모두 중요하다는 점을 고려하여 미·중 세력경쟁 격화를 우려하면서 직접적인 개입을 회피하는 한편 미·중 양국의 대립을 완화하는 방향으로 정책을 추진해 나갈 가능성이 크다.[10]

그러나 러시아가 우크라이나를 침공한 이후 유럽이 미국과 중국, 러시아, 우크라이나를 보는 인식과 태도는 상당히 달라졌다. 물론 유럽은 '전략적 자율성' 강화 기조를 유지하지만, 러시아의 침략으로 인한 유럽의 안보위협 증

---

10 "Alternative Futures of EU-Russia Relations in 2030", November 6, 2020, https://russiancouncil.ru/en/activity/publications/alternative-futures-of-eu-russia-relations-in-2030/ (검색일 : 2022.12.25)

대와 중국의 러시아지지 행태에 대한 반발로 유럽의 대미 결속 강화, 중국에 대한 부정적 인식과 반중 정서 확산 현상이 나타나고 있다. 따라서 앞으로 유럽 국가들의 미국과의 협력관계, 미·중 세력경쟁 등을 보는 인식은 지금까지와는 좀 더 다른 양상으로 나타날 것이다.

이와 관련 유럽의 중국에 대한 인식도 악화하고 있다. 전쟁 발발 직전 푸틴 러시아 대통령이 중국을 방문하여 시진핑 주석과 회담했고 시진핑은 러시아와 '무제한 협력'을 약속했으며, 이후 우크라이나 전쟁을 일으킨 러시아에 대한 비판을 자제하는 등 정치적으로 이를 지지하고 있다고 보고 있다. 중국이 전쟁을 멈추게 할 대러 영향력을 가지고 있으면서도 침묵하고 있다고 비난하고 있다. 물론 중국은 전쟁이 장기전 양상으로 이어지고 러시아의 핵무기 사용 위협과 전쟁 범죄 자행, 미국과 유럽의 강경 대응, 유럽 내 반중 정서 확산, 중국 경제침체 촉발 등이 복합화되면서 러시아에 대한 태도와 러시아가 도발한 전쟁 자체에 대한 태도가 모호해 지고 있다.

이러한 점들을 고려해 볼 때 EU는 우크라이나 전쟁이 러시아의 패권적 세력 확대과정이고 이것이 유럽의 안보위협을 증대시키고 있으며, 유럽의 정치안보 지형에 변화를 촉발하는 요인으로 작용할 것이라고 보고 있다. 그리고 EU는 러시아가 전쟁을 유리하게 이끌기 위해 에너지 등 자국의 전략자원을 무기로 활용하고 핵 태세 점검을 통해 핵무기 사용 가능성을 흘리며 미국과 유럽을 압박하고 있다고 보고 있다.

결론적으로 우크라이나를 둘러싸고 벌어지고 있는 지정학적 각축전 상황에서 우크라이나는 EU의 새로운 대외정책 포인트의 하나로 부상하고 주목을 받고 있다. 특히 우크라이나 전쟁 과정에서 보인 우크라이나인들의 자유와 민주주의를 위한 의지와 투쟁은 그간 유럽과 러시아 사이에서 갈피를 잡지 못하고 흔들리던 우크라이나인들이 이제 유럽의 길을 선택했다는 확신을 들게 했고, 이것이 그간 모호했던 EU의 우크라이나에 대한 인식을 완전히 뒤바꾸어 놓았다고 할 수 있다.

3. 전쟁 전후 우크라이나 - EU 협력관계 고찰

1) 협력관계 추이

러시아의 우크라이나 침공은 우크라이나와 EU가 이미 긴밀한 협력관계를 유지할 수 있는 모티브가 되었고 EU의 재정적 어려움에도 불구하고 우크라이나에 대한 지원 확대 등 양측 관계를 더욱 밀착시키고 있다. 그간 EU가 러시아와의 관계, 유럽의 안정과 평화를 위해 우크라이나에 대해 이중적인 잣대를 적용한 측면이 강했으니 2014년 러시아의 크림반도 강제 병합과 돈바스 지역 분쟁화 이후 우크라이나에 대한 EU의 태도는 달라졌다. EU는 정치안보 측면에서 우크라이나의 중요성을 알면서도 러시아와의 관계를 고려하여 우크라이나를 백안시해왔으나 이제 그러한 태도에서 벗어나 유럽의 주요 일원으로 받아들이고 있다.

또한, 중국이 2013년 일대일로 전략 구상에 따라 우크라이나를 유럽으로 가는 교두보로 설정하고 경제회랑 건설 등 대규모 투자를 모색하며 대우크라이나 영향력 강화에 박차를 가하였다. EU는 이러한 경향성이 바로 유럽의 경제적 이익과 이해에 상충하는 현상을 낳고 있다고 보고 우크라이나에 대한 정책 전환을 서둘렀다.

우크라이나와 EU는 이후 양측이 체결한 제휴협정AA, Association Agreement을 통해 정치, 경제, 안보 등 제 분야에서 협력관계를 강화해 나가고 있다. EU는 우크라이나가 국가체계를 제대로 구축하고 효율적으로 정부를 운영할 수 있는 역량을 갖출 수 있도록 지원하고 유도해 나갔다. 우크라이나의 정부 운영 체계를 유럽의 기준에 맞추도록 지원하는 역할을 강화하고 그중에서도 NATO와 함께 우크라이나군을 서방의 현대식 군대로 재편하고 훈련하는 등 자생력을 함양하는 데 주력했다. 다만 우크라이나는 구시대적 행태와 잔재에서 탈피하지 못한 채 올리가르히를 중심으로 한 기득권층의 부패사슬 구조를 근절하지 못하는 한계를 드러냈다.

결과적으로 우크라이나와 EU는 2010년대 후반 이래 심화·포괄적 자유무역협정DCFTA, Deep and Comprehensive Free Trade Area을 포함한 제휴협정AA을 체결하고 이를 바탕으로 정치, 안보, 경제통상 관계를 긴밀화하고 있다. 2017년에는 생체 인식 여권을 가진 우크라이나 시민들의 비자를 면제하는 제도를 도입하였다. 특히 러시아의 침공으로 우크라이나 전쟁이 발발하자 미국과 함께 우크라이나에 재정 및 인도적 지원과 무기 제공 등 군사적 지원을 확대하고 있다. 재언하면 EU는 회원국들의 총의를 모아 무기 공급과 전쟁 난민 수용, 재정지원에 나서고 있으며, 전후 우크라이나 재건을 위한 준비도 하고 있다.[11] 이러한 우크라이나 - EU 간 협력관계 구축을 구체적으로 살펴보면 다음과 같다.

첫째, EU는 러시아의 불법적인 우크라이나 침공에 대해 일관되게 지원 의지를 밝히며 경제적, 인도적, 군사적 지원을 계속하고 있고, 국제법 위반을 규탄하며 단합을 과시하고 있다. EU는 우크라이나의 주권과 영토 보호에 대한 확고한 의지를 나타내며, 러시아의 전쟁역량을 무력화하기 위해 대러 제재를 가하였다. 우크라이나 전쟁 발발 후 2월 28일 EU는 우크라이나에 EU 가입 신청서를 교부하고 6월 17일 신청서를 접수한 데 이어 6월 23일 EU 위원회가 우크라이나에 가입후보국 지위를 부여하는 등 절차를 신속하게 진행하였다.

둘째, 러시아의 침공을 계기로 한 우크라이나 - EU의 안보협력 강화이다. 즉 EU의 안보역량 강화 추진과 함께 우크라이나에 대한 안보지원이 확대될

---

[11] 40개 이상의 국가와 국제기구는 2022년 7월 5일 "루가노 선언"을 통해 우크라이나 재건을 지원하기로 약속했고, 독일, 프랑스, 영국, 미국 대표는 이 문서에 서명했다. 2022년 7월 현재 우크라이나는 국가 재건에 필요한 금액을 약 7200억 유로로 산정하고 있다[Ulrike Reisner, "Ukraine Crisis : Is the EU about to split?", September 24, 2022, https://russiancouncil.ru/en/blogs/meeting-russia/ukraine-crisis-is-the-eu-about-to-split/?sphrase_id=93593474 (검색일 : 2022.10.18)].

것이다. 그러나 우크라이나는 EU와의 안보 파트너십 심화를 유럽이 우크라이나의 NATO 가입 대안으로 판단할 수 있다고 보고 유의하고 있다. EU는 EU의 공동안보/방위정책CSDP이 현재 NATO의 잠재력보다 훨씬 열등하지만, 앞으로는 더 많은 지역 안보 의무를 떠맡아야 한다는 방향으로 안보정책을 추구하고 있다. 아직 안보역량이 미흡하다는 점에서 유럽연합이 한꺼번에 지역 안보 전체를 책임지는 방향으로 안보시스템을 구축하기는 어려울 것이다. 유럽 내 '전략적 자율성'에 대한 논의는 유럽의 불확실한 미래 보장과 대안에 대한 논쟁을 일으키고 미국과 유럽의 입장 차를 더 벌려놓았다. 실제로 안보적 차원에서 유럽의 전략적 자율성이 실효성을 가지기 위해서는 실질적인 군사력과 정보력, 그리고 통합된 외교적 의사결정이 요구되나, 핵확산과 미사일 방어, 테러, 그리고 난민 문제 등이 겹치는 지금의 유럽 상황으로는 이를 뒷받침하기 어려운 상황이다. 지금까지 유럽은 국제무대에서 경제적으로는 거인이면서도 상대적으로 군사안보 역량은 형편없다는 비판을 받았다. 여기에다 EU 내 외교 안보 분야 핵심이었던 영국이 탈퇴하고, 방위비 부담을 둘러싼 NATO 내 갈등 상황도 그대로 이어지고 있다. 이런 상황에서 러시아의 우크라이나 침공은 유럽의 독자 안보역량 증진 필요성을 다시금 일깨우고 있다. 이 과정에서 프랑스와 독일은 2019년 양국의 친선 협력을 재확인한 아헨조약[12]을 통해 경제협력은 물론 외교·군사적인 공조 체제 강화를 천명했지만, 기본적으로 유럽 내 안보 주도권을 둘러싸고 치열하게 경쟁하고 있다. 냉전 시기에 NATO 체제 밖에서 독자노선을 걸어왔던 프랑스는 유럽이 외교

---

[12] 2019년 1월 22일 독일 서부 도시 아헨에서 당시 메르켈 독일 총리와 마크롱 프랑스 대통령이 양국의 새 우호조약인 '아헨조약'을 체결했다. 아헨조약은 지속 가능한 개발을 위한 독불 협력 강화 구상 (Der Vertrag von Aachen 2019 : Ansätze zur Stärkung der deutsch-französischen Zusammenarbeit für eine nachhaltige Entwicklung)으로, 엘리제조약 이후 56년 만에 다자주의, 지속 가능한 개발 및 개발협력에 대한 지지를 재차 확인하였으며, 유럽 정책의 기밀한 조율, 공동 기준에 근거하는 대외안보 및 경제정책을 통해 21세기의 도전에 대해 공동 대응하는 데 목적을 두고 있다[Laura-Theresa Krüger, Julie Vaillé, *Analysen und Stellungnahmen*(2/2020), Bonn : German Development Institute(DIE)].

안보에서도 독자적인 주권을 발휘해야 한다며 그 과정에서 주도권을 확보하고자 한다. 반면 독일은 유럽의 경제적 리더로서 역할에 치중하면서 군사 안보적으로는 현실주의적 입장에서 미국 주도의 NATO 체제 속에서 안주하는 듯한 신중한 태도를 유지하고 있다. 이런 흐름 속에서 우크라이나 침공에 대한 유럽의 독자적 방위역량 강화를 위해 프랑스는 유럽군 창설 등 전략적 자율성 증대 차원에서 접근하고 있고 독일은 재무장론을 꺼내며 군사력 강화를 서두르고 있다. 또한, 러시아의 안보위협을 직간접적으로 느끼는 중·동구 유럽과 발트해 연안국들은 프랑스와 독일이 주도하는 유럽의 독자 안보역량 구축에 의구심을 지녀왔다. 프랑스의 핵우산 제공 주장과 독일의 군사력 팽창에 대해서는 의구심을 가지지만, 미국 주도의 NATO에 대한 믿음이 강하다. 즉 폴란드는 독일 주둔 미군의 자국 내 유치를 희망하고, 에스토니아·라트비아·리투아니아 등 발트해 연안국들도 유럽지역 내 미국과 NATO의 안보 위상이 유지되기를 희망하고 있다.

셋째, EU는 우크라이나와 지방 거버넌스 역량 함양, 특혜관세 부여, 난민 보호, 디지털, 에너지 등의 분야에서 협력을 강화하고 있다. 이중 제도 개선 차원에서 지방 거버넌스와 지역 발전을 효율화하고 시민에게 양질의 서비스를 제공하기 위해 2016~2023년 기간 중 1억 5,800만 유로의 재원을 들여서 지방 자치정부의 역량을 증가시키는 프로그램을 운영해 왔다. 이 프로그램 가동으로 인해 전쟁 기간 중 지방 수준에서 자치정부들이 긴급 주요 현안을 처리하는 데 기여하고 있다. 그리고 전쟁으로 그 중요성이 입증된 우크라이나의 사이버 및 디지털 역량 확장을 위해 2,500만 유로를 투입하고 있다.

넷째, 경제통상 관계 증진이다. 2014년 이후 EU와 우크라이나 간의 경제통상 협력은 정치·외교·안보 분야와 마찬가지로 심화·포괄적 자유무역협정DCFTA와 제휴협정AA이 바탕이 되고 있다. DCFTA는 2007년에서 2011년 사이에 양측간에 협의가 이루어졌으나 야누코비치 정권이 들어서면서 중단되다시피 하였다. 그러나 러시아의 크림반도 병합 이후 친서방 노선을 내세

EU - 우크라이나 간 교역 추이(2011~2021년, 단위 10억유로)

출처: eurostat 13)

운 포로셴코 정권이 들어선 다음 서명되고, 2016년 1월 1일부터 잠정적으로 적용되었다. AA는 모든 EU 회원국의 비준을 거쳐 2017년 9월 1일 공식적으로 발효되었다. AA는 우크라이나와 EU 관계를 밀착시키는 주요 도구로서 기능하고 있다. 이에 따라 EU와 우크라이나 간에 정치 경제적 유대감이 깊어지고 있으며 상호 공통 가치에 대한 공감대도 넓어지고 있다.

다섯째, 우크라이나와 EU 간 교역 확대 기반 구축이다. EU는 2017년 10월부터 3년 동안 여러 공산품 및 농산물에 대한 협정과 DCFTA를 바탕으로 우크라이나에 대한 자유 무역 조치를 승인했다. 이러한 조치는 EU를 우크라이나의 최대 무역국으로 등극시켰다. 2021년 EU는 우크라이나 무역의 39.5%를 차지할 정도로 우크라이나의 최대 파트너가 된 것이다. 그리고 우크라이나는 EU의 15번째 교역 파트너로서 EU 전체 무역의 약 1.2%(수출 1.3%, 수입 1.1%)를 차지하고 있다.

EU와 우크라이나 간의 총무역액은 2021년 524억 유로에 달했으며, 이는 2016년 DCFTA 발효 이후 거의 두 배로 증가한 수치이다. 우크라이나의 EU 수출은 2021년 241억 유로로 전년 대비 47%나 증가했으며, 주요 수출품은 철과 강철(전체 수출의 20.8%), 광석(12.5%), 해바라기씨유 등 동식물 지방 및 기름(8.5%), 전기 기계(7.8%) 및 곡물(7.3%)이다. 우크라이나의 EU 수입은 2021년에 283억 유로에 달했으며, 2020년 대비 22.4%나 증가했다. 주요 수입품은 광물 연료(9.4%), 전기 기계(9.3%) 및 의약품(5.9%)을 들 수 있다.[13] 특히 EU 회원국 중 폴란드는 우크라이나의 최대 수출, 수입 국가이다. 2021년 우크라이나에 대한 3대 수출국은 폴란드(63억 2600만 유로), 독일(54억 9900만 유로) 및 헝가리(29억 3400만 유로)이고, 수입국은 폴란드(41억 8800만 유로), 이탈리아(32억 8800만 유로), 네덜란드(24억 6500만 유로)이며, 무역수지 흑자국은 독일(34억 1800만 유로), 폴란드(21억 3800만 유로), 헝가리(9억 7800만 유로) 순이었고, 적자국은 11개국으로 가장 큰 적자는 이탈리아(11억 7500만 유로), 네덜란드(11억 300만 유로), 스페인(8억 4700만 유로) 순이었다.[14]

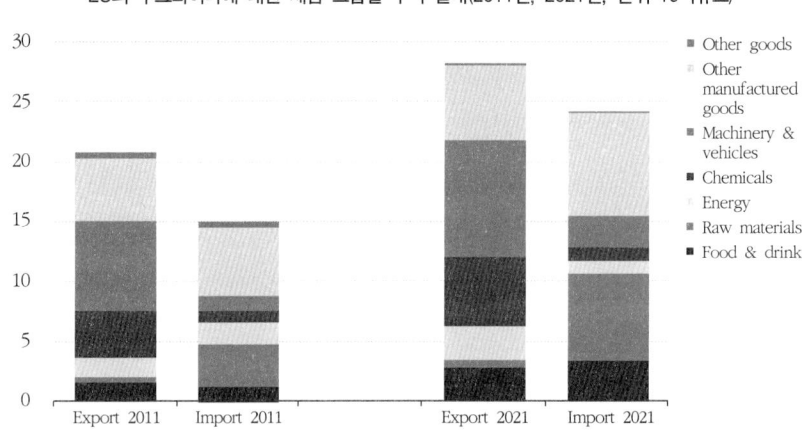

EU의 우크라이나에 대한 제품 그룹별 무역 실태(2011년, 2021년, 단위 10억유로)

Source : Eurostat(online data code : ext_st_eu27_2020sitc and DS-018995)

[13] "Ukraine-EU - international trade in goods statistics", Data extracted in February 2022, https://ec.europa.eu/eurostat/statistics-explained/index.php?title=Ukraine-EU_-_international_trade_in_goods_statistics (검색일 : 2023.01.04).
[14] Ibid.

EU의 대우크라이나 상품 무역(2021-2023.3, 단위 10억유로)

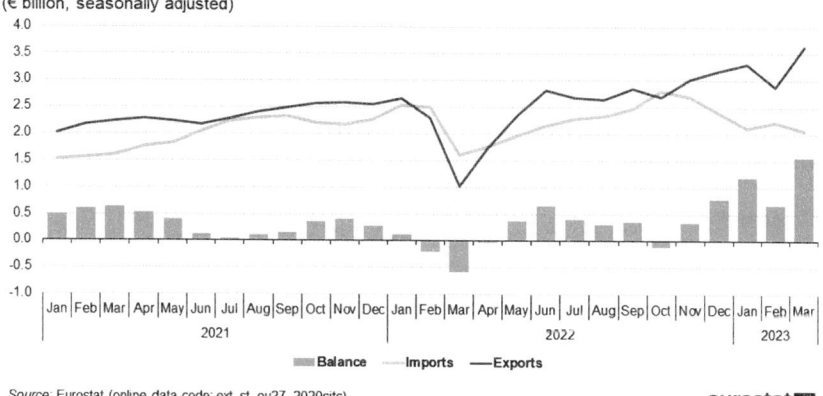

이러한 양측 간 교역 증가 추세는 전쟁 발발로 일시적으로 불안정한 상태를 보였으나 곧장 회복세를 보였다.[15] 이처럼 우크라이나 - EU 간 통상관계가 활성화된 것은 위에 언급한 두 가지 협정에 기초하여 관세를 점진적으로 인하하고 특정 산업 분야 및 농산물에 대한 우크라이나의 규정을 EU 규정과 일치시켜서 EU와 우크라이나 간의 상품 및 서비스 무역을 촉진하려 한 데 따른 것이다. 우크라이나는 EU 시장과의 통합을 촉진하기 위해 산업 및 농식품 제품에 대한 EU의 규범 및 표준에 맞추어 법률을 개정하려 노력하고 있다. 특히 경쟁, 무역에 대한 기술적 장벽TBT, 위생 및 식물 위생SPS, 관세 및 무역 촉진, 지재권 보호 등 무역 관련 분야에서 EU의 법적 기준에 근접하고 있어서 우크라이나의 EU 가입에 긍정적으로 작용할 것이다.

한편, EU는 러시아의 우크라이나 침략에 대응하여 경제통상 분야에서 대러 제재를 취하고 있다. EU는 2022년 2월 도네츠크와 루한스크주 비정부 통

---

[15] https://ec.europa.eu/eurostat/statistics-explained/index.php?title=EU_trade_with_Ukraine_-_latest_developments#Latest_developments (검색일 : 2023.08.30)

제 지역을 독립된 실체로 인정하는 러시아 연방의 결정과 2.24 군사적 침공에 대해서 일련의 무역 관련 제한 조치를 도입했다. EU는 2014년부터 크림반도와 세바스토폴을 원산지로 하는 상품의 수입과 투자 및 직접 관련된 여러 서비스를 금지했는데 이와 유사한 제한 조치를 채택한 것이다.

이와 함께 EU는 우크라이나의 EU 수출을 지원하는 조치도 취하고 있다. 실제로 EU - 우크라이나 제휴협정AA은 모든 형태의 수출 제한을 금지하고 있다. EU는 일시적으로 무역을 완전히 자유화하고 1년 동안 보호무역 조치를 중단하는 규정을 채택했다. 2022년 6월 4일에 발효되어 2023년 6월 5일까지 유효한 이 조치 덕분에 결과적으로 EU가 우크라이나 경제를 크게 지원하는 효과를 낳고 있다. 물론 이 규정은 EU가 우크라이나와 연대하여 채택한 조치 중 하나이다.[16] 즉 EU는 우크라이나와의 연대를 강화하기 위해 1년간 모든 우크라이나 상품에 대한 수입 관세 부과와 우크라이나산 철강의 EU 반덤핑 수출 관세 및 세이프 가드 조치 부과를 중단한 것이다. 그리고 우크라이나가 곡물을 수출함은 물론 필수품을 수입하고 동물 사료 및 비료에 이르기까지 인도적 지원을 받을 수 있도록 EU와의 연대를 형성하는 행동계획을 마련하였다. 이러한 EU와의 연대 형성은 우크라이나가 1,400만 톤 이상의 시리얼, 유지 씨앗, 기타 관련 제품 등을 수출하는 데 도움이 되었다.

여섯째, 우크라이나 피난민 수용 및 보호이다. EU는 러시아의 우크라이나 침공으로 폴란드 등 이웃 국가로 피신한 420여만 명의 난민 보호를 조치하였다. 임시보호 시설 마련 및 최소 1년 거주 허가, 노동시장 접근 허용, 주택 및 의료 지원, 피난민과 아이들에 대한 교육 등을 제공하였다.

일곱째, 우크라이나에 대한 에너지 분야에 대한 협력관계 구축이다. EU가 외국에서 수입한 가스를 우크라이나에 공급하여 가스 공급을 늘리고 우크라

---

[16] "THE EUROPEAN UNION AND UKRAINE", September 2022, https://www.eeas.europa.eu/sites/default/files/documents/Factsheet%20-%20EU%20and%20Ukraine.pdf (검색일 : 2022. 12. 10)

이나 에너지 효율성 기금의 지속적인 투자와 양측 간 전력망을 동기화하는 등의 방법으로 우크라이나의 에너지 안보를 지원하고 있다. 그리고 우크라이나는 가스, LNG, 수소를 공동 구매하여 에너지 비용을 줄이는 방안을 모색하고 있다. 2021년에는 유럽의 그린 딜과 우크라이나의 녹색 전환에 관한 구체적인 대화를 시작하는 등 에너지 환경개선 협력에 나서고 있다.

2) 러시아 침공에 대한 우크라이나 - EU의 대응 동향

유럽은 미국과 함께 우크라이나 선쟁 발발과 함께 강력한 대러 제재를 시행하고 우크라이나에 대한 군사 및 재정적, 인도적 차원에서 적극적으로 지원 활동을 전개하고 있다. 그러나 우크라이나는 유럽 내에 전쟁 피로도가 증가하며 지원을 둘러싼 갈등이 심화하고 분열 양상을 나타낼 가능성을 우려하고 있다.

(1) EU의 대러 제재를 통한 러시아 전력 약화 시도

유럽연합은 미국 등 서방과 함께 우크라이나 지원 차원에서 러시아에 대한 제재를 지속 강화하고 있으며, 결과적으로 러시아의 국력 소진으로 이어지고 우크라이나의 승리에 기여할 수 있다고 인식하고 있다. 유럽연합은 러시아가 우크라이나를 본격 침략하기 전 친러시아 분리주의 세력인 도네츠크인민공화국DPR과 루한스크인민공화국LPR의 독립을 승인하고 평화유지군 명목으로 군대를 파견하자 이에 대한 대응 조치로 EU 외무장관 회의를 개최하고 '국제법과 민스크협정을 노골적으로 위반'했냐며 불법행위에 관여한 개인과 기관들을 만장일치로 제재[17]하였다. 미국도 러시아 최대 국책은행인 대외경제은

---

[17] EU 외교정책을 총괄하는 호세프 보렐 외교·안보 정책 고위대표는 2022년 2월 22일 이번 제재에서 자산 동결과 비자 금지 대상에는 이 두 지역의 독립 승인을 푸틴 대통령에게 요청한 러시아 하원 의원 351명과 우크라이나의 영토보전과 주권, 독립을 약화·위협하는 역할을 한 27명의 개인과 기관들, 그리

행 VEB과 방위산업 지원 특수은행인 PSB 및 42개 자회사를 제재대상에 올려 서방과의 거래를 전면 차단하고 이들에 대한 해외 자산도 동결했으며, 캐나다, 호주, 일본 등 우방국들도 대러 제재를 발표하였다.

이어 2월 24일 러시아군이 침공하자 미국과 함께 유럽 국가들 모두 러시아에 대한 본격 제재에 착수하였다. 외환보유고 동결, 국제은행간통신협회 SWIFT 배제, 7개 분야 57개 품목 수출통제 등 수출 규제, 최혜국 대우 박탈 등의 조치가 이루어졌다.[18] 이중 유럽과 미국 등 서방의 대러 경제제재는 러시아 에너지 및 주요 수출품의 시장 접근 제한 및 차단, 러시아 경제 현대화 및 군산복합체 발전에 필요한 기술과 금융 접근 차단을 목표로 하고 있으며, 제재 영역은 에너지, 금융, 첨단기술을 포함하고 있다. 이러한 대러 경제제재는 유엔 안보리 상임이사국을 대상으로 서방의 집단 제재가 이루어졌으며, 역사상 최대규모의 제재이고, 에너지, 식량, 원자재를 보유한 전략자원 보유국을 대상으로 한 제재이며, 금융, 에너지 일부, 첨단기술을 비롯한 부문별 및 개인 대상의 경제제재라는 점이 주요 특징이라고 할 수 있다.[19]

유럽연합EU 집행위와 회원국들은 모두 대러 제재가 불법적 침략행위에 대한 당연한 조치라는 긍정적인 반응과 함께 이를 적극적으로 지지하였다. 다만 일부 회원국들은 제재 범위와 제재 강도에 대해서는 EU 전체 회원국들의 논의와 합의가 필요하다는 태도를 보였다. 특히, 발트해 연안 3개국과 동부,

---

고 러시아 의사 결정권자에게 자금제공 은행들과 돈바스 두 지역의 다른 사업체들도 포함되었다고 언급했다[https://www.yna.co.kr/view/AKR20220223005451098?section=search (검색일 : 2022. 11. 17)].

[18] 미국은 외국기업 제품이더라도 미국이 통제대상으로 정한 기술을 활용했을 경우 수출을 금지할 수 있는 해외직접생산품 규칙(FDPR)을 러시아에 적용하고 러시아 정유사 수출 통제, 러시아 22개 국방 관련 기관 제재, 미국 등 서방국가들이 푸틴 대통령과 측근의 가족을 제재하는 조치를 단행했다. 유럽은 러시아 은행 7개의 SWIFT결제망 배제, 러시아 국부펀드에 대한 EU 신규투자 금지, 러시아 개인·법인에 대한 유로화 지폐 판매·공급·수출 금지 등의 조치를 취했으며, 독일은 노드스트림-2 사업 중단, 세계은행은 러시아, 벨라루스에서 진행 중인 모든 프로그램을 중단하였다.

[19] 한국은 러시아 은행과의 거래 중지(미국 제재 대상인 7개 주요 러시아 은행과 자회사와의 금융거래 중단), 러시아 국채 투자 중단(3월 2일 이후 신규 발행되는 모든 러시아 국고채에 대해 국내 공공기관 및 금융기관의 거래 중단 권고), SWIFT배제(EU의 대러 제재 조치가 구체화되는 즉시 이행)을 내용으로 하는 대러 금융제재에 동참하였다.

중부 유럽 국가들, 오스트리아, 헝가리, 이탈리아는 러시아의 군사적 침략에 대해 즉각적이고 전면적인 제재가 필요하다는 입장을 보였다.

미국과 유럽은 초기 제재에 이어 2022년 12월 5일부터 적용하는 러시아산 원유의 가격 상한제를 도입하고, 러시아에 무기 기술을 알선하려고 한 개인(14명)과 단체(28개)에 대해 제재하는 등 에너지, 무기, 금융 등의 분야에서 필요시마다 제재를 단행하고 있다. 이를 통해 러시아로 가는 전쟁 자금, 무기와 부품, 무기로 전용될 가능성이 큰 물품 등을 차단하여 러시아의 전쟁 수행역량을 무력화하고 있다.

이와 함께 EU는 모스크바가 우크라이나를 침공한 이후 독일 22억 유로 등 약 170억 유로(169억 달러) 상당의 러시아 자산을 동결(Renders EU 법무장관)하였다.[20] 우크라이나는 동결 자산을 전후 복구에 사용할 수 있도록 요구하고 있으며, 이에 EU는 몰수한 자산이 범죄자산이라면 우크라이나 보상 기금으로 사용할 수 있다는 입장이다. 이와 함께 EU는 우크라이나 전쟁과 관련된 러시아 용의자들에 대한 전범 재판이 국제형사재판소에서 시작될 수 있다고 러시아를 압박하고 있다.

유럽 등 서방의 러시아 제재는 제재 초기에는 국제 에너지 가격상승으로 러시아의 에너지 판매 수입이 오히려 늘어나며 러시아가 선방하는 듯한 평가가 나오자 국제사회에서 대러 제재에 대한 의구심이 일었으나 전쟁이 장기화하고 제재도 계속되면서 제재로 인한 러시아의 어려움이 가중되고 있다. 경제적인 측면에서 보면 전쟁 초기와는 달리 러시아 경제침체 현상이 현저해지고 있다. 러시아 연방 통계청에 따르면 작년 동기 대비 러시아의 2022년 3분기 국내총생산GDP이 지난 2분기의 감소세와 비슷한 4% 감소했고 2022년 전체적으로는 2.1% 감소했다. 2023년 1/4분기도 -1.9%의 성장률을 기록했다.

---

[20] https://www.rferl.org/a/eu-russia-assets-frozen-17-billion-euros/32106792.html (검색일 : 2022. 11. 10)

이는 GDP가 2개 분기 연속으로 줄어들면 경제가 침체기recession에 들어간 것으로 판정한다는 점에서 러시아 경제가 본격적인 경기침체기에 들어섰다고 할 수 있다. 제재로 인해 핵심부품과 기술 수입이 차단돼 제조업이 차질을 빚으면서 도매업과 소매업 활동이 대폭 위축되었고 병력 징집으로 인해 노동력 부족 현상까지 겹치며 매출 감소 피해를 본 기업이 전체 러시아 기업 5,800곳 중의 1/3에 달한 것 등이 GDP 감소에 가장 큰 영향을 미친 것으로 나타났다. 이러한 경제 상황 악화 추세는 서방의 러시아 원유 가격 상한제 적용과 함께 에너지 수출이 연방정부 전체 수입收入의 40%에 달한다는 점에서 심화될 것으로 전망되고 있다.[21] 또한 미국과 유럽의 러시아 제재가 러시아의 국방력을 현저하게 약화시키고 있다는 평가가 나오고 있다. 레이크 설리번 미 백악관 안보보좌관은 제재가 러시아의 무기체계 생산을 축소하고 러시아 국내 기술진전을 막아 전쟁 수행 능력을 축소하고 있으며, 러시아 동맹국이 러시아 편에 서지 못하도록 하는 견제 효과를 낳고 있는 등 모두 만족할 만한 제재 성과를 거두고 있다고 평가하였다.[22] 이는 미사일과 대포, 총 등 기본적인 무기 생산이 어려워지면서 장기적인 무기 공급국으로서의 신뢰를 상실하게 하고, 러시아의 무기 수출국 지위 회복을 어렵게 할 것이며, 신형 무기 개발 지원능력을 상실하게 함으로써 적어도 러시아의 국방력이 10년 이상 후퇴한 것이라는 주장이 나오고 있다.

(2) 유럽의 우크라이나 전쟁 지원과 전력 강화 도모

EU는 우크라이나에 대한 전쟁 지원을 통해 러시아에 대한 대응 전력을 강

---

21 러시아 중앙은행은 2023년 1%~4% 감소하고 2024년부터 성장세로 돌아서 2025년에는 1.5%~2.5%를 기록할 것으로 전망하고 있으나 엘비라 나비울리나 총재는 "제재가 러시아와 글로벌 경제에 가져올 영향을 과소평가해선 안 된다"고 경고하고 있고, 러시아 국립고등경제대학(HSE) 발레리 미로노프 부소장은 제재 영향이 본격적으로 나타날 것으로 예측하고 있다.
22 WP, 2022.09.30.

화하는 데 집중하고 있다. 유럽과 미국은 2021년 하반기 이래로 러시아의 우크라이나에 대한 군사적 겁박이 계속되자 공개적으로 러시아가 우크라이나를 침략할 경우 직접적인 군사 개입은 하지 않을 것이나 간접적으로 무기 등 군사적으로 지원을 할 것이라고 경고해 왔다. 러시아가 실제 우크라이나를 침공하자 미국과 유럽은 강력한 대러 제재와 함께 무기 및 재정적 지원을 단행하였다.

미국은 무제한 무기 공급을 허용하는 랜드리스 법을 제정하고 2022년 5월 군사 안보 비용으로 400억 달러 지원 계획을 발표하였으며, 이 범주에서 무기와 탄약을 공급해 왔다.[23] 재정적, 인도적 지원분까지 포함하면 총 550억 달러를 지원하는 것으로 계획되어 있다. 그리고 미 의회의 강경 공원당 의원 일부를 제외하고는 대다수 의원은 우크라이나에 대한 지원이 계속되어야 한다는 긍정적인 견해를 나타내고 있다.

유럽연합은 전쟁이 발발하자 5월에 긴급 군사·안보 지원금 명목으로 90억 유로를 책정했으며, 이와는 별도로 2022년 차관과 지원금 등으로 190억 유로를 우크라이나에 이미 지원했다. 그리고 EU 집행위원회는 2023년에는 매달 15억 유로씩 총 180억 유로를 장기 차관 형태로 1월부터 지원하는 등 '180억 유로 거시 재정지원 + 프로그램' 패키지 공여 구상을 공식화하고 회원국에 제안했다.[24] 이와 관련 EU는 구체적으로 집행위가 EU 자본시장에서 자금을 빌리고, 이를 우크라이나에 35년 기간의 장기 차관 형태로 지원할 계획이다. 다만 매달 지원하게 될 15억 유로는 우크라이나 당국과 국제통화기금 IMF이 추산한 공공서비스 유지 필요 예산(30억~40억 유로)의 절반 정도인 만큼 국제사회의 다른 주요국들의 유사한 지원이 이뤄져야 한다는 점을 강조하고

---

[23] https://wspaper.org/article/28180 (검색일 : 2022.11.05)
[24] "Questions and Answers : Unified funding approach to EU borrowing", 19 December 2022, https://ec.europa.eu/commission/presscorner/detail/en/QANDA_22_7789 (검색일 : 2023.01.05)

있다. 이에 대해 핀란드, 네덜란드는 EU 예산계획을 변경해야 하는 절차가 필요하지만, 이 제안에 찬성한다는 의견을 공개로 밝힌 상태이며, 우크라이나 젤렌스키 대통령은 즉각 환영한다는 반응을 보였다.

그러나 EU 집행위의 이번 구상이 실현되려면 모든 27개 회원국 및 유럽의 회의 가결 절차를 거쳐야 하는 문제가 남아있다. 헝가리는 EU 회원국들이 양자 차원에서 우크라이나를 지원해야 하며, EU가 새로운 차관을 부담하는 것은 반대한다는 의사를 공개적으로 밝히고 있다.[25] 그런 점에서 우크라이나 지원을 둘러싼 EU 회원국 간 조율 과정에 난항이 예상된다. 같은 동유럽 국가이지만 체코는 헝가리와는 달리 우크라이나에 약속한 지원금 집행이 회원국 간 미합의로 인해 이루어지지 않아 약속을 어기게 돼서 난처한 상황임을 언급하는 등 EU의 우크라이나 지원에 긍정적인 태도를 나타내고 있다.

한편, 유럽 국가들은 미국 중간선거(2022.11.8) 결과 공화당이 하원을 장악했으나 의석수가 근소한 차이에 불과하고 민주당이 상원을 장악하자 다소 안도하는 모습이다. 그간 유럽은 우크라이나 지원에 회의적인 태도를 보여온 미 공화당이 중간선거에서 상하 양원을 장악하면 우크라이나에 대한 지원이 계획대로 이루어지기 어려울 수 있다고 우려해 왔다. 실제 케빈 매카시 미 공화당 하원 원내 대표의 경우 공화당이 의회를 장악하면 우크라이나에 백지수표식 자금 지원은 하지 않겠다는 태도를 나타냈다. 이러한 중간선거 결과로 유럽 국가들은 바이든의 국정운영이 다소 견제를 받을 것이나 우크라이나군을 지원하고 러시아를 고립시키려는 정책 노력을 지속할 수 있을 것으로 보고

---

[25] 오르반 빅토르 헝가리 총리는 우크라이나 전쟁 발발 이후에도 블라디미르 푸틴 러시아 대통령과 비교적 가까운 관계를 유지하는 등 친러시아 성향의 EU 회원국 정상 중의 한 명이다. EU의 우크라이나 지원과 대(對) 러시아 제재에 반대하는 기조를 가지고 있다. 이와 관련 페테르 스지야르토 헝가리 외무 장관은 "헝가리는 양자 관계를 기반으로 한 대(對) 우크라이나 재정지원은 계속할 의향이 있으나, 우크라이나에 지원금을 보내기 위해 EU가 빚을 내는 데에는 어떤 상황에서도 동의하지 않겠다."는 입장을 견지하고 있다. 이와 관련 헝가리는 2022년 11월 24일 우크라이나에 1억 8,700만 유로를 양자 차원에서 제공하겠으나 EU의 지원책에는 참여하지 않겠다고 밝혔다.

있다. 문제는 미 의회가 동맹국에 예측이 가능한 외교 정책을 시행할 수 있을지의 여부이며, 향후 2년은 유럽에 도전적인 시기가 될 가능성이 있다고 내다보고 있다.

러시아의 전문가들도 미 공화당이 하원을 장악했으나 공화당도 기본적으로 우크라이나 지원 정책을 반대하는 것이 아니라는 점에서 미국의 우크라이나 지원은 계속될 것이며, 다만 지원 내용에 대한 검증과 유럽에 대한 부담 증대를 요구할 것으로 전망하고 있다.[26] 미국 공화당 정치인들은 미국이 상정한 우크라이나 군사·재정·인도적 지원액이 계속 증가하게 되면 우크라이나 위기가 결국 미국의 문제가 아니라 유럽의 문제라며 부담 분배가 불공정하다고 주장할 가능성이 크다. 특히 전쟁이 계속되면 유럽에 대한 부담 압력이 더욱 증가할 가능성이 있다. 그리고 미국은 우크라이나 위기를 유럽 및 아시아 동맹국과의 결속 강화, NATO 동맹 강화 및 확대, 자국 군수산업과 LNG 판매 등 새로운 수익성 사업 모색 등의 수단으로 사용함으로써 갈등의 주요 수혜자가 될 것이라고 주장하고 있다.[27]

유럽의 우크라이나 지원은 회원국의 불만과 갈등에도 불구하고 유럽의 안보 질서 변화와 안보 위협 등을 고려할 때 계속될 것으로 보인다. 다만 전쟁 장기화에 따른 유럽과 미국의 전쟁 피로도가 쌓이면서 종전 협상을 둘러싼 갈등이 우크라이나 지원 문제와 연계될 가능성이 있다.

한편 EU는 유럽의 안보체제 강화가 러시아의 입지를 상대적으로 약화하여 우크라이나의 대러시아 전쟁 수행역량 강화 효과를 거둘 것으로 보고 NATO 체제 강화, 공동방위 정책 차원에서의 유럽군 창설 추진, 유럽 정치공동체 창

---

[26] Andrey Kortunov, "Washington Likely to Ask EU Allies to Share More Burden on Aid to Kiev after Midterm Race", November 11, 2022, https://russiancouncil.ru/en/analytics-and-comments/analytics/washington-likely-to-ask-eu-allies-to-share-more-burden-on-aid-to-kiev-after-midterm-race/ (검색일: 2022. 11. 12)

[27] Ibid.

설[28]을 모색하고 있다. 특히 유럽 정치공동체 창설은 EU 가입 기준이 너무 까다로워 유럽 통합 수준이 낮으며, 이에 따라 유럽 대륙의 유일한 정치 구조가 될 수 없다는 인식이 근저에 자리하고 있다. 이와 관련 마크롱 프랑스 대통령은 2022년 5월 9일 유럽의회 연설에서 '유럽 정치공동체'는 EU 역외 국가를 포용할 수 있는 광범위한 정치 기구로서 안보는 물론 에너지와 교통, 인프라 투자, 유럽인의 이동과 교류 등에 대한 정치적 협력 공간을 제공할 것이라고 설명했다.[29] 이러한 제안은 EU 가입절차가 까다롭고 가입에 오랜 시간이 걸리기 때문에 소외되고 있는 유럽 내 EU 가입 희망국가들(우크라이나, 몰도바, 조지아 등)을 신속하게 포용할 수 있는 정치 기구로 기능할 수 있다는 점에서 정치통합의 당위성을 지닐 수 있고, 또 정치통합 논의를 불러일으키는 계기가 될 수 있다. 그러나 이 제안은 EU 가입의 대안적 성격으로 받아들여지면서 비현실적이라는 비판이 제기되고 있다. 우크라이나의 경우는 이러한 제안이 자국의 EU 가입을 거부하려는 구실처럼 보인다며 반대하고 있다.

3) EU 내 전쟁 피로도 증가와 우크라이나의 우려

우크라이나와 EU는 러시아의 침공 이후 소통과 협력을 강화하고 있다. 전쟁 수행 과정에서 EU의 강력한 지원은 우크라이나의 항전 의지를 북돋우고 전세를 뒤집어서 러시아의 전쟁목표 달성을 어렵게 하고 있다. 이 과정에서 EU 내에서는 협력과 갈등이 혼재하는 양상이 나타나고 있으며, 우크라이나의 우려가 깊어지고 있다.

그러나 우크라이나는 이러한 유럽연합 내 갈등이 전쟁 수행과 종전, 전후

---

28 Marc Pierini, "Five Takeaways From the European Political Community Summit", Carnegi Europe, *RECENT ANALYSIS FROM JUDY DEMPSEY'S STRATEGIC EUROPE*, October 18, 2022, https://carnegieeurope.eu/strategiceurope/88189 (검색일: 2022. 11. 10)

29 https://www.yna.co.kr/view/AKR20220511102800009?section=search (검색일: 2022. 11. 21)

재건에 미칠 부정적 영향을 주시하며 부정적 상황을 최소화하고 유리한 국면으로 이끌 방안을 고심하고 있다. 이러한 측면에서 우크라이나 전쟁 과정에서 불거지는 협상론 대두, 우크라이나 지원을 둘러싼 갈등, 유럽 내 극우 세력 확장과 갈등, 난민 문제 갈등, 경제침체 심화, 프랑스와 독일의 갈등, 유럽 내 시위 확산 등은 모두 유럽 국가들의 전쟁 피로도와 관계가 있으며, 정치적 위기를 초래할 수 있다. 따라서 전쟁 피로도가 높아가고 있는 것에 대한 유럽연합 내 주장과 견해, 이에 따른 갈등, 그리고 우크라이나의 입장을 살펴보는 것은 전쟁 종결과 전후 우크라이나 - EU 관계 파악에 상당한 의미가 있다.

첫째, 종전 협상론 대두는 우크라이나와 EU 간 갈등은 물론 유럽 내 첨예한 갈등을 유발할 수 있다. 러시아 - 우크라이나 간 종전 내지는 평화 협상과 관련하여 아직은 유럽 내에서 공개적으로 협상을 거론하지 않고 있지만, 헝가리, 세르비아 등 일부 국가에서는 전쟁 피로감을 이야기하며 전쟁을 그칠 때가 되었다고 하는 등 우크라이나가 협상에 나서기를 압박하고 있다. 독일과 프랑스는 구체적인 언급을 피하고 있지만 내심 협상을 통해 전쟁이 조기 종식되길 바라고 있는 것으로 보인다. 그러나 폴란드나 체코, 발트 3국 등은 우크라이나에 협상을 강요해서는 안 된다는 신중한 입장이며, 우크라이나의 의견과 입장을 지지하고 있다.

젤렌스키 우크라이나 대통령은 협상을 거부하지 않는다며 협상 조건으로 우크라이나 영토의 완전한 복원, 러시아 침공으로 인한 손실 배상, 모든 전쟁 범죄 처벌, 우크라이나 국가 안보에 대한 국제적 보장 등을 제시하고 있는데 이는 협상을 거론하기에는 시기상조임을 강조한 것이다. 러시아의 헤르손 철수 후 종전 협상 가능성이 대두되고 있으나 협상 가능성은 현재로서는 크지 않다. 이러한 움직임과 관련하여 미국과 영국, 그리고 EU의 대체적 의견은 △ 푸틴과 러시아 승리 불가 △ 협상을 통한 종전과 협상 개시 여부 등 협상조건 관련 우크라이나 의견 절대 존중 △ 러시아의 전쟁 배상 △ 우크라이나에 대한 지원 지속 등으로 집약할 수 있다.

둘째, 유럽 내 극우 세력 확장과 친러 성향 정치인 등장, 이에 따른 갈등 촉발 가능성이다. 우크라이나 전쟁 이후 유럽 내 극우 성향 정당 또는 포퓰리즘 성향의 정당이 득세하는 등 극우 세력의 영향력이 확장되고 동유럽 국가에서 친러 성향 정치인이 지도자로 부상할 가능성도 있는 데 이것도 유럽 내 갈등 분출의 한 요인이 될 수 있다. 유럽 정가의 극우 세력과 친러 정치세력 확장은 바로 우크라이나에 대한 지원을 제약하는 요인으로 작용할 가능성이 있기 때문이다. 이러한 유럽 내 정치 풍향 변화에는 우크라이나 전쟁과 맞물린 물가 급등과 이에 따른 생활고, 에너지 대란, 불법 이민자 증가, 세계화 등으로 초래된 사회 불평등 등이 복합적으로 영향을 미치고 있으며, 이는 우크라이나 전쟁 지원과 전쟁 조기 종식을 둘러싸고 유럽 국가 내 갈등을 유발할 수 있다.

셋째, 우크라이나 피난민 문제이다. 유럽은 기본적으로 난민 문제를 둘러싸고 갈등이 심하다. 특히, 이탈리아와 프랑스, 영국, 독일 등은 난민 문제를 둘러싸고 갈등의 골이 깊다. 이탈리아의 신임 멜로니 총리는 인도적 견지에서 난민을 받아들이고 있지만, 영국과 프랑스의 수용률이 매우 낮다며 불만을 표출하고 있다. 이러한 갈등은 러시아의 우크라이나 침공으로 인해 유럽으로 일시 탈출한 우크라이나 피난민[30] 문제까지 영향을 미치고 있다. 전쟁 초기 유럽 각국은 EU 집행위원회의 '피난민 일시적 보호' 지침에 따라 우크라이나 피난민들을 인도적 견지에서 적극적으로 수용하였다. 그러나 전쟁이 길어지면서 아직 복귀하지 못한 우크라이나인들이 유럽 각지에 남아있으며, 인

---

[30] 피난민은 전쟁이나 분쟁에 의한 주민의 대규모 유출로 인해 발생한 일시적 보호(temporary protection)가 필요한 집단이다. EU는 2001년 난민규정의 '일시적 보호 지침'에서 이를 규정하고 있는데 보호 대상이 되는 피난민에 대하여 거주권, 취업권, 주택지원, 의료, 사회적 부조, 교육에 대한 접근을 각각 보장한다고 규정하고 있다. 통상의 난민 인정과 다른 것은 일시적 보호의 경우에는 그 지역에서 벗어나는 사람들에게 집합적으로 보호 자격을 인정하는 것이다. 이에 따라 피난민은 개인 단위에서의 신청서류의 준비나 수속에 시달리지 않고 교육이나 안전에 접근할 수 있다. 한편 보호 기간은 원칙 1년간(최대 3년간)으로 보호 기간을 마친 후에는 귀국이 전제가 된다.

도적 견지에서 이들을 보호하고 있다. 그러나 유럽 내 국가들이 에너지 가격 급등과 에너지 부족으로 어려움을 겪게 되고 경제침체 현상도 나타나자 우크라이나 전쟁과 이에 따른 피난민 문제, 우크라이나 지원에 대한 불만이 쌓이고 여론이 악화하고 있다.

넷째, 경제침체 심화와 항의 시위 전개, 그리고 이에 대한 유럽 내 갈등도 전쟁 피로도를 높이고 있다. 우크라이나 전쟁의 여파로 유럽 내 경제침체도 심화하고 있으며, 이에 유럽 국가들의 불만도 쌓여가고 있다. 이로 인해 유럽 내 국가들의 러시아 침략행위에 대한 범유럽적 협력 대응 기조도 다소 흔들릴 가능성이 있다. EU 집행위원회는 2022년 하반기부터 불확실성 증가, 에너지 가격 급등에 따른 압박, 가계 구매력 저하, 취약한 외부 환경, 긴축된 재정 여건으로 유로존 및 대부분 회원국이 경기침체에 빠질 것이고, 2023년에도 실질 GDP 증가율이 EU와 유로존에서 0.3%에 그치는 등 경기 위축 현상이 계속될 것으로 전망하고 있다. EU 집행위는 물가상승을 견인한 에너지 가격은 온화한 겨울철 날씨와 가스 비축량 확보의 영향으로 최근 몇 주간 크게 안정됐으나, 러시아산 천연가스 수입 중단 상황과 액화천연가스(LNG) 수입 확대 어려움 등으로 인해 2023년과 2024년 겨울을 앞두고 비축량 확보는 더 어려워질 수 있다고 경고하고 있다. 그리고 유럽인들은 우크라이나 전쟁의 여파로 인한 에너지 쇼크와 인플레이션 등 경제적 어려움이 가중되자 파업·시위를 잇달아 전개하고 있다. 이러한 파업과 항의 시위가 우크라이나 전쟁과 연관성을 지니고 있어서 우크라이나 지원을 제약하는 요인으로 작용할 수도 있다.

마지막으로 독일과 프랑스의 주도권을 둘러싼 갈등도 우크라이나의 고민을 깊게하고 있다. 그것은 양국의 갈등이 언제, 어떻게 협상을 종용하는 형태로 변질이 될지 모르기 때문이다. 독일과 프랑스는 우크라이나 전쟁과 관련 EU의 에너지 정책과 국방정책을 둘러싸고 이견을 노출하며 갈등하고 있는데 이면에는 유럽 내 주도권 강화와 영향력 확보 경쟁이 자리하고 있다. 러시아산 천연가스 가격 상한제 적용에 대한 이견, 국민 지원금 지불, 유럽 국방정책을 둘러싼 견해차, 중국에 대한 견인 경쟁 등이 양국의 갈등을 유발하고 있다고 할 수 있다.

4. 우크라이나의 EU 가입 추진 동향과 기회 요인

1) 우크라이나의 EU 가입 추진[31] 과정과 한계

우크라이나는 2022년 2월 24일 러시아가 침공한 이후 EU에 가입 신청서를 제출했고 6월에 개최된 EU 집행위원회 회의에서 처음으로 EU 가입후보국이 되었다. 전쟁이 발발한 이후 우크라이나는 현실적 대안으로 유럽연합 가입을 재천명했고, EU 역시 유럽의 평화와 연대를 위해 우크라이나의 EU 가입 문제에 힘을 실어주었다. 4월 8일 유럽연합 집행위원회 위원장 우르슬라Ursula von der Leyen가 키이우를 전격 방문해 젤렌스키Volodymyr Zelensky 우크라이나 대통령에게 EU 가입 질의서를 전달하고 추진을 확약하는 행보를 보여준 데

---

[31] 우크라이나의 EU 가입에 관한 국내외의 선행연구에 대해서는 '허승철, 「우크라이나의 EU 가입 추진과정 분석과 평가」, 『러시아어 문학연구논집』 제55집, 2016, 306쪽'에 상세하게 기술되어있다. 허승철은 선행연구와 관련, 홍완석, 「우크라이나의 EU 가입 전망 : 가능성과 한계」, 『국제정치논총』 제48집 1호, 2008, 171~192쪽; 우평균, 「2013 푸틴의 압박과 우크라이나의 EU 접근 과정 좌절」, 『e-Eurasia』 vol 49, 2013/12/16; 온대원, 「우크라이나 사태 이후 유럽 - 러시아 관계」, 『JPI정책포럼』 No. 2015-12; 박정호, 「CIS 지역 통합 운동에 대한 우크라이나의 입장 분석」, 『동유럽발칸연구』 38집 1호, 2014, 231~256쪽; 우준모 · 김종헌, 「유라시아 지역 통합체 건설에 있어서 우크라이나, 벨라루스의 전략적 선택과 한계」, 『국제지역연구』 2015-01(72), 59~78쪽; Duleba, Alexander, Vladimir Benč, and Vladimir Bilčik, "Policy Impact of the Eastern Partnership on Ukraine : trade", *energy and visa dialogue*, Bratislav : SFPA, 2012; Duryea, Scott, "How Far Can the EU Expand? : The Dilemma of Ukrainian Membership, EU Crisis", *Issue 2013 Brief Paper*, Flikke, Geir (ed.), "Ukraine in Europe - Europe in Ukraine", *Norwegian Institute of International Affairs*, Oslo 2013; Wolczuk, Katyarna "Ukraine and the EU : turning the Association Agreement into a success story", *Policy Brief*, European Policy Centre, April 23, 2016; Kravchuk, Aleksander, "The Expected Impact of EU-Ukraine Association Agreement", *The Transnational Institute*, March 2016을 들고 있다.

이어 즉각적으로 가입후보국 지위를 갖게 되었다. 그러나 과연 가입이 제대로 빠른 시기에 이루어질 가능성을 언급할 수 있는 상황은 아닌 것 같다. 다만 우크라이나에 대한 러시아 침공이 곧장 유럽의 안보위협으로 이어지는 등 곧 유럽의 문제가 되고 있다는 점 때문이어서 가입 문제와 관련 정치적 해결 방법이 모색될 수도 있다. 아마도 유럽 국가들의 의지와 우크라이나 전쟁의 결과, 곧 종전 협상 결과에 따라 달라질 수도 있다.

우크라이나는 독립 이후 국가 건설에 매진하면서 꾸준히 EU 가입 정책을 추구해 왔지만, 국론 분열과 오렌지 혁명, 러시아의 압박과 제재, 유로마이단 혁명과 야누코비치 정권 붕괴, 러시아의 크림반도 병합과 돈바스 지역 전쟁 상황 등으로 그 과정이 매우 험난했으며, 결국 가입에 실패했다. 우크라이나는 1991년 독립한 후 친서방 노선을 견지하며 크라푸추크 정권 당시인 1992년 7월 유럽평의회The Council of Europe[32]가입 의사를 밝혔고, 1994년 6월에는 EU와 파트너십 · 협력 협정Partnership and Cooperation Agreement을 체결[33]한 데 이어 쿠츠마 정권 1기인 1998년 공식으로 EU 가입 의사를 밝혔다. 그 이후로 우크라이나는 매 정권마다 EU 가입을 추진했으나 2022년 2월 24일 전쟁이 발발하기 전까지 성사되지 못했다.

2004년 오렌지 혁명으로 재차 실시한 대선에서 집권한 유셴코 정권은 친서방 노선을 견지하며 정치경제 개혁을 추구함으로써 EU 가입의 호기를 맞았지만, 정파 간 정치적 내홍과 부정부패로 인해 실패하였다. 이어 집권한 친러 성향의 야누코비치 정권은 NATO 가입을 포기하는 등 러시아와의 관계를 개선하고 증진하는 데 중점을 두었다. 그러면서도 경제발전을 도모하고 경제

---

[32] 유럽평의회는 유럽연합(EU), 특히 EU의 유럽이사회와는 관련이 없는 별개 조직으로, 1949년 5월 설립된 유럽의 국제기구이며 민주주의와 인권 수호를 목적으로 활동하고 있다. 1990년대 민주화를 이룬 동유럽 국가들이 참가하면서 조직 규모가 크게 확대되었고 2011년 현재 유럽 47개국이 회원으로 가입하고 있다.

[33] Kateryna Khalabuzar, "The Evolution of the EU's Perception towards Ukraine", Center for European Integration Studies, *Discussion Paper*, 2023, p.275.

지원 획득을 위해 EU와 동방파트너십Eastern Partnership 협정 체결을 추진하다가 협정 체결 직전에 중단하였고 대신 러시아가 제안한 150억 달러 차관 제공을 받아들였다. 이것이 시위 도화선이 되어 2014년 유로마이단 혁명이 일어났고 부정부패로 물든 야누코비치 정권이 무너졌다. 이어서 친서방 성향의 포로셴코 정권이 들어서며 EU와 연합협정을 체결하는 등 EU 가입을 위한 노력이 이어졌지만, 이 정권도 부정부패가 극에 달하며 재집권에 실패했다. 2019년 등장한 젤렌스키 정권도 마찬가지로 친서방 정책을 선언하며 EU 및 NATO 가입을 천명하였고 EU 가입의 좋은 기회를 맞이하였으나 이를 중단시키려는 러시아의 침략이 개시되었고, 이는 우크라이나가 EU 가입후보국이 되는 새로운 국면으로 이어졌다.

이러한 우크라이나의 EU 가입 노력에 대해 EU는 러시아와 접경하고 있다는 지정학적 요인으로 인해 우크라이나를 받아줄 수도, 거부할 수 없는 난감한 입장에서 우크라이나의 가입 문제를 다루었다. 이와 관련 우선 미봉책이지만 해결책으로 완충지역에 속하는 서부 유라시아 지역의 중동부 유럽 6개국 즉 우크라이나, 벨라루스, 몰도바, 조지아, 아르메니아, 아제르바이잔을 '공동의 공간common space'으로 남겨두고 가입을 배제하는 대신 "근린국가"로서의 동방파트너십이라는 특혜적 관계를 설정하고자 하였다. 이는 이들 6개국에 대해 유럽적 가치를 표방하면서도 현실적으로 지역적 안정을 위한 지원, 불법 이민 통제, 상호 경제적 이해에 중점을 두고 있다. 결국에는 러시아와 국경을 맞대거나 러시아가 자국 안보와 연계하여 우려가 크다고 생각하는 국가들 중심으로 EU 가입이 이루어지지 않았다.

그리고 EU는 2014년 크림반도 병합과 돈바스 지역 분쟁화로 인해 우크라이나가 친서방 노선으로 갈 수밖에 없는 상황이 전개되고 있는 데다 안보와 에너지 수급 차원에서 우크라이나를 그대로 놓아두기 어려운 위협적 상황에 직면하였다. 여기에다 러시아 푸틴 대통령은 2015년 대유라시아 파트너십 Greater Eurasian Partnership을 표방한 데 이어 중국이 우크라이나를 일대일로의 유럽 교두보로 삼고 대대적인 경제적 투자를 진행했으며, 이것이 우크라이나의 친중 정책 추진으로 이어지면서 유럽의 경제적 이해에 위협으로 다가왔다. 이러한 상황 전개는 EU가 우크라이나에 대한 적극적인 지원을 모색하는 단계로 이어졌고 우크라이나도 즉각적인 EU 및 NATO 가입을 추구할 수 있는 우호적인 여건으로 진전이 조성되고 있었다.

이와 관련 EU는 2014년 3월 우크라이나와 제휴협정AA을 체결해 2016년 1월 협정 일부 내용이 발효됐고, 2017년 9월 완전히 발효되었으며[34] 이 협정은 회원국 가입을 고려한다는 정치적 의미가 담겨있다는 점에서 의미가 크다. 그리고 EU는 러시아와 중국의 동유럽 지역에 대한 영향력 강화를 견제하고자 2018년 기존의 동유럽에 대한 정책을 전면적으로 수정해 관계를 재설정하는 새로운 대외전략, 즉 글로벌 게이트웨이Global Gateway로 명명한 연결전략Linkage Strategy을 채택했다.[35] 이는 EU의 대우크라이나 정책에서 전환이 일기 시작했다고 할 수 있다.

그러나 이러한 EU의 우호적인 환경 조성에도 불구하고 2014년 우크라이나 사태 이후 우크라이나를 둘러싼 대내외적 상황들이 열악해지기 시작하며 EU 가입추진 노력을 어렵게 하였다. 우크라이나 올리가르히의 정치 권력과 경제력 독점 상태 지속, 우크라이나와의 협력 협정에 대한 일부 EU 회원국 주민들의 반발,[36] 영국의 EU 탈퇴, 러시아와 터키의 관계 강화 등이 바로 그것이다.

---

34 제휴협정(AA)은 EU가 1990년대에 유럽연합 가입을 신청한 체코와 헝가리 등 중동부 유럽 국가와 개별적으로 체결한 협정으로, 비회원국에 대해 추후 EU 가입을 전제하고 국내 개혁 지원 등과 같은 다양한 프로그램을 포함하고 있으며, 유럽협정(European Agreement)으로도 불린다.
35 Kateryna Khalabuzar, op. cit.
36 네덜란드는 의회 차원에서 우크라이나 - EU 협력 협정을 2015년 4월 이미 비준했으나, 2016년 4월 6일 국민 발의로 협력 협정 비준 여부를 묻는 주민 투표를 실시하였다. 그러나 전체 유권자의 32%가 투표했고 투표자 중에서 61%가 반대 의사를 나타냈다. 이러한 주민의 반대 의사는 네덜란드 상하원이 이미 비준에 찬성했기 때문에 EU의 비준에 영향을 주지는 않았으나 주민의 의사인 만큼 어느 시점에서는 제약 요소로 작용하게 된다.

2) 우크라이나의 EU 가입 장애와 기회 요인

지난 30여 년간 우크라이나의 EU 가입 노력에도 불구 이루어지지 않은 것은 여러 가지 요인이 있을 수 있다. 기본적으로 러시아의 강력한 견제와 러시아와의 대립을 피하려는 EU의 정치적 입장, 우크라이나의 내부 정치적 갈등과 부정부패, 법치·민주 체제 확립 미비 등이 복합적으로 작용한 결과라고 할 수 있다. 특히 우크라이나는 러시아의 반발을 의식한 EU의 의도적인 까다로운 검증을 넘어설 기본 수준을 맞추지 못한 데다, 올리가르히 등 기득권층의 보이지 않는 반대로 인해 EU 가입 정책을 적극적으로 추진하지 못한 측면도 크다.

보다 구체적으로 살펴보면 우크라이나의 EU 가입에 있어 가장 큰 장벽은 지정학적 요인과 관련한 EU의 정치적 행위에 의한 것이라고 할 수 있다. 주지하다시피 우크라이나는 러시아에는 유럽과 중동으로 통하는 통로이며, 동서유럽의 지정학적 중추로서 어느 한 세력권에 귀속하기 어려운 복잡한 이해가 얽힌 국가이다. 이와 관련 우크라이나는 러시아와 유럽의 안보 완충지대로서 미국과 러시아, 유럽 등 강대국의 각축전이 치열하게 전개되는 곳이다. 이러한 지정학적 요인 때문에 EU와 러시아는 1994년 6월 체결한 파트너십·협력 협정PCA, Partnership and Cooperation Agreement[37]을 계기로 이후 우크라이나, 몰도바, 및 벨라루스 등 3개국을 양측에 귀속하지 않는 완충지대로 둔다는 것을 암묵적으로 합의하였고, 이에 따라 EU가 유럽의 안정과 평화 유지를 위해 우크라이나의 가입을 의도적으로 까다롭게 굴었다는 주장도 나오고 있다.[38]

---

[37] 이 협정은 EU의 대러 경제개혁 지원 약속, 중동부 유럽으로의 EU 확장에 대한 러시아의 동의를 포함하고 있다. 다만 서부 유라시아지역의 안보 완충지대인 우크라이나, 몰도바, 조지아 등을 EU 확대대상에서 제외한다는 구두 약속이 있었다는 합의는 확인되지 않고 있으나 러시아는 그렇게 주장하며 약속을 지키라고 유럽과 미국을 압박하고 있다.

이와 함께 또 하나의 변수는 러시아의 강력한 반대와 우크라이나 흔들기라고 할 수 있다. 러시아는 우크라이나의 EU 가입은 과거 소련의 중심부까지 EU가 확대되고, 이는 러시아에 소련 붕괴와 맞먹는 지정학적 변화의 충격을 주는 것이며, 곧장 러시아의 안보 위협으로 직결된다며 강력하게 반발해 왔다. 그리고 러시아는 우크라이나의 NATO 가입은 물론 유럽연합 가입을 막고 친러 정권 수립을 위해 가스 공급가격 인상과 공급 중단 등 에너지를 무기화하는 전략을 구사하며 우크라이나에 압박을 가하였다. 친서방 노선의 유셴코 대통령 독살 시도, 친러 성향의 야누코비치 정권에 대한 회유, 2008년 조지아 공격, 2014년 크림반도 병합과 돈바스 지역 분쟁화, 2.24 우크라이나 침공 등도 모두 이러한 범주에 속한다고 할 수 있다. 특히 러시아의 우크라이나 침공은 우크라이나 흔들기의 결정판이라고 할 수 있으나 오히려 유럽연합이 우크라이나는 물론 몰도바, 조지아까지 가입후보국 지위를 부여했다는 점은 아이러니하다.

또 다른 변수는 우크라이나 자체의 문제이다. 우크라이나는 국가건설과 체제 전환과정에서 소련의 후진적 정치 행태와 부정부패의 고리가 그대로 이어지며 민주주의 시스템과 법치가 제대로 자리를 잡지 못한데 다 시장경제 기반을 갖추지 못하는 상태가 계속되었다. 이는 EU 가입 기준[39]을 충족시킬 역

---

38 이러한 주장은 EU가 유독 우크라이나, 조지아, 몰도바, 벨라루스, 아르메니아, 아제르바이잔의 동부지역 6개국을 완충지대로 삼아 공동의 공간으로 남겨 놓은 점, 이들을 EU에 가입시키는 대신 특혜적 관계를 설정해 유럽지역 국가임을 인정해 주는 점, 발칸반도의 크로아티아는 2013년 회원국이 되었으나 우크라이나는 배제된 점 등을 고려해 볼 때 다소 설득력을 지니고 있다고 할 수 있다.

39 EU의 회원국 가입 기준은 매우 엄격하고 오랜 시간 쌍방 간 협상이 필요하다. EU 가입 희망국가는 코펜하겐 기준(Copenhagen criteria)에 따라 지리적으로 유럽지역에 위치하고, 기존 회원국과 문화적 정체성을 공유하며, 정치적 기준(민주주의와 법치, 인권, 소수민족 보호를 위한 자유화), 경제적 기준(안정적인 시장경제와 통합된 유럽연합의 단일시장에서 경쟁할 수 있는 능력), 유럽연합의 제도수용 기준(유럽연합의 조약 및 법률, 공동정책 수용 능력) 등 회원국이 될 수 있는 3가지 가입 조건을 만족시켜야 한다. EU는 가입을 신청한 국가에 가입후보국 혹은 예비 가입후보국 자격을 부여한다. 이후 코펜하겐 기준에 근거해 이행해야 한 사항을 35가지로 세분화해 항목마다 이행 여부를 검증하여 적합 여부를 판정한다. 유럽연합은 이러한 35개 항목이 모두 충족돼야 가입조약을 맺고 공식적인 회원국으로 수용한다("Commission Opinion on Ukraine's application for membership of the European Union", 2022.06.17, https://data.consilium.europa.eu/doc/document/ST-10321-2022-INIT/en/pdf

량을 갖추지 못한 것이고 EU가 정치적인 차원에서 이를 적절하게 활용한 측면이 있다고 할 수 있다.[40]

따라서 우크라이나는 EU 가입을 위해서는 이러한 가입 장애 요인을 극복하는 것이 관건이다. 그러나 러시아의 우크라이나 침공으로 유럽의 안보 불안이 가중되면서 우크라이나의 EU 가입에 대한 기회 요인이 생성되고 있다.

첫째, 그것은 EU도 우크라이나의 조건 미달을 내세우며 언제까지 가입을 보류할 수 없는 상황이 전개되고 있다는 점이다. 러시아의 우크라이나 침공으로 안보 위협이 현실화하고 힘에 의한 인위적인 질서변화 시도, 러시아와 중국의 중동부 유럽 국가들에 대한 영향력 침투와 이에 따른 유럽의 경제적 이해 위협 등의 상황을 고려할 때 EU가 일단 정치적으로 가입을 결정할 가능성이 충분히 있다고 볼 수 있다. 즉 EU가 우크라이나를 받아들일 의지가 있다면 예외적인 기준과 절차로 신속히 가입 협상을 마무리할 가능성은 있다.

둘째, 또한, 우크라이나는 이미 러시아의 침공으로 국토가 피폐화된 상황에서 유럽과 미국 등 전 세계 자유 민주 진영의 도움으로 거의 무에서 유를 창조하는 전후 복구가 이루어져야 하고, 그 과정에서 우크라이나는 민주주의와 법치, 유럽제도 수용, 전면적인 정치경제 개혁 시행 등을 통해 새로운 국가로 태어날 것이며, 당연히 EU 가입 기준도 채울 수가 있다.

그러나 우크라이나가 극복해야 할 요인도 있다. 먼저, 전후 재건작업을 함에 있어서 올리가르히 등 기득권층의 부정부패를 철저하게 척결하는 노력이 전개되어야 한다. 전후 무질서와 혼란을 이용하여 국가재건에 쓰일 재원이

(검색일 : 2022. 12. 12)].
[40] 튀르키예 사례를 보면 EU의 의도적인 정치적 행위를 유추할 수 있다. 튀르키예는 유럽연합의 전신인 유럽경제 공동체(EEC)가 출범한 이듬해인 1959년 1월에 가입신청을 했고, 40년이 지나 EU는 1999년 튀르키예에 가입후보국 지위를 부여했으며, 2005년 10월부터 튀르키예와 가입 협상을 개시했지만 35개 가입조건 중 비정치적 내용을 담은 '과학 및 연구' 항목만 합의를 보고 나머지 34개 부에서는 협상이 답보상태에 있다.

몇몇 부패 기업인과 정치인, 관료들의 주머니를 불리어주는 데 사용되지 않도록 해야 한다.[41]

둘째, 여전히 러시아의 안전보장 요구에 대한 타결이다. 러시아가 우크라이나를 침략한 명분으로 내세운 우크라이나의 NATO 가입 차단과 중립화, NATO 동진 확대 중지 등의 요구를 러시아가 침략자라 하더라도 이를 무시할 수만은 없다. 그렇지 않고서는 유럽에 안보 불안과 위협을 가하는 상수로서 기능할 수밖에 없으며, 이문제가 종전 협상의 핵심사안의 하나로 등장할 것이기 때문이다. 프랑스 마크롱 대통령은 미국을 방문하는 과정에서 "러시아의 안보 보장 요구에 응답해야 한다."라는 취지의 발언을 한 것도 같은 맥락이다.[42]

셋째, EU 내 친러 성향 회원국들이 러시아의 안보 보장 요구 등을 들어 반대할 가능성도 있는 만큼 이의 설득도 중요하다. 헝가리, 세르비아 등은 러시아의 우크라이나 침공을 규탄하지만, 유럽의 대러 제재에 반대하는 등 엇박자를 내고 있다. 우크라이나의 EU 가입이 러시아 안보를 위협한다고 주장할 가능성도 있다.

넷째, 이와 함께 EU는 이미 오래전에 튀르키예와 발칸지역 6개국에 가입 후보국 및 예비 가입후보국 지위를 부여하고 지원 프로그램을 운영하고 있다. 따라서 이들 국가와의 형평성을 둘러싼 반발과 저항을 해결해야 한다.

이상에서 살펴본 대로 우크라이나로서는 국가의 생존을 위해 친서방 노선

---

[41] Andreas Umland, "How the West Can Help Ukraine : Three Strategies for Achieving a Ukrainian Victory and Rebirth", *SCEEUS Report* No 1, 2023, https://sceeus.se/en/publications/how-the-west-can-help-ukraine-three-strategies-for-achieving-a-ukrainian-victory-and-rebirth/ (검색일 : 2023.02.05)

[42] *New York Times*, 2022.12.4, 『조선일보』, 2022.12.6, A14면 재인용. 마크롱은 "푸틴 러시아 대통령은 '나토가 러시아 문 앞까지 진출했다'는 두려움을 줄곧 주장해왔다"며 "우리는 (평화 협상에) 러시아가 이문제를 다시 들고나올 경우, 러시아 안보를 보장하면서 어떻게 우리 동맹과 나토 회원국의 안보를 보장해야 할지 고민해야 한다"고 언급함으로써 우크라이나와 동유럽 국가들, 발트 3국, 스칸디나비아 반도 국가들로부터 비난을 받고 있다.

견지와 EU 가입을 추진하는 것 이외에 마땅한 대안이 없다. 그러나 우크라이나의 유럽연합 가입에는 많은 장애가 존재하지만, 정치적 결단으로 가입이 이루어질 가능성도 크다. 다만 종전 협상과 연계된 러시아 안보 보장 요구 문제가 관건으로 등장할 가능성도 있다. 강대국들이 문제 해결을 위해 강대국 논리를 적용하며 러시아와 타협에 나설 수도 있으며, 타결 과정에서 우크라이나, 조지아, 몰도바 등의 가입 문제는 보류되고 다른 대안이 모색될 수도 있다. 프랑스 마크롱 대통령의 미국 방문과 정상회담에서 러시아를 협상테이블로 유인하려는 움직임을 보이는 것도 같은 맥락이다. EU 가입으로 인한 또 다른 충돌 요소를 만들기보다는 아마도 마크롱이 제시한 새로운 유럽 정치공동체 창설을 통해 유럽 내 EU 가입 희망 국가들(우크라이나, 몰도바, 조지아 등)을 신속하게 포용할 수 있는 대안을 모색할 가능성도 있다. EU 역외 국가를 포용할 수 있는 광범위한 정치 기구인 유럽 정치공동체를 만들어서 안보는 물론 에너지와 교통, 인프라 투자, 유럽인의 이동과 교류 등에 대한 정치적 협력 공간을 제공한다는 것이다. 유럽 내 주도력 다툼을 고려할 때 과연 실현 가능성이 있을지의 여부는 별개의 문제이나 하나의 대안으로 고려될 수도 있다.

5. 결론

이상에서 살펴본 대로 EU와 우크라이나의 협력관계는 우크라이나 전쟁이 끝나더라도 강화되어 갈 것이며, 우크라이나의 EU 가입 가능성을 크게 높였다고 할 수 있다. EU로서는 침략 국가 러시아를 응징하고 유럽에 대한 안보 위협을 차단하기 위해서는 유럽 전체의 단결과 협력이 필요하다. 그리고 이를 통해 우크라이나가 전쟁에서 승리하고 전후 재건에 나서서 정상화된 국가로 다시 태어나야 하며, 유럽의 약한 고리에서 강한 고리로 변화되어야 하기 때문이다.

유럽은 국가별로 우크라이나에 대한 지원과 협력의 강도는 다르지만, 친러 성향을 지닌 국가들을 포함하여 침공 자체에 대해 모두 강력하게 규탄하고 지원에 나서고 있다. 그리고 우크라이나를 포함하여 유럽인들에게 유럽이라는 공동의 틀 속에서 공동의 이익과 선善을 추구한다는 목표 의식을 재확인시켜준 계기가 되었다. 유럽이 결속하는 배경에는 상호관계 속에서 지역적 근접성과 단일성, 그리고 동질성이라는 유럽공동체의 특징이 자리하고 있다. 다만 유럽 전체 국면에서 보면 국가별로 정도의 차이만 있을 뿐이며, 자국이 치한 상황과 전쟁이 주는 영향에 따라 입장을 달리하고 있다.

그러나 유럽 내 전쟁 피로도가 증가하며 여론이 악화하면 우크라이나에 대한 종전 협상을 압박하는 상황이 발생할 개연성이 커지고 프랑스 마크롱 대통령처럼 러시아의 안보 보장 요구도 고려해야 한다는 주장도 계속 이어져 나올 수 있다.

그리고 장기간 유럽을 주도하고 있는 중도 우파 및 중도좌파 성향 세력의 퇴조 징후 속에서 우크라이나 전쟁을 계기로 극단적 성향의 정치 세력들이 세를 확장해 나가고 있는 현상이 유럽 내에 일부 나타나고 있다. 여기에서 일차적으로 전쟁으로 인한 유럽 내 갈등이 싹트고 있으며, 경제적 어려움과 함께 우크라이나 사태에 대한 대응을 두고 갈등이 움트고 있다고 할 수 있다. 이에 따라 종전 협상과 전후 복구 등을 둘러싼 논쟁과 갈등이 발생할 수 있으며, 유럽의 정치통합이나 이의 주도세력 간 정치안보 판도를 둘러싸고도 상당한 갈등을 초래할 것이다.

그리고 유럽 정치안보 지형 변화에서 관심을 두고 볼 사항은 단연 폴란드의 변화와 부각이며, 이에 따른 유럽 방위산업 재편 가능성이다. 폴란드의 변화는 우크라이나가 무너지면 다음은 폴란드라는 절체절명의 위기의식이 작용하고 있다. 정치적으로는 EU 정책에 대한 협력적 자세는 물론 연대를 강화해 나갈 것이며, 군사 안보적으로는 유럽 방위에서 폴란드의 전략적 중요성이 두드러질 것이고, 이는 미국의 핵심 동맹국으로서 군비증강 등 국방력 강화와 함께 유럽에서의 정치적 영향력도 자연스럽게 커질 것으로 보인다.

유럽에 던져진 심각한 현안의 하나는 우크라이나가 친서방 노선을 견지하며 추구하고 있는 EU와 NATO 가입 문제에 대한 처리이다. 그간 미국과 유럽은 러시아와의 관계를 고려하여 엄격한 가입 기준을 요구하며 억제해 왔고 결국에는 러시아가 이를 안보 위협이라 주장하며 우크라이나를 침략하기에 이르렀다. 전쟁이 터진 후 우크라이나는 EU 가입후보국이 되었고 가입 가능성을 크게 높였다고 하지만, 언제 가입이 이루어질지는 의문이다. 특히 NATO 가입 문제는 러시아가 내세우는 전쟁의 명분이라는 점에서 선택지가 쉽지 않을 것이다. 그렇다고 우크라이나를 이도 저도 아닌 어정쩡한 상태로 놔둘 것인지를 깊게 고민해야 할 문제가 될 것이며, 아마도 이 과정에서 많은 갈등과 논란이 일 것이다.

우크라이나는 러시아에 빼앗긴 영토를 수복해야 한다고 주장하고 있으나 강대국들이 상황에 따라 강대국 안보 논리대로, 우크라이나의 의지와 상관없이 운명을 결정할 가능성을 경계하며 고심하고 있다. 우크라이나는 유럽과 미국의 지원 태도가 전쟁이 장기적 교착상태에 빠지는 경우 협상 강요로 이어질 수도 있다는 점을 우려하고 있으며, 이것이 중소국가의 숙명이고 완충국가의 운명일 수도 있다.

이러한 관점에서 한반도도 예외가 아니다. 특히 글로벌 가치사슬 재편GVC, Global Value Chain과 지정학적 대전환, 탄소 중립과 그린에너지 대전환, 코로나-19와 디지털 대전환 등 복합대전환이 진행되고 있는 시대에 새로운 국가적 과제는 바로 위기와 변화에 적극적으로 조응하는 것이다.[43]

---

[43] 서동주, 「미중 복합 지정학적 갈등과 러시아의 전략적 입장 및 대응」, 한양대 아태지역연구센터 러시아·유라시아 연구사업단·강봉구 엮음, 『미중 전략경쟁 시대의 유라시아』, 민속원, 2022, 66~72쪽. 서동주는 복합대전환 시대를 인공지능, 디지털 전환시대, 코로나19 팬데믹 시대, 미중 패권경쟁 시대,

참고문헌

김정기, 「미중 전략경쟁과 우크라이나의 대응전략」, 『중소연구』 제46권 제2호, 2022 여름.
남승현, 「우크라이나 침공에 대한 국제법적 검토」, 『주요국제문제분석』 2022-16, 서울 : 국립외교원, 2022.
서동주, 「미중 복합 지정학적 갈등과 러시아의 전략적 입장 및 대응」, 한양대 아태지역연구센터 러시아·유라시아 연구사업단·강봉구 엮음, 『미중 전략경쟁 시대의 유라시아』, 민속원, 2022.
허승철, 「우크라이나의 EU 가입 추진과정 분석과 평가」, 『러시아어 문학연구논집』 제55집, 2016.

Andreas Umland, "How the West Can Help Ukraine : Three Strategies for Achieving a Ukrainian Victory and Rebirth", *SCEEUS Report* No 1, 2023, https://sceeus.se/en/publications/how-the-west-can-help-ukraine-three-strategies-for-achieving-a-ukrainian-victory-and-rebirth/ (검색일 : 2023.02.05)

"Alternative Futures of EU-Russia Relations in 2030", November 6, 2020, https://russiancouncil.ru/en/activity/publications/alternative-futures-of-eu-russia-relations-in-2030/ (검색일 : 2022.12.25)

Andrey Kortunov, "Washington Likely to Ask EU Allies to Share More Burden on Aid to Kiev after Midterm Race", November 11, 2022, https://russiancouncil.ru/en/analytics-and-comments/analytics/washington-likely-to-ask-eu-allies-to-share-more-burden-on-aid-to-kiev-after-midterm-race/ (검색일 : 2022.11.12)

John J. Mearsheimer, "The Causes and Consequences of the Ukraine Crisis", https://nationalinterest.org/feature/causes-and-consequences-ukraine-crisis-203182 (검색일 : 2022.06.25)

Kateryna Khalabuzar, "The Evolution of the EU's Perception towards Ukraine", Center for European Integration Studies, *Discussion Paper*, 2023.

Laura-Theresa Krüger, Julie Vaillé, *Analysen und Stellungnahmen*, Bonn : German Development Institute(DIE), 2/2020.

Marc Pierini, "Five Takeaways From the European Political Community Summit", Carnegi Europe, *RECENT ANALYSIS FROM JUDY DEMPSEY'S STRATEGIC EUROPE*, October 18, 2022, https://carnegieeurope.eu/strategiceurope/88189 (검색일 : 2022.11.10)

4차 산업혁명 시대 등 다양하게 명명되는 이름을 통칭한 개념으로 설명하고 있다.

Robert Legvold and Celeste A. Wallander (eds), "Swords and Sustenance", *The Economics of Security in Belarus and Ukraine*, Cambridge, MIT Press, 2004.

"Commission Opinion on Ukraine's application for membership of the European Union", 2022.06.17, https://data.consilium.europa.eu/doc/document/ST-10321-2022-INIT/en/pdf (검색일 : 2022.12.12)

"Questions and Answers : Unified funding approach to EU borrowing", 19 December 2022, https://ec.europa.eu/commission/presscorner/detail/en/QANDA_22_7789 (검색일 : 2023.01.05)

"The EU and Ukraine's Public Opinion : Changing Dynamic", 06/12/2022, https://www.iai.it/it/pubblicazioni/eu-and-ukraines-public-opinion-changing-dynamic (검색일 : 2023.02.05)

"THE EUROPEAN UNION AND UKRAINE", September 2022, https://www.eeas.europa.eu/sites/default/files/documents/Factsheet%20-%20EU%20and%20Ukraine.pdf (검색일 : 2022.12.10)

The Razumkov Centre, "UKRAINE : 30 YEARS ON THE EUROPEAN PATH", the Konrad-Adenauer-Stiftung Office in Ukraine, Kyiv 2021.

_____, "THE EU-UKRAINE SECURITY PARTNERSHIP : STATUS AND PROSPECTS", KYIV 2021, Hanns Seidel Foundation.

Ulrike Reisner, "Ukraine Crisis : Is the EU about to split?", September 24, 2022, https://russiancouncil.ru/en/blogs/meeting-russia/ukraine-crisis-is-the-eu-about-to-split/?sphrase_id=93593474 (검색일 : 2022.10.18)

"Ukraine-EU - international trade in goods statistics", Data extracted in February 2022, https://ec.europa.eu/eurostat/statistics-explained/index.php?title=Ukraine-EU_-_international_trade_in_goods_statistics (검색일 : 2023.01.04)

DIF, Presentation "How Ukrainians See Goals and Exit from War and Why It Is Important for Ukraine's Partners", 2 December 2022, https://dif.org.ua/en/article/presentation-how-ukrainians-see-goals-and-exit-from-war-and-why-it-is-important-for-ukraines-partners (검색일 : 2023.02.05)

https://www.yna.co.kr/view/AKR20220511102800009?section=search (검색일 : 2022.11.21)

https://www.yna.co.kr/view/AKR20220223005451098?section=search (검색일 : 2022.11.17)

https://www.rferl.org/a/eu-russia-assets-frozen-17-billion-euros/32106792.html (검색일 : 2022.11.10)

https://wspaper.org/article/28180 (검색일 : 2022.11.05)

벨라루스와 유럽연합(EU)의 협력과 갈등*
― 러시아 영향력을 중심으로 ―

김선래

1. 들어가는 말

1991년 소련으로부터 독립한 이후 벨라루스가 독자적인 민족 정체성을 추구해왔으며 지리적 위치로 인하여 지정학적으로 서유럽과 러시아 사이에서 완충지대 역할을 했다. 벨라루스가 민족 정체성을 형성하는 길에는 세 가지 길이 있다. 러시아를 향하느냐, 아니면 유럽을 지향하느냐, 혹은 벨라루스 독자적 입장을 강구해 나갈 것인가이다. 이 글에서는 EU와 러시아 사이에서 벨라루스가 취한 일련의 입장을 분석해 보면서 벨라루스의 대외정책 노선이 변해가는 상황을 살펴본다.

벨라루스는 1994년부터 현재까지 루카셴코 대통령이 장기 집권하면서 시장경제와 계획경제를 혼합한 정부 주도의 개발 정책을 펼치고 있다. 이 때문에 서방에서는 벨라루스를 '유럽 속의 작은 중국'이라고 표현한다. 중국이 전 세계 '생산 공장 집합체'라고 한다면, 벨라루스는 CIS의 '조립 공장 집합체'라고 표현되기 때문이다. 소련 시절부터 벨라루스가 역내 제조업 집중 국가로

---

* 이 논문은 2023년 3월 슬라브학보 38권 1호에 게재된 내용을 수정 편집했다.

육성되었으며, 지금도 GDP에서 제조업이 높은 비중을 점하고 있다. 이러하 듯 벨라루스는 소련의 그늘 즉 러시아의 그늘에서 벗어나는 것에 한계를 지니고 있다.

벨라루스는 러시아 등 EAEU(유라시아경제연합, 벨라루스, 러시아, 카자흐스탄, 아르메니아, 키르기스스탄 5개국)와 경제통합을 추진하며 역내 단일 경제권을 형성했다. 벨라루스는 소련 시절부터 기초과학, 컴퓨터 공학 수준이 높았으며, 여타 국가와 달리 소련 해체 후에도 자국 내 제조기반을 유지하고 있다.

독립 초기부터 러시아 - 벨라루스 국가연합을 추진하던 벨라루스가 EU와의 교류와 경제협력을 추구하던 2010년대 유럽과의 경제협력과 교류 내용을 살펴봄으로써 벨라루스의 친유럽적 경향과 벨라루스 독자적 유럽 접근 전략을 살펴본다. 특히 러시아의 크림병합 이후 민스크협정을 주도한 벨라루스에 대해 EU의 적극적인 접근과 이에 대한 벨라루스의 대응은 EU와의 교역을 심화하게 했다. 최근 벨라루스 젊은 엘리트들을 중심으로 벨라루스 정체성에 대한 논의가 진지하게 시작되었으며 2020년 8월 부정선거로 인한 반정부 시위는 이러한 젊은 세대를 중심으로 벨라루스 정체성에 대한 논의가 더욱 확산됐다. 그간 서방과 러시아 중간에서 줄타기 외교를 하던 벨라루스가 2020년 대선 부정선거로 인하여 궁지에 몰린 루카셴코 대통령이 급격하게 친 러시아 정책으로 전환하게 된 계기가 되었다. 더욱이 2022년 우크라이나 전쟁은 가뜩이나 EU의 경제제재 조치로 힘든 루카셴코 정권이 친러시아로 전환하는 데 결정적 역할을 했다.

여기서는 벨라루스와 유럽연합 그리고 러시아 간의 관계를 1991년 독립 이후부터 2000년, 그리고 2000년부터 2016년, 그리고 2016년 이후로 나누어 살펴보는 것이 효율적이라 판단한다. 1991년부터 1999년까지는 러시아와 벨라루스가 국가연합을 전격적으로 진행한 시기이고 이후 2016년까지 양국의 기나긴 통합논의와 벨라루스의 독자노선 모색기, 2016년 이후 벨라루스가 유럽과 적극적으로 교류하면서 유럽과 러시아 사이에서 독자적 노선을 추구했던 시기, 2020년 이후 재개된 러시아와의 통합논의로 구분될 수 있다. 이 글에서는 2000년대 진행된 벨라루스와 유럽연합과의 관계를 중점적으로 살펴본다. 이와 병행하여 벨라루스에 정치, 경제, 문화, 역사적으로 지대하게 미치는 러시아 영향력도 분석해 본다.

본고에는 이러한 벨라루스의 친유럽적 경향과 친러시아적 정향을 여러 시기의 설문조사를 바탕으로 살펴보고 벨라루스인들의 정체성을 대입하여 러시아와의 관계에 대한 미래를 추측해본다. 그를 바탕으로 유럽과 러시아 사이에서 러시아의 영향력을 살펴보고 벨라루스가 추구할 수 있는 독자성의 한계와 방향을 제시해 본다.

2. 벨라루스의 정체성

1) 벨라루스의 민족적 정체성

러시아와 유럽연방 사이에 있는 벨라루스는 인종적, 종교적으로도 경계지역에 놓여 있다. 언어도 러시아어와 벨라루스어를 공용어로 사용하는 이중언어정책을 시행하고 있다. 벨라루스 국민은 벨라루스어보다 러시아어를 더 많이 사용한다.[1] 2009년 인구조사에 의하면 수도 민스크에서 러시아어 사용 인구는 94%에 이르며, 전 지역에서 80% 이상이 러시아어를 사용한다.[2] 역사적으로 벨라루스는 리투아니아의 지배를 오랫동안 받았으나 최근 200년 동안은 러시아 지배를 받았다. 벨라루스의 어원인 벨라야 루스Белая Русь의 기

---

[1] 김보라, 「탈 소비에트 벨라루스인들의 언어 정체성 변화 양싱」, 『러시아어문학연구논집』 제54집, 2016, 274~285쪽.
[2] 이지연, 「만들어지고 있는 민족/국가(nation) : 포스트소비에트 벨라루스의 민족주의와 국가정체성」, 『러시아어문학연구논집』 제47집, 2014, 249쪽.

원은 12세기 블라디미르 - 수즈달 공국을 지칭하는데 시작되었으며 이후 프스코프, 스몰렌스크, 모스크바까지 영역이 확대되었다. 벨라루스가 현 영토에 한정되어 사용되기 시작한 것은 14세기부터로 몽골 - 타타르에 정복되지 않은, 리투아니아 공국의 지배도 받지 않은 지역을 부르는 장소라는 개념에서 시작되었다.[3] 대부분의 벨라루스인은 자신들을 루스족 즉 키예프 루시를 근원으로 하는 동슬라브족이라고 생각한다. 리투아니아 - 폴란드 연방 지배를 받았을 때도 기층민중은 루스인 즉, 동슬라브족이었다. 1772년 러시아, 오스트리아, 프로이센에 의하여 폴란드 - 리투아니아 연방이 분할되었고 벨라루스는 다시 제정 러시아에 편입되었다. 이후 러시아와의 연합이 벨라루스인들의 정치적 삶과 지적 경향에 영향을 미쳤다.[4] 벨라루스는 우크라이나와 달리 독자적 민족 정체성이 약했으며 집권 엘리트 그룹은 벨라루스와 러시아를 하나의 민족으로 규정했다.[5] 러시아와 형제국가라는 인식은 1997년 4월 현 루카셴코 벨라루스 대통령과 러시아 옐친 대통령 간 체결된 벨라루스 - 러시아연합조약Договор о Союзе Беларуси и России으로 이어졌다. 벨 - 러 국가연합에 대한 양국의 시각에는 차이가 있다. 연합의 성격에 대하여 벨라루스는 동등한 주권국가의 결합을 의미한다고 보았으나 러시아는 벨라루스를 러시아 연방 내 타타르스탄 공화국이나 크림 공화국과 같은 연방 구성원 차원으로 보았다. 그 때문에 2002년 푸틴 대통령은 벨라루스에 러시아 연방의 일원으로 들어오는 것을 제안했으며, 이는 러시아가 벨라루스의 자치권조차 부인하는 것으로 받아들여졌다. 2006년 말 러시아가 벨라루스에 제공하는 가스공급 가격을 올린 것이 벨라루스를 자극했으며 벨라루스 국민의 대부분이 벨 - 러 국가연합에 반대하는 계기가 되었다. 이 당시 설문조사에 따르면

---

[3] 박혜경, 「벨라루스 민족 정체성의 이상과 현실」, 『중소연구』 제43권 제3호(가을), 2019, 265~297쪽.
[4] 위의 글, 271쪽.
[5] 우준모·김종현, 「유라시아 지역 통합체 건설에 있어서 우크라이나, 벨라루스의 전략적 선택과 한계」, 『국제지역연구』 제18권 제5호, 2015, 67쪽.

응답자의 54.8%가 연합국가 안에 반대했고 20.4%만이 찬성했다. 이후 2019년까지 통합논의가 답보 상태에 머물렀다.[6]

　벨라루스의 민족적 정체성은 크게 두 가지로 분류할 수 있다. 리투아니아로부터 찾는 유럽적 정체성과 소비에트에서 찾는 포스트소비에트 정체성이 그것이다. 전자는 젊은 지식인과 창조적 엘리트 그룹이 추구하는 정체성이며, 후자는 소비에트 시기에 교육을 받았던 현 지배 엘리트 계층이다. 소련 시기에 형성된 특징으로 조국에 대한 사랑, 자긍심으로 소련의 대조국전쟁 유산을 강조하게 된다. 이는 소비에트 벨라루스인이라고 하는 정체성 모델로 대다수의 벨라루스인에게서 지지를 받고 있다.[7] 루카셴코 대통령은 집권 초기 유럽적 정체성보다는 소비에트 정체성을 강화하는 정책을 추진했다.[8] 벨라루스에서 유럽을 지향하는 구호는 소수이며 대부분 슬로건에 끝나고 만다. 왜냐하면 대부분 민중이 러시아적이며 동방정교와 러시아어를 사용하고 정서적 연대도 러시아를 형제국으로 인식하고 있기 때문이다.[9] 벨라루스인들 대부분이 벨라루스 민족의 기원을 키예프 루시로 보기에 벨라루스와 러시아는 역사적 기원에서도 형제국이라고 본다.

2) 유럽 - 러시아 사이의 벨라루스

　1999년 러시아 - 벨라루스 연합논의가 급물살을 탔을 당시 양국 통합에 대한 러시아 국민의 찬성은 압도적으로 높았다.[10] 공공여론 재단Public Opinion Foundation(1999년 1월)의 조사에 따르면 러시아 시민의 77%는 두 나라의 통일

6　Особая буква, "Белорусы не желают объединяться ни с Россией, ни с Европой", 2009.06.04.
7　김선래 · 홍석우, 「벨라루시 정체성의 재건: 신화, 민족사, 민족의 건설」, 『동유럽발칸학』 제13권 2호, 2011, 232쪽.
8　홍완석, 「동과 서 사이에서 벨라루스의 대외전략」, 『동유럽발칸학』 제13권 2호, 2011, 406~410쪽.
9　우준모 · 김종현, 앞의 논문, 2015, 67쪽.
10　Независимая газета, "О российско-белорусской интеграции", 1999.

을 위한 국민 투표에 참여할 준비가 되어 있으며 37%는 러시아와 벨라루스가 단일 대통령과 정부가 있는 하나의 국가가 되어야 한다고 함. 응답자의 36%는 긴밀한 정치 및 경제 관계로 연결된 독립 국가 연합 형태의 통일을 선호하였다. 러시아인의 9%만이 벨라루스와 러시아의 통합에 반대했다. 그러나 20여 년이 지난 지금 러시아인의 43%가 벨-러 연합의 필요성을 느끼지 않으며 22% 만이 동등하게 양 국가의 통합에 찬성하고 있고 17%는 벨라루스가 러시아 연방에 귀속하기를 원하는 것으로 나타났다. 전반적으로 통합에는 39%가 찬성하며 43%의 러시아인들은 벨라루스와의 관계를 통합보다는 우호적 관계로 유지하는 것이 좋다고 본다.[11] 이와 반대로 벨라루스는 국제관계의 변화 그리고 사회구성원들의 진보적 성향 확대와 같은 변화가 있었음에도 불구하고 전반적으로 양국 간의 우호 관계가 중요하다고 보았다. 양국 간의 국가통합 논의에서 러시아보다는 벨라루스 국민의 의사가 더 중요하기에 이를 분석하면 양국 연합에 대한 가능성을 예견해 볼 수 있을 것이다. 2019년 여론조사를 보면 36.1%의 벨라루스인들이 양국의 통합에 찬성하고 있다.[12] 이는 1999년보다 10%가량 낮아진 수치이며 2003년 여론조사보다 13.3%가 낮아졌다. 대등한 독립 국가 관계를 원하는 벨라루스인은 49.9%로 2003년보다 14.9% 증가하였다. 통합에 대한 의사가 낮아졌음에도 불구하고 양국 간의 관계가 매우 중요하다는 벨라루스 주민은 60.5%로 러시아에 대한 벨라루스인의 생각을 읽을 수 있다.[13] 2020년 벨라루스 대선 부정에 대한 항의 시위가 활발했던 기간에 벨라루스인들을 대상으로 분석한 여론조사는 많은 변화를 시사하고 있다.

〈표 1〉은 벨라루스 분석 워크숍Белорусская аналитическая мастерская, BAW에

[11] ВЦИОМ НОВОСТИ, "Белоруссия, Россия, Союзное государство", 2020.
[12] BBC NEWS RUSSIA, "На кону независимость : почему в Беларуси боятся интеграции с Россией", 2019.
[13] Ibid.

서 2019년 12월에 실시하고 올해 2월에 발표한 내용을 그래프로 만들었다. 전국 대표 설문조사에 따르면 2019년 벨라루스에서 러시아와의 연합에 대한 지지가 60.4%에서 40.4%로 감소했다. 동시에 BAW는 같은 기간 동안 친유럽이 24.4%에서 32%로 증가했다. 설문조사는 벨 - 러 통합에 대한 시위를 배경으로 실시되었고 1,061명이 참여했다.[14]

<표 2>에서 보듯이 젊은 세대 벨라루스인들의 러시아와의 통합에 대한 생각은 달라졌다. 이는 통합을 원하는 벨라루스인들의 통합 수준에 대한 시각도 같이 달라졌다고 볼 수 있다. <표 3>에서는 기성세대와는 달리 젊은 세대들은 벨라루스가 러시아에 통합되는 것을 반대하고 EU에 통합되는 것을 더 선호한다고 보겠다.[15]

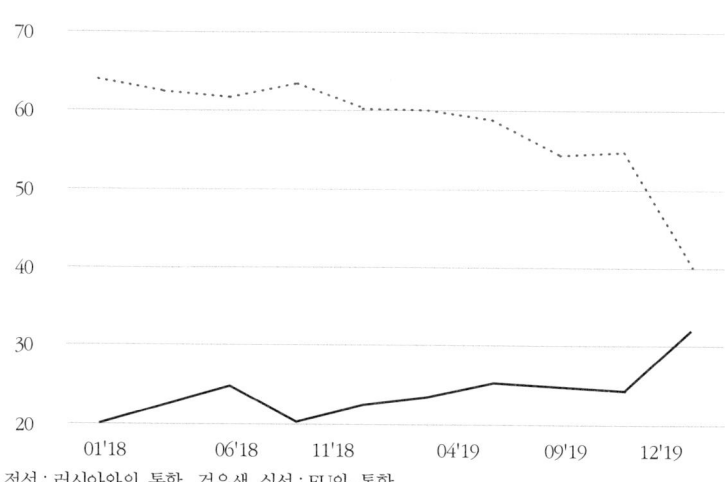

〈표 1〉 EU와 러시아 중 어디와 통합하는 것이 좋은가에 대한 벨라루스인들 여론조사

파란색 점선 : 러시아와의 통합, 검은색 실선 : EU와 통합,
출처 : BAW.[16] 잘모르겠다와 답변이 어렵다는 항목은 삭제

---

[14] Павлюк Быковский, "Почему все меньше белорусов хотят союза с Россией", 2020.
[15] Chatham House, "amid the crisis, belarusian identity is changing", Chatham House, The Royal Institute of International Affairs, 2020.
[16] "Почему все мсньше белорусов хотят союза с Россией", https://www.dw.com/ru/%D0%BF%D0%BE%D1%87%D0%B5%D0%BC%D1%83-%D0%B2%D1%81%D0%B5-%D0%BC%D0%B5%D0%BD%D1%8C%D1%88%D0%B5-%D0%B1%D0%B5%D0%BB%D0%BE%D1%80%D1%83%D1%81%D0%B

반정부적이고 진보성향을 띤 여론조사 참가자들이 러시아와 EU에 대해 지니고 있는 감정이 어떠한지는 〈표 2〉와 〈표 3〉의 질문에 대한 대답을 통하여 유추해 볼 수 있다. 〈표 2〉~〈표 5〉까지는 2020년 11월 13일~18일간 벨라루스 전역에서 864명의 응답자를 중심으로 분석한 설문조사로 그 당시 반정부 시위가 한창이었으며, 설문조사 방법이 인터넷 사용자만을 대상으로 하였기에 인터넷 접근이 용이한 젊은 층들의 의견이 많이 반영되었다고 볼 수 있다. 이들은 벨라루스 정치·경제 사회적으로 활발히 활동하는 그룹이라고 보겠다. 때문에 루카셴코를 지지하고 양국 통합에 긍정적인 보수층과 노인층의 의견이 적게 반영되었다고 본다. 통계적 오차 범위는 (신뢰수준 95%) + 3.33% 이내이다.[17]

〈표 2〉 일반적으로 러시아에 대한 당신의 태도는 어떠합니까? 대한 벨라루스인들 응답

매우 호의적 : 26.6%
적당히 호의적 : 55.4%
적당히 배타적 : 11.8%
매우 배타적 : 2.5%
잘모르겠음 : 3.7%

E%D0%B2-%D1%85%D0%BE%D1%82%D1%8F%D1%82-%D1%81%D0%BE%D1%8E%D0%B7%D0%B0-%D1%81-%D1%80%D0%BE%D1%81%D1%81%D0%B8%D0%B5%D0%B9/a-52279440 (검색일 : 2022.10.19) 벨라루스분석 워크숍(Белорусская аналитическая мастерская)(BAW)에서 2019년 12월에 실시하고 올해 2월에 발표한 전국 대표 설문조사에 따르면 2019년 벨라루스에서 러시아와의 연합에 대한 지지가 60.4%에서 40.4%로 감소했다. 동시에 BAW는 같은 기간 동안 친유럽이 24.4%에서 32%로 증가했다. 설문조사는 벨-러 통합에 대한 시위를 배경으로 실시되었고 1,061명이 참여.

[17] Chatham House, op. cit, 2020.

〈표 3〉 일반적으로 EU에 대한 당신의 태도는 어떠합니까? 대한 벨라루스인들 응답

매우 호의적 : 17.6%
적당히 호의적 : 64.5%
적당히 배타적 : 7.8%
매우 배타적 : 1.9%
잘모르겠음 : 8.2%

〈표 2〉, 〈표 3〉을 보면 EU와 러시아에 대한 태도가 80% 이상이 호의적 반응으로 비슷하게 나타나고 있다. 이는 EU든 러시아든 어느쪽과 협력과 교류가 진행되던지 벨라루스에 이익이 된다면 크게 반대하지 않는다고 해석할 수 있다.

〈표 4〉 벨라루스에 있어서 최적의 지정학적 연합은?

EU와 연합 : 10.6%
러시아와 연합 : 26.6%
러시아 및 EU와의 동시 동맹 : 39.9%
벨라루스는 지정학적 연합을 피하는 것이 낫다 : 22.9%

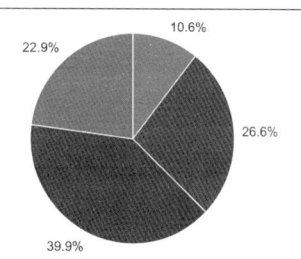

〈표 5〉 벨라루스가 CSTO에 잔류하는 것과 NATO에 가입하는 것에 대한 질문?

CSTO에 잔류 : 59.8%
어떠한 군사적 동맹과 연합에 가입하지 않음 : 32.5%
NATO에 가입 : 7.7%

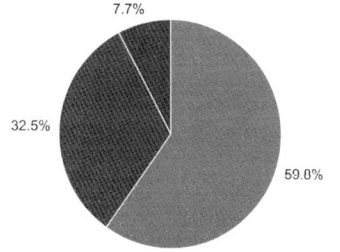

〈표 4〉, 〈표 5〉 항목에서는 벨라루스에 가장 적합한 지정학적 연합과 군사협력에 대해 질의했다. 지정학적 연합에 대해서는 비교적 사회 경제적 활동에 대한 질의로 해석되어 동과 서 사이에서 중간적 입장을 취하는 답변이 많았다. 응답자의 60% 이상이 양 진영과의 평화로운 교류와 경제활동을 원한다고 보겠다. 다만 군사적 동맹에서 CSTO에 잔류하는 입장이 NATO에 가입하는 것보다 월등하게 나타나 있다.

2020년 벨라루스 시위가 한창일 때 제2의 우크라이나 사태로 이어지지 않을까 하는 우려가 있었다. 우크라이나는 2014년 야권의 대규모 반정부 시위 사태로 인하여 우크라이나 야누코비치 정권이 붕괴하고 우크라이나에 친서방정권이 수립되었고 이에 대항한 돈바스 지역의 군사적 봉기가 현재의 우크라이나 전쟁으로 비화했다. 이후 서방에 의한 전방위적인 대러 경제제재 조치가 지금까지 이어져 오고 있다. 벨라루스는 이러한 우크라이나 시나리오가 발생할 가능성이 작다. 벨라루스인들은 동과 서로 분열되어 있었던 우크라이나와는 달리 하나의 종교와 언어 그리고 민족의식을 지니고 있다. 그리고 체제 내부에 공고히 자리 잡은 소비에트 유산과 유럽의 마지막 독재 정부라고 일컫는 루카셴코의 권력은 아직 공고한 것으로 보인다.[18]

자유주의적 지식인들이 추구하는 '벨라루스여! 유럽으로'라는 슬로건이 젊은 층과 젊은 엘리트들 사이에서 점점 영향력이 확대되는 현상은 현 소비에트 식 독재 정치체제에 대한 반발로 나타나는 현상이다. 젊은이들이 리투아니아에서 미래를 찾으려는 것도 현 정치 권력과의 갈등의 결과물이다. 루카셴코와 벨라루스 권력 엘리트들의 권력 집중 현상으로 인하여 변화를 요구하는 젊은 엘리트 그룹과의 충돌이 계속될 것으로 보인다.

---

[18] 이선우, 「유라시아의 지정학, 민족 균열, 그리고 재민주화 : 우크라이나와 벨라루스 사례 비교」, 『한국과 국제정치』 제31권 3호, 2015, 106쪽.

3. 벨라루스와 유럽의 협력과 갈등

1) 벨라루스와 유럽 간 외교관계 및 경제협력

　벨라루스와 EU 간의 외교관계는 1992년 8월에 수립되었다. 1995년 3월 브뤼셀에서 벨라루스와 EU 간 파트너십 및 협력 협정이 체결되었다. 그 후 EU는 정치적 이유로 비준을 중단하고 고위급 정치 접촉 금지, 다양한 분야의 실질적인 협력과 외부 지원 동결, 다수의 벨라루스 관리에 대한 여행 금지를 포함한 제재를 발동했다. 2008~2010년 사이에 벨라루스와 EU는 관계를 정상화하는 방법을 찾기 위해 적극적인 대화를 추진했다. 그 결과 EU의 대對벨라루스 제재가 보류되었다. EU 집행위원회는 2009년 12월 민스크에 외교공관을 개설했으며 2009년부터 벨라루스는 EU 동방파트너십EaP에 본격적으로 가입했다. 동방파트너십EaP은 EU에 가입하는 것과 같은 논쟁의 여지가 있는 주제를 피하면서 EU의 동부 이웃 국가들과 비자 협정, 자유 무역 협정 및 전략적 파트너십 협정을 논의하기 위한 제도화된 포럼을 제공하며 자체사무국은 없지만 유럽집행위원회에서 관리한다. 4개의 다자간 EaP 플랫폼으로는 "제도 및 좋은 거버넌스 강화", "경제 개발 및 시장 기회", "연결성, 에너지 효율성, 환경 및 기후 변화", "이동성 및 인적 접촉"이 있다. 러시아는 동방파트너십이 동유럽과 옛 소련 지역의 유럽 영향력 확대를 위해 개설되었다고 비난했다. 그러나 EU는 2010년 벨라루스 선거 결과와 선거 후 벨라루스 정치적 발전에 대해 평가했고 그 평가를 기반으로 2011년에 EU는 벨라루스 관리들에 대해 EU 비자 금지 조치를 다시 시행했다. 벨라루스에 대한 제재는 벨라루스 회사와의 금융 거래에도 영향을 미쳤고 여러 범주의 특정 상품 및 서비스 공급이 제한되었다. 2012년 말, 벨라루스와 EU 간의 고위급 공식 접촉이 재개되었다. 2013~2015년에는 EU 제재대상인 벨라루스 시민 및 기업 목록을 줄여 벨라루스와의 관계 개선에 청사진이 켜졌다.

2016년 벨라루스 - EU 관계는 큰 진전을 이루었다. 2016년 10월, 벨라루스, EU 및 7개 회원국(불가리아, 헝가리, 라트비아, 리투아니아, 폴란드, 루마니아, 핀란드)은 모빌리티 파트너십Mobility Partnership Facility 선언에 서명했다. 모빌리티 파트너십에 따라 공동 프로젝트가 진행되었으며. 벨라루스는 EU 동부 파트너십 다자간 협력 프레임워크의 적극적인 이해 당사자였다. 벨라루스 외무장관 블라디미르 마케이Vladimir Makei는 빌리누스(2013년 11월 28~29일), 리가(2015년 5월 21~22일), 브뤼셀(2017년 11월 24일)에서 열린 EaP 정상회담과 브뤼셀 동부 파트너십 10주년 기념 고위급 회의(2019년 5월 13일~14일)에 참석했다. EU는 벨라루스 기업에 대한 모든 제재를 철회하고 비자 금지 목록을 최소화했다. 벨라루스와 EU 간의 WTO 가입 협상이 재개되었으며 벨라루스 - EU 간 정치 및 부문별 의제에 대한 조정 그룹은 제도화된 포괄적 대화를 위한 새로운 프레임워크로 출범했다. 2016년 9월, EU는 벨라루스를 위한 새로운 2016~2019 EBRD 국가 전략을 지원하면서 은행 활동을 공공 부문으로 완전히 확장할 수 있도록 했다. 또한 EU는 벨라루스에서 유럽 투자 은행의 업무를 승인했다. 2017년 8월 9일 벨라루스 - EIB 기본 협정이 발효되었고 다수의 대규모 유럽투자은행European Investment Bank 및 유럽부흥개발은행EBRD, European Bank for Reconstruction and Development 자금이 지원되는 인프라 프로젝트가 시행되었다. 2016년에는 EU의 연간 벨라루스 할당액이 두 배가 되어 2,8~3천만 유로에 달했다. 이 기금은 국경 및 세관 인프라를 현대화하고 상호 경험을 교환하며 에너지, 운송, 농업, 환경, 교육, 문화 및 기타 분야에서 파일럿 프로젝트를 구현하는 데 사용되었다. 2016년 벨라루스와 유럽집행위원회는 오스트리아 비엔나에서 벨라루스 투자 포럼을 처음으로 개최했다. 그리고 2017년 10월 27일에는 벨라루스 - 유럽 경제 포럼이 룩셈부르크에서 개최되었다. 2020년 1월 8일에 벨라루스와 EU는 비자 촉진 및 재입국 협정에 서명했으며 벨라루스의 부처와 EU 집행위원회 양자 간 부문별 대화는 경제 및 금융, 환경, 무역 및 관세와 같은 분야에서 진행되었다. 국경 관리 및 에너지 문제에 대한 협력은 벨라루스 국경위원회와 EU 기관 간의 실질적인 협력을 위한 2009년 각서와 벨라루스 정부와 에너지 분야의 EU 집행위원회 간에 맺어진 협력에 관한 2009년 선언을 기반으로 수행되었다. 2015년 5월 벨라루스와 EU 집행위원회는 에너지 부문의 조기 경보 메커니즘에 대한 합의를 발표했다. 이어서 벨라루스 - EU 관세 대화의 틀에서 2016~2019 실천 계획의 이행이 체결되었다. 2020년 벨라루스와 EU는 관세 문제에 대한 협력 및 상호 행정 지원에 관한 협정 초안에 대한 회담도 시작했다. R.A. 골로프첸코 벨라루스 총리는 2020년 6월 11일 화상 회의를 통해 2020년 6월 18일 EaP 정상회의에서 파트너 국가 및 EU 회원국 외부장관의 온라인 회의에 참석했다.

벨라루스는 모든 EU 파트너 국가의 이익과 EaP에 의거한 실용적인 협력을 기본으로 다른 국가와 협력하며 에너지 및 운송 상호 연결을 개선, 지역 에너지 안보를 강화, 환경 위험에 대응, 국경 보안 강화, EU와 파트너 국가 간의 무역을 촉진하기 위한 관세 조치의 효율성을 높이는 구체적인 프로젝트를 추진했다. 벨라루스의 제안에 따라 2011년 EaP 비즈니스 포럼과 2015년 디지털 시장 조화에 관한 EaP 패널이 동부 파트너와 EU의 비즈니스 커뮤니티와 경제 기관 간의 대화와 협력을 위한 플랫폼으로 출범했다. 많은 벨라루스 운송 프로젝트가 동부 파트너십 투자 행동 계획에 포함되었으며 이 지역의 새로운 연결 필요성에 힘입어 벨라루스는 EaP 프레임워크에 의한 통합 아이디어를 지지했다. 벨라루스는 장기적으로 EU와 EAEU의 통합 프로세스를 수렴하고 블라디보스토크와 리스본에 걸친 공동 경제 공간 창출을 위한 기반을 제공할 수 있다고 보았다. 벨라루스는 EU가 자금을 지원하는 폴란드 - 벨라루스 - 우크라이나 및 라트비아 - 리투아니아 - 벨라루스 국경 간 협력 프로그램에도 참여했다. 2007년부터 2013년까지 이 협력 프로그램으로 벨라루스에서 5천만 유로 상당의 프로젝트가 실현되었다.[19] 2014~2020년, 이 프로그램

---

[19] 허승철, 「러시아와 벨라루스 국가 통합 가능성 분석과 전망」, 『러시아어문학연구논집』 제66집, 2019,

의 총예산은 2억 8천만 유로로 벨라루스 주도로 사용할 수 있었다. 벨라루스는 EU 주제별 프로그램 및 기구인 ERASMUS+, HORIZON 2020, TAIEX, TWINNING, 경제 성장 시장, 기후 및 에너지 시장, 동유럽 에너지 효율성 및 환경 파트너십 등에 참여했다.

벨라루스는 지리적, 역사적, 문화적으로 유럽 대륙의 여러 지역을 연결하는 주요 교통 및 무역로의 교차로에 위치한 유럽의 중요한 지역이다. 유럽의 안보, 마약 밀매, 불법 무기 거래, 불법 이주 및 인신매매와의 싸움에 있어 중요한 역할을 한다. 또한 러시아가 공급하는 에너지 자원의 안전한 운송을 담당하고 있다.

벨라루스는 독립 이후 모든 유럽 국가와 외교관계를 수립했다. 28개의 벨라루스 외교 공관은 현재 핀란드, 프랑스, 오스트리아, 불가리아, 벨기에, 체코, 에스토니아, 핀란드, 프랑스, 독일, 헝가리, 이탈리아, 네덜란드, 폴란드, 루마니아, 세르비아, 슬로바키아, 스페인, 라트비아, 리투아니아 등 유럽의 22개국에서 운영되고 있다. 그 외 스웨덴, 스위스, 터키 및 영국은 이웃 국가를 통하여 승인받았다. 최근 몇 년 동안 터키를 포함한 21개 유럽 국가는 벨라루스를 대표하고 양자 관계, 인적 교류 및 비즈니스 커뮤니티 간의 접촉을 촉진하는 벨라루스 공화국 명예 영사 설립에 더 중점을 두었다. 벨라루스에 대한 서방의 외교적, 경제적, 정보적 압력 증가는 2020~2021년 유럽 국가와의 양자 관계에 부정적인 영향을 미쳤다. Ryanair 항공기 사건, 벨라루스와 EU 국경의 난민 이주 상황, 근거 없는 비난을 기반으로 벨라루스에 대해 취해진 제재조치는 유럽과 협력의 가능성이 작아졌다. 이러한 부정적인 환경에도 불구하고 EU와 벨라루스는 기관 간 및 지역 수준, 주로 경제 및 인도주의 분야에서 개별 유럽 국가와의 접촉이 지속되었다. 2021년 벨라루스와 EU 간의 무역은 163억 달러(전년 대비 136.5% 증가)에 달했다. 수출은 95억 달러(전년 대비

183쪽.

174.4%), 수입은 68억 달러(전년 대비 104.5%). 무역수지는 27억 달러 흑자이다. 벨라루스 총수출에서 EU의 비중은 23.9%(2020년 기준 18.7%)이다. 2021년 EU 국가의 투자는 직접 투자 22억 4천만 달러를 포함하여 26억 7천만 달러였으며 2020년에는 17억 8천만 달러의 직접 투자를 포함하여 EU 국가로부터 28억 9천만 달러의 투자를 받았다.[20]

벨라루스 공화국은 관세 및 무역에 관한 일반 협정GATT 가입 신청서를 제출한 1993년부터 25년 넘게 WTO 가입 협상을 진행해왔다. WTO 가입 협상을 위해 1999년 7월 27일 벨라루스 공화국 대통령령 No 439에 의해 WTO 위원회가 설립되었다. 1999년 8월 27일 벨라루스 공화국 No 1338 각료회의는 WTO 위원회 법령과 벨라루스 공화국의 제1 부총리를 WTO 위원장으로 승인했다. WTO 위원회는 공공 기관의 대표 외에도 비즈니스 협회 및 비정부 기구 대표를 포함하고 있다. 2016년에는 블라디미르 세르피코프 벨라루스 공화국 특별 전권 대사가 수석 협상가로 임명되었다. 2016년부터 벨라루스는 WTO 가입 노력을 크게 강화했다. 팩트 정리에서 각 분과 작업 보고서 초안이 준비되었고 벨라루스는 가입 협상의 마지막 단계에 들어갔다. 2017년부터 2020년까지 5개 분과의 실무 회의가 열렸으며 마지막 회의는 2019년 7월 11일에 개최됐다.[21] 준비된 보고서의 승인을 위하여 상품 및 서비스 시장에 대한 WTO 회원국과 양자 간 협상을 수행했다. WTO에 가입하려면 벨라루스가 각 관심 회원국과 상품 및 서비스 시장에 접근하기 위한 조건에 동의하고 양자 의정서에 서명해야 한다. 주요 쟁점이 회의에서 조정되나 대부분의 양자 협상은 시장 접근 조건에 대한 서면 제안을 교환하는 형태로 이루어진다.

---

[20] Ministry of Foreign Affairs of the Republic of Belarus, Беларусь и европейские страны, "Belarus and European countries", HYPERLINK https://mfa.gov.by/en/bilateral/europe/ (검색일: 2022.12.02)

[21] Ministry of Foreign Affairs of the Republic of Belarus, "Переговоры о присоединении Беларуси к ВТО", HYPERLINK https://economy.gov.by/ru/peregovory-ru/ (검색일: 2022.12.02)

협상 서류의 주요 관점은 관세와 서비스 시장 접근에 대한 내용이다. 관세 구속력 수준에 대한 제안은 벨라루스가 WTO 가입 후 초과할 수 없는 각 관세 부문에 대한 관세율을 나타낸다. EAEU가 창설된 후 관세율 설정은 유라시아경제위원회의 권한이다. 이와 관련하여 관세 구속력 수준에 관한 협상에서 벨라루스는 한편으로는 WTO 회원국의 요청을 충족시킬 유연성이 없으며 다른 한편으로는 현재 수준의 관세를 보호 유지하기 위한 중요한 쟁점도 있다. 서비스 시장 접근에 대한 제안은 외국 기업이 벨라루스의 다양한 서비스 부문에 접근하기 위한 조건이다. 벨라루스는 현재까지 22개 WTO 회원국과 시장 접근에 관한 양자 협상이 완료되었다. 최신 프로토콜은 스위스 및 호주와 체결되었고 미국, EU, 우크라이나를 포함한 7개의 다른 WTO 회원국과 협상이 진행 중이다. 벨라루스가 보호하려는 농업에 대한 국가 지원에 관한 협상은 특별 회의 및 비공식 협의의 형태로 개최하고 있다. 2017년부터 2020년까지 농업에 대한 국가 지원에 대해 세 번의 특별 회의와 여러 차례의 비공식 협의가 열렸다.[22] 그러나 우크라이나 전쟁이 시작되면서 벨라루스의 WTO 가입 절차가 모두 중단되었다.

2) 2020년 8월 벨라루스 대선과 유럽과의 갈등

1994년 7월 벨라루스 대통령에 당선된 알렉산드르 루카셴코 대통령은 현존하는 유럽의 마지막 독재자로 불릴 만큼 오늘까지 벨라루스를 철권통치해 왔다. 그는 대선 때마다 부정선거로 대통령직을 유지했으며 이에 대항해 대규모 시위대가 항의 시위를 했다. 특히, 2010년 대선 부정을 항의하는 시위대를 폭력적으로 진압하고 대선후보 9명을 포함 약 700명의 시위대를 체포했

---

[22] "Переговоры о присоединении Беларусик ВТО", https://mfa.gov.by/en/export/wto/accession/ (검색일 : 2022.12.02)

다. 이로 인하여 2011년 EU와 미국은 루카센코 대통령과 일부 관료에게 입국 금지와 경제 제재를 실시했다. EU는 2015년에 있었던 벨라루스 대선에서 2010년과 같은 대규모 유혈사태가 발생하지 않고 비교적 투명하게 선거가 진행되었다고 판단하고 2016년 2월 15일, 루카센코 대통령과 170명의 관료에 대한 제재를 부분적으로 해제했다. EU는 우크라이나 사태에 대한 해결책으로 벨라루스가 민스크협정을 주도하고 우크라이나 평화에 기여했던 점도 인정하여 그같이 결정했다고 발표했다.[23]

10년이 지난 2020년 부정선거가 반복되었고 이에 항의하는 대선 불복 시위사태는 루카센코 정부의 폭력진압으로 민심이 폭발했다. 알렉산드르 루카센코 벨라루스 대통령에 대한 퇴진 시위는 2020년 9월부터 벨라루스 수도 민스크에서 10만 명 이상이 모여 진행되었다. 2020년 8월 9일에 치러진 대선에서 80.1% 지지율을 얻은 루카센코 현 대통령이 6연임에 당선되었지만, 야권과 시민들은 편파·불법 선거라고 보며 루카센코 퇴진과 재선거를 요구했다. 1994년 대통령이 된 루카센코는 26년째 대통령직을 유지하고 있으며 이 선거로 대통령직을 5년 더 연장하게 되었다.[24]

벨라루스 대선 전 루카센코는 세 명의 야당 후보를 사전에 제거하는 무리수를 두었다. 벨라루스판 나발니로 불리던 유명 블로거 세르게이 티하놉스키를 사회질서 교란 혐의로, 금융재벌 출신인 빅토르 바바리코는 돈세탁과 탈세 혐의로, 벨라루스판 실리콘밸리로 불리는 첨단기술파크 창설자인 발레리 체프칼로는 대선 인명부가 위조되었다는 이유로 중도 탈락시키거나 감옥에 투옥했다. 그러나 감옥에 투옥된 남편을 대신하여 대선전에 뛰어든 스베틀라나 티하놉스카야가 벨라루스 대선판을 흔들어 놓았다. 빅토르 바바리코의 선

---

[23] 임성우, 「전문가오피니언 : EU, 벨라루스 제재 해제와 전망」, 『EMERiCs』, 대외경제정책연구원, 2019.
[24] 정세진, 「전문가오피니언 : 벨라루스 대선에서 루카센코 80% 득표율로 승리, 야권은 격렬한 반대 시위」, 『EMERiCs』, 대외경제정책연구원, 2020. https://www.emerics.org:446/issueDetail.es?brdctsNo=306788&mid=a10200000000&systemcode=044 (검색일 : 2023.02.02)

대본부장이었던 마리아 콜레스니코바와 체프칼로 후보의 아내 베로니카 체프칼로가 스베틀라나와 같이 뭉친 것이다. 단일효과는 거대한 바람을 일으켰고 대선 전 민스크 집회에 6만 명의 군중이 몰렸다. 대선에서 티하놉스카야가 10.1%의 지지율로 패배했으나 그녀를 지지하는 시위대는 거리로 뛰쳐나왔다.[25] 2010년 당시 대선에 불복한 시위대를 잔인하게 진압하였듯이 이번에도 준비된 실로비키(KGB, OMON, 경찰)들이 기다렸다는 듯이 시위대를 폭압적으로 진압했다. 폭압적 진압이 유튜브, 페이스북, 브콘닥트, 아드노클라스니키, 텔레그램과 같은 SNS를 통하여 퍼지자 이에 공분한 민스크 시민들이 시위에 합세했다. 그러나 벨라루스 실로비키의 무력 진압으로 인하여 시위를 주도했던 티하놉스카야는 리투아니아로 피신했고, 베로니카는 러시아로 올가 코발코바는 폴란드로 떠났다.

2016년 이후 진행되었던 벨라루스와 EU와의 짧은 긍정적 관계는 2020년 8월, 벨라루스 대통령 선거 결과가 부정선거로 판명되고 선거 후 발생한 반정부 시위사건에 대한 비판적 평가로 인해 종료되었다. 2020년 말, EU는 벨라루스 관리에 대한 비자 제재를 재개하고 연장했다. 많은 벨라루스 기업의 금융 거래가 제한되고 고위층 수준의 접촉이 일방적으로 종료되었으며 일부 협력 분야에서의 실질적 협력은 축소됐다. 3차례에 걸친 제재로 인하여 루카셴코 대통령과 그의 아들 빅토르 루카셴코, 그리고 국가안보위원회 위원장, 루카셴코 정권을 지지하는 경제인과 기업들의 EU 여행제한과 자산을 동결하였다. EU의 제재에 벨라루스는 EaP 이니셔티브 참여 중단을 포함하는 대응조치를 취했다. 2021년 5월 24일, 벨라루스 정부는 정부에 비판적인 성향의 언론인인 로만 프로타세비치와 그의 여자친구가 탄 비행기를 전투기를 동원하여 벨라루스에 강제 착륙시켰다. 이에 EU는 벨라루스 여객기의 EU 영공비행을 금지시켰으며 동년 6월 21일에는 4번째 대벨라루스 제재조치로 벨라루

---

[25] 이태림, 「벨라루스 대선 후 정국 분석과 전망」, 『IFANS』, 주요국제문제분석 2020-39, 2020, 11~20쪽.

스인 166명, 기업체 15곳을 비롯하여 석유제품에 대한 교역과 담배제조와 수출, 그리고 이들 벨라루스인과 기업들의 EU 자본시장 접근도 제한했다.[26]

그러나 이러한 서방의 평가와는 달리 러시아는 벨라루스 대선이 합법적으로 치러졌다고 평가하며 서방의 벨라루스 내정 개입을 엄정히 경고했으며 2020년 9월 14일 러시아 남부 휴양도시인 소치에서 러시아 푸틴 대통령과 벨라루스 루카셴코 대통령이 회동했다. 이 자리에서 푸틴 대통령은 루카셴코에게 군사·경제적 지원을 약속했고 벨라루스에 군사안보 지원과 동시에 15억 달러의 차관을 제공하기로 했다.[27] 벨라루스가 제2의 우크라이나 사태로 발전하는 것은 러시아에 있어서 최악의 시나리오다. 러시아는 유럽과 완충지이면서 같은 슬라브 형제국인 벨라루스를 포기할 수 없으며 러시아의 최우선 목표는 벨라루스가 서방에 편입되는 것을 막는 것이라고 보겠다.

3) 우크라이나 전쟁 이후 벨-EU 관계

2022년 2월 우크라이나-러시아 전쟁 발발 이전에 이미 2020년 8월 벨라루스 대선 관련 부정선거 및 야권탄압 등을 이유로 서방은 벨라루스 국영기업들에 대해 미국이 42개 사, EU는 26개 사에 대해 경제제재를 가하고 있었다.

EU는 3월 9일 우크라이나를 침공한 러시아의 기업인 등을 무더기로 제재 대상에 추가하고, 협력국인 벨라루스에 대하여도 추가 금융 제재를 단행했다. 세계은행은 러시아와 벨라루스가 경제 제재로 인하여 채무 불이행(디폴트) 사태를 맞을 위험이 높다고 경고했다. 또한 벨라루스 중앙은행과의 거래를 금지하고 벨라루스 개발은행 등 3곳의 벨라루스 은행을 SWIFT 결제망에서

---

26 이평래, 「이슈트랜드 : 벨라루스, 유럽이 경제 제재 강화하자 외교적 대응」, 『EMERiCs』, 2021.
27 이진희, 「흑해 바다 요트에서 아들과 함께 푸틴 대통령을 만난 루카셴코 벨라루스 대통령」, 『바이 러시아 21』, 2021.

퇴출했다. EU이사회는 벨라루스 고위관리 22명에 대한 EU 입국 금지와 EU 내 자산 동결조치와 광물, 연료, 목재, 시멘트, 철강 등 제조에 사용되는 제품에 대하여 추가로 제재를 했으며 이는 벨라루스가 수입하는 물량의 70%에 달한다. 카먼 라인하트 세계은행 수석이코노미스트는 〈로이터〉 인터뷰에서 "러시아와 벨라루스가 분명한 디폴트 영역에 들어섰다"며 "신용평가기관들이 아직 디폴트 상태로 규정하지 않았지만 거의 그 단계에 근접했다"고 말했다. EU가 제재하자 미국도 벨라루스에 제재를 가했다. 이는 군사적으로 전용될 수 있는 품목과 기술이 벨라루스를 거쳐 러시아로 유입되는 것을 막겠다는 것이다.[28] 유럽부흥개발은행EBRD은 3월 1일 벨라루스와 관계를 영구적으로 중단하기로 했으며, 3월 28일에는 민스크 사무실 폐쇄를 발표했다. 세계은행 WB은 3월 2일 벨라루스와 모든 프로그램을 중단했고, 세계무역기구WTO는 3월 24일 벨라루스의 WTO 가입신청에 대한 프로세스를 중단했다. EAEU 국가 중 유일한 WTO 미가입국인 벨라루스의 WTO 가입은 당분간 어렵게 되었다.

벨라루스는 우크라이나 전쟁 발발 이전에 러시아와 군사협력과 합동군사훈련을 했으며 이번 우크라이나 전쟁에 러시아의 우크라이나 침공 통로를 제공했다.

장기화하고 있는 우크라이나 - 러시아 전쟁은 벨라루스에 경제적 타격을 입히고 있다. 벨라루스도 서방의 각종 경제제재가 이어지고 있어 경제지표에 적신호가 켜졌다. 코로나19 팬데믹으로 2020년 GDP -0.9%의 마이너스 성장을 기록했던 벨라루스 경제가 2021년 GDP가 2.3% 성장하면서 회복되었으나, 우크라이나 전쟁으로 인해 2022년 전년동기대비 수출이 4.2% 하락한 383억 달러, 수입은 7.6% 하락한 386억 달러로 3억 달러의 적자가 발생했다. 대 벨라루스 제재 이후 미국과 EU 수출이 대폭 줄어들었으며 니콜라이 스노

---

[28] KITA한국무역협회, 「미, 러 정유사 등 추가 제재...EU도 벨라루스 무더기 제재」, 2022.

프코프Nikolai Snopkov 벨라루스 제1 부총리는 2022년 연말까지 벨라루스의 무역량이 약 30% 감소할 것으로 예상했으나 예상외로 선전했다. 그 이유로는 러시아를 비롯한 CIS 국가들에 대한 수출이 9.1% 증가, 수입은 8.2% 감소한 것에 힘입었다.[29] 유리 셀리베르스토프Yury Seliverstov 벨라루스 재무부 장관은 서방의 대對 벨라루스 경제제재로 인해 2022년 상반기 국가 예산이 5억 달러 부족하며 벨라루스산 석유제품, 칼륨 비료에 제재를 가하면서 수출이 줄어들어 부족해졌다고 설명했다. 벨라루스 경제는 러시아에 대한 의존도가 절대적이다. 벨라루스의 전체 대외교역에서 러시아가 차지하는 비중은 50% 이상으로, 러시아 경기 변동에 벨라루스가 직접적인 영향을 받고 있다. 벨라루스는 옛소련권 국가 중 천연자원이 거의 없는 국가다. 러시아로부터 저렴하게 석유·가스를 구입하여 자국 내 산업(석유화학산업, 차량제조업 등)을 유지하고 있어, 러시아 경제 상황에 따라 벨라루스 경제도 종속되는 관계에 놓여 있다.

〈표 6〉 2021년 벨라루스 교역 상위 5개국(단위 : 백만 달러, %)

	국가	수출액	수입액	총교역액	비중
1	러시아	14,415	16,067	30,483	51.15
2	중국	557	3,402	3,959	6.44
3	우크라이나	2,472	1,454	3,926	6.59
4	폴란드	1,778	1,102	2,880	4.83
5	독일	1,125	1,585	2,710	4.55

Global Trade Atlas

〈표 6〉에서 보듯이 우크라이나는 벨라루스의 수출대상국 2위이자 수입 대상국 4위의 주요 교역국이다. 이번 전쟁으로 인하여 우크라이나 경제의 고통은 벨라루스 교역에 큰 타격을 입혔으며, 서방 국가와의 갈등으로 인해 4위

[29] Экспортеры России, "Об итогах внешней торговли товарами в 2022 году", 2022.

교역국 폴란드와 5위 교역국 독일과의 거래도 크게 줄어들게 되어 2022년의 무역은 크게 줄어들었다. 서방과의 갈등으로 러시아 및 중국과의 경제의존도가 커질 것으로 예상되며, 서구 진영에서 수입하던 제품들의 수입대체와 수입 다각화 및 수입대체 산업 육성을 추진할 것이다.

벨라루스 통계청에 따르면 2022년 벨라루스 GDP 성장률을 -4.7%로 발표했으며, 물가상승률은 20.8%로 보고 있다. 우크라이나 사태가 장기화하면 벨라루스 경제가 더욱 어려워질 것이다. UN은 2023년 벨라루스 GDP를 -1.2%로 전망하고 2024년에나 1.5% 성장할 것으로 본다. 향후 벨라루스 경제는 우크라이나-러시아 전쟁의 장기화 여부, 이에 따른 서방의 대對 러시아 및 벨라루스 경제제재 강화 여부, 국제유가 및 벨라루스 환율의 방향에 따라 결정될 것으로 보인다.[30]

4. 벨라루스와 러시아와의 국가통합 논의

1) 벨라루스와 러시아의 통합논의

2021년 9월 9일, 러시아와 벨라루스 간 국가연합Союзное государство 28개 프로그램을 양국 정상이 합의했다. 1999년 옐친 러시아 대통령과 루카셴코 벨라루스 대통령 간에 맺어진 양국 간 국가연합 창설협약이 20여 년 만에 급물살을 타게 되었다. 28개 프로그램을 들여다보면 양국 간의 경제적 통합에 초점이 맞추어져 있다. 물론 국가통합에 있어서 통합논의와 구체적인 프로그램 그리고 경제통합에 이어 정치통합으로 이어지는 것이 자연스러운 과정이

---

[30] 김동묘, 「우크라이나 사태가 벨라루스 경제에 미치는 영향 및 전망」, 코트라 해외시장 뉴스, 2022. 05.17.

라고 본다면 양국이 정치통합으로 이어지기까지 많은 과정과 어려움이 남아 있다고 보겠다. 국가연합의 바로 전 단계인 경제통합 합의까지 20여 년이 걸렸다는 점에서 앞으로의 통합논의가 수월치 않을 것이라고 보지만 경제통합의 프로그램 내용에 합의하고 2023년까지 경제통합을 이루겠다는 양국의 의지는 분명한 것으로 보인다. 여기서 지난 20여 년의 통합논의를 간단히 정리하고 통합논의에서 가장 중요한 여론의 향방에 대하여 분석 정리해 본다. 최근 2년 동안 급속하게 통합논의가 진행되었던 내용과 국가통합논의가 다시 전면적으로 부상한 된 국내외적 상황을 정리해 봄으로써 벨라루스와 러시아의 국가연합에 대하여 예견해 본다.

양국이 통합협정을 맺은 지 20년이 되는 2019년 초부터 러시아는 벨라루스와의 통합논의를 본격적으로 시작했다. 20년 끌어온 양국의 통합논의를 20주년이 되는 해에 성과를 내고 싶었던 것이 러시아 입장이었다. 그러나 국내외 정치·경제적으로 큰 어려움이 없었던 벨라루스는 러시아가 원하는 국가연합에 선뜻 응할 조건이 조성되어 있지 않았다. 러시아의 유라시아 정책이 확장된 유라시아 정책으로 변화하면서 미중러 전략적 경쟁이 심해지는 국제역학 구도 속에서 벨라루스가 러시아의 의도에 따라가기에는 국가이익과 루카센코 정권에 큰 이해관계가 없었기 때문이다. 2019년 내내 이어져 왔던 협상도 특별한 결론을 내리지 못하고 해를 넘겼다.

협상의 가장 큰 어려움은 석유·가스 에너지 가격 문제였다. 벨-러 국가연합 논의가 한창인 2000년대 초반인 2004년 1월 1일, 벨라루스와 러시아는 가스 가격으로 인한 갈등으로 벨라루스로의 가스공급이 중단되는 사태가 발생했다. 이일로 야말~유럽 파이프라인의 가스공급이 차단되었고 이는 최종 도착 국인 유럽 국가들에도 영향을 미쳤다. 이 사태로 러시아와 벨라루스의 관계는 최악으로 악화되었다. 2007년에도 양국은 가스 가격과 가스관 사용료에 대한 갈등이 한차례 있었으며 러시아가 요구하는 가스료 인상에 동의할 수밖에 없었다.[31]

벨라루스는 경제통합의 전제조건으로 러시아가 벨라루스에 공급해 왔던 가스 가격을 1,000㎥/128.5달러에서 러시아 국내 가격인 55달러 수준으로 낮추어 달라고 요구했다. 이에 러시아는 경제통합이 되면 당연히 국내 가격과 같아지는데 선제적으로 인하할 명분이 없다고 대응했다. 벨라루스가 주장하는 부가세 부분의 손실 보상과 벨라루스 석유제품의 러시아 수입 규제를 해제해 달라는 부분도 러시아 입장에는 수용하기 어려운 조건이었다.[32]

난관에 봉착했던 양국의 통합로드맵에 전환점이 된 사건이 2020년 8월부터 2021년 봄까지 이어진 벨라루스 반정부 시위였다. 벨라루스 대선에서 승리한 루카셴코의 상대였던 스베틀라나 티하놉스카야를 중심으로 한 반대진영이 수도 민스크를 중심으로 대규모 대선 불복 시위로 번지기 시작하였으며, 이에 군·경찰을 동원한 폭력과 강압적인 시위진압 과정에서 루카셴코의 30년 가까운 철권통치가 흔들리기 시작했다. 대규모 시위로 인하여 서방과 러시아 사이에서 줄타기 외교로 정권의 안정과 이익을 챙겨왔던 루카셴코 정부는 러시아에 협조를 요청하기에 이르렀다. 러시아는 벨라루스에 러시아 주도의 유라시아 안정발전 펀드를 통하여 15억 달러를 지원하였으며, 2022년까지 6억 3,000만 달러 이상의 차관을 지원하기로 약속했다.[33] 루카셴코 대통령은 2021년 한해에만 5번 모스크바를 방문하여 푸틴 대통령에게 도움을 요청했다. 양국은 러시아의 대對 벨라루스 가스 가격을 현 상태로 동결하는 대신에 2023년 12월 1일까지 가스와 석유제품 석유 가격에 대하여 단일시장을 구축하고 양국의 조세제도 개편을 위한 새 기구도 출범하기로 합의했다. 벨

---

[31] 황성우, 「에너지 안보 공간의 갈등 : 러시아와 벨라루스의 가스 갈등과 EU」, 『EU연구』 제33호, 2013, 197~212쪽.
[32] Лента новостей, "План по экономической интеграции России и Белоруссии. Что важно знать", 2021.
[33] KITA한국무역협회, 「러 - 벨라루스, 국가통합구체화… 양국정상 '로드맵' 합의」, https://www.kita.net/cmmrcInfo/cmmrcNews/cmercNews/cmercNewsDetail.do?pageIndex=1&nIndex=1814544 (검색일 : 2022.10.20)

라루스가 지속해 요구해 왔던 러시아산 석유에 대한 관세 철폐도 단계적으로 인하하기로 합의했다.[34] 도움을 준 푸틴 대통령은 표면적으로 루카센코의 권력 안정에 도움을 주었지만, 러시아의 대對 벨라루스 지렛대의 힘은 커졌다.

2) 벨-러 관계에 대한 여론조사

루카센코는 앞으로 벨라루스 개헌을 주도하고 그 이후 퇴임할 것이라고 공공연히 공언하고 있다.[35] 그렇다면 루카센코가 원하는 계획에서 벨라루스와 러시아가 통합할 수 있을 것인가는 러시아 국민의 의사보다는 벨라루스인들의 의사가 매우 중요하다고 보겠다. 루카센코 대통령과 푸틴 대통령은 벨라루스인들의 71.5%가 러시아와의 통합에 찬성한다고 주장하고 있다. 그러나 이는 다수 벨라루스인의 의사와는 다를 수가 있기에 루카센코와 푸틴이 추진하는 국가연합이 순탄하지만은 않을 것으로 보인다.[36] 2020년 11월 영국의 왕립국제문제연구소Chatham House, The Royal Institute of International Affairs에서 실시한 여론조사를 보면 벨라루스 국민의 생각을 엿볼 수 있다.

먼저 여론조사 대상자들인 벨라루스 국민의 성향을 <표 7>을 통하여 추론해 보면 응답자의 대부분이 야당 지도자인 스베틀라나 티호놉스카야에게 투표하였으며 루카센코에 대한 지지는 18.6% 밖에 없는 것으로 보아 대부분 진보적 성향의 젊은 층들이 설문조사에 참가하였을 것으로 보는 것이 합리적이다.

---

34 Нефтегазовый Вестник, "РФ и Белоруссия до декабря 2023 г. подпишут документо едином рынке газа", https://nangs.org/news/markets/gas/rf-i-belorussiya-do-dekabrya-2023-g-podpishut-dokument-o-edinom-rynke-gaza (검색일: 2022.10.20)

35 김선래, 「여론조사로 본 러시아-벨라루스, 그 기나긴 국가연합으로의 여정」, https://www.kiep.go.kr/aif/issueDetail.es?brdctsNo=322926&mid=a30200000000&search_option=ALL&search_keyword=&search_year=&search_month=&search_tagkeyword=&systemcode=04&search_region=&search_area=1&currentPage=4&pageCnt=10 (검색일: 2022.11.30)

36 ИА REGNUM, "Лукашенко: За интеграцию с Россией выступает 71,5% граждан Белоруссии", https://regnum.ru/news/polit/3188600.html (검색일: 2022.10.20)

<표 7> 당신은 이번 대통령 선거에서 누구에게 투표하였는가?

알렉산더 루카셴코 : 18.6%
스베틀라나 티하놉스카야 : 50.1%
답변 거부 : 15.4%
이들 중에는 없다 : 11.4%
안드레이 드미트레이 : 2.3%

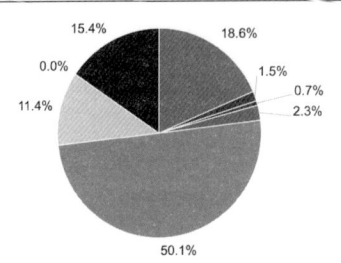

여론조사에서 독재자 루카셴코의 지지율과는 상반되게 <표 8>에서 러시아와의 관계에 대한 부정적인 답변보다는 긍정적인 답변이 두 배 이상 높다. 양국관계가 개선될 것이라는 전망도 두 배 이상 높게 나타나고 있다. 이는 정치적 개혁과 민주주의를 지지하는 젊은 층들이 러시아에 대한 우호적 입장을 유지하고 있다고 볼 수 있다. <표 9>에서는 현재 러시아가 벨라루스에 대한 고압적 태도에 대하여 불만을 표시하고 있다. 이는 여론조사에 참여한 진보적 성향의 청년 세대들이 독재자 루카셴코를 지지하는 러시아에 대해 애증 관계를 표현하고 있다고 보겠다.

<표 8> 일반적으로 오늘날 벨라루스와 러시아 간의 관계는 어떠합니까?

긍정적이고 친절한 관계 : 14.8%
적당히 긍정적인 이웃 관계 : 35.0%
조용하며 중립적 : 21.2%
좀 부정적 긴장 관계 : 20.5%
부정적이며 비우호적 관계 : 1.7%
잘모르겠음 : 6.8%

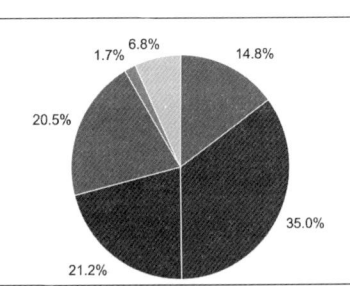

<표 9> 벨라루스에 대한 러시아의 현재 행동이 양국 간의 관계를 악화시킨다고 봅니까?

러시아의 행동으로 인하여 양국 국민들 관계가 악화할 것
이다 : 33.9%
러시아의 행동으로 인하여 양국국민들 관계가 개선될 것
이다. : 18.3%
별 영향을 안 미칠 것이다 : 47.8%

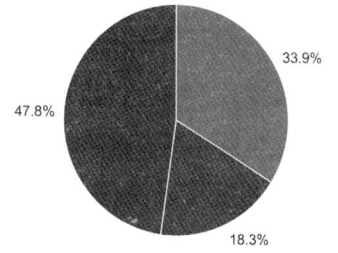

<표 10> 항목과 <표 11> 항목, 러시아와 벨라루스 통합 질문에 벨라루스인들은 다음과 같이 반응하고 있나. 설문에 참여하는 사람들에 대하여 모든 항목에 대한 답을 요구하고 있다. 질의에 대한 답변을 보면 양국 통합에 대한 의사에서 반대 성향이 조금 높게 나타나고 있다. 이는 인터넷 조사 대상이 젊은 층과 진보 계층 그리고 반정부 성향 층으로 인한 것으로 보인다. 이들은 러시아와의 관계를 중요시하고 정서적으로도 친근하게 느끼고 있지만 현 독재정권을 지지하는 러시아의 행태를 못마땅하게 생각하며 러시아와의 통합에 부정적으로 생각한다고 보겠다.

<표 10> 최근 사람들은 벨라루스와 러시아의 통합에 대해 논의하고 있습니다. 이 목록에서 귀하가 동의하는 모든 항목에 표시하십시오.

* 벨라루스와 러시아의 통합은 벨라루스의 독립에 영향을 미치지 못하고 러시아에 의존하기만 할 것이다 : 24.4%
* 양국의 통합은 벨라루스 국가의 종말을 의미한다 : 39.4%
* 독립을 유지하는 것이 중요하다 : 33.0%
* 벨라루스는 단일민족인 독립 국가만이 정체성을 유지할 수 있다 : 45.0%
* 큰 러시아보다는 작은 국가에서 사는 것이 낫다 : 2 5.1%
* 양국의 통합은 벨라루스 부패를 더욱 악화시킨다 : 33.3%
* 양국 통합은 벨라루스 상품의 질을 낮게 한다 : 20.9%
* 양국 통합으로 벨라루스 내 질서가 유지될 것이다 : 7.4%
* 나는 벨라루스 언어와 문화를 좋아하며 통합이 되면 사라질 것이다 : 27.5%

* CHATHAM HOUSE, "Belarusians' views on the political crisis", 13~18/11/2020, 벨라루스 전역에서 설문에 참여한 864명의 응답자 중 항목의 질문에 동의하는 비율

〈표 11〉 최근 사람들은 벨라루스와 러시아의 통합에 대해 논의하고 있습니다. 이 목록에서 귀하가 동의하는 모든 항목에 표시하십시오.

* 러시아엔 벨라루스와 다른 민족이 많아 그들과 결합하기 싫다 : 16.1%
* 양국이 통합한다면 국제무대에서 벨라루스의 위상이 약화될 것이다 : 26.7%
* 벨라루스는 후진적이므로 러시아와의 통합은 정상 국가가 되는 것을 의미한다 : 3.8%
* 양국의 통합은 운명이며 역사적 필연이다 : 19.2%
* 벨라루스는 러시아와의 긴밀한 연합에 의하여만 진정한 독립이 이루어진다 : 12.8%
* 러시아와의 통합으로 일반 벨라루스 인들의 삶을 향상시킬 것이다 : 15.6%
* 러시아와의 통합으로 벨라루스 기업과 경제가 개선될 것이다 : 20.9%
* 나는 이러한 진술에 동의할 수 없다 : 2.4%
* 나는 잘모르겠다 : 8.2%

* CHATHAM HOUSE, "Belarusians' views on the political crisis", 13~18/11/2020, 벨라루스 전역에서 설문에 참여한 864명의 응답자 중 항목의 질문에 동의하는 비율

    1999년 양국의 통합협약으로부터 시작된 러-벨 국가연합 추진은 20년이 지난 현재까지 진행형이다. 러시아는 벨라루스 정치·경제·사회·문화 전반에 영향을 미치고 있으며, 벨라루스인들도 러시아의 영향력에 대하여 공감한다고 보겠다. 몇 년에 걸친 여론조사를 살펴보면 러시아에 대한 부정적 경향은 상대적으로 적으며, 통합에 대한 반대도 소수의 의견으로 나타나고 있다. 그러나 벨라루스의 신흥 진보 계층과 젊은이들을 중심으로 동과 서 어느 편에 서지 않고 양 진영과 좋은 관계를 유지하면서 독립 국가를 유지하려는 입장이 강화되어 가는 경향이 보인다. 보통의 벨라루스인들은 러시아에 대하여 크게 부정적이지 않으며 또한 동시에 EU에 대하여 좋은 감정을 지니고 있는 것으로 표본 설문조사 결과에 나타나고 있다.[37] 〈표 12〉에서 보듯이 응답자의 74.6%가 양국이 대등한 독립 국가로서 국경이 사라지고 관세도 없으며 비자도 필요 없는 친근한 관계를 벨라루스 국민이 원하고 있다고 보겠다. 결론적으로 러시아와 벨라루스 간의 국가연합은 점진적으로 진화하여 경제적 통합으로 갈 것으로 예측되며, 당분간은 벨라루스의 정치적 독립을 보장하는 국가

37 Павлюк Быковский, op. cit, 2020.

연합 형태를 띠게 될 것이다. 국가연합은 독립된 벨라루스와 또 다른 독립 국가인 러시아와의 연합이 되며 이러한 러-벨의 순조롭고 성공적인 연합 모델은 타 포스트소비에트 국가들에 지대한 영향을 미칠 것으로 보인다.

〈표 12〉 러시아와 벨라루스와의 관계가 어떠해야 하는가?

Какими должны быть отношения Белоруссии и России?

74.6%
대등한 독립국가로서 국경이 사라지고 관세도 없으며 비자도 필요 없는 친근한 관계

12.8%
구소련과 같은 연방 국가 형태

6.6%
현재 상태 유지

3.7%
러시아의 속국

2.1%
대답하기 어렵다

0.1%
응답 거부

출처 : BAW.[38]

우크라이나 전쟁 이후 블라디미르 푸틴Vladimir Putin 러시아 대통령은 우크라이나 전쟁에 개입한 벨라루스에 대해 서방 국가들이 제재를 가한 것이 러시아와 벨라루스 간 통합을 촉진하고 있다고 주장했다. 푸틴 대통령은 서방 국가들의 러시아와 벨라루스에 정치적 압박과 제재로 양국 간 통합이 가속화되고 있다고 밝혔다. 러시아 현지 매체인 모스크바 타임즈The Moscow Times는

[38] 주 15와 동일.

탈 소비에트 국가 지도자 중 벨라루스 루카셴코 대통령만이 러시아의 우크라이나 침공을 지지하고 있다고 전했다.[39]

5. 결론

벨라루스가 2020년 대선 부정선거로 인한 서방의 경제 제재로 어려움을 겪고 있는 와중에 2022년 2월에 발생한 우크라이나 전쟁으로 인하여 EU와 미국은 벨라루스에 대해 추가적인 금융제재를 취했다. 제재는 이전보다 더 강하고 구체적이어서 벨라루스 중앙은행과의 거래를 금지하고 벨라루스 개발은행 등 3곳의 벨라루스 은행을 SWIFT 결제망에서 퇴출했다. 또한 세계무역기구WTO도 3월 24일에 벨라루스의 WTO 가입신청에 대한 프로세스를 중단했다. 2016년 이후 EU와 관계가 개선되어 교류가 급진전 되었던 벨라루스의 유럽으로의 길은 더욱 멀어졌다. 유럽과 러시아 사이에 놓인 벨라루스는 국가 정체성에 있어도 유럽과 러시아 사이에서 고뇌하고 국가 독립과 발전에 있어도 유럽과 러시아 사이에 놓여 있다. 지정학적 숙명과 같이 강대국 사이에 놓인 벨라루스는 러시아와 전쟁 중인 우크라이나와는 사뭇 다르다고 보겠다. 벨라루스는 지역적 갈등과 인종적 그리고 언어적 갈등이 우크라이나와 다르며 벨라루스라는 정체성이 러시아 정향과 매우 가깝다는 점이다. 본문에서 벨라루스 국민의 의식 수준을 조사한 내용을 보면 진보적 성향을 띤 젊은 세대들조차 러시아에 대하여 우호적인 입장을 보인다. EU와의 관계 개선과 교류는 희망하지만, 나토에 가입하는 것을 반대하고 러시아가 주도하는 군사협력 기구인 CSTO에 가입하는 것을 원하고 있다. 2014년 우크라이나 유로마이단 혁명 이후 벨라루스는 국가의 불확실한 미래를 극복하기 위하여 EU와

---

[39] 이평래, 「벨라루스, 서방 국가들의 제재로 수출과 국가 재정에 타격」, 『EMERiCs』, 2022.

의 경제교류와 협력에 관심이 있었으며 동시에 러시아와의 교역에 역량을 집중하였다. 제1차 민스크협정과 제2차 민스크협정을 통하여 우크라이나 돈바스 사태를 평화적으로 해결하려는 벨라루스의 노력으로 인하여 벨라루스와 EU는 극적인 관계 개선으로 들어갔으며 2020년 벨라루스에서 불법 대선으로 인한 소요사태가 발생하기 이전까지 벨라루스와 EU 간 국제교류가 증대했었다. 그러나 EU와의 교류에 상관없이 벨라루스의 전체 대외교역에서 러시아가 차지하는 비중은 50% 이상으로, 벨라루스는 러시아 영향권 아래에 놓여 있다고 보겠다. 천연자원이 거의 없는 벨라루스는 러시아로부터 저렴하게 석유·가스를 구입하여 자국 내 산업을 유지하고 있으며 산업의 주축인 석유화학산업 또한 러시아의 값싼 석유 가스를 가공하여 EU에 판매하고 있었던 실정이었다.

    EU와 러시아 사이에서 제3의 길을 가려고 했던 벨라루스는 러시아에 의존하는 교역 구조뿐만 아니라 국내 정치적 격변과 우크라이나 전쟁으로 인하여 EU로부터 제재를 받고 러시아 쪽으로 기울어지고 있다. 우크라이나 전쟁이 계속되면 벨라루스의 경제는 더욱 어려워질 것이며 이는 러시아에 더욱 의존하게 될 것으로 보인다. 벨라루스의 루카셴코 대통령이 지난 30년 가까이 추진했던 벨-러 국가연합이 성큼 앞으로 다가왔다고 본다면 러시아 푸틴 대통령이 언급한 "우크라이나 전쟁이 벨-러 국가연합에 새로운 추진력을 갖게 했다"라는 표현이 적절하겠다. 1999년 이후 20여 년간 추진해 온 벨-러 국가연합은 경제통합에 합의하여 급진전하고 있다. 2023년 중에 경제통합이 이루어지고 빠른 시간에 러시아 벨라루스가 국가연합의 단계로 들어갈 것으로 보인다. 벨라루스가 러시아와의 국가연합의 노정으로 가더라도 러시아로 대변되는 낡은 소비에트체제에 대한 노스텔지어와 유럽의 환상적 슬로건보다는 벨라루스인들 자신만의 정체성을 형성하는 제3의 길로 나가는 것이 바람직하다. 벨라루스가 민족주의 국가로 형성되기보다는 다원주의적 민주주의 가치를 기반으로 하는 국가정체성을 형성하는 것이 바람직할 것이다. 벨-러

국가연합의 수준이 EU와 비슷하게 구성되어 진다면 벨라루스는 자주권을 바탕으로 러시아와의 관계를 재설정하고 유럽과 러시아 사이에 놓인 존재가 아닌 시민사회를 바탕으로 하는 민주주의 국가에서 그 방향을 찾아야 한다. 그래야 러시아에 완전히 귀속되지 않고 동등한 독립 국가로서 동과 서 사이에서 독자적 활로를 찾을 수 있을 것이다.

참고문헌

김동묘, 「우크라이나 사태가 벨라루스 경제에 미치는 영향 및 전망」, 코트라 해외시장 뉴스, 2022.05.17.
김보라, 「탈 소비에트 벨라루스인들의 언어 정체성 변화 양상」, 『러시아어문학연구논집』 제54집, 2016, 274~286쪽.
김선래·홍석우, 「벨라루시 정체성의 재건 : 신화, 민족사, 민족의 건설」, 『동유럽발칸학』 제13권 2호, 2011, 232쪽.
박혜경, 「벨라루스 민족 정체성의 이상과 현실」, 『중소연구』 제43권 제3호(가을), 2019, 265~297쪽.
우준모·김종헌, 「유라시아 지역 통합체 건설에 있어서 우크라이나, 벨라루스의 전략적 선택과 한계」, 『국제지역연구』 제18권 제5호, 2015, 67쪽.
이선우, 「유라시아의 지정학, 민족 균열, 그리고 재민주화 : 우크라이나와 벨라루스 사례 비교」, 『한국과 국제정치』 제31권 3호, 2015, 106쪽.
이지연, 「만들어지고 있는 민족/국가(nation) : 포스트소비에트 벨라루스의 민족주의와 국가정체성」, 『러시아어문학연구논집』 제47집, 2014, 249쪽.
이태림, 「벨라루스 대선 후 정국 분석과 전망」, 『IFANS』, 주요국제문제분석 2020-39, 2020, 11~20쪽.
허승철, 「러시아와 벨라루스 국가 통합 가능성 분석과 전망」, 『러시아어문학연구논집』 제66집, 2019, 183쪽.
홍완석, 「동과 서 사이에서 벨라루스의 대외전략」, 『동유럽발칸학』 제13권 2호, 2011, 406~410쪽.

황성우, 「에너지 안보 공간의 갈등 : 러시아와 벨라루스의 가스 갈등과 EU」, 『EU연구』 제33호, 2013, 197~212쪽.

김선래, 「전문가오피니언 : 여론조사로 본 러시아-벨라루스, 그 기나긴 국가연합으로의 여정」, 『EMERiCs』, 대외경제정책연구원, 2020, https://www.kiep.go.kr/aif/issueDetail.es?brdctsNo=322926&mid=a30200000000&search_option=ALL&search_keyword=&search_year=&search_month=&search_tagkeyword=&systemcode=04&search_region=&search_area=1&currentPage=4&pageCnt=10 (검색일 : 2022.11.30)

이평래, 「이슈트랜드 : 벨라루스, 유럽이 경제 제재 강화하자 외교적 대응」, 『EMERiCs』, 2021.07.09, https://www.kiep.go.kr/aif/issueDetail.es?brdctsNo=317788&mid=a30200000000&search_option=ALL&search_keyword=&search_year=&search_month=&search_tagkeyword=&systemcode=04&search_region=&search_area=2&currentPage=17&pageCnt=10 (검색일 : 2023.02.20)

_____, 「벨라루스, 서방 국가들의 제재로 수출과 국가 재정에 타격」, 『EMERiCs』, 2022.07.08, https://www.emerics.org:446/issueDetail.es?mid=a10200000000&systemcode=04&brdctsNo=333039 (검색일 : 2022.11.25)

이진희, 「흑해 바다 요트에서 아들과 함께 푸틴 대통령을 만난 루카셴코 벨라루스 대통령」, 『바이러시아 21』, 2021, http://www.buyrussia21.com/news/articleView.html?idxno=34117 (검색일 : 2023.01.20)

임성우, 「전문가오피니언 : EU, 벨라루스 제재 해제와 전망」, 『EMERiCs』, 대외경제정책연구원, 2019, https://www.emerics.org:446/issueDetail.es?brdctsNo=183490&mid=a10200000000&&search_option=&search_keyword=&search_year=&search_month=&search_tagkeyword=&systemcode=04&search_region=04010400&search_area=&currentPage=6&pageCnt=10 (검색일 : 2022.02.22)

KITA한국무역협회, 「러-벨라루스, 국가통합 구체화... 양국 정상 '로드맵' 합의」, 2022, https://www.kita.net/cmmrcInfo/cmmrcNews/cmercNews/cmercNewsDetail.do?pageIndex=1&nIndex=1814544 (검색일 : 2022.10.20)

_____, 「미, 러 정유사 등 추가 제재...EU도 벨라루스 무더기 제재」, 2022, https://www.kita.net/cmmrcInfo/cmmrcNews/cmercNews/cmercNewsDetail.do?pageIndex=1&nIndex=1820289 (검색일 : 2022.11.20)

BBC NEWS RUSSIA, "На кону независимость : почему в Беларуси боятся интеграции с

Россией", 2019, https://www.bbc.com/russian/features-50673484 (검색일 : 2022.10.20)

Belta, "Ministry of Foreign Affairs sees heinous goals behind another package of sanctions against Belarus", 2022.11.05.

Chatham House, "amid the crisis, belarusian identity is changing", Chatham House, The Royal Institute of International Affairs, 2020, https://www.chathamhouse.org/2020/11/amid-crisis-belarusian-identity-changing

https://mfa.gov.by/en/export/wto/accession/ (검색일 : 2022.10.19)

Interfax, "Belarus to have budget shortfall of $0.5 bln in H1 due to sanctions—Finance Ministry", 2022.11.20.

Ministry of Foreign Affairs of the Republic of Belarus, "Беларусь и европейские страны", 2022, https://mfa.gov.by/en/bilateral/europe/ (검색일 : 2022.10.19)

_____, "Вступление Беларуси в ВТО", 2022, https://mfa.gov.by/en/export/wto/accession/ (검색일 : 2022.12.02)

_____, "Переговоры о присоединении Беларуси к ВТО", 2022, https://economy.gov.by/ru/peregovory-ru/ (검색일 : 2022.12.02)

The Moscow Times, "Western Sanctions Speeding Up Russia and Belarus Integration, Putin Says", 2022.11.01.

ВЦИОМ НОВОСТИ, "Белоруссия, Россия, Союзное государство", 2020, https://wciom.ru/analytical-reviews/analiticheskii-obzor/belorussiya-rossiya-coyuznoe-gosudarstvo (검색일 : 2022.10.20)

ИА REGNUM, "Лукашенко : За интеграцию с Россией выступает 71,5% граждан Белоруссии", 2022, https://regnum.ru/news/polit/3188600.html (검색일 : 2022.10.20)

Лента новостей, "План по экономической интеграции России и Белоруссии. Что важно знать", 2021, https://www.rbc.ru/economics/10/09/2021/613b66699a7947652d409f18 (검색일 : 2022.10.20)

Независимая газета, "О российско-белорусской интеграции", 1999, https://www.ng.ru/ideas/1999-10-01/integration.html (검색일 : 2022.11.10)

Нефтегазовый Вестник, "РФ и Белоруссия до декабря 2023 г. подпишут документ о едином рынке газа", 2023, https://nangs.org/news/markets/gas/rf-i-belorussiya-do-dekabrya-2023-g-podpishut-dokument-o-edinom-rynke-gaza (검색일 : 2022.10.20)

Особая буква, "Белорусы не желают объединяться ни с Россией, ни с Европой", 2009.06. 04, https://www.specletter.com/politika/2009-06-04/belorusy-ne-zhelajut-obedinjatsja-ni-s-rossiei-ni-s-evropoi.html (검색일: 2022.10.01)

Павлюк Быковский, "Почему все меньше белорусов хотят союза с Россией", 2020, Deutsche Welle (DW). https://www.dw.com/ru/%D0%BF%D0%BE%D1%87%D0%B5%D0%BC%D1%83-%D0%B2%D1%81%D0%B5-%D0%BC%D0%B5%D0%BD%D1%8C%D1%88%D0%B5-%D0%B1%D0%B5%D0%BB%D0%BE%D1%80%D1%83%D1%81%D0%BE%D0%B2-%D1%85%D0%BE%D1%82%D1%8F%D1%82-%D1%81%D0%BE%D1%8E%D0%B7%D0%B0-%D1%81-%D1%80%D0%BE%D1%81%D1%81%D0%B8%D0%B5%D0%B9/a-52279440 (검색일: 2022.10.19)

Экспортеры России, "Об итогах внешней торговли товарами в 2022 году", 2022, https://www.belstat.gov.by/o-belstate_2/novosti-i-meropriyatiya/novosti/ob_itogakh_vneshney_torgovli_tovarami_v_2022_godu/?special_version=Y (검색일: 2022.12.02)

카자흐스탄 전방위 외교와 EU 정책*
– 주요 협력과 동인(動因) –

이지은

1. 서론

   카자흐스탄은 독립 이후 중앙아시아 국가 중에서는 가장 먼저 EU와의 외교관계를 개시한 이래 활발한 협력을 지속해 왔다. 2015년 카자흐스탄 - EU 간 강화된 파트너십·협력협정EPCA 효력 발생 후 양측 간 교류는 경제(교역, 투자, 에너지), 교육 등의 분야에서 괄목할 만한 양적, 질적 교류가 누적되어 왔으며, 협력 범주의 다양화, 심화하는데도 상호 입장이 긍정적이다. 게다가 2022년 기준 카자흐스탄 대외 교역량에서 EU는 중국과 러시아를 제치고 1위를 차지, 경제적 측면에서 EU는 카자흐스탄 정부의 주요 신흥 경제협력 파트너임에는 이견이 없겠다.[1] 그렇다면 어떤 국내 및 대외적 요인이 카자흐스탄 - EU 관계 발전, 강화에 영향을 주고 있을까? 이 장에서는 상기 질문을 중심으로 독립 이후 카자흐스탄 대외정책, 즉 전방위 실용외교의 실현이라는 관

---

* 이 연구는 『슬라브연구』 39-3호, 2023.9에 게재된 내용을 수정 편집했다.
[1] 2020년 기준 EU는 카자흐스탄 총 교역의 29.7% 차지하여 교역 순위 1위를 차지했다. 다음을 참조. European Commission, 2020, https://policy.trade.ec.europa.eu/eu-trade-relationships-country-and-region/countries-and-regions/kazakhstan_en (검색일: 2022.11.28)

점에서 카자흐스탄 - EU 관계, 협력분야, 추진 동인을 분석하고자 한다.

독립 후 카자흐스탄 대외정책의 목표는 1) 국경을 맞댄 역내 강대국(특히 러시아, 중국)의 직, 간접적 위협으로부터 자국의 주권과 정체성을 확보하고, 2) 국제사회에서 카자흐스탄과 수평적 관계를 발전시켜나갈 수 있는 협력 파트너를 다각화하는데 맞춰져 있다. 이를 위해 카자흐스탄이 선택한 전략이 바로 '전방위 외교'임은 잘 알려진 사실이다. 특히, 토카예프 정부에는 대외경제정책이 카자흐스탄의 전방위 외교에서 가장 중요한 목표로 설정했다. 따라서 카자흐스탄의 대 EU 정책 역시 큰 틀에서 전방위 외교가 설정한 목표의 실현이라는 맥락 속에서 진행되었다고 볼 수 있다.

EU는 카자흐스탄의 전방위 외교 추진에 있어서 중요한 협력 파트너인 동시에 경제적 이해관계도 상호 맞아떨어지는 대상으로 부상했기에 오늘날 양측 관계가 그 어느 때보다도 활성화되고 있다. 한편, EU는 2007년 에너지 위기, 2014년 러시아의 우크라이나 크름반도 합병, 그리고 2022년 초 시작된 우크라이나 전쟁으로 이미 만성적인 에너지 안보 위기에 노출되어 온지 오래다. EU 입장에서는 에너지 수급 루트 다각화가 가장 시급히 해결해야 할 우선순위 과제임에는 논쟁의 여지가 없다. 그런 맥락에서 유라시아의 중심부에 위치하며 에너지 부국인 동시에 친서방 기업의 활동도 비교적 자유로운, 2008년 '유럽으로의 길Path to Europe' 정책을 개시한 이래 친親유럽 정책을 꾸준히 추진해 온 카자흐스탄은 에너지협력 분야에서 EU가 주목하는 주요 파트너로 자리매김하고 있다.

본 연구는 독립 이후 카자흐스탄 - EU 간 어떤 교류와 협력사례가 있었는지, 카 - EU 관계가 카자흐스탄의 대외정책 기조인 전방위 외교 전략과 어떻게 연결이 되는지, 대 EU 정책 추진 동인動因(국내, 대외)은 무엇인지 분석하고자 한다. 핵심 논지는 카자흐스탄의 EU 정책은 러시아, 중국의 과도한 영향력 확대를 견제하고 경제적 이해관계가 주요 변수로 떠오른 전방위 외교의 실현이라는 관점에서 이해해야 한다는 것이다. 카자흐스탄의 국가 정체성인 유라시아주의에서 나타난 유럽 지향성, 그리고 EU와 추진해 온 다양한 협력 프로그램과 주요 정책을 들여다보면 카자흐스탄 대외정책에서 EU는 러시아, 중국 등의 영향력 확대를 일부 상쇄할 핵심 협력 파트너로 인식하고 있음을 확인할 수 있다.

2. 카자흐스탄 전방위 외교

1) 카자흐스탄 대외정책 : 전방위 외교

'전방위 외교Multi-Vector Policy'로 특징할 수 있는 카자흐스탄 대외정책형성에는 초대 대통령이자 30여년 간 통치자로 군림했던 나자르바예프 전 대통령의 독립국 카자흐스탄 정체성에 대한 이해와 인식이 큰 영향을 미쳤다. 나자르바예프 전 대통령은 카자흐스탄이 지리적으로 유라시아 대륙의 한가운데 위치한 지리적 특징을 가지고 있으며, 동서양 문명의 융합 공간이자 다문화, 다문명이 평화롭게 공존하는 지역으로 인식했다. 동시에, 자국의 이러한 특징을 활용하여 유라시아 경제 물류망의 중심지이자, 국제사회에서 신뢰할 수 있는 중견국으로 부상하는 것을 독립국 카자흐스탄이 달성할 중장기 목표로 설정했다. 자연스레 카자흐스탄의 대외정책 역시 독립 이후 형성된 카자흐스탄의 지리적 특징과 잠재력, 국가 정체성과 목표를 구체화하는 것과 맥을 같이하게 되었고, 그것은 '전방위 외교', '실용주의 균형외교'로 구현됐다.[2]

---

[2] 카자흐스탄 대외정책이 전방위적임에 방점을 둘 경우, '전방위 외교' 또는 '멀티벡터주의(Multi-vectorism)' 등으로 지칭하며, 여기에 실용주의적 측면을 덧붙이게 되면 '전방위 실용주의' 외교나 '실용주의 균형외교' 등으로도 카자흐스탄의 대외정책을 규정하기도 한다. 관련 연구는 하단 참조.
이홍섭, 「카자흐스탄의 대외정책 : 전방위 외교정책'의 모색」, 『슬라브연구』 23(2), 2007.
이지은, 「카자흐스탄의 전방위외교와 다자주의 : 중앙아시아 국제환경, 국가 속성, 국가 정체성 요인을 중심으로」, 『슬라브연구』 37-2, 2021a; 「리더십 교체 이후 카자흐스탄 대외정책 : 토카예프 정부의 '대

나자르바예프 전 대통령이 주창한 카자흐스탄식 '유라시아주의Eurasianism' 역시 오늘날 카자흐스탄 대외정책을 형성하는데 핵심적 역할을 했다. 독립국 카자흐스탄의 정체성이 반영된 카자흐스탄의 유라시아주의는 자국의 지리적 위치, 유목민적 문화,[3] 실크로드 역사 등의 요소가 반영된 동서 문명의 가교 역할, 수평적 유라시아주의라고 볼 수 있다.[4] 카자흐스탄식 유라시아주의는 독립국 카자흐스탄 전방위 외교와 아시아와 유럽 사이에서 경제 교류의 매개자가 되고자 하는 대외경제정책 수립에 가장 직접적인 영향을 미친 사상적 기저인 셈이다.

한편, 카자흐스탄 장기 발전전략 『카자흐스탄 2050』(2013)에 따르면, 카자흐스탄의 대외정책은 기존의 다변화 정책을 유지하면서, 질적으로 향상된 유라시아주의 실현을 추구하여 국제사회에서 중견국으로서의 카자흐스탄 위상과 영향력을 강화하고자 했음을 알 수 있다.[5] 예를 들어, 주요 강대국과의 관계에 있어서, 러시아와는 우호동맹에 관한 조약에 의거하여 정치·경제·무역 및 문화 협력에 있어 유대관계 강화이다. 중국과는 에너지, 투자, 기술, 무역 및 경제, 문화 및 인도적 협력을 발전시키며 운송 및 농업분야, 생태학

외정책개념 2020-2030'을 중심으로」, 『아시아연구』 24-4, 2021b.

[3] 역사적으로 유목민 문화에서 비롯된 상호 존중을 바탕으로 끈끈하고 오래 지속되는 협력 관계, 파트너십, 우정에 대한 의지가 반영.

[4] 표기에서 알 수 있듯이 러시아식 '유라시아주의'와는 구분할 필요가 있다. 오늘날 러시아에서 푸틴의 대외정책을 뒷받침하고 있는 알렉산드르 두긴(A. Dugin)에 의해 주창되는 신유라시아주의(neo-Eurasianism)는 개방적이며 유라시아 공간 내 다름의 존재를 받아들이면서도 보수적 '전통(종교, 위계질서, 가족)'에 대한 강조와 구소비에트 공간을 관통하는 초대륙적 결속을 주장하고 있다. 그러면서 그 내면에는 여전히 '러시아는 러시아인의 것'으로 상징되는 기독교적, 민족주의적 성향이 자리하고 있다. 러시아의 신유라시아주의는 대결적 구도를 기정사실화하여 "해양세력(대서양주의)과 유라시아 지상세력 간에 벌어지는 문명 전쟁"으로 인식하면서 전쟁의 중심에 러시아가 있다고 본다. 다음을 참조. 장-마리 쇼비에(「유라시아주의, 러시아판 '문명의 충격'」, 『르몽드 디플로마티크』 2014년 6월호). 유사한 견해로, 정세진(「2022년 한양대학교 HK+러시아-유라시아연구사업단 2차 국내학술회의 "유라시아와 유럽 : 경쟁, 협력, 갈등", '카자흐스탄의 대 EU 정책 연구' 발제(이지은)에 대한 토론문」, 2022)은 푸틴의 신유라시아주의는 제국적, 팽창적 성격을 가지고 있으며 2022년 발발한 우크라이나 전쟁 역시 푸틴의 신유라시아주의적 시각에서 시작된 '제국주의적 신팽창주의' 사고가 실제적으로 실현하고자 발생한 개연성이 높다고 본다. "유라시아와 유럽 : 경쟁, 협력, 갈등", 2022년 한양대학교 HK+러시아-유라시아연구사업단 2차 국내학술회의 중 '카자흐스탄의 대 EU 정책 연구' 발제에 대한 토론문에서 인용.

[5] ≪Қазақстан - 2050≫ Стратегиясы.

적 및 환경적 문제 등에서 상호 교류를 증진하는데 고위급 수준의 대화 구조를 적극 활용, 포괄적인 전략적 동반자관계를 강화하고자 한다. 서방과의 관계에 있어서는, 우선 미국과는 정치적, 무역 및 경제적, 투자, 에너지, 과학 및 기술, 인도주의적 협력 등에 목표를 두어 지속적으로 전략적 동반자관계 강화에 주력하고 있다. 유럽은 카자흐스탄의 미래 최대 시장이자 무역 및 투자 부문에서 주요 협력자이기에 최근 포괄적 관계로의 발전 방안을 모색하고 있다. 끝으로, 중앙아시아 역내 국가들 및 CIS 권역 국가들과는 국내외적 위협에 대한 지역 차원의 공동대응을 강화하고, 정치, 경제, 문화적 협력 향상 및 다자협력의 틀 내에서 관계 증진을 모색하고 있다.

2019년 6월 대통령으로 선출된 제2대 카자흐스탄 대통령 토카예프Kassym-Jomart Tokayev 역시 나자르바예프 전前 대통령의 재임 기간 설정한 전방위 외교정책 기조를 큰 변화 없이 지속하고 있다. 취임 직후, 2019년 6월 발표한 국정 방향에서 토카예프 대통령은 "외교는 경제를 중점으로 둔 전방위 외교정책을 고수"할 것을 공표한 바 있다.[6]

2) 전방위 외교 국내, 대외 동인

카자흐스탄은 국가의 역량(하드파워, 소프트파워)을 기준으로 보면 약소국, 중견국으로 구분하거나, 강대국 사이에 낀 지정학적 위치를 고려하면 '중간국'으로 규정하기도 한다.[7] 이는 연구에 따라 국가 능력을 평가하는 접근법이나 기준 등이 다양하기 때문이다. 그러나 분명한 것은 카자흐스탄이 현재 가진 조건으로는 역내에서도 세계정치에서도 강대국으로 분류되지는 않는다는 점이다.

---

[6] Astana Times, 2019, "Meeting with Vladimir Putin, President of the Russian Federation"(2019. 06. 25). https://astanatimes.com/2019/06/newly-elected-kazakh-president-to-focus-on-economic-prosperity-multi-vector-foreign-policy-and-fight-against-corruption/ (검색일 : 2020. 09. 15).

[7] 신범식 엮음, 『유라시아의 지정학적 중간국 외교』, 서울 : 사회평론아카데미, 2022.

그렇다면 약소국, 중견국, 중간국의 성격을 가진 카자흐스탄은 어떤 이유로 전방위 외교를 대외정책 핵심 기조로 설정한 것일까? 그 배경에는 무엇보다도 카자흐스탄인 긴 국경을 공유하고 있는 러시아와 중국이라는 강대국들로부터 자국의 주권을 온전히 유지하기 위해, 나아가 세계정치에서 자국의 이익과 목표를 달성하기 위해 전방위 외교가 가장 효율적인 전략이라는 판단에서일 것이다.

실제로, 독립 후 카자흐스탄의 국가적 우선순위로 언제나 '국가 주권 강화', '경제성장', '정권 안정'이 자리해 왔다. '국가 주권 강화'는 신생독립국으로서 러시아, 중국 등 역내 강대국의 자국에 대한 과도한 영향력 확대를 저지하거나 혹은 간접적 위협에 대한 방어적 대응으로 전개됐다. '경제성장'은 에너지 부국으로서의 자산을 적극적으로 활용하여 개방경제 정책을 통해 실현하고자 했다. '정권 안정'은 앞서 말한 두 가지 목표를 달성함으로서 실현 가능한 목표였으며, 그러면서 권위주의의 공고화를 가속화했다. 그리고 이 모든 목표를 실현하는데 있어 대외정책에서의 '전방위 외교' 전략은 중요한 수단이었다. 세계 곳곳의 주요 국가들과의 관계를 구축하고, 다자주의를 활용하여 카자흐스탄의 국제적 위상을 높이는데 주력했기 때문이다, 일부 연구에서는 카자흐스탄의 전방위 외교를 두고 '전방위밀착외교omni-enmeshment foreign policy' 또는 역내 약소국의 '헤징전략'으로 설명하기도 한다.[8]

즉, 카자흐스탄의 전방위 외교는 카자흐스탄이 마주한 중앙아시아 국제환경과 카자흐 국내 요인이 상호 복합 작용의 결과물이다. 지정학적 강대국 세력(러시아, 중국)들이 맞부딪히는 지정학적 단층대라 불리는 중앙아시아에서 카자흐스탄은 국경을 마주하고 있는 역내 강국인 러시아, 중국에 대한 의존도를 낮추고자 가능한 한 많은 다른 선택지(주로 경제협력 파트너 다원화, 외교정책 자율

---

[8] Rachel Vanderhill, Sandra F. Joireman, Roza Tulepnayeva, "Between the bear and the dragon : multivectorism in Kazakhstan as a model strategy for secondary powers", *International Affairs* 96 : 4, 2022, pp.975~993.

성 확보 등)를 확보하기 위해 카자흐스탄이 택할 수 있는 최선의 선택지로 전방위 외교가 추진된 것이다. 그렇다면 카자흐스탄의 전방위 외교정책에서 우선순위 과제가 결국 정책 추진의 주요 동인으로 작용했을 것이며, 같은 맥락에서 카자흐스탄의 대 EU 정책도 같은 동인의 영향을 받았을 것이라 가정해 볼 수 있다.

일국의 외교정책 형성에서 국가 정체성으로 대표되는 비물질적 요소와 국가의 물질적 이해관계 요소(안보, 경제)가 복합적으로 작용하기 마련이다. 이를 카자흐스탄의 대외정책형성에 적용해 보면, 카자흐스탄의 국가 정체성 형성에서 사상적 기저 역할을 한 '유라시아주의'(비물질적 요소)와 카자흐스탄의 안보, 경제 이해관계(물질적 이해관계 요소) - 대 러시아, 대 중국 의존도 줄이기, 수평적 관계를 유지할 수 있는 신뢰할 수 있는 새로운 협력 파트너 모색과 경제성장 등으로 정리할 수 있다. 한편, 카자흐스탄의 국제환경이라는 대외 요소도 전방위 외교 추진과 형성에 영향을 미친 핵심 요소이다. 소연방 붕괴 이후 중앙아시아 국제환경은 다극화/다중심적으로 변화하고 있고, 지난 몇 년간 러시아 - 중국 간 협력적 관계 지속의 결과 카자흐스탄은 양국과의 긴밀한 협력을 추진하면서 특히 중국을 러시아 견제를 위한 레버리지로 활용하고자 했다. 동시에 세계 지역 강국들과의 외교 노선 다각화도 활발히 추진했다. 이를 정리하면 아래와 같다.

〈표 1〉 카자흐스탄 대외정책으로서의 전방위 외교 : 국내, 대외 동인

카자흐스탄 대외정책 : 전방위 외교(1991~)	
⇑	⇑
국내	대외
○ 국가 주권 확립 - 카자흐스탄 유라시아주의를 통한 국가 정체성 확립 - 러시아의 영향력 줄이기(러시아가 보복하지 않는 선), 다양한 국가와 관계 구축(예, EU)을 통해 국가 주권 강화	○ 다극화된 중앙아시아 국제환경 (러시아 이외 제한적, 대안적 강대국 존재 : 중국, 미국, 유럽, 인도 등), 러 - 중 협력 분위기

- 지속가능한 경제성장
  - 에너지 판매 다각화(러시아 외 파이프라인 구축)
  - 교역 노선 다각화(러시아, 중국 외 EU)

- 정권 안정과 정당성 강화
  - 권위주의 정권의 유지, 권위주의 공고화
  - 경제성장으로 정치적 불만 감소→정권 지속에 긍정적

출처 : 저자 작성

(1) 국내 동인

① 국가 주권 확립(국가 정체성 확립, 러시아 영향력 줄이기)

카자흐스탄 유라시아주의는 유럽과 아시아라는 양 지역을 상호 보완적이고 공통의 가치와 원칙을 강화하는 이상주의적 가치에 주안점을 두고 있다. 카자흐스탄 스스로 유럽과 아시아 지역에 뿌리를 둔 국가라는 자기 인식, 카자흐스탄의 지리적 위치, 유목민적 문화, 실크로드와 같은 유구한 역사적 요소가 유라시아주의를 통해 국가 정체성에 중요한 요소로 반영됐다.[9] 이러한 카자흐스탄의 유라시아주의의 강조점은 특정 세력과 대결 구도를 형성하려 하지 않으며, 다양한 가치와 경험을 가진 여러 주체와 상호 협력, 소통, 교류하는데 있다. 예를 들어, 1999년 창설된 아시아 교류 및 신뢰구축 회의CICA의 최초 제안이 나자르바예프 초대 대통령에 의해서였으며, 유럽의 안보협력기구인 OSCE를 모델 삼아 아시아 국가들과의 신뢰구축을 목표로 했다. 동시에 카자흐스탄은 OSCE에 가입하고 의장직을 수입하는 등 유럽과의 관계 발전 역시 함께 진행했다. 이슬람권 국가들과의 협력은 이슬람협력기구OIC라는 다자기구를 통해 진행했다. 카자흐스탄 유라시아주의를 통해 전방위 외교 추진에 대한 직접적인 명분을 쌓은 것이라 볼 수 있다.

1990년대 초반 카자흐스탄은 자국의 영토 주권과 에너지 자원에 공격적이

---

9 이지은, 「카자흐스탄의 유라시아주의(Eurasianism)와 대외정책」, 『한국이슬람학회논총』 24-3, 2014, 117~148쪽.

고 비협조적인 러시아에 대해 큰 불안감을 느끼고 있었다. 신생독립국으로서 주권에 대한 위협을 느꼈던 카자흐스탄은 전방위 외교 전략을 통해 러시아 의존도를 낮추고자 했다. 즉, 러시아의 종속국가client state로 전락하지 않고, 러시아와 대립각을 세우지 않으면서, 동시에 친서구적 노선을 개발하고, 다양한 다자 틀 속에서 러시아와 협력하는 전략을 수립하고자 했던 것이 전방위 외교로 구현된 것이다. 마침 카자흐스탄은 소비에트 붕괴와 중앙아시아 국제환경의 다각화라는 외부적 변화 요인으로 인해 러시아와의 관계를 '재설정'해야 했고, 나자르바예프 초대 대통령은 카자흐스탄 유라시아주의를 통해 러시아로부터의 독립'성과 차별성을 전면에 내세우고자 했다. 이때 러시아 이외의 유럽 및 세계 여러 국가들과의 관계 구축에 대한 타당한 명분을 제공한 것이 바로 유라시아주의인 것이다.[10]

러시아의 과도한 영향력을 줄이는 것은 독립 직후나 현재나 독립국 카자흐스탄만의 정체성 구축만큼이나 중대한 국가 우선순위 과제이다.[11] 특히나 우크라이나 전쟁이 발발한 이후에 이러한 기류는 카자흐스탄 내 많은 국민이 공감하는 이슈로 부상했다.[12] 카자흐스탄 주권에 대한 러시아의 직간접적인 위협과 90년대까지 인구 구성에서 러시아인의 큰 비중은 카자흐스탄 북부 영토 병합에 대한 두려움을 낳았고, 여러 요인이 있지만 수도를 남부 알마티에서 북부 아스타나로 옮기는 결정도 단행했다.[13] 무엇보다도 러시아의

---

[10] 위의 책;「카자흐스탄의 전방위외교와 다자주의 : 중앙아시아 국제환경, 국가 속성, 국가 정체성 요인을 중심으로」,『슬라브연구』37-2, 2021a.

[11] Rachel Vanderhill, Sandra F. Joireman, Roza Tulepnayeva op. cit, 2022, p.975.

[12] 우크라이나 전쟁에 대한 카자흐 국민과 인터뷰에서, 카자흐어를 구사하는 젊은 층에서는 주로 우크라이나를 지지하고 푸틴의 침략 전쟁을 규탄하는 분위기가 읽히며, 반면 카자흐스탄 러시아인이나 소연방 시기를 오래 겪은 연령대가 높은 카자흐인(러시아어 구사자)의 경우 푸틴을 지지하는 발언을 한 것으로 조사됐다. 현재 카자흐스탄 내 인구 구성을 고려할 때, 카자흐인 젊은 인구 비중이 60%에 이르기 때문에 전반적인 분위기는 전쟁을 시작한 러시아에 대해 우호적인 감정은 많지 않다고 볼 수 있다. 다음을 참조. "Путин жақсы ғой" VS "Орыстар — агрессорлар". Қазақтар Украинадағы соғыс туралы не дейді?, https://www.azattyq.org/a/32286215.html (2023.02.24)

[13] 수도 천도 배경에 대해서는 의견이 다양하다. 본 연구의 시각 외에도, 1) 당시 남부 수도였던 알마티가 이미 인구 포화상태였기 때문에 새로운 행정 수도의 필요성 제고, 2) 오히려 러시아와의 협력 관계를

타 주권국가에 대한 공격적인 분리주의 행위(2008년 우크라이나 크름반도 합병, 2022년 우크라이나 전쟁 등)는 카자흐스탄이 러시아에 대한 두려움을 버리기 어렵게 한다. 러시아의 카자흐스탄 천연자원 수출에서 보여온 강압적, 일방적 에너지 정책은 카자흐스탄이 중국과의 파이프라인 개통에 전력을 다하게 한 주요 요인이기도 하다. 중국을 끌어들여서라도 에너지 부문에서의 러시아의 압도적인 영향력을 상쇄하고자 한 것이다. 그 밖에도 카자흐스탄은 러시아어 외에 카자흐어, 영어 등 제 3개 국어 정책, 카자흐어의 라틴 문자화 정책도 추진하고 있다.

하지만 시간이 흐름에 따라 러시아 요소는 오늘날 카자흐스탄 외교정책 결정에 있어 점차 제한적인 영향력을 행사하는 정도로 변화 중이다. 그리고 러시아의 영향력은 중앙아시아 국제환경에서 러시아와 중국의 힘의 균형, 중-러 관계가 우호적이냐 경쟁적이냐에 따라, 그리고 2022년 시작한 우크라이나 전쟁의 추이와 결과에 따라 변할 가능성도 크다. 한편, 지난 2022년 러시아-카자흐스탄 외교관계 수립 30주년을 맞이하여 공동 주최한 "러-카 지역 협력 포럼"에서 토카예프 대통령은 "양국 간 평등하고 상호 이익이 되는 파트너십new initiatives aimed at improving equal and mutually beneficial partnerships between our countries"을 언급했다. 카자흐스탄이 지향하는 이상적인 러시아와의 관계를 '수평적', '평등'한 관계로 보고 있음을 알 수 있고, 향후 카자흐스탄은 러시아와의 관계에서 더 많은 외교적, 정치적, 경제적 독립성을 확보하고자 할 것으로 예상된다.[14]

② 지속가능한 경제성장+정권 안정과 정당성 강화

경제성장은 카자흐스탄 국가 우선순위 과제 중에서도 정권 안정과 상호 영

더욱 강화하자는 의도, 3) 신생 카자흐 정부 주도 하에 새로운 수도 개발을 단행했다는 주장도 있다.
[14] Қазақстан Республикасы Президентінің ресми сайты, 2022.

향을 미치며 전방위 외교를 추진하게 한 주요 동인이다. 경제발전을 위해 카자흐스탄은 세계 여러 지역과 국가들과 관계를 맺고 경제, 투자협력을 추진했으며, 유라시아 대륙의 동서남북을 연결하는 카자흐스탄의 지정학적 위치는 전방위 외교에 십분 활용되었다. 나자르바예프 전 대통령의 경제 현대화에 대한 강력한 의지는 전방위 외교의 주요 동력이었다. 그 결과 카자흐스탄은 중앙아시아 국가 중에서도 가장 적극적으로 개방경제와 세계 경제로의 통합을 추진해왔음은 자명한 사실이다. 경제현대화를 추진하면서 국가의 경제성장이 가속화되면, 그것을 추진해온 권위주의 정부의 정당성과 지속성이 어느 정도 담보되기 때문이다.

카자흐스탄 전방위 외교에서 경제적 목표는 비단 자국의 경제/산업 구조의 현대화뿐만 아니라, 카자흐스탄의 러시아나 중국에 대한 의존성에 대한 현대화, 즉 다각화를 의미한다고 해석할 수도 있다. 특히, 나자르바예프 정부 시기 전방위 외교 추진의 경제적 동기는 유라시아 내 "신 거대게임"이라 불리는 지정학적 경쟁에 대한 거부라는 해석이 있다.[15] 카자흐스탄은 러시아 주도의 유라시아경제연합EAEU이 정치적 통합체로 발전시키려고 하는 푸틴의 노력에 이의를 제기하는 동시에, 미국이 경제 이슈보다 안보, 정치적 이슈를 우선시하려고 하는 것에 대해서도 비판한다. 예를 들어, 미국의 러시아와 이란에 대한 강경한 입장은 카자흐스탄 에너지, 경제에 부정적인 영향을 미치기 때문이다.[16]

카자흐스탄은 러시아와 중국과 경제, 안보적 요인으로 밀접한 관계에 있고, 특히 중국의 경제적 우월성은 이미 러시아를 넘어섰다. 게다가 EAEU 내 교역량이 예상보다 증가하지 않고 러시아에 대한 여러 경제 제재로 인해

---

[15] Artem Patalakh, "Kazakhstan's EU policies : critical review of underlying motives and enabling factors", *Asian Journal of German and European Studies* 3, 2018, p.3.
[16] Kuchins et al., *Central Asia in a reconnecting Eurasia : Kazakhstan's evolving foreign economic and security interests*, Washington : CSIS, 2015, p.9; Artem Patalakh, Ibid, 2018, p.3에서 재인용.

EAEU에 대한 기대감이 많이 낮아진 상태다.

(2) 대외 동인 : 다극화된 중앙아시아 국제환경[17]

중앙아시아 다극체제 아래서 중, 러, 미 등 상위 행위자들의 세력 경쟁과 중앙아시아 중간 규모 국가들의 실리적 전방위 외교는 현재도 진행 중이다. 중앙아시아 국가들은 다극체제라는 국제정치 구조 속에서 실리에 따라 러, 중, 미를 상대로 다양한 등거리 외교를 전개하고 있다. 특히 카자흐스탄은 중앙아시아의 다극화된 환경에서 확보한 외교적 자율성을 통해 자국의 국제적 위상을 꾸준히 높여왔는지 잘 보여준다.[18]

무엇보다도 오늘날 중앙아시아 국제환경은 이른바 '중국과 러시아 간의 우호적 협력Sino-Russian Entente' 구도 속에서 카자흐스탄을 비롯한 중앙아시아 국가들의 대외정책 추진에 있어 비교적 자유롭게 다양한 협력 네트워크 구축을 수월하게 했다.[19] 이는 미-중의 첨예한 경쟁과 대립 속 대결적 양극 구도가 지배적인 동아시아의 국제질서와는 사뭇 비교된다. 러-중 간 협력적 구도 아래 중앙아시아 국가들은 자국의 대외정책형성에서 운신의 폭을 보다 넓게 구축할 수 있는 것이다. 오늘날 미국의 대러, 대중 압박이 강해지고 있는 가운데 러, 중 양국은 더욱 밀착하면서 중앙아시아에서는 경쟁보다는 연대를 강화하는 추세이다. 역내 하위 국가인 카자흐스탄은 두 강대국의 협력 분위기 속에서 비교적 자유롭게 다양한 협력 네트워크를 구축해가고 있다. 소련

---

17 대외요인과 관련해서는 「카자흐스탄의 전방위외교와 다자주의-중앙아시아 국제환경, 국가 속성, 국가 정체성 요인을 중심으로」, 『슬라브硏究』, 37-2, 2021, 34~36쪽 내용을 요약하여 인용하였음을 밝힌다.
18 박상남 외, 『한국의 유라시아 협력 전략 연구 : 중견국 전략의 사례와 EEU가 한국에 주는 함의를 중심으로』, 세종 : 대외경제정책연구원, 2014, 120쪽.
19 박상남, 「중앙아 국가들의 대외정책 동향-카자흐스탄, 우즈베키스탄의 대러 및 대중관계를 중심으로」, 외교부 간담회 자료 인용, 2021; Maximilian Ohle, Richard J. Cook and Zhaoying Han, "China's engagement with Kazakhstan and Russia's Zugzwang : Why is Nursultan incurring regional power hedging?", *Journal of Eurasian Studies* 11-1, 2020.

붕괴로 활성화된 중앙아시아 지정학적 단층대가 카자흐스탄으로 하여금 강력한 유대관계 속에 있던 러시아와의 관계를 유지하면서도 동시에 이외의 협력 파트너를 선택을 할 수 있는 명분을 제공했기 때문이다.

카자흐스탄과 같은 중견국, 약소국, 중간국으로 분류되는 국가들은 충돌하는 강대국들의 세력 다툼과 급변하는 정치질서 속에서 전략적 딜레마에 직면하게 된다. 소련 붕괴 이후 러시아 - 중국 간 우호 관계의 유지는 카자흐스탄이 러시아 또는 중국이냐는 양자택일에 대해 압박의 강도를 많이 약화시켰고, 이는 결과적으로 카자흐스탄 외교정책의 자율성을 증대시켰다.[20] 이러한 환경이 카자흐스탄 선방위 외교, 나아가 앞으로 논의할 EU와의 관계 발전 및 협력 강화에 있어 주요하게 작용한 대외 동인으로 볼 수 있다.

3. 카자흐스탄 - EU 관계와 주요 협력

1) 카자흐 - EU 관계

카자흐스탄의 대 EU 정책과 관련한 정부 발표를 살펴보면 다음과 같다. 현 EU 정책과 협력은 2020년 발표된 "2020~2030년 카자흐스탄의 신新 외교정책(이하 신외교정책)"에 의거하여 진행 중이며,[21] 신외교정책의 중점 목표는 이전 2014~2020 외교정책에서 명시한 바와 크게 달라지지 않았다. 핵심 목표로는 경제성장, 국제사회에서의 카자흐스탄 위상 제고, 중앙아시아 역내 주도국으로써의 카자흐스탄 입지 강화를 명시하고 있다. 특히, 신외교정책 제4

---

[20] 이지은, 앞의 논문, 2021a, 35쪽.
[21] Қазақстан Республикасы сыртқы саясатының 2020－2030 жылдарға арналған тұжырымдамасы туралы(On the Concept of the Foreign Policy of the Republic of Kazakhstan for 2020-2030)", Қазақстан Республикасы Президентінің ресми сайты-Akorda.

조를 보면, 카자흐스탄 외교정책이 주력해야 할 지역 및 다자외교의 우선순위를 매겨놓았다. 아래 표는 EU 관련 내용을 정리해 놓은 것으로, 카자흐스탄 외교정책 우선순위에 EU와의 관계 강화를 다루고 있다는 점에 주목할 필요가 있다.

〈표 2〉 신외교정책 제 4조

2항	우선, 러시아 연방과의 동맹 관계 발전, 중화 인민 공화국과의 전면적인 전략적 동반자관계, 미국과의 전략적 동반자관계 확대, 중앙아시아 국가와의 전략적 관계, 유럽연합(EU) 및 EU 국가들과의 동반자관계 및 협력 확대
7항	EU 외 유럽 주요 국가들과의 호혜적 관계를 강화하고, 유럽 및 유라시아의 정치 및 안보 분야에서 다자간 협력 확대 노력 - 집단안보조약기구(CSTO), 유럽안보협력기구(OSCE), 유럽 평의회(Council of Europe), 북대서양 조약 기구(NATO) 등

출처 : Қазақстан Республикасы сыртқы саясатының 2020-2030 жылдарға арналған тұжырымдамасы туралы-Қазақстан Республикасы Президентінің ресми сайты.

카자흐 - EU 관계는 2015년 12월 EU와 카자흐스탄은 강화된 파트너십· 협력협정EPCA을 체결함으로써 본격적으로 활성화되는 계기가 됐다. 카자흐스탄은 중앙아시아 지역 국가들 가운데 최초로 유럽과 EPCA 협정 체결한 국가로, 해당 조약은 유럽의회의 비준으로 2020년 3월 전격 발효되어 유지 중이다. EPCA를 통해 EU 및 회원국은 상호 무역 투자 촉진, 내정 협력, 경제 및 금융 협력, 에너지, 운송, 환경 및 기후 변화, 고용 촉진과 같은 주요 정책 분야 29개 협력조약이 체결된 이후 카자흐스탄과의 협력을 발전, 강화해 오고 있다.[22] 특히, 에너지, 운송 관련 내용의 비중이 크다.

한편, 2019년 6월, 고위급 EU - 카자흐스탄 비즈니스 플랫폼 출범했다. 카자흐 정부와 EU 기업 및 대표단 간의 정기적이고 직접적인 대화의 장 마련, 농식품 부문에서 무역에 대한 기술적 장벽을 줄이기 위한 협력 및 조세 부문

---

[22] EEAS, "The European Union and Kazakhstan", 2021; Astana Times, "Kazakhstan - EU Relations in the Spotlight in Brussels", 2022.04.01.

의 비범죄화 노력 등에 대한 협력을 강화하고 있다. 2022년 이후 카자흐스탄과 EU 고위급 회담도 증가하는 추세이다. 2022년 4월 고위급 회담에서 카자흐 정부는 EU는 중요한 파트너임을 강조하며, 경제, 에너지, 운송, 전략적 파트너십을 더욱 강화하는 방법과 EU의 러시아 제재가 카자흐스탄 경제에 미칠 수 있는 부정적인 영향에 대한 완화 조치를 논의한 바 있다. 또한 급변하는 지정학적 환경에 관계없이 전방위 외교정책 유지에 대한 강력한 의지를 피력했다.[23]

최근 들어 카자흐스탄 - EU 경제 협력이 급증하는 추세이지만, 양 측 간 협력에는 일성 부문 한계가 보인다. EAEU의 회원국인 카자흐스탄은 제3자와 자유무역지대를 설정하는 것이 법적으로 제한되어 있기 때문이다.[24] 또한 카자흐스탄은 관세에 대한 독립적인 통제권이 없기 때문에 EU와 EAEU 간 자유무역지대가 설정되지 않는 한, EU와 개별적으로 자유무역협정은 사실상 불가능하다. 따라서 당분간 EU - 카자흐스탄 간 무역 협력에 대한 법적 규제는 WTO에 의거하며, 심화 혹은 확장되기에는 한계가 있다.

2) 주요 협력

(1) 무역

2022년 기준 EU는 카자흐스탄의 최대 투자자이자 교역 파트너이자 주요 투자처로 카자흐스탄 유입 FDI 3,700억 달러 가운데 1,600억 달러가 EU에서 투자했다. 카자흐스탄 - EU 간 무역 규모는 연간 약 240억 달러에 달했다.[25]

23　Astana Times, op. cit, 2022.04.01.
24　Svante E. Cornell and Johan Engvall, *Kazakhstan in Europe : Why not?*, Central Asia-Caucasus Institute & Silk Road Studies Program - A Joint Transatlantic Research and Policy Center, 2017, p.47.
25　Astana Times, op. cit, 2022.04.01.

2020년 기준 카자흐스탄 상위 5개 수출입 대상국을 살펴보면, 수출국으로는 중국(19.18%), 이탈리아(14.15%), 러시아(10.44%), 네덜란드(6.71%), 우즈베키스탄(4.54%) 순이고, 수입국은 러시아(34.93%), 중국(16.67%), 한국(12.83%), 독일(4.69%), 미국(2.95%) 순이었다.[26] 수출국에서 개별국으로 따지면 러시아와 중국이 1,2위를 자치하고 있지만, 수출국 상위 5위 내 EU 국가(이탈리아, 네덜란드) 총 비중(20.86%)을 놓고 보면 중국과 러시아를 넘어선 것이다.

카자흐스탄은 EU와의 녹색경제 및 탄소 중립에 관한 협력을 통해 2060년까지 재생 가능 에너지원의 비율을 83%로 확대하고 2050년 이후 석탄 발전에서 열 생성을 중단할 계획이며, 이를 통해 카자흐스탄 내에서도 탄소 에너지에 대한 의존도를 낮추고자 하는 계획에 있다.[27] EU는 2021년 일련의 탄소 중립정책인 Fit-for-55 패키지를 발표했는데, 여기에는 탄소배출권거래제ETS 개정 및 2023년 탄소국경조정CBAM 도입 등이 포함되어 있다. 문제는 이러한 EU의 기후환경 정책이 EU에 원자재 및 탄소 집약 상품 수출국인 카자흐의 무역구조에 앞으로 막대한 영향을 미칠 것으로 예상된다는 점이다. 카자흐 정부는 EU와의 긴밀한 협력을 통해 당장에 발생할 과세부과 등 부정적 영향을 최소화하는 방안을 모색 중이다. 하지만 카자흐스탄이 수출 품목 다변화와 EU와의 장기적 교역 확대라는 두 마리의 토끼를 잡기 위해서는 탄소 에너지 관련 정책을 획기적으로 혁신하는 방향으로 나갈 수밖에 없을 것이다.[28]

(2) 물류

한편, 카자흐스탄 - EU의 주요 의제 중 하나는 무역 및 물류 경로 확보다. 오늘날 카자흐스탄 영토를 통과하는 총 11개의 국제 회랑이 있으며, 2022년

---

26 World bank, 2020, https://wits.worldbank.org/CountrySnapshot/en/KAZ (검색일 : 2023.01.05).
27 Astana Times, op. cit, 2022.04.01.
28 Ibid.

1월 25일 토카예프 대통령은 2025년까지 운송 및 운송 경로 다각화에 200억 달러를 투자하고 새로운 육로 개설 계획을 발표했다. 해당 전략은 EU의 공급망 및 운송에 관한 비전과 서로 이해관계가 잘 맞아떨어지는데, '2019 EU - 아시아 연결 전략'과 최근 발표된 '글로벌 게이트웨이Global Gateway'를 통해 알 수 있다.[29] 여기서 중앙아시아 지역이 글로벌 게이트웨이 전략의 우선순위 중 하나로 언급된다.[30] 글로벌 게이트웨이global gateway란 "EU판 일대일로"도 불리는데, EU와 미국은 G7 내에서 운송망 구축에 대한 협력을 강화하고 있다.[31]

카사흐스탄, 카스피해, 아제르바이잔, 조지아, 터키를 거쳐 남부 또는 중부 유럽으로 이어지는 중간회랑을 통한 EU와의 물류 협력도 추진 예정이다. 카자흐스탄은 2023년부터 Trans-Caspian International Transport Route Association(TITR), 일명 중간 회랑middle corridor을 경유하여 BTC(Baku-Tbilisi-Ceyhan) 파이프라인을 통해 유럽으로의 석유 수출을 계획하고 있다. 악타우 Aktau에서 유조선을 사용하여 조지아 흑해 연안에 있는 바쿠 - 수프사 Baku-Supsa 파이프라인에 원유를 공급한 후, 터키를 통해 유럽으로 전달되

---

[29] Global Gateway : EU의 전 세계 인프라 개발에 대한 대규모 투자를 통해 파트너십 강화 전략으로, 2021-2027년 사이 최대 3,000억 유로 투자 유치를 목표로 함. 글로벌 게이트웨이 파트너십은 1) 민주적 가치의 높은 기준, 2) 좋은 거버넌스와 투명성, 3)동등한 파트너십, 4) 녹색 발전, 5) 안보, 6) 민간 부문 투자 촉진을 원칙으로 하여 디지털 부문, 기후 및 에너지, 수송, 건강, 교육 및 연구 분야에서 파트너 국가와 협력을 강화하고자 함. 글로벌 게이트웨이 전략 하, EU와 미국은 G7 내에서 협력을 강화하고 있으며, EU 및 미국은 아프리카에 녹색 에너지 이니셔티브를 제공함. 한편에서는 EU의 글로벌 게이트웨이 전략은 중국의 일대일로(SREB, MSR)에 대항하기 위한 인도 · 태평양 지역과의 새로운 인프라 연결 구상으로, 중국의 영향력 확대를 견제하고 글로벌 플레이어로서의 역할 강화 의지로 분석하기도 함. 다음을 참조. EU, "Global Gateway", https://ec.europa.eu/info/strategy/priorities-2019-2024/stronger-europe-world/global-gateway_en (검색일 : 2022.10.17); EU, "Global Gateway : EU and US boost cooperation on green energy in Africa", 2022.10.14, https://ec.europa.eu/commission/presscorner/detail/en/IP_22_6383 (검색일 : 2022.10.15); Khan, "EU, 중국 일대일로 맞서 '글로벌 게이트웨이' 추진…강제노동 상품 금지도 제안." 2021.09.16, https://m.khan.co.kr/world/china/article/202109161457001#c2b (검색일 : 2022.10.17) 참조.

[30] Astana Times, op. cit. 2022.04.01.

[31] EU, "Global Gateway", https://ec.europa.eu/info/strategy/priorities-2019-2024/stronger-europe-world/global-gateway_en (검색일 : 2022.10.17)

<그림 1> 중간회랑(Trans-Caspian International Transport Route Association, TITR) 경로
출처 : Euraisanet, https://eurasianet.org/kazakhstan-starts-exporting-oil-through-middle-corridor-from-new-year

는 것이다. 2022년 11월, 카자흐스탄은 Baku-Tbilisi-Ceyhan 파이프라인을 통해 우선적으로 150만 톤의 석유 운송 계획을 밝혔으며, 이에 앞서 카자흐스탄 에너지부 장관인 볼라트 악츄라코프Bolat Akchulakov는 카자흐스탄이 대체 경로를 모색 중이며, 특히 아제르바이잔을 통한 석유 공급량을 최대 600만~650만t으로 늘릴 계획을 가지고 있음을 언급한 바 있다.[32]

(3) 기타 에너지

카자흐스탄은 EU와의 녹색 경제 및 탄소 중립에 관한 협력을 통해 2060년까지 재생 가능 에너지원의 비율을 83%로 확대하고, 2050년 이후 석탄 발전을 중단할 계획을 수립했다. 카자흐스탄 정부는 망기스타우Mangystau 지역 대규모 수소 생산 시설 건설(세계 5대 규모에 들어갈 녹색 수소 생산 시설급)을 위해 2022년 유럽 재생 에너지 그룹 Svevind 와 500억 달러 계약 체결했다.[33]

---

[32] Astana Times, "Kazakhstan to Transport 1.5 Million Tons of Oil Via Baku-Tbilisi-Ceyhan Pipeline", 2022.11.24.

Svevind의 자회사인 Hyrasia One은 태양 전지판과 풍력 터빈에서 생성된 전기를 사용하여 물에서 수소 가스를 분리할 예정으로, 2030년까지는 생산하는 것을 목표로 하며, 2032년부터는 연간 2백만 톤 생산할 예정이다. 해당량은 2030년 EU의 녹색 수소 수입 목표량의 1/5을 차지할 막대한 양이다.

문제는 카자흐스탄에서 유럽으로 어떻게 수소를 운송하느냐이다. 카자흐스탄 입장에서 EU는 주요 녹색 수소 수입 시장으로, 당초 카자흐스탄이 러시아를 통해 수출하려던 경로가 2022년 초 발발한 우크라이나 전쟁으로 폐쇄됨으로 인해, EU는 러시아를 우회하여 카스피해를 통과하는 남부 코카서스 지역을 대체 경로도 개발하여 에너지 안보를 확보하고 한다.[34] 이 경우 앞서 언급한 '중간회랑' 경로가 대체 잠재력이 높다고 볼 수 있다.

한편, 2022년 11월에는 EU - 카자흐스탄 간 녹색 수소 및 원자재 공급 개발을 위한 협정이 체결됐다.[35] EU는 녹색경제로의 전환을 위해 희토류와 수소 공급의 안정적 공급이 필요한데, 카자흐스탄을 핵심 협력 국가로 여기고 있다. 그 일환으로 풍력 터빈용 희토류 마그네이트, 배터리용 리튬 및 코발트, 반도체용 폴리실리콘 등을 카자흐에서 수입하고자 한다.

(4) 교육

한편, 교육 분야에 있어서 카자흐스탄은 2010년 이래 EU의 볼로냐 프레임워크Bologna framework[36]에 동참하고 있다. 볼로냐 프레임워크Bologna Framework는 교육과학부 산하 국립센터에서 감독하며, 카자흐스탄의 학위를 유럽의 학

---

33 Oil price, "Kazakhstan Makes $50 Billion Bet On Green Hydrogen", 2022.10.31.
34 Ibid.
35 Oli Price, "Europe Moves To Capitalize On Russia's Waning Influence In Central Asia", 2022.11.19.
36 볼로냐 프레임워크란 국가 간 교육의 표준과 품질을 비교할 수 있도록 유럽에서 개발한 틀이다. 다음을 참조. Svante E. Cornell and Johan Engvall, *Kazakhstan in Europe : Why not?*, Central Asia-Caucasus Institute & Silk Road Studies Program - A Joint Transatlantic Research and Policy Center, 2017, p.26.

위와 비교할 수 있도록 커리큘럼, 프로그램 및 교육이 재편되어 온 상태다.[37] EU와의 학술 교류는 카자흐스탄의 다양한 EU 프로그램 참여 등을 통해 알 수 있다. 1994년부터 카자흐스탄은 Tempus[38] 프로그램에 참여하며, 교육 커리큘럼을 현대화했다. 그 일환으로 유럽 고등교육 기관의 75% 이상이 사용하고 있는 유럽학점이수시스템European Credit Transfer and Accumulation System, ECTS을 시행하고 있다.

4. 카자흐스탄 EU 정책 동인

3장에서 살펴본 바와 같이 카자흐스탄은 EU와 경제 부문에서의 교류에 주로 집중해 왔음을 알 수 있다. 카자흐스탄의 국가 정체성인 유라시아주의에서 나타난 유럽 지향성, 그리고 EU와 추진해 온 다양한 협력 프로그램과 주요 정책을 들여다보면 카자흐스탄 대외정책에서 러시아, 중국 등에 대한 레버리지로서 EU를 바라보고 있음을 확인할 수 있다. 또한 최근 우크라이나 전쟁 발발로 인해 유럽은 그간 러시아에 의존해온 가스 수입 노선을 대체할 방안으로 카자흐스탄을 주목하게 되면서 에너지 부문에서의 협력이 강화될 것으로 보인다.

본 장에서는 그동안의 카자흐 - EU 관계와 협력이 진행된 카자흐스탄의 모든 대외정책이 궁극적으로는 카자흐스탄 대외정책 기조인 전방위 외교의 목표를 달성하기 위한 구체적 실현이라는 점을 살펴볼 것이다. 카자흐스탄의 전방위 외교는 다극화된 중앙아시아 국제환경에서, 1) 자국의 주권을 수호하

---

37 European Commission, op. cit, 2020.
38 Tempus는 주로 대학 협력 프로젝트를 통해 동유럽, 중앙아시아, 서부 발칸 반도 및 지중해 지역의 파트너 국가들에게 고등교육 현대화를 지원하는 EU 프로그램임. 다음을 참조. https://int.sumdu.edu.ua/en/international/862 (검색일 : 2022.11.05)

고, 2) 러시아, 중국 등 강대국의 종속국가로 전락하지 않으면서 이들과 공존하기에 가장 효과적인 수단이며, 동시에 3) 경제성장을 전방위 외교의 가장 우선순위에 두면서 가능한 다양한 국가/지역과의 협력을 통해 경제협력 다각화를 모색하여, 4) 궁극적으로 (권위주의) 정부 정당성을 확보하고자 하는 카자흐스탄 정부의 인식에서 시작된 핵심 외교전략이다. 이러한 대외정책 전략은 카자흐스탄의 대 EU 정책에도 대부분 투영되고 있음을 본 연구로 확인할 수 있었다. 대 EU 정책에서도 국내 동인으로 '국가 주권 강화', '경제성장'을 통한 '정권 안정'이 주요하게 작용하고 있으며, 대외 동인에서는 다극화된 중앙아시아 국제 환경과 더불어 EU의 카자흐스탄에 대한 인식과 정책 및 2022년 발발한 우크라이나 전쟁 등을 추가하여 검토하고자 한다.

1) 국내 동인

(1) '국가 주권 강화'에 활용된 유라시아주의, 그 안의 '유럽 지향성'

카자흐스탄은 스스로를 '아시아와 유럽을 잇는 다리'로 정의하는 유라시아주의를 국가 정체성으로 표방하면서, 아시아 및 유럽 기구에 모두 적극 참여하는 행보를 보여왔다. CICA를 출범시키며 아시아 지역에서의 영향력 또한 형성하고자 했으며, OSCE를 통해서는 의장직을 수임하는 등 유럽 안보협력에 적극적인 관심을 나타냈다. 금융 분야에 있어서는 아시아개발은행ADB와 파트너십이 잘 구축되어 있으나, 유럽부흥개발은행EBRD와도 협력을 강화하고 있다. 스포츠에서는 유럽축구연맹UEFA의 회원이면서 동시에 아시아권투연맹ABC에 속해 있기도 하다. 언급한 여러 행보에서 드러나듯 카자흐스탄식 '유라시아주의'에 나타난 유럽과 아시아라는 양쪽의 두 가지 정체성을 드러내어 왔다.

한편, 유라시아경제연합EAEU은 오늘날 러시아 주도의 경제연합체라는 인식이 강하지만, 실제 제안은 1994년 나자르바예프 초대 대통령이 했던 '유라시아연합Eurasian Union'이었으며, 이것이 발전하여 오늘날 유라시아경제연합에 이른 것이다. 제안 당시 유라시아연합의 성격은 카자흐스탄식 '유라시아주의'가 지향하는 핵심 개념을 모두 아우르고 있다는 것은 널리 알려진 사실은 아니다. 이 통합체는 서양과 동양의 경제를 연결하는 것에 방점을 두고, 무엇보다도, 서구권에게 열려 있었다. 나아가 경제적 실용주의, 자유 회원제, 회원국 간 평등, 회원국 발전 수준의 차이 인정 등을 지향했다. 카자흐스탄은 유라시아연합을 통해 궁극적으로 세계 경제로의 진입, 지역 간 협력을 원했던 것이다.

특히, 카자흐스탄은 2010년 유럽안보협력기구OSCE 의장을 수행하면서, 이 시기를 전후로 유럽연합과의 협력을 활성화하기 시작했다. 2008년 카자흐 정부는 '유럽으로 가는 길Path to Europe'이라는 3개년 국가 프로그램(2009~2011)을 발표했는데, 기술, 에너지, 운송, 무역, 투자 등 주요 분야 협력을 통한 내부 발전과 이익을 강화하기 위해 유럽과의 긴밀한 협력이 강조됐다.[39] 한편, 앞서 살펴본 교육 분야에서의 유럽과의 교류 역시 카자흐스탄의 유라시아주의에 입각한 유럽 지향성을 보여주고 있다.

(2) 경제 노선 다각화와 정권 정당성 강화(토카예프 정부)

2019년 집권 이후 토카예프 신정부 외교정책의 방점은 첫째, 전임 나자르바예프 정부에서 표방한 바와 같이 균형 잡힌 전방위 실용외교를 통해 국제사회에서 국익을 도모하고, 둘째, 대외정책 중 경제발전을 가장 우선순위에 두고 있다. 특히, 대외정책 전략에서 카자흐스탄의 경제발전을 도모할 수 있는 방안 마련을 우선순위에 두고 있다.[40]

---

[39] Қазақстан Республикасы сыртқы саясатының 2020–2030 жылдарға арналған тұжырымдамасы туралы-Қазақстан Республикасы Президентінің ресми сайты 2020.
[40] Astana Times, "Meeting with Vladimir Putin, President of the Russian Federation", 2019.06.25.

예를 들어, 묵타르 툴레우베르디Mukhtar Tleuberdi 외교부 장관 겸 부총리는 경제우선정책과 관련하여 향후 경제협력개발기구OECD 수준에 상응하는 투자환경 개선, 세계은행과 협력하여 국가투자전략 모색 등이 카자흐스탄 외교정책의 우선순위 중 하나라고 설명한다.[41] 토카예프 정부 집권 초기인 2019년 카자흐스탄 외교부 대외정책 브리핑에서도 『카자흐스탄 2030』 전략에 따라 2030년까지 카자흐스탄을 국제사회에서 30위 안의 경제 대국으로 성장이 목표로 설정됨으로서 토카예프 정부의 대외정책에서 '경제성장'이 가지는 무게가 상당히 크다는 것을 확인할 수 있다.[42] 신정부의 정당성과 안정에 결정적인 영향을 미치기 때문이다.

경제성장이라는 목표를 달성하기 위해 무엇보다도 러시아, 중국에 집중된 협력선을 다각화할 필요가 있고, 그런 맥락에서 카자흐스탄은 대 EU 교역량을 꾸준히 늘리면서 무역, 투자 확대에 주력하고 있다. 최근 총교역량으로는 EU가 러시아와 중국을 앞선 상태이다. 무엇보다도 EU와의 협력은 궁극적으로 카자흐스탄의 산업, 경제의 현대화를 촉진하고 세계 경제로의 진입을 가속화 할 수 있다는 점에서 의미가 크다. 한편, 경제 활성화/경제 발전은 카자흐스탄의 미래 발전(국가경쟁력 세계 30위 권 진입 목표 등)뿐만 아니라 권위주의 정권의 정당성을 강화해주는 중요한 국내 요소이기 때문에, 카자흐스탄은 EU와의 협력에 더욱 방점을 둬야 하는 상황이기도 하다. 즉, 카 - EU 관계에서는 카자흐스탄 내부적으로 중요한 담론을 형성하고 있는 '경제현대화'와 '정권

---

[41] Astana Times, "Inclusive global dialogue is Kazakh foreign policy priority, new FM tells diplomatic corps in annual briefings", 2019. 11. 11.

[42] 신정부의 대외정책 구상에서 이처럼 경제발전에 대한 화두가 지속적으로 중대하게 다뤄지는 이유는 이전 정부부터 지속된 경기침체가 가장 큰 이유이다. 이미 나자르바예프 전 대통령 퇴임 수년 전부터 카자흐스탄은 전반적인 불황을 경험하고 있었다. 일부 전문가들은 나자르바예프 전 대통령이 2019년 정권 이양이라는 전격적인 결정을 내린 것에는 이러한 내부적 압박이 가장 큰 요인이었다고 본다. 다음을 참조. "Kazakhstan's economic diplomacy : on solid footing and with clear goals in mind", Astana Times, 2019. 11. 26, https://astanatimes.com/2019/11/kazakhstans-economic-diplomacy-on-solid-footing-and-with-clear-goals-in-mind/ (검색일 : 2020. 09. 15)

의 정당성'이 관계를 활성화할 주요 내부 요인이라는 점에 주목할 필요가 있겠다.[43]

카자흐스탄이 러시아의 EAEU의 창립회원국이지만 기대만큼 EAEU 내 경제교류가 크게 활성화되지 못하고 있는 상황에다 러시아의 우크라이나 공격으로 더욱 강화된 서방의 러시아 제재와 그로 인한 러시아 경제 악화 양상도 카자흐스탄이 EU와의 협력을 강화하는 동인이다. 나아가 자국의 에너지 판매 의존도 낮추고 새로운 경제 동력과 먹거리를 찾기 위해서 기술력을 보유한 EU와의 협력이 필요하다. 한편, 일대일로로 본격화된 중국의 경제적 팽창으로 카자흐스탄 내 중국과 중국 자본에 대한 반감이 높아지고 있는 상태인데, 이처럼 러시아, 중국의 경제 팽창에 대비할 신뢰할 수 있는 파트너가 필요하며 이 대상을 EU로 바라보고 있다.

2) 대외 동인 : EU의 카자흐스탄 인식과 정책, 우크라이나 전쟁(2022~)

과거 EU는 코카서스 지역까지를 유럽이라 인식했고, 그 너머인 중앙아시아는 유럽의 범주로 보지 않았다. 그래서 EU는 아르메니아, 아제르바이잔, 벨라루스(2021년 탈퇴), 조지아, 몰도바 및 우크라이나를 포함한 구 동유럽 일부 국가들을 묶어 '동방파트너십EaP, Eastern Partnership'을 운영했으며, 심화·포괄적 자유무역협정DCFTA을 체결했다.

한편, 카자흐스탄과의 체결된 강화된 파트너십·협력협정EPCA, Enhanced Partnership and Cooperation Agreement는 다른 중앙아시아 국가 혹은 러시아와 EU가 체결한 협정보다는 협력 범위가 훨씬 넓다. 그러나 러시아와 중앙아시아 지역에 EAEU가 출범한 이후 EU의 동방파트너십 전략 대상 국가였던 아제르바이잔, 아르메니아, 벨라루스와의 경제협력이 어려워지자, EU는 동방파트너

---

[43] Artem Patalakh, op. cit, 2018.

십을 유지하기 위해 중앙아시아로 눈길을 돌렸고, 그 선두에 카자흐스탄이 온 것이다. 물론 카자흐스탄이 EAEU 회원국이기 때문에 EU와 체결한 EPCA가 자유무역협정으로 확장될 가능성은 현재로서는 희박하다. 하지만 경제 부문에서의 상호 협력은 지속적으로 발전 중이며, 특히 카자흐스탄 정부는 EU를 미래의 핵심 경제협력 파트너로 인식하고 있다. EU는 카자흐스탄의 전방위 외교에서 하나의 분명한 역할을 수행할 것으로 전망되며, 카자흐스탄의 국내 개혁 지원에도 적극적이다.

한편, EU는 2022년 우크라이나 전쟁 발발 후 중앙아시아에서 러시아의 영향력이 쇠퇴하고 있음을 포착하여, EU의 영향력을 확대하는 기회로 삼고자 한다. 특히 에너지 부문에서 탈러시아화를 목표로 이번 기회에 러시아에 대한 에너지 의존도를 적극적으로 낮추려고 한다.[44] 서방은 러시아의 영향력 약화를 포착하고, 중앙아시아에 새로운 무역로를 건설 계획을 발표, 향후 EU는 중앙아시아에 3000억 유로 자금을 할당할 예정이다.[45]

무엇보다도 중앙아시아에서는 전쟁 발발 이후 러시아에 대한 경계심이 강화되고 있는데, 특히 카자흐스탄 토카예프 대통령은 2022년 11월 푸틴 대통령을 만나 러시아의 우크라이나 동부 영토합병을 인정할 수 없다고 뜻을 분명히 한 바 있다. 그동안 중앙아시아에서 가장 친 러시아로 분류되어 온 카자흐스탄이 우크라이나 전쟁을 자국의 영토와 안보 위협과 연계시켜 인식하고 있음을 보여주는 행보로 읽힌다. 토카예프 대통령의 이러한 언급은 러시아와 국경을 마주한 카자흐스탄이 언제든 제2의 우크라이나가 될 수 있다는 점을 깊이 우려하고 있음을 대외적으로 천명한 것으로 풀이된다.

카자흐스탄 역시 우크라이나 전쟁 이후 공식적으로 미국과 EU의 대 러시

---

[44] Oil Price, "Europe Moves To Capitalize On Russia's Waning Influence In Central Asia", 2022. 11. 19.
[45] Euractiv, "Kazakhstan key 'Middle Corridor' linking China to EU", 2022. 06. 17.

아 제재를 준수하고며, 비록 러시아와 함께 EAEU 회원국으로 있지만 러시아를 위한 우회책은 없을 것이라 밝히기도 했다. 카자흐스탄 정부 관계자에 따르면, 카자흐스탄이 러시아를 돕다 자국이 서방의 2차 제재 대상이 되는 것을 원하지 않으며, 대신 EU와의 협력 확대를 모색할 것이라는 설명도 덧붙였다.[46]

아직 우크라이나 전쟁이 지속되고 있는 상황이라 단정할 수는 없지만, 향후 눈여겨 봐야할 점은 향후 전쟁 발발로 인해 러시아 - 중앙아시아 국가 간 관계(러시아의 힘의 약화에 따른 중앙아시아 국가들의 태도 변화, 자율성 변화 등), 또한 전쟁 여파로 인한 러시아 - 중국 간 관계에서 발생한 힘의 변화 등이다. 이러한 변화는 향후 중앙아시아 국제환경에 중대한 영향을 미칠 것이며, 동시에 카자흐스탄의 대 EU 정책이 주요하게 고려해야 할 주요 대외 동인 될 수 있기 때문이다. 아래 표는 카자흐스탄의 대 EU 정책 국내/대외 동인을 정리한 것이다.

〈표 3〉 카자흐스탄의 EU 정책 동인

카자흐스탄의 EU 정책	
- 국가 주권 강화의 사상적 기저인 카자흐스탄 유라시아주의 속 유럽 지향성 - 경제/안보 노선 다각화 및 정권 정당성 강화	- 다극화/다중심적 중앙아시아 국제환경 및 러 - 중 협력 분위기 - EU의 대 카자흐스탄 인식과 정책 - 우크라이나 전쟁(2022~)
국내 추진 동인	대외 추진 동인

출처 : 저자 작성.

---

[46] Georgi Gotev, "Kazakh official : We will not risk being placed in the same basket as Russia", *Euractiv*, 2022.

5. 결론

본 연구에서는 카자흐스탄의 전방위 외교정책 하 대 EU 정책에서 국내, 대외 동인을 규정하고, 구체적으로 어떻게 구현되었는지 살펴보았다. 카자흐스탄은 전통적 강국인 러시아의 종속국가가 되는 것을 피하고, 중화 경제권에 경제 주권을 빼앗기지 않으면서, 수평적으로 협력할 수 있는 적절한 파트너로서 EU와의 관계 강화에 꾸준히 주력하고 있다. 카자흐스탄의 대 EU 정책은 국내적으로는 '국가 주권 강화'를 위해 고안된 카자흐스탄 유라시아주의의 '유럽 지향성', 지속 가능한 경제성장을 통해 달성 가능한 권위주의 정부의 정당성 강화, 대외적으로는 다극화된 중앙아시아 국제환경과 2022년 시작된 '우크라이나 전쟁'이 주요 동인이 되어 카자흐스탄의 EU 정책을 활성화하고 있다.

카자흐스탄은 러시아나 중국에 의존적인 경제, 안보 등의 위험 요소를 분산하기 위해 가까운 이웃이자 자국을 수평적인 협력 파트너로 인정해주는 EU와의 협력 강화를 희망해 왔다. 또한 궁극적으로 EU와 관계를 강화하고자 하는 카자흐스탄의 유럽 지향성은 국가 정체성의 사상적 기저인 카자흐스탄식 유라시아주의를 통해 지지받을 수 있었다. 카자흐스탄의 경제 분야에서 EU의 관계는 이미 러시아, 중국만큼 중요하다. 나자르바예프 전 대통령이 2014년 월스트리트 저널과의 인터뷰에서 '카자흐스탄은 러시아와 중국과 국경을 접하고 있지만, EU는 우리의 가장 큰 교역 파트너'라고 강조한 것에서도 이러한 점이 잘 드러난다.[47] 게다가 2022년 우크라이나 전쟁의 여파로 카자흐스탄과 EU 모두 러시아의 입지 약화를 일종의 기회로 삼아 에너지 등의 분야에서 상호 협력을 강화하려는 움직임을 보이고 있다. 때문에 우크라이나

---

[47] WSJ Opinion, Nursultan Nazarbayev's "The Next Chapter in Kazakhstan-EU Relations", 2014.10.07, https://www.wsj.com/articles/the-next-chapter-in-kazakhstan-eu-relations-1412703767 (검색일 : 2022.11.07).

전쟁이 지속되고 러시아 제재가 강화될수록 카자흐스탄의 대 유럽 정책은 활성화될 가능성이 현재로서는 크다.

그 이유는 카자흐스탄 외교정책의 핵심 중 하나가 바로 '협력 대상 다각화'이기 때문이다. 이는 독립 이후부터 나자르바예프에서 토카예프로의 정권 교체 이후에도 지속된 카자흐스탄 대외정책의 주요 목표이기도 하다. 특히 국경을 맞댄 강대국인 러시아와 중국의 팽창 의지는 카자흐스탄으로 하여금 더욱더 적극적으로 이들의 영향력을 견제할 수 있는, 그리고 상대적으로 수평적이고 위협적이지 않은 협력국이나 지역과의 협력 모색을 추구했다. 따라서 러/중에 경제적 예속을 상쇄하기 위한 방편으로 EU와의 협력은 강화될 가능성이 커질 것이며, 카자흐의 경제 환경이 안정적일수록 토카예프 정부의 정당성에도 긍정적인 영향을 미칠 것이다. 이것이 바로 카자흐스탄의 EU 정책 추진의 핵심 명분이다.

EU 역시 우크라이나 전쟁으로 촉발된 에너지 안보와 수급 문제 해결이 급선무이기 때문에 자원 부국인 카자흐스탄을 적합한 파트너로 주목해왔다. 한편, 우크라이나 전쟁 이후 중앙아시아 권위주의 정부 사이에서 러시아가 예전만큼의 자신들의 보호자, 후견자로서의 역할을 수행해 낼 수 있을지에 대한 의문, 오히려 심각한 안보적 위협이 될 수도 있겠다는 위기감이 고조되기 시작했다. 이처럼 러시아가 촉발한 새로운 안보 위협 상황과 카자흐스탄의 경제 현대화 필요성 등으로 카-EU 관계는 향후 발전 가능성이 크다고 볼 수 있다.

다만, 카자흐스탄의 역사, 민족, 종교, 지리적 위치가 가진 특성을 놓고 봤을 때, 유럽의 일원이 되고자 하는 열망은 크지 않을 것으로 보인다. 유럽과의 경제 부문 협력 역시 카자흐스탄이 러시아 주도의 EAEU의 회원국인 이상 일정한 한계를 가질 수밖에 없는 상황이다. 또한 민주주의와 자유를 주요 가치로 하는 EU의 입장에서 아직까지 권위주의 색채가 강한 카자흐스탄을 구성원으로 받아들이는 것도 현실적으로 한계가 있다[48]는 의견에 동의하는 바다. 러시아, 중국의 과도한 영향력 확대를 견제하고 경제적 이해관계가 주요 변수로 떠오른 전방위 외교의 실현이라는 관점에서, 더불어 카자흐스탄의 지정학적 특성을 고려할 때, 카자흐스탄의 대 EU 정책이 군사/안보 영역에서의 다원화로 나아가기는 한계가 있다. 대신, 경제협력파트너 다원화, 외교정책 자율성 확보, 기술 혁신, 투자금 유입 등은 카자흐스탄 권위주의 정부의 지속성을 담보하기 위해서 반드시 달성해야 할 과제이기 때문에 경제 부문에서의 EU와의 관계 확장력은 있다고 판단된다.

■ 참고문헌

박상남, 「중앙아 국가들의 대외정책 동향 - 카자흐스탄, 우즈베키스탄의 대러 및 대중관계를 중심으로」, 외교부 간담회 자료 인용, 2021.04.16.
박상남 외, 『한국의 유라시아 협력 전략 연구 : 중견국 전략의 사례와 EEU가 한국에 주는 함의를 중심으로』, 세종 : 대외경제정책연구원, 2014.
신범식 엮음, 『유라시아의 지정학적 중간국 외교』, 서울 : 사회평론아카데미, 2022.
이지은, 「카자흐스탄의 유라시아주의(Eurasianism)와 대외정책」, 『한국이슬람학회논총』 24-3, 2014, 117~148쪽.
_____, 「카자흐스탄의 전방위외교와 다자주의 : 중앙아시아 국제환경, 국가 속성, 국가 정체성 요인을 중심으로」, 『슬라브연구』 37-2, 2021a, 31~56쪽.
_____, 「리더십 교체 이후 카자흐스탄 대외정책 : 토카예프 정부의 '대외정책개념 2020-2030'을 중심으로」, 『아시아연구』 24-4, 2021b, 171~190쪽.
이홍섭, 「카자흐스탄의 대외정책 : 전방위 외교정책'의 모색」, 『슬라브연구』 23(2), 2007, 87~106쪽.
장 - 마리 쇼비에, 「유라시아주의, 러시아판 '문명의 충격'」, 『르몽드 디플로마티크』 2014년 6월

---

48 B. Ospanova et al., "Assessing EU perception in Kazakhstan's mass media", *Journal of Eurasian Studies* 8, 2017, p.80.

호, 2014, 19쪽.

정세진, 「2022년 한양대학교 HK+러시아-유라시아연구사업단 2차 국내학술회의 "유라시아와 유럽: 경쟁, 협력, 갈등". '카자흐스탄의 대 EU 정책 연구' 발제(이지은)에 대한 토론문」, 2022.

「EU, 중국 일대일로 맞서 '글로벌 게이트웨이' 추진…강제노동 상품 금지도 제안」, 『경향신문』, 2021.09.16, https://m.khan.co.kr/world/china/article/202109161457001#c2b (검색일 : 2022.10.17).

Artem Patalakh, "Kazakhstan's EU policies : critical review of underlying motives and enabling factors", *Asian Journal of German and European Studies* 3, 2018, p.4.

Astana Times, "Meeting with Vladimir Putin, President of the Russian Federation", 2019.06.25, https://astanatimes.com/2019/06/newly-elected-kazakh-president-to-focus-on-economic-prosperity-multi-vector-foreign-policy-and-fight-against-corruption/ (검색일 : 2020.09.15)

_____, "Inclusive global dialogue is Kazakh foreign policy priority, new FM tells diplomatic corps in annual briefings", 2019.11.11, https://astanatimes.com/2019/02/inclusive-global-dialogue-is-kazakh-foreign-policy-priority-new-fm-tells-diplomatic-corps-in-annual-briefing/ (검색일 : 2020.09.15)

_____, "Kazakhstan's economic diplomacy : on solid footing and with clear goals in mind", 2019.11.26, https://astanatimes.com/2019/11/kazakhstans-economic-diplomacy-on-solid-footing-and-with-clear-goals-in-mind/ (검색일 : 2022.11.09)

_____, "Kazakhstan - EU Relations in the Spotlight in Brussels", 2022.04.01, https://astanatimes.com/2022/04/kazakhstan-eu-relations-on-the-spotlight-in-brussels/ (검색일 : 2022.10.17)

_____, "Kazakhstan to Transport 1.5 Million Tons of Oil Via Baku-Tbilisi-Ceyhan Pipeline", 2022.11.24, https://astanatimes.com/2022/11/kazakhstan-to-transport-1-5-million-tons-of-oil-via-baku-tbilisi-ceyhan-pipeline/ (검색일 : 2023.02.04)

Cornell, Svante E., Engvall, Johan, *Kazakhstan in Europe : Why not?*, Central Asia-Caucasus Institute & Silk Road Studies Program - A Joint Transatlantic Research and Policy Center, 2017.

EEAS, "The European Union and Kazakhstan". 2021.08.02, https://www.eeas.europa.eu/kazakhstan/european-union-and-kazakhstan_en?s=222 (검색일 : 2022.10.15)

EU, "Global Gateway : EU and US boost cooperation on green energy in Africa", 2022.10.14, https://ec.europa.eu/commission/presscorner/detail/en/IP_22_6083 (검색일 : 2022.10. 15)

__, "Global Gateway", https://ec.europa.eu/info/strategy/priorities-2019-2024/stronger-europe-world/global-gateway_en (검색일 : 2022.10.17)

Euractiv, "Kazakhstan key 'Middle Corridor' linking China to EU", 2022.06.17, https://www.euractiv.com/section/central-asia/news/kazakhstan-key-middle-corridor-linking-china-to-eu/ (검색일 : 2023.02.17)

European Commission, 2020, "Higher Education in Kazakhstan".

_____, 2020, https://policy.trade.ec.europa.eu/eu-trade-relationships-country-and-region/countries-and-regions/kazakhstan_en (검색일 : 2022.11.28)

Golam Mustafa, "The concept of 'Eurasia' : Kazakhstan's Eurasian policy and its implications", *Journal of Eurasian Studies* Volume 4, Issue 2, 2013, pp.160~170.

Gotev, Georgi, "Kazakh official : We will not risk being placed in the same basket as Russia", *Euractiv*, 2022.04.01, https://www.euractiv.com/section/central-asia/interview/kazakh-official-we-will-not-risk-being-placed-in-the-same-basket-as-russia/ (검색일 : 2023.02.09)

Kuchins, Andrew, Jeffrey Mankoff, Aitolkyn Kourmanova, and Oliver Backes, *Central Asia in a reconnecting Eurasia : Kazakhstan's evolving foreign economic and security interests*, Washington : CSIS, 2015.

Ohle, Maximilian, Cook, Richard J., Han, Zhaoying, "China's engagement with Kazakhstan and Russia's Zugzwang : Why is Nursultan incurring regional power hedging?", *Journal of Eurasian Studies* 11-1, 2020, pp.86~103.

Oil and Price, "Kazakhstan Makes $50 Billion Bet On Green Hydrogen", 2022, https://oilprice.com/Alternative-Energy/Renewable-Energy/Kazakhstan-Makes-50-Billion-Bet-On-Green-Hydrogen.html (검색일 : 2022.10.31)

_____, "Rare Earths And Hydrogen At The Core Of New EU-Kazakhstan Trade Deals", 2022, https://oilprice.com/Metals/Commodities/Rare-Earths-And-Hydrogen-At-The-Core-Of-New-EU-Kazakhstan-Trade-Deals.html (검색일 : 2022.10.27)

Oli Price, "Europe Moves To Capitalize On Russia's Waning Influence In Central Asia", 2022.11.19, https://oilprice.com/Geopolitics/International/Europe-Moves-To-Capitalize-On-Russias-Waning-Influence-In-Central-Asia.html

Ospanova B. et al., "Assessing EU perception in Kazakhstan's mass media", *Journal of Eurasian Studies* 8, 2017, pp.72~82.

Vanderhill, Rachel, Joireman, Sandra F., Tulepnayeva, Roza, "Between the bear and the dragon : multivectorism in Kazakhstan as a model strategy for secondary powers", *International Affairs* 96 : 4, 2022, pp.975~993.

Vestnik Kavkaza, "Eurasian Economic Union to become a bridge between Europe and Pacific Rim", 7 July 2014.

World bank, 2020, https://wits.worldbank.org/CountrySnapshot/en/KAZ (검색일 : 2023.01.05)

WSJ Opinion, "The Next Chapter in Kazakhstan-EU Relations", 2014.10.07, https://www.wsj.com/articles/the-next-chapter-in-kazakhstan-eu-relations-1412703767 (검색일 : 2022.11.07)

Қазақстан Республикасы сыртқы саясатының 2020－2030 жылдарға арналған тұжырымдамасы туралы(On the Concept of the Foreign Policy of the Republic of Kazakhstan for 2020-2030)", Қазақстан Республикасы Президентінің ресми сайты-Akorda, https://www.akorda.kz/en/legal_acts/decrees/on-the-concept-of-the-foreign-policy-of-the-republic-of-kazakhstan-for-2020-2030 (검색일 : 2022.10.17)

Қазақстан Республикасы Президентінің ресми сайты.

우즈베키스탄과 EU의 협력 과정과 특징 분석

성동기

1. 서론

우즈베키스탄은 1991년 독립 이후부터 EU와의 관계를 지속적으로 발전시키고자 하였다. 양측의 공식적인 관계는 1996년 6월 21일에 발표된 파트너십·협력 협정PCA, Partnership and Cooperation Agreement으로부터 출발하였다.[1] 우즈베키스탄은 1999년 7월 1일부터 이 조약을 시행하였다. 양측은 PCA를 통해서 정치, 경제, 기술, 민주주의, 인권 등의 분야에서 보다 구체적인 양자관계를 구축할 수 있었다. 그러나 우즈베키스탄의 초대대통령이었던 카리모프Islam Karimov의 권위주의 독재체제 구축과 인권탄압은 EU와의 관계 형성에 장애요인으로 작용하였다. 특히 우즈베키스탄의 경제성장에 재정적으로 중요한 지원을 담당하였던 유럽부흥개발은행EBRD과의 관계는 원활하지 못하게 진행되었다. 실제로 2003년에 우즈베키스탄 정부가 외국인투자 유치를 위해

---

[1] 1996년 6월 21일에 발표된 공식적인 조약의 명칭은 'Partnership and Cooperation Agreement Establishing a Partnership Between the European Communities and their Members States, of the One Part, and the Republic of Uzbekistan, of the Other Part'이다. 구체적인 조약 내용은 다음의 사이트 참조. https://lex.uz/docs/4557385 (검색일 : 2023.04.02)

EBRD 연례회의를 타슈켄트에서 개최하려고 하였으나 그 이전에 국제인권감시기구Human Rights Watch와 민간 인권단체들이 카리모프정권의 인권탄압을 강하게 비난하면서 EBRD의 우즈베키스탄 지원을 중단하라고 촉구하였다.[2] 실제로 EBRD는 다당제 민주주의 및 다원주의 원칙을 따르는 국가를 지원한다는 정치적 원칙을 가지고 있었다. 그로부터 1년 후인 2004년에 EBRD는 결국 우즈베키스탄에 대한 대출을 제한하였고 이후 2007년까지 우즈베키스탄을 위한 새로운 프로젝트를 위한 자금은 완전히 고갈되었다.[3] 게다가 EU는 2005년 5월에 발생한 안디잔Andijan사태에서 카리모프정권이 무자비한 무력진압을 한 것을 비난하면서 우즈베키스탄에 경제제재까지 가하였다.

2016년 9월에 카리모프가 급서하고 그 해 12월 4일에 미르지요예프Shavkat Mirziyoyev가 대통령이 되면서 양측의 관계는 급변하였다. 그는 전임 카리모프의 정책을 승계하지 않고 2017년 9월 5일에 환율단일화와 외환자유화를 발표하면서 경제개혁을 시도하였고 이어서 9월 19일 유엔총회 연설에서 공개적으로 면화 수확기의 강제 아동노동을 인정하고 앞으로 이를 폐지하겠다고 밝혔다.[4] 이러한 변화에 EU는 즉각적으로 우즈베키스탄에 우호적인 반응을 보였다. 먼저 2017년 11월에 EBRD는 타슈켄트에 상주사무소Resident Office를 다시 개설하겠다고 발표하였다. 그리고 우즈베키스탄과 EU는 기존의 PCA를 2018년 7월 16일에 강화된 파트너십 · 협력협정EPCA, Enhanced Partnership and Cooperation Agreement으로 심화시켰다. 이를 통해서 EU는 우즈베키스탄 정부

[2] Catherine Putz, "Return to Tashkent : EBRD President in Uzbekistan to Discuss Revamping Cooperation", https://thediplomat.com/2017/03/return-to-tashkent-ebrd-president-in-uzbekistan-to-discuss-revamping-cooperation/ (검색일 : 2023.04.02)

[3] Marc Jones, Olzhas Auyezov, "Exclusive : EBRD to return to Uzbekistan after decade-long absence", https://www.reuters.com/article/us-ebrd-uzbekistan-exclusive-idUSKBN16D25J (검색일 : 2023.04.02)

[4] Алишер Ильхамов, "Коммунистический тупик. О том, как реформировать хлопковый сектор Узбекистана", http://ced.uz/publitsistika/kommunisticheskij-tupik-o-tom-kak-reformirovat-hlopkovyj-sektor-uzbekistana/ (검색일 : 2023.04.02)

가 자국을 개혁하고 인권을 존중하며 지역 및 국제사회와 협력을 개선하는데 상당한 지원을 약속하였다.[5] EBRD는 2018년 9월에 '경제부문에서의 민간 역할 강화 및 경쟁력 향상, 녹색에너지 및 자원솔루션 추진, 증가된 지역 및 국제 협력과 통합 지원' 등을 내용으로 하는 우즈베키스탄 지원 전략 프로젝트를 발표하였다.

위와 같이 우즈베키스탄과 EU의 관계는 카리모프정권 이전과 이후로 나누어서 다르게 발전하였다. 그러나 미르지요예프는 2021년 10월 25일 재선에 성공하면서 전임자 카리모프와 같은 장기집권의 기반을 만들었다. 따라서 지난 6년 동안 그가 보여주었던 국내 가 부문의 개혁과 국제사회와의 우호적인 관계개신이 지속적으로 유지될 수 있을지 의문을 가질 수 있다. 그리고 2022년 2월 24일 러시아의 우크라이나 침공 이후 우즈베키스탄의 압둘아지즈 카밀로프Abdulaziz Kamilov 외무장관은 3월 17일에 우크라이나의 독립, 주권 및 영토 보전을 인정하는 발언을 하면서 EU와 같은 입장을 보였지만 아직까지 러시아의 경제제재에는 동참하지 않고 있다.[6] 다시 말하면, 미르지요예프가 만약에 자신의 장기집권을 위해 야당과 시민단체들에게 정치적 탄압을 가할 수 있고 러시아에 대해서 사실상 중립적 입장을 지속적으로 취한다면 EU와의 관계는 다시 악화될 가능성이 높다.

러시아의 우크라이나 침공이 장기화되면서 우즈베키스탄 역시 경제적 타격을 점차적으로 받고 있다.[7] 따라서 현재와 미래 시점을 감안한다면 EU가 해당 국가에 매우 필요한 상황이다. 본 연구는 위와 같은 문제제기를 통해 다음과 같은 내용으로 전개될 것이다.

---

5 "EU-Uzbekistan Relations", https://www.eeas.europa.eu/sites/default/files/2.factsheet_on_eu-uzbekistan_relations_nov_.18.pdf (검색일 : 2023.04.02)

6 Agnieszka Pikulicka-Wilczewska, "Ukraine war : Is Central Asia loosening ties with Russia?", https://www.aljazeera.com/news/2022/3/25/ukraine-war-is-central-asia-loosening-ties-with-russia (검색일 : 2023.04.02)

7 2021년에 러시아는 우즈베키스탄의 제1위 무역대상 국가였다.

첫째, 카리모프정권에서 추진했던 우즈베키스탄과 EU의 관계형성과 과정이 분석될 것이다. 여기서는 EBRD가 타슈켄트 사무실을 철수시킬 만큼 악화된 원인이 무엇인지가 제시될 것이다. 그리고 EU가 우즈베키스탄에 지원한 내용들과 그 특징들이 소개될 것이다.

둘째, 미르지요예프가 대통령에 당선된 후 양측의 관계가 급속도로 개선된 원인이 분석될 것이다. 여기서는 미르지요예프정권이 추진했던 구체적인 개혁들이 제시될 것이고 이것을 기반으로 전개되고 있는 양측의 교류와 특징도 소개될 것이다.

셋째, 미르지요예프의 재선과 러시아의 우크라이나 침공 이후 양측의 관계가 앞으로 전개될 것인지가 분석될 것이다. 이를 통해서 한국이 우즈베키스탄을 상대로 어떤 외교적 변화를 가져가야 하는지가 전망될 것이다.

2. 본론

1) 카리모프정권하에서의 우즈베키스탄과 EU의 관계 분석

1991년부터 2016년까지 카리모프정권하에서 우즈베키스탄과 EU의 관계는 다음과 같이 세 단계로 구별된다.[8]

    1단계, 1991년 우즈베키스탄 독립이후부터 PCA를 기반으로 했던 관계
    2단계, 2005년 안디잔사태 이후 우즈베키스탄에 대한 관계 악화 및 EU 제재
    3단계, 2007년 우즈베키스탄과 EU 간의 화해

---

8 Sukhrobjon Ismailov and Balazs Jarabik, "The EU and Uzbekistan : short-term interests versus long-term engagement", *EUCAM Policy Brief* No. 8, 2009, p. 2.

위 단계에서 나타난 관계형성 내용과 그 특징을 살펴보면 다음과 같다.

1단계, 1991년 우즈베키스탄 독립이후부터 PCA를 기반으로 했던 관계

1992년 4월 15일에 우즈베키스탄 정부와 EU집행위원회European Commission 간의 양해각서가 체결되면서 우즈베키스탄과 EU의 관계는 본격적으로 시작되었으며 이후 1994년 11월 16일에 당사자들 사이에 외교관계가 공식적으로 수립되었다.[9] 우즈베키스탄과 EU 간의 정치적 대화Political Dialogue는 1996년 6월 21일에 피렌체에서 열린 EU정상회의에서 시작되었다. 여기서 양측의 관계 발전을 위한 법적기반인 PCA가 체결되었다. PCA의 주요 내용은 다음과 같다.[10]

첫째, 총론

EU 및 그 회원국 그리고 우즈베키스탄은 동반자관계의 기초를 구성하는 정치적, 경제적 자유를 강화하는데 합의하며 이러한 맥락에서 우즈베키스탄의 독립, 주권 및 영토보전의 지원이 중앙아시아의 평화와 안정을 수호하는데 기여할 것임을 인식한다. 그리고 국제평화와 안보를 증진하고 분쟁의 평화적 해결을 촉진하고 이를 위해 유엔과 유럽안보협력기구OSCE의 틀 내에서 협력하겠다는 합의를 한다. EU 및 그 회원국 그리고 우즈베키스탄은 법의 지배와 인권, 특히 소수자의 인권존중이 가장 중요하다는 것을 확신하며, 시장경제를 구축하기 위한 자유롭고 민주적인 선거와 경제자유화를 통한 다당제 체제의 구축을 확신하며, PCA의 완전한 이행은 우즈베키스탄의 정치, 경제 및 법적 개혁의 지속과 성취와 협력에 필요한 요소의 도입에 의존하고 이에 기여할 것이라고 믿는다. 우즈베키스탄과 유럽 및 인접 지역의 광범위한 협력 분야 사이의 점진적인 화해와 개방된 국제시스템으로의 점진적 통합을

---

[9] "Узбекистан-ЕС : на пути интенсификации сотрудничества", https://web.archive.org/web/20150104215122/http://www.jahonnews.uz/rus/prezident/vizits/uzbekistan_es_na_puti_intensifikaii_4sotrudnichestva.mgr (검색일 : 2023.04.02)

[10] https://lex.uz/docs/4557385 (검색일 : 2023.04.02)

지지하는 협정의 유용성을 염두에 두고, 세계무역기구WTO 규칙에 따라 무역을 자유화하려는 당사국의 약속을 고려하고, 우즈베키스탄의 WTO 가입이 양국 간의 무역관계를 더욱 강화할 수 있음을 확신하며, 사업 및 투자에 영향을 미치는 조건, 그리고 회사설립, 노동, 서비스 제공 및 자본이동과 같은 분야의 조건을 개선할 필요성을 의식하고, 이 협정이 당사국 간의 경제관계, 특히 경제구조 조정 및 기술현대화에 필수적인 무역 및 투자의 발전을 위한 새로운 분위기를 조성할 것임을 확신하며, 이 분야의 당사자들 사이에 존재하는 상호의존성을 고려하여 환경보호 분야에서 긴밀한 협력을 구축하기를 희망하며, 불법이민의 방지 및 통제를 위한 협력이 이 협정의 주요 목적 중 하나임을 인식한다.

둘째, 정치적 대화

정기적인 정치적 대화는 그들이 발전시키고 강화하고자 하는 당사자들 사이에 수립된다. 그것은 EU와 우즈베키스탄 간의 화해를 동반하고 이를 공고히 하고, 그 국가에서 진행 중인 정치 및 경제적 변화를 지원하고, 새로운 형태의 협력 구축에 기여해야 한다. 상호관심사의 국제문제에 대한 입장의 수렴을 증가시켜 지역의 안보와 안정을 증가시킨다. 당사자는 민주주의 원칙의 준수, 특히 소수자에 속하는 사람들의 인권 존중, 보호 및 증진과 관련된 문제에 대해 협력하기 위해 노력한다는 것을 예견하고 필요한 경우 관련 문제에 대해 협의한다.

셋째, 상품거래Trade in Goods

EU 및 그 회원국 그리고 우즈베키스탄은 다음과 관련하여 모든 분야에서 서로 최혜국대우를 부여한다. 관세 및 요금을 징수하는 방법을 포함하여 수입 및 수출에 적용되는 관세 및 요금, 통관, 운송, 창고 및 환적에 관한 규정, 수입 상품에 직간접적으로 적용되는 모든 종류의 세금 및 기타 내부 비용, 지불 방법 및 그러한 지불의 양도, 국내 시장에서 상품의 판매, 구매, 운송, 유통 및 사용에 관한 규칙.

위와 같은 PCA 내용과 달리 우즈베키스탄에서는 독립 초기부터 카리모프의 장기독재체제 구축과 이에 따른 정치적 탄압이 나타났으며 그리고 시장경제에 적합하지 않는 이중환율과 불태환정책이 지속적으로 추진되었다. 이로 인해서 양측의 관계는 점차적으로 악화되어갔다. 그러나 정치와 경제부문 외에서는 활발한 교류가 진행되었다. 대표적인 것이 교육부문이었다.

우즈베키스탄은 독립 이후 교육시스템이 사실상 붕괴되었다. 이를 해결하기 위해 EU가 적극적으로 지원하였다.[11] 우즈베키스탄의 교육부문은 구소련의 붕괴로 큰 타격을 받았다. 특히 25세 미만 인구가 전체 인구의 44%를 차지하는 우즈베기스탄에서 학교와 대학기반 시설이 심각하게 부족했다. 어린이의 4분의 1 미만이 보육원에 등록되어 있으며, 초등학교 및 중고등 학교에서는 수십만 명의 학생들이 오전과 오후로 나누어서 교대로 학교에 다녔다. 중고등학교를 졸업하면 11명 중 1명만이 대학에 입학할 수 있었다. 게다가 교사수급도 큰 문제로 나타났다. 낮은 급여와 과중한 업무량으로 인해서 기존의 교사들이 교직을 떠나는 경우가 많았다. 이러한 우즈베키스탄의 상황에서 EU는 고등교육을 우선적으로 지원하기로 결정하였다. 먼저 기존의 소비에트교육을 서구식 현대교육으로 전환시키기 위해서 커리큘럼을 재설계하고 교수법을 수정하는 등 근본적인 개혁이 추진되었다. EU는 템퍼스Tempus, 에라스무스 문두스Erasmus Mundus, 중앙아시아교육플랫폼Central Asian Education Platform에 우즈베키스탄을 포함시켰고 균일한 유럽 교육 표준인 볼로냐 프로세스Bologna Process와 호환되는 고등교육시스템을 우즈베키스탄 정부가 만들도록 개혁에 착수했다.[12] 그러나 일부 긍정적인 성과도 있었지만 우즈베키스

---

[11] Sebastien Peyrouse, "How to Strengthen Western Engagement in Central Asia : Spotlight on EU Education Assistance in Uzbekistan", https://www.ponarseurasia.org/how-to-strengthen-western-engagement-in-central-asia-spotlight-on-eu-education-assistance-in-uzbekistan/ (검색일 : 2023.04.02)

[12] 우즈베키스탄 고등교육에 영향을 미친 템퍼스 프로그램은 다음의 사이트 참조. "From Tempus to Erasmus+ : enhancing cooperation opportunities in Uzbekistan", https://www.eaie.org/blog/

탄의 교육부문에 대한 EU 지원의 결과는 여러 면에서 기대 이하였다.

독립 초기에 EU의 지원과 관련 프로그램이 실패한 이유는 무엇보다 카리모프 초대대통령이 EU와 체결한 협정을 이행하는데 필요한 인권과 민주화와 같은 서구사상을 도입하는데 적극성이 떨어졌기 때문이었다. 결과적으로 우즈베키스탄 정부는 EU의 지원과 프로그램을 수행하는 과정에서 이해당사자들의 접근을 제한했고 공식대화도 줄였다. 이러한 과정에서 EU는 점차적으로 우즈베키스탄을 신뢰하기가 힘들었다. 그리고 독재정권을 유지하는데 교육을 정치적으로 활용해야 하는 정권의 특성상 교사, 학생, 학부모를 상대로 하는 소통이 절대적으로 이루어지지 않았다.

2단계, 2005년 안디잔사태 이후 우즈베키스탄에 대한 관계 악화 및 EU 제재[13]

2005년 5월 13일에 안디잔시市에서 우즈베키스탄 보안군이 비무장한 민간인 수백 명을 무차별 살해하였다. 이러한 과정에서 키르기스스탄으로 도피한 400명 이상의 난민들은 미국의 주선으로 제3국으로 망명을 떠났다. 이 사건 이후 EU는 카리모프정권에 표적제재targeted sanctions를 가했다.[14] EU 회원국들은 우즈베키스탄 정부에 대학살에 대한 국제조사를 허용하고 인권개선을 강력하게 촉구했다. 그러나 카리모프 정권은 아무런 조치도 취하지 않았다. 이로 인해서 양측의 관계는 악화되어갔다. EU의 제재가 가해진 이후 카리모프정권은 오히려 언론인, 인권운동가, 종교지도자 등을 체포하여 체포, 고문 및 장기간의 징역형에 처했다. 해외로 피난처를 찾는 사람들은 우즈베키스탄 및 기타 보안기관의 압력을 받아서 일부는 강제송환 되었다. EU는 우즈베키스탄의 주요 수출품인 면화, 가스 및 금과 같은 주요 수출상품에 대한 엄격한 통제를 유지했다. 그러나 카리모프는 상황을 개선하기 위한 조치를 취하지

---

erasmus-tempus.html (검색일 : 2023.04.02)

13 "Uzbekistan : Europe's Sanctions Matter", https://www.crisisgroup.org/europe-central-asia/central-asia/uzbekistan/uzbekistan-europe-s-sanctions-matter (검색일 : 2023.04.02)
14 2005년 11월 14일 채택된 EU이사회의 공통 입장(2005/792/CFSP).

않았다. EU는 추가적으로 카리모프와 그의 가족, 주요 인사 및 그의 내부 구성원에게 비자 발급을 금지시켰다. 그리고 비자 금지 대상자의 자산을 동결하여 유럽은행시스템에 접근할 수 없도록 했다. 이와 같이 악화된 양측의 관계는 2007년에 극적으로 화해될 수 있었다.

3단계, 2007년 우즈베키스탄과 EU 간의 화해[15]

2007년 6월 21일 브뤼셀에서 EU 회원국 정상회의에서 승인된 새로운 동반자관계를 위한 전략과 중앙아시아를 위한 EU 전략이 논의되었다. 이 문서는 2007년 6월 30일 베를린에서 발표되었다. EU는 이 전략을 통해서 우즈베키스탄과의 관계 화해 및 더 넓은 의미에서의 중앙아시아에 대한 전략적 중요성을 대외적으로 보여주었다. 특히 EU는 국경, 마약 및 무기 밀매, 테러, 수자원 분배 및 이용, 환경, 인권, 법치, 민주주의, 교육, 경제개발, 무역 및 투자, 에너지 등과 다양한 문제들을 우즈베키스탄과 양자관계를 기반으로 해결하고자 하였다. 2011년 1월 24일에 카리모프는 양측의 정치적 대화를 심화하기 위해 브뤼셀을 방문하였다. 그의 방문 기간 동안 우즈베키스탄에 EU외교대표부 설립에 관한 협정, 에너지부문에서 우즈베키스탄과 EU 간 협력각서 등이 서명되었다. 이후 EU는 2011년부터 2013년까지 농업 및 농촌 지역, 양자무역, 중소기업, 에너지, 환경, 교육 및 과학발전, 행정시스템 개선, 사법 및 법률시스템 개혁, 국경보안 및 관세문제에 있어서 우즈베키스탄을 지원하기로 약속하였다.

2) 미르지요예프정권하에서의 우즈베키스탄과 EU의 관계 분석

미르지요예프는 2016년 12월 4일에 유권자 88.61%의 지지를 받아서 대통

---

[15] "Узбекистан-ЕС : на пути интенсификации сотрудничества", https://web.archive.org/web/20150104215122/http://www.jahonnews.uz/rus/prezident/vizits/uzbekistan_es_na_puti_intensifikaii_4sotrudnichestva.mgr (검색일 : 2023.04.02)

령으로 당선되었다.[16] 그리고 불과 65일이 지난 2017년 2월 7일에 자신의 개혁 내용을 담은 우즈베키스탄 2017~2021년 5개년 개발전략Стратегия действий по пяти приоритетным направлениям развития Республики Узбекистан в 2017-2021 годах을 공표하였다. 그는 발전전략센터Центр 'Стратегия развития'를 만들어 자신의 개혁을 중점적으로 관리하도록 시켰다.[17] 미르지요예프 자신도 10대 개혁을 제시하면서 전 국민들에게 홍보하였다.

그의 10대 개혁 과제와 이에 따른 핵심 세부 과제는 다음과 같다.[18]

①	통화자유화(Валютная либерализация, Currency liberalization)
	· 환율단일화 · 환전자유화
②	세금개혁(Налоговая реформа, Tax reform)
	· 세무관련 기관 개혁 · 세법개혁
③	경제개혁(Экономические реформы, Economic reforms)
	· 사기업의 양성 · 비즈니스와 관련된 규제 철폐
④	교육개혁(Реформа образования, Education reform)
	· 11학년제 복귀 · 교육기관 종사자 급여 인상
⑤	부패퇴치(Борьба с коррупцией, Fighting corruption)
	· 반부패법 공포 · 부패방지위원회 설치
⑥	군대개혁(реформа вооруженных сил, military reform)
	· 군사교육시스템 개선
⑦	내무부개혁(реформа МВД, MIA reform)
	· 2023년까지 '안전한 도시' 프로젝트 완료
⑧	민족안전국개혁(реформа СНБ, NSS reform)
	· 민족안전국의 대폭적인 개혁

---

[16] Cloning Karimov, "Uzbekistan replaces one strongman with another", https://www.economist.com/asia/2016/12/10/uzbekistan-replaces-one-strongman-with-another (검색일 : 2023.04.02)

[17] Центр 'Стратегия развития', http://strategy.gov.uz/en (검색일 : 2023.04.02)

[18] "Опубликован список главных реформ президента Шавката Мирзиёева", https://www.spot.uz/ru/2018/07/24/reforms/ (검색일 : 2023.04.02)

⑨	인권(права человека, Human Right)
	· 사면령 · 기업가 권리 보호
⑩	행정개혁(административная реформа, administrative reform)
	· 행정시스템의 현대화

미르지요예프의 10대 개혁 과제들 중에서 현재 추진되고 있는 주요 개혁들의 내용을 살펴보면 다음과 같다.

첫째, 환율단일화

독립 이후부터 우즈베키스탄의 환율시장은 크게 공식환율과 시장환율로 거래되었는데 공식환율과 시장환율의 격차가 매년 2배 혹은 3배에 달했다. 따라서 대부분의 우즈베키스탄 주민들과 외국인들은 2-3배 높은 시장환율을 선호할 수밖에 없었기 때문에 해당 국가의 외화는 시장으로 유입되고 거래되었다. 은행에서는 단지 시장환율보다 낮은 가격으로 달러를 우즈베키스탄 화폐인 숨soum으로만 환전해 주었기 때문에 주민들은 시장을 통해서만 달러를 살 수 있었다. 궁극적으로 우즈베키스탄 내에 존재하는 달러는 은행을 통해서 정부로 들어가는 것이 아니라 시장으로 유입되었다. 이러한 만성적인 이중환율과 불태환으로 인해서 한국, 중국 등 일부 국가들의 투자 외에는 대부분의 외국 기업들이 우즈베키스탄에 투자하지 않았다. 우즈베키스탄 정부는 자국 내에 존재하는 달러는 은행이 아닌 시장에서 대부분 거래되고 있기 때문에 일차적으로 만성적인 외환부족을 해결하기 위해서 시장의 달러를 은행으로 유입할 정책이 필요했다. 실제로 우즈베키스탄 정부는 환율단일화 조치 이전까지 시장환율을 없애기 위해서 시장환율을 공식환율로 맞추게 하려고 시도했지만 시장환율은 오히려 매년 올라갔다. 미르지요예프는 2017년 7월 17일부터 7월 24일까지 국제통화기금IMF과 공식적으로 환율단일화에 관한 개혁을 논의하였다.[19] 그리고 그는 마침내 2017년 9월 5일 환율단일화 법령

---

[19] МВФ, "Заявление по завершении рабочего визита миссии МВФ в Узбекистан", https://www.

을 공표하였다.[20] 그러나 우즈베키스탄 정부는 1$=4,000숨이었던 공식환율을 1$=8,000숨이었던 시장환율에 맞추어서 단일화를 단행하였다.

둘째, 세금개혁[21]

미르지요예프는 2018년부터 국제통화기금과 세계은행World Bank의 경제전문가들 및 국내외 기업가들과 수차례 걸친 세금개혁과 관련된 회의를 통해서 본 과제를 추진할 의지를 공개적으로 보여주었다. 세금개혁안의 핵심은 세금 부담의 감소와 조세체계 간소화 그리고 조세행정의 개선이었다. 이러한 과정을 통해서 2018년 6월 29일에 조세정책의 개선 개념Концепция совершенствования налоговой политики과 관련된 대통령령을 공표하였으며, 2019년 1월 1일부터 본령은 시행되었다.

셋째, 경제개혁[22]

미르지요예프 경제개혁의 핵심은 사기업의 양성과 비즈니스와 관련된 규제들을 철폐하여 사유재산 보장과 무역 확대를 추구하는 것이다. 이를 위해서 세부적으로 사업을 위한 각종 인허가 취득의 간소화, 기업 활동에 방해가 되는 규제 철폐, 비관세를 통한 국경무역 활성화, 투명한 조달제도 도입, 중소기업을 위한 세금 인센티브 제공, 통관 절차의 간소화, 대형 국유기업의 사유화, 경제통계 공개화 등이다.

넷째, 교육개혁

미르지요예프 교육개혁의 핵심과제는 11학년제로의 회귀, 통신 및 야간교육과정 부활, 대학입학시험의 투명성 향상, 교육기관 종사자의 급여 인상 등이다. 그는 카리모프 정권하에서 운영되었던 12학년제를 과거 소비에트체제

---

imf.org/ru/News/Articles/2017/07/24/pr17296-statement-at-the-conclusion-of-an-imf-staff-visit-to-uzbekistan (검색일 : 2023.04.02)

20 Министерство иностранных дел, https://mfa.uz/ru/press/smi/17737 (검색일 : 2023.04.02)

21 "Президент утвердил концепцию налоговой реформы", https://www.gazeta.uz/ru/2018/06/30/tax-concept/ (검색일 : 2023.04.02)

22 Министерство иностранных дел, https://mfa.uz/ru/press/smi/17737 (검색일 : 2023.04.02)

시스템인 11학년제로 다시 돌려놓았으며, 통신 및 야간교육과정을 부활시켰다.[23] 이와 같이 교육시스템을 과거의 것으로 돌려놓은 이유는 기술과 관련된 인재를 더욱 육성하고 교육의 기회를 확대시키겠다는 취지에서 비롯되었다. 또한 미르지요예프는 2017년 10월 16일에 '고등교육기관 입학시험 과정 향상'과 관련된 대통령령을 공표하여 입시의 투명성을 높이려고 시도하였다.[24] 우즈베키스탄에서 대학교 입시 및 입학과 관련된 부정은 만성적이었다. 무엇보다 중요한 것은 교육기관에 종사하고 있는 교사 및 교수들의 급여를 2배로 인상시켰다.[25] 우즈베키스탄의 교직자 급여는 다른 업종의 종사자들보다 급여가 상당히 낮았기 때문에 일부 교사들은 학생들과 성적을 거래하기도 하였다.[26]

다섯째, 부패퇴치[27]

미르지요예프가 총리로 재직하고 있던 2016년 10월 5일에 발의되고 2017년 1월 3일에 최종적으로 공표된 반부패법the Anti-Corruption Act은 부패퇴치의 핵심도구가 되었다.[28] 그는 2월 2일에 부패방지위원회the State Anti-Corruption Commission를 설치하여 본격적으로 개혁을 추진하였다.[29] 실제로 위의 과정이

---

[23] Навруз Мелибаев, "Главные итоги 2017 года в Узбекистане. Версия Мирзиёева", https://kaktakto.com/analitika/glavnye-itogi-2017-goda-v-uzbekistane-versiya-mirziyoeva/ (검색일 : 2023.04.02)

[24] The mag, "5 главных изменений : Новый порядок проведения вступительных экзаменов", https://themag.uz/post/5-glavnyh-izmemeniy-ekzamenov (검색일 : 2023.04.02)

[25] Навруз Мелибаев, "10 главных изменений в Узбекистане за время президентства Шавката Мирзиёева", https://informburo.kz/stati/10-glavnyh-izmeneniy-v-uzbekistane-za-vremya-prezidentstva-shavkata-mirziyoeva.html (검색일 : 2023.04.02)

[26] 성동기, 「독립 이후 나타난 우즈베키스탄 교육제도와 교육환경 분석」, 『중앙아시아연구』 22권2호, 2017, 206쪽.

[27] Sputnik, "Борьба с коррупцией в Узбекистане : прогресс есть", https://uz.sputniknews.ru/politics/20190329/11108418.html (검색일 : 2023.04.02)

[28] RT, "Президент Узбекистана подписал закон «О противодействии коррупции»", https://russian.rt.com/ussr/news/347376-uzbekistan-zakon-korrupciya (검색일 : 2023.04.02)

[29] Law of the Republic of Uzbekistan about anti-corruption, http://cis-legislation.com/document.fwx?rgn=92649 (검색일 : 2023.04.02)

끝나고 우즈베키스탄의 주요 정부 기관에 공무원들이 다수 해고되고 고발되었다. 미르지요예프는 2018년 12월 7일에 개최된 헌법의 날 기념식에서 2018년 한 해 동안 1만 1천명의 공무원이 부패혐의로 해고되었다고 밝혔다.[30] 반부패법에 의해서 고발된 공무원들은 주로 대외경제성, 검찰, 민족안전국 등에서 근무하였다.

여섯째, 인권[31]

미르지요예프의 인권 개혁은 부당하게 구속된 자들의 석방, 강제노동 폐지에 초점을 맞추고 있다. 그는 카리모프 정권하에 부당하게 구속되었다고 판단되는 인권운동가와 정치범들을 대거 석방시켰다. 국제인권감시기구는 우즈베키스탄 정부가 30명 이상의 유력 정치인, 이슬람 극단주의와 관련이 있다고 평가받은 17,000명의 사람들을 블랙리스트에서 삭제했다고 밝혔다.[32] 우즈베키스탄에서 면화는 중요한 농산물이기 때문에 매년 가을에 고등학생, 대학생, 교사 그리고 공무원 등 수백만 명이 수확에 강제 동원되었다. 앞에서 언급했듯이, 미르지요예프 역시 이러한 강제노동을 주도했던 지도자였다. 그러나 그는 2017년 9월 19일 유엔총회 연설에서 공개적으로 면화 수확기의 강제노동을 인정하고 앞으로 이를 폐지하겠다고 밝혔다.[33]

위와 같은 미르지요예프의 적극적인 개혁은 EU에게 긍정적인 반응을 얻었다.

2017년 11월에 EBRD는 타슈켄트에 상주사무소를 다시 개설하겠다고 발

---

30 Sputnik, "Мирзиёев рассказал, сколько чиновников уличили в коррупции в 2018 году", https://uz.sputniknews.ru/politics/20181208/10197101.html (검색일: 2023.04.02)

31 Human Right Watch, "Uzbekistan: Event of 2018", https://www.hrw.org/world-report/2019/country-chapters/uzbekistan (검색일: 2023.04.02)

32 Agnieszka Pikulicka-Wilczewska, "On the reform path: Uzbekistan opens up after years of isolation", https://www.aljazeera.com/indepth/features/reform-path-uzbekistan-opens-years-isolation-181014092246543.html (검색일: 2023.04.02)

33 Алишер Ильхамов, "Коммунистический тупик. О том, как реформировать хлопковый сектор Узбекистана", http://ced.uz/publitsistika/kommunisticheskij-tupik-o-tom-kak-reformirovat-hlopkovyj-sektor-uzbekistana/ (검색일: 2023.04.02)

표하였다.[34] EBRD의 복귀는 우즈베키스탄의 연간 700억 달러 경제를 현대화하려는 미르지요예프정권에게 큰 도움이 될 것이며 구체적으로 에너지 효율성부터 은행 및 비즈니스까지 지원영역이 확대될 것으로 예상되었다. 2018년 7월 16일에 우즈베키스탄과 EU는 기존의 PCA를 강화된 파트너십·협력협정 EPCA, Enhanced Partnership and Cooperation Agreement으로 심화시켰다. 이를 통해서 EU는 우즈베키스탄 정부가 자국을 개혁하고 인권을 존중하며 지역 및 국제사회와 협력을 개선하는데 상당한 지원을 약속하였다.[35] EBRD는 2018년 9월에 '경제부문에서의 민간 역할 강화 및 경쟁력 향상, 녹색에너지 및 자원 솔루션 추진, 증가된 지역 및 국제 협력과 통합 지원' 등을 내용으로 하는 우즈베키스탄 지원 전략 프로젝트를 발표하였다.

실제로 2019년에 전개된 양측의 무역현황을 살펴보면 미르지요예프정권 출범 이후 변화된 관계를 이해할 수 있다.[36] 2019년 우즈베키스탄의 EU 수출액은 1억 6000만 달러로 전체 상품수출의 1%에 불과해 다른 중앙아시아 국가들에 비해 낮은 수준이다. 우즈베키스탄 정부는 EU에 대한 수출을 확대하여 다각화하는데 관심을 높였다. 과거 무역데이터와 상대적 비교우위를 바탕으로 EU 시장에서 수출잠재력이 가장 높은 우즈베키스탄 제품은 반가공된 철 및 비철금속으로 구성된 금속과 면사에서 유아복 및 특수복에 이르는 직물 및 의류이다. 이러한 잠재력을 활용하기 위해 우즈베키스탄정부와 기업은 제한된 생산능력, 낙후된 물류, 제한된 EU 표준준수 및 불충분한 마케팅을 포함할 수 있는 수출장벽을 식별하고 제거해야 한다.

---

34 Marc Jones, Olzhas Auyezov, "Exclusive : EBRD to return to Uzbekistan after decade-long absence", https://www.reuters.com/article/us-ebrd-uzbekistan-exclusive-idUSKBN16D25J (검색일 : 2023.04.02).
35 "EU-Uzbekistan Relations", https://www.eeas.europa.eu/sites/default/files/2.factsheet_on_eu-uzbekistan_relations.nov_.18.pdf (검색일 : 2023.04.02).
36 "Export potential of Uzbek goods in the EU", https://gsphub.eu/news/market-potential-uzbekistan (검색일 : 2023.04.02).

우즈베키스탄의 EU 수출대상국 비중은 다음과 같다.

〈표 1〉 2019년 우즈베키스탄의 대(對)EU 회원국 수출 비중

폴란드	라트비아	리투아니아	이탈리아	네덜란드	독일	불가리아	기타
25%	21%	13%	10%	9%	8%	3%	13%

* 출처 : https://gsphub.eu/news/market-potential-uzbekistan (검색일 : 2023.04.02)

EU에 수출되는 주요제품은 면사 및 직물을 포함한 직물과 티셔츠, 플라스틱, 비철금속, 과일 및 야채와 같은 편직 의류이다.

〈표 2〉 2019년 우즈베키스탄 대(對)EU 수출품 비중

	수출품(백만 달러)	수출품 비중(%)
	19.9	2
에틸렌 중합체(Polymers of ethylene)	18.1	5
면직물(Woven fabrics of cotton)	13.1	21
몰리브덴(Molybdenum)	11.4	90
포도(Grapes)	10.1	5
카딩하지 않은 면(Cotton, not carded)	6.0	2
양파, 샬롯, 마늘(Onions, shallots, garlic)	5.9	8
정제된 구리(Refined copper)	5.6	1
티셔츠, 기타 조끼(T-shirts, other vests)	4.5	4
알루미늄바, 로드(Aluminium bars, rods)	4.2	32
기타 제품들(Other products)	60.9	1
합계	159.7	1

* 출처 : https://gsphub.eu/news/market-potential-uzbekistan (검색일 : 2023.04.02)

EU로의 수출은 여전히 상대적으로 낮기 때문에 수출시장의 다변화는 분명히 의미가 있다.

섬유 및 의류는 우즈베키스탄의 전통적인 수출제품이며 분석에 따르면, 우즈베키스탄은 EU 시장에서 이러한 제품에 대한 강력한 수출잠재력을 가지고

있다. EU 시장에서 우즈베키스탄제품에 대한 새로운 가격경쟁력을 창출하는 일반특혜관세제도플러스GSP+, Generalised Scheme of Preferences Plus의 혜택이 있을 것이다. 잠재력을 최대한 활용하기 위해 우즈베키스탄 정부는 수출장벽을 식별하고 제거하여 수출을 더욱 지원해야 한다.

〈표 3〉 우즈베키스탄과 EU의 무역거래(2011~2021)

	수입		수출	
	백만 유로	성장률(%)	백만 유로	성장률(%)
2011	359		1,258	
2012	227	-36.8	1,168	-7.1
2013	240	5.6	1,368	17.1
2014	231	3.6	1,531	11.9
2015	245	5.8	1,564	2.2
2016	172	-29.6	1,585	1.3
2017	219	26.8	1,653	4.3
2018	168	-23.1	2,246	35.9
2019	190	12.9	2,494	11.1
2020	200	5.2	2,224	-10.8
2021	476	138.6	2,293	3.1

* 출처 : European Commission, "European Union, Trade in goods with Uzbekistan", https://webgate. ec.europa.eu/isdb_results/factsheets/country/details_uzbekistan_en.pdf (검색일 : 2023.04.02)

2022년 6월 7일에 우즈베키스탄과 EU는 EPCA 협상을 성공적으로 마무리했다.[37] EPCA의 주요 협력분야는 다음과 같다.

첫째, 정치적 협력과 개혁 협력 분야. 민주주의와 법치, 인권과 기본적 자유, 지속가능한 발전, 지역안정 및 국제협력, 대량살상무기 비확산, 분쟁예방

---

[37] "Uzbekistan : The European Union and Uzbekistan complete negotiations for a new Enhanced Partnership and Cooperation Agreement", https://www.eeas.europa.eu/eeas/uzbekistan-european-union-and-uzbekistan-complete-negotiations-new-enhanced-partnership-and_en (검색일 : 2023.04.02)

및 위기관리에 중점을 둔 외교 및 안보정책, 정의, 자유 및 안보협력, 데이터 보호, 이주, 자금세탁 및 테러리즘, 조직범죄 및 부패, 불법마약퇴치, 사법협력 및 영사보호.

둘째, 무역 협력 분야. 상품 및 서비스 무역, 국영기업, 조달 및 지적재산권, 규제환경, 경제 및 금융협력, 에너지, 교통, 환경 및 기후변화, 디지털경제, 농업 및 농촌개발, 고용 및 사회 문제, 문화, 교육 및 청소년, 학술연구.

양측은 EU의 일반특혜관세제도플러스 계획에 대한 우즈베키스탄의 회원자격을 포함하여 무역 및 경제관계에 대해 논의할 기회를 제공했다. 그리고 우즈베키스탄의 개발전략에 대한 EU의 지원, 지속가능성과 녹색전환에 중점을 둔 에너지 부문의 협력, 인권 및 기본적 자유, 특히 우즈베키스탄 헌법과 형법의 개혁 등도 논의하였다.

2022년 10월 28일에 우즈베키스탄 타슈켄트에서 미르지요예프와 미셸 Charles Michel 유럽정상회의European Council 의장이 만났다.[38] 양측은 최근 몇 년 동안 우즈베키스탄과 EU 간의 관계가 질적으로 새로운 수준으로 격상되었으며 포괄적인 성격을 갖게 되었음을 재확인했다. 당사자들은 양자 및 지역 간 협력의 공동 메커니즘의 생산적인 활동에 주목했다. 양측이 구체적으로 논의한 내용은 다음과 같다.

첫째, 양측은 최근 우즈베키스탄과 EU 관계의 새로운 장을 열고 정치, 안보, 경제, 인간 차원의 광범위한 문제에 대한 협력을 강화시킨 EPCA를 재확인하였다.

둘째, EU는 새로운 우즈베키스탄의 개발전략 일환으로 수행되고 있는 다양한 개혁정책에 대한 지지와 지속가능성을 희망한다고 밝혔으며, 해당 국가

---

[38] "Joint press statement by H.E. Mr. Shavkat Mirziyoyev, President of the Republic of Uzbekistan and H.E. Mr. Charles Michel, President of the European Council", https://www.eeas.europa.eu/delegations/uzbekistan/joint-press-statement-he-mr-shavkat-mirziyoyev-president-republic-uzbekistan_en?s=233 (검색일 : 2023.04.02)

의 인권, 민주주의, 법치, 양성평등, 여성, 청소년 및 아동 분야에서 건설적인 대화와 적극적인 상호작용에 합의하였다.

셋째, 양측은 우즈베키스탄과 EU 간의 경제, 무역 및 투자협력의 확대발전에 합의하였으며, 특히 2021년 4월에 우즈베키스탄에 EU의 GSP+ 수혜자 지위 부여를 재확인하였다.

넷째, 양측은 카스피해횡단복합루트Trans-Caspian Multimodal Route의 추가 개발과 이를 통한 상호무역 증가 방안을 논의하였다. 우즈베키스탄 정부는 자국의 테르메즈Termez와 아프가니스탄의 마자리 - 샤리프Majali Sharif, 카불 그리고 파키스탄의 페샤와르Peshawar를 연결하는 철도건설 프로젝트의 중요성을 다시 강조하였다.

여섯째, 우즈베키스탄은 EU 기업을 포함한 외국인직접투자 유치에 필요한 여건을 마련하겠다고 약속하였다.

일곱째, EU는 아랄해 지역의 환경문제와 인간안보 등에 지속적인 지원을 약속하였다.

여덟째, EU은 우즈베키스탄에서 지속적으로 실시하고 있는 교육 및 과학 분야 지원 프로그램인 에라스무스플러스Erasmus+ 및 호라이즌 유럽Horizon Europe을 심화시키겠다고 약속하였다. 그리고 교육의 범주를 직업으로 확대시킨 다르야Darya 프로그램을 실시하겠다고 합의하였다.

아홉째, 양측은 아프가니스탄이 지역 및 국제안보에 영구적인 위협이 되는 것을 방지하기 위해서 해당 국가의 정부와 협상할 수 있는 국제그룹International Group을 설립하는데 합의하였다.

위와 같이 미르지요예프정권이 출범한 이후 EU와 우즈베키스탄의 관계는 급속도로 개선되고 다양한 분야에 협력이 체결되고 추진되었다.

3) 미르지요예프의 재선과 러시아의 우크라이나 침공 이후의 양측 관계 전망

우즈베키스탄은 역외 강대국과의 교류에 긍정적인 경향을 가지고 있다. 그러나 우즈베키스탄과 EU의 관계를 확대하는 데는 몇 가지 문제가 있다.[39] 2021년 9월 말에 EU와 우즈베키스탄은 브뤼셀에서 EPCA 초안에 대한 9차 협상을 진행했다. 새로운 협정에 대한 작업은 2019년에 시작되었다. EU가 올해 초 우즈베키스탄을 일방적인 일반특혜관세제도에 따라 지속가능한 개발 및 굿거버넌스를 위한 일반특혜관세제도플러스의 9번째 수혜국으로 수락한 것은 중요한 이정표였다. EU의 일반특혜관세제도플러스 계획에 우즈베키스탄이 추가된 것은 현재 우즈베키스탄의 내부 프로세스에 대한 비판에도 불구하고 이루어졌다. 타슈켄트와의 관계를 더욱 강화하려는 EU의 지속적인 관심에는 몇 가지 이유가 있다.

첫째, 탈레반이 아프가니스탄을 인수한 이후 우즈베키스탄은 EU의 중요한 지역파트너가 되었다. EU는 미국과 나토의 철수계획을 알고 있었지만, 아슈라프 가니Ashraf Ghani 행정부의 급속한 붕괴는 브뤼셀에 예상치 못한 전개였다. 유럽시민 및 현지파트너의 대피와 관련된 당면과제는 우즈베키스탄 및 기타 중앙아시아 국가와의 긴밀한 협력으로 해결되었다. 이들 국가는 긴급대피를 위한 물류기반 시설을 제공했다. 카불이 탈레반에게 함락된 후 유럽정상회의 의장인 미셸은 8월 26일 부터 30일까지 중앙아시아의 모든 지도자들과 전화통화를 했다. 또한 양자 차원에서 많은 유럽국가 관리들이 우즈베키스탄이나 타지키스탄을 방문하거나 지역 파트너들과 전화통화를 하여 아프가니스탄의 상황과 전망에 대해 논의했다.

---

[39] Akram Umarov, "EU-Uzbekistan : Long Way to an Enhanced Partnership", https://thediplomat.com/2021/10/eu-uzbekistan-long-way-to-an-enhanced-partnership/ (검색일 : 2023.04.02)

둘째, 브뤼셀에서는 2016년 정권교체 이후 우즈베키스탄의 경제재개를 낙관적으로 받아들였다. EU는 미르지요예프 새 정부가 선언한 개혁의제가 양측 간 협력을 심화하기 위한 출발점이라고 높게 평가하였다. WTO 가입 과정에서 EU의 지원에 대한 우즈베키스탄의 요청은 무역파트너십을 가속화하고 양측 간의 신뢰구축에 기여했다. EU는 우즈베키스탄의 추가적인 변화와 국제규범 및 표준준수에 동기를 부여하고자 했다. EU의 대외안보 정책을 위한 글로벌전략의 우선순위에 따르면, 장기적으로 중앙아시아의 이러한 발전은 증가해야 한다.

셋째, 중앙아시아는 세계의 다른 지역에서 분열과정이 지배적이며 강화되고 심화된 지역협력을 관찰할 수 있는 세계 유일의 지역이다. 최근 몇 년 동안 유럽에서 브렉시트Brexit가 헤드라인을 장식할 때 중앙아시아에서 우즈베키스탄은 지역협력, 경제와 문화교류를 촉진하는 데 긍정적인 역할을 해왔다. EU는 다양한 지역통합프로세스의 적극적인 추진과 이에 따른 지역 질서의 생성을 우선시하여 세계 여러 지역에 다양한 지원을 제공했다. EU는 2004년 EU와 중앙아시아 국가 간의 첫 번째 장관급 회의에서 지역적 접근을 강조하기 시작했다. 따라서 중앙아시아의 지역협력을 심화하기 위한 현재의 노력은 EU로부터 긍정적으로 평가되고 있다. 그러나 우즈베키스탄과 EU의 동반자관계가 상당히 발전했음도 불구하고 양측 관계에 부정적인 영향을 미칠 수 있는 몇 가지 과제가 여전히 존재한다.

첫째, 유라시아의 역사에서 중앙아시아의 '중앙' 위치는 강력한 외부행위자 간의 지정학적 전략에 중요한 요충지로 평가되었다. 한 세력에 대한 과도한 의존을 피하기 위해 이 지역은 여러 외부행위자들의 이익을 완벽하게 균형을 맞추는 것을 목표로 해왔다. 최근 아프가니스탄에서 UN의 철수와 그에 따른 국가의 불확실성과 불안정성은 러시아 및 중국과의 군사 및 정치 파트너십을 가속화시켰다. 미국과 유럽으로부터 중앙아시아에 대한 시기적절하고 적절한 안보 보장의 부족도 이러한 전환에 기여했다. 한편으로는 미국과 EU, 다른 한편으로는 러시아와 중국 간의 긴장이 고조되고 있다는 점을 고려할 때, 특정 강대국의 존재가 증가하면 중앙아시아의 경쟁자들로부터 의심을 받을 수 있다. 러시아 관리들은 '중앙아시아 국가들에 어떤 형태의 미군 주둔도 러시아가 용납할 수 없다'는 점을 매우 신속하게 재확인했으며, 심지어 우즈베키스탄의 법률에 따라 외국군대를 주둔시키는 것이 일관성이 없다는 점에서 우즈베키스탄의 공식 입장을 앞지르기까지 했다. 이러한 과시적 입장은 중앙아시아 문제에서 서방열강의 실질적인 개입에 대한 모스크바의 편협성을 시사하며 러시아가 이 지역에서 러시아의 역할과 중요성에 해로운 것으로 인식하는 공동프로젝트의 이행을 잠재적으로 복잡하게 만들었다.

둘째, 또 다른 중요한 과제는 난민 문제이다. EU는 우즈베키스탄과 다른 지역 국가들이 아프가니스탄에서 많은 수의 난민을 수용할 수 있는 역할을 강조해왔다. 유럽 관리들은 난민들이 유럽으로 떠나는 것을 허용하지 않고 흡수하는 대가로 중앙아시아를 포함한 아프가니스탄의 주변 국가들에게 6억 유로를 제공하기로 약속했다. 그러나 이러한 계획은 이 지역에서 긍정적으로 평가받지 못했으며 이란과 파키스탄이 아프가니스탄 난민 유입을 흡수한 장기간의 경험은 궁극적으로 수용국이나 난민 모두 자신의 상황에 만족하지 않는다는 것을 보여주었다. 이란과 파키스탄은 아프가니스탄 난민들에게 인도적 지원을 하고 있음에도 불구하고 국제사회의 감사와 지원 대신 아프가니스탄 시민의 권리와 자유를 제대로 보호하지 못한다는 이유로 각종 국제인권기구로부터 끊임없이 비판을 받고 있다. 난민들은 특히 교육 및 의료 분야의 부적절한 사회서비스와 높은 불평등에 대해 불평한다. 이러한 경험을 고려하여, 중앙아시아 국가들의 통제되지 않은 많은 이민자들의 장기간 입국은 이미 어려운 지역 사회경제적 상황에 추가적인 압박을 가할 수 있고, 따라서 EU와 협력하기 어려운 문제가 될 수 있다. 지역 국가의 영토를 사용하여 아프가니스탄에 경유를 제공하고 인도적 지원을 늘리는 것은 악화되는 난민 위기에 효과적으로 대응하기 위한 보다 실현가능한 대안이 될 수 있다.

셋째, 기후변화와 에너지정치 또한 중앙아시아와 관련하여 복잡한 상황이 만들어지고 있다. 중앙아시아에서 EU가 선언한 우선순위 중 하나는 '에너지 공급의 보안과 EU 공급업체, 공급원 및 경로의 다양화에 기여하는 중앙아시아의 역할을 강화하는 데 중점을 두는 것'이다. 오래 전에 계획된 카스피해 횡단파이프라인의 잠재적 참가자인 우즈베키스탄은 최근 내부 소비 증가와 가스재고의 점진적인 고갈로 인해 가스수출국에서 수입국으로 전환했다. 유럽은 2050년까지 최초의 기후중립 대륙이 될 계획이다. 유럽에서 재생 가능한 에너지원의 개발과 함께 현재 및 잠재적인 미래 에너지 공급지역으로서의 중앙아시아 국가의 역할은 빠르게 감소하고 있다. 중장기적으로 중앙아시아 에너지자원은 EU의 지역 우선순위에 포함되지 않을 수도 있다.

일반적으로 우즈베키스탄은 역외 강대국의 참여에 긍정적인 경향을 가지고 있다. 타슈켄트의 주요 외교정책 목표는 다중벡터multi-vector 외교정책으로 불리는 경향을 따르는 독립성과 주권을 극대화하는 것이다. 우즈베키스탄은 EU를 대외관계를 다각화하는데 도움이 되는 세계의 중요한 행위자로 간주한다. EU는 우즈베키스탄이 고립에서 벗어나 유럽과 유라시아를 연결하는 교통회랑이 된다는 목표를 달성하고 중앙아시아 지역협력에 기여할 것으로 평가하고 있다.

2016년 우즈베키스탄 대통령에 취임한 미르지요예프는 러시아와의 경제 교류를 확대시켜 나갔다.[40] 2018년 10월 18~19일에 푸틴은 타슈켄트를 방문하여 270억 달러 규모의 계약을 체결하였으며, 우즈베키스탄은 2020년 12월에 러시아가 주도하고 있는 유라시아경제연합EAEU에 옵저버 자격으로 참여하였다. 그리고 러시아 기업들은 우즈베키스탄으로 제조업 제품의 수출을 늘려왔으며, 해당 국가의 시장에서 입지를 강화해 나갔다. 2021년에 우즈베키

---

[40] Ildar Yakubov, "Opportunities and Limits of Cooperation Between Uzbekistan and Russia", https://cabar.asia/en/opportunities-and-limits-of-cooperation-between-uzbekista n-and-russia (검색일 : 2023.04.02)

스탄의 최고 교역국은 중국을 앞지른 러시아였으며, 러시아와의 양자 무역은 75억 달러로 중국과의 74억 달러보다 약간 많았다.[41] 그러나 러시아의 우크라이나 침공 이후 우즈베키스탄과 러시아의 관계에 변화가 나타나고 있다. 우선 우즈베키스탄 압둘아지즈 카밀로프 외무장관은 3월 17일에 우크라이나의 독립, 주권 및 영토 보전을 인정하는 발언을 하였다.[42] 이것은 우크라이나 사태 이전에 활발했던 양국의 정치와 경제 교류에 부정적인 영향을 줄 것으로 예상된다. 러시아의 우크라이나 침공 이후에 경제부문에서 다음과 같은 상황이 우즈베키스탄에서 발생하고 있다.

첫째, 러시아로부터 송금하는 액수가 감소되고 있다.[43]

앞에서 언급했듯이, 세계은행World Bank은 러시아 경제가 제재 속에 쇠퇴함에 따라 우즈베키스탄 GDP의 약 11%를 차지하는 송금액이 21% 감소할 것으로 예상하였다. 그리고 러시아 루블화 가치가 무너지면서 이들 통화가치 역시 급락했다.[44] 현재 러시아로부터 이주 노동자의 귀환과 송금액 감소, 고용불안, 루블화 가치 폭락, 인플레이션 발생 등으로 우즈베키스탄의 경제가 침체되고 있다. 전쟁이 장기화되면 사회동요가 발생할 가능성도 배제할 수 없다.

둘째, 중앙아시아에서 러시아의 제2차 권력공백이 발생할 가능성이 높다.

러시아의 우크라이나 침공이 향후 승패를 떠나서 기본적으로 중앙아시아에서 러시아의 제2차 권력공백을 발생할 가능성이 높다. 그러나 1990년대와 다른 상황이 발생할 수 있다. 제1차 권력공백 시기에는 러시아 역시 자본주

---

41 "Uzbekistan : Russia reclaims top trading partner position from China", https://eurasianet.org/uzbekistan-russia-reclaims-top-trading-partner-position-from-china (검색일 : 2023.04.02)
42 Agnieszka Pikulicka-Wilczewska, "Ukraine war : Is Central Asia loosening ties with Russia?", https://www.aljazeera.com/news/2022/3/25/ukraine-war-is-central-asia-loosening-ties-with-russia (검색일 : 2023.04.02)
43 위의 글.
44 「일단 침묵…중앙아 '스탄' 5개국 아슬한 줄타기」, https://www.yna.co.kr/view/AKR20220328097000009 (검색일 : 2023.04.02)

의 시장경제로의 체제전환을 하면서 자국 상황이 상당히 악화되었기 때문에 우즈베키스탄을 비롯한 중앙아시아에서 실제로 투자한 것이 없었다. 그러나 2000년 이후 러시아는 정치적으로 경제적으로 안정을 찾으면서 중앙아시아 국가들과 무역 및 투자 부문에서 상당히 높은 위치를 차지할 수 있었다. 그런데 러시아의 우크라이나 침공으로 향후 우즈베키스탄을 비롯한 중앙아시아에서 러시아 기업의 투자가 중단되고, 러시아 기업의 철수가 나타날 것이며, 이로 인해서 에너지 자원 투자와 인프라 프로젝트 중단, EAEU 기능 마비, TSR 물류 기능 상실 등이 발생할 수 있다.

러시아의 우크라이나 침공으로 이미 조국을 떠난 러시아 시민권자들 중에서 산업 각 분야에 전문가들이 우즈베키스탄을 비롯한 중앙아시아로 이민을 추진하고 있다. 특히 우즈베키스탄 정부는 IT 부문의 러시아 이민 투자자를 위한 긴급 취업 비자 발급을 시작할 준비가 되어 있다고 밝혔다. 해당 국가의 정부는 적격 투자자에게 2022년 3월 10일에 개설된 itvisa.uz 웹사이트를 방문하여 자신과 피부양자를 위한 3년 비자와 간소화된 거주 허가 절차를 신청할 수 있고 이후 비자는 4월 1일부터 발급된다고 발표하였다.[45] 이미 이러한 자들로 인해서 타슈켄트의 부동산 가격은 영향을 받고 있다. 타슈켄트의 주택비용은 러시아의 우크라이나 전쟁으로 인해 적용된 서방 제재의 영향을 크게 받은 루블화의 급격한 평가절하로 인해 증가하고 있다.[46]

4) 한국과 우즈베키스탄의 새로운 협력 관계 구축 방안 제고

한국은 위와 같은 상황을 고려하여 새로운 진출 전략을 수립하여야 한다.

---

[45] "Uzbekistan lays out the red carpet for fleeing Russian IT specialists", https://eurasianet.org/uzbekistan-lays-out-the-red-carpet-for-fleeing-russian-it-specialists (검색일: 2023.04.02)

[46] Khurmat Babadjanov, "Influx Of Russians, Return Of Labor Migrants Jacking Up Real Estate In Uzbekistan", https://www.rferl.org/a/uzbekistan-russians-ukraine-war-skyrocketing-prices/31761937.html (검색일: 2023.04.02)

한국은 우즈베키스탄에서 러시아의 공백을 채우는 전략, 고용창출 가능 사업 진출, 새로운 물류 루트 개발 등과 같은 전략이 필요하다.

〈표 4〉 우즈베키스탄의 러시아와 무역교류 현황(2015~2020)

	2015	2016	2017	2018	2019	2020
무역액(백만 달러)	2,837	2,726	3,652	4,383	5,085	5,882
무역수지(백만 달러)	-1,634	-1,204	-1,599	-2,257	-2,730	-3,437

* 출처 : https://russian-trade.com/countries/uzbekistan/(검색일 : 2023.04.02)

러시아의 우크라이나 침공과 이후 상황을 고려하면 우즈베키스탄과 다음과 같은 정책이 시급할 것으로 예상된다.

첫째, 우즈베키스탄은 산업다각화와 정유플랜트가 필요하다.

러시아로부터 수입되는 경공업 제품(제과, 기저귀, 분유 등)이 우크라이나 사태로 인해서 제대로 공급되지 않으면서 우즈베키스탄 정부는 해당 제품들을 자국 내에서 생산할 것으로 예상된다. 그리고 원유를 정제하는 정유플랜트 사업도 우즈베키스탄에게 시급한 과제로 나타났다. 기존의 러시아 업체들이 우즈베키스탄에서 철수할 가능성이 높기 때문이다.

둘째, 우즈베키스탄은 새로운 물류 루트 개발이 필요하다.

우즈베키스탄은 탈레반 정권이 들어서기 이전부터 추진해 오던 아프가니스탄으로의 새로운 물류 루트 개발을 지속해야 한다. 이미 TSR이 우즈베키스탄 물류에 부정적인 영향을 주고 있기 때문이다.

셋째, 우즈베키스탄은 고용창출에 필요한 산업이 필요하다.

러시아로 이주 노동을 떠난 우즈베크 시민들이 귀국하면 우즈베키스탄에는 실업률이 증가할 것이다. 이를 해결하기 위해서는 고용창출이 가능한 산업에 투자가 필요하다. 만약에 실업문제를 해결하지 못하면 사회적 문제로 확대되어 정치가 불안정해 질 수도 있다.

넷째, 전략광물 개발이 필요하다.

러시아와 우크라이나로부터 수입해야 하는 전략광물들이 우즈베키스탄에도 존재하기 때문에 이를 개발할 필요가 있다.

다섯째, 우즈베키스탄에게 군수산업이 필요하다.

러시아의 우크라이나 침공으로 우즈베키스탄 역시 자국의 군수산업을 육성할 필요성을 인식하고 있다.

전체적으로 우즈베키스탄이 러시아로부터 벗어나 자립경제 체제를 구축하는데 적극적으로 지원하고 투자하는 것이 한국의 새로운 전략이라고 판단된다.

한국의 대對우즈베키스탄 새로운 전략 수립과 추진에 앞서서 EU 회원국인 프랑스가 신속하게 우즈베키스탄과 협력관계를 발전시키고 있다. 우즈베키스탄 미르지요예프 대통령은 2022년 11월 21일부터 22일까지 프랑스를 공식 방문하였다.[47] 이 기간에 양국 정상은 러시아의 우크라이나 침공이 장기화되면서 새로운 무역로가 필요하다는데 합의하였다. 우즈베키스탄은 프랑스 항공기 제조업체인 Airbus, 폐기물 관리 회사인 Suez, 철도 차량 제조업체 Alstom, 재생 에너지 회사인 Total Eren, 원자력 에너지 전문가 Orano가 자국에 투자해 줄 것을 적극적으로 요청하였다. 그러나 우즈베키스탄의 만연한 에너지 부족을 해결하기 위해 원자력 발전소 건설에 대해 Orano와 협력이 논의되었는지 여부는 공개되지 않았다.

위와 같이 우즈베키스탄과 프랑스 양국 정상이 논의한 내용들은 우리의 새로운 전략과 상당 부분 일치한다. 따라서 우리 정부 역시 민간 기업들과의 심도 깊은 협의를 통해서 신속하게 새로운 전략을 수립하고 이를 추진해 나가야 할 것이다.

---

[47] "Uzbekistan : Mirziyoyev courts French investors in Paris", https://eurasianet.org/uzbekistan-mirziyoyev-courts-french-investors-in-paris (검색일 : 2023.04.02)

3. 결론

우즈베키스탄의 독립 초기부터 EU가 해당 국가에 지원한 다양한 프로그램이 실패한 이유는 카리모프 전 대통령이 EU와 체결한 협정을 이행하는데 필요한 인권과 민주화와 같은 서구사상을 도입하는데 적극적이지 않았기 때문이었다. 그리고 우즈베키스탄 정부가 국제 사회에 표준이 되는 자본주의 시장경제 시스템을 구축하고 개선하지 않아서 민간 부분에서의 경제교류도 사실상 진척이 없었다. 그러나 2016년 12월 4일 미르지요예프 정부가 출범하고 국가 각 부분에 개혁을 단행하면서 해당 국가와 EU의 관계는 긍정적으로 변화되어 갔다. 2017년 9월 5일에 미르지요예프 정부는 환율단일화와 외환자유화를 발표하였다. 이때부터 양측의 관계는 신속하게 개선되기 시작하였다. 2017년 11월에 EBRD는 타슈켄트에 상주사무소를 다시 개설하겠다고 발표하였고, 2018년 7월 16일에 우즈베키스탄과 EU는 양측의 관계를 기존의 PCA에서 EPCA로 심화시켰다. 그리고 2021년 4월에 우즈베키스탄에 EU의 일반특혜관세제도플러스 수혜자 지위가 부여되었다.

일반적으로 우즈베키스탄은 역외 강대국의 참여에 긍정적인 경향을 가지고 있다. 타슈켄트의 주요 외교정책 목표는 다중벡터multi-vector 외교정책으로 불리는 경향을 따르는 독립성과 주권을 극대화하는 것이다. 우즈베키스탄은 EU를 대외관계를 다각화하는데 도움이 되는 세계의 중요한 행위자로 간주한다. EU는 우즈베키스탄이 고립에서 벗어나 유럽과 유라시아를 연결하는 교통회랑이 된다는 목표를 달성하고 중앙아시아 지역협력에 기여할 것으로 평가하고 있다.

위와 같은 양측의 이해관계가 더욱 현실화될 수 있었던 것은 러시아의 우크라이나 침공과 장기화가 있었기 때문에 가능하였다. 실제로 우즈베키스탄과 EU의 관계 개선 이전까지 러시아가 해당 국가에 적극적으로 진출해 있었다. 2016년에 취임 후 미르지요예프는 매년 러시아와의 경제 교류를 확대시켜 나갔다. 푸틴 역시 우즈베키스탄과의 교역과 투자에 적극적이었다. 그는 2018년 10월 18~9일에 타슈켄트를 방문하여 270억 달러 규모의 계약을 체결하였으며, 우즈베키스탄은 2020년 12월에 러시아가 주도하고 있는 유라시아 경제연합EAEU에 옵저버 자격으로 참여하였다. 특히 러시아 기업들은 우즈베키스탄으로 제조업 제품의 수출을 늘려왔으며, 해당 국가의 시장에서 입지를 강화해 나갔다. 이러한 과정을 통해서 러시아가 2021년에 우즈베키스탄의 최고 교역국이 되었다.

우즈베키스탄은 2022년 2월 24일 러시아의 우크라이나 침공과 장기회로 인해서 기존에 러시아와의 경제적 관계에 변화를 고려하고 있다. 이러한 시점에서 EU와 회원국들은 과거와 달리 적극적으로 우즈베키스탄과 다방면에 걸쳐서 교류를 활성화하려고 시도하고 있다.

우리 역시 러시아의 우크라이나 침공과 장기화로 인해서 우즈베키스탄이 받는 영향과 우즈베키스탄과 EU의 교류 상황을 동시에 고려하여 해당 국가에 대한 전략을 새롭게 수립하고 추진해야 할 것이다.

참고문헌

성동기, 「독립 이후 나타난 우즈베키스탄 교육제도와 교육환경 분석」, 『중앙아시아연구』 22권2호, 2017, 199~226쪽.

Ismailov, Sukhrobjon. and Jarabik, Balazs, "The EU and Uzbekistan : short-term interests versus long-term engagement", *EUCAM Policy Brief* No. 8, 2009, p. 2.

「일단 침묵…중앙아 '스탄' 5개국 아슬한 줄타기」, https://www.yna.co.kr/view/AKR20220328097000009 (검색일 : 2023.04.02)

Agnieszka Pikulicka-Wilczewska, "On the reform path : Uzbekistan opens up after years of isolation", https://www.aljazeera.com/indepth/features/reform-path-uzbekistan-opens-years-isolation-181014092246543.html (검색일 : 2023.04.02)

_____, "Ukraine war : Is Central Asia loosening ties with Russia?", https://www.aljazeera.com/news/2022/3/25/ukraine-war-is-central-asia-loosening-ties-with-russia (검색일 : 2023.04.02)

Akram Umarov, "EU-Uzbekistan : Long Way to an Enhanced Partnership", https://thediplomat.com/2021/10/eu-uzbekistan-long-way-to-an-enhanced-partnership/ (검색일 : 2023.04.02)

Catherine Putz, "Return to Tashkent : EBRD President in Uzbekistan to Discuss Revamping Cooperation", https://thediplomat.com/2017/03/return-to-tashkent-ebrd-president-in-uzbekistan-to-discuss-revamping-cooperation/ (검색일 : 2023.04.02)

Cloning Karimov, "Uzbekistan replaces one strongman with another", https://www.economist.com/asia/2016/12/10/uzbekistan-replaces-one-strongman-with-another (검색일 : 2023.04.02)

European Commission, "European Union, Trade in goods with Uzbekistan", https://webgate.ec.europa.eu/isdb_results/factsheets/country/details_uzbekistan_en.pdf (검색일 : 2023.04.02)

"EU-Uzbekistan Relations", https://www.eeas.europa.eu/sites/default/files/2.factsheet_on_eu-uzbekistan_relations.nov_.18.pdf (검색일 : 2023.04.02)

"Export potential of Uzbek goods in the EU", https://gsphub.eu/news/market-potential-uzbekistan (검색일 : 2023.04.02)

"From Tempus to Erasmus+ : enhancing cooperation opportunities in Uzbekistan", https://www.eaie.org/blog/erasmus-tempus.html (검색일 : 2023.04.02)

"Joint press statement by H.E. Mr. Shavkat Mirziyoyev, President of the Republic of Uzbekistan and H.E. Mr. Charles Michel, President of the European Council", https://www.eeas.europa.eu/delegations/uzbekistan/joint-press-statement-he-mr-shavkat-mirziyoyev-president-republic-uzbekistan_en?s=233 (검색일 : 2023.04.02)

Human Right Watch, "Uzbekistan : Event of 2018", https://www.hrw.org/world-report/2019/country-chapters/uzbekistan (검색일 : 2023.04.02)

https://gsphub.eu/news/market-potential-uzbekistan (검색일 : 2023.04.02)

https://lex.uz/docs/4557385 (검색일 : 2023.04.02)

https://russian-trade.com/countries/uzbekistan/ (검색일 : 2023.04.02)

Ildar Yakubov, "Opportunities and Limits of Cooperation Between Uzbekistan and Russia", https://cabar.asia/en/opportunities-and-limits-of-cooperation-between-uzbekistan-an

d-russia (검색일: 2023.04.02)

Khurmat Babadjanov, "Influx Of Russians, Return Of Labor Migrants Jacking Up Real Estate In Uzbekistan", https://www.rferl.org/a/uzbekistan-russians-ukraine-war-skyrocketing-prices/31761937.html (검색일: 2023.04.02)

Law of the Republic of Uzbekistan about anti-corruption, http://cis-legislation.com/document.fwx?rgn=92649 (검색일: 2023.04.02)

Marc Jones, Olzhas Auyezov, "Exclusive: EBRD to return to Uzbekistan after decade-long absence", https://www.reuters.com/article/us-ebrd-uzbekistan-exclusive-idUSKBN16D25J (검색일: 2023.04.02)

RT, "Президент Узбекистана подписал закон ≪О противодействии коррупции≫", https://russian.rt.com/ussr/news/347376-uzbekistan-zakon-korrupciya (검색일: 2023.04.02)

Sebastien Peyrouse, "How to Strengthen Western Engagement in Central Asia: Spotlight on EU Education Assistance in Uzbekistan", https://www.ponarseurasia.org/how-to-strengthen-western-engagement-in-central-asia-spotlight-on-eu-education-assistance-in-uzbekistan/ (검색일: 2023.04.02)

Sputnik, "Борьба с коррупцией в Узбекистане: прогресс есть", https://uz.sputniknews.ru/politics/20190329/11108418.html (검색일: 2023.04.02)

_____, "Мирзиёев рассказал, сколько чиновников уличили в коррупции в 2018 году", https://uz.sputniknews.ru/politics/20181208/10197101.html (검색일: 2023.04.02)

The mag, "5 главных изменений: Новый порядок проведения вступительных экзаменов", https://themag.uz/post/5-glavnyh-izmemeniy-ekzamenov (검색일: 2023.04.02).

"Uzbekistan lays out the red carpet for fleeing Russian IT specialists", https://eurasianet.org/uzbekistan-lays-out-the-red-carpet-for-fleeing-russian-it-specialists (검색일: 2023.04.02)

"Uzbekistan: Europe's Sanctions Matter", https://www.crisisgroup.org/europe-central-asia/central-asia/uzbekistan/uzbekistan-europe-s-sanctions-matter (검색일: 2023.04.02)

"Uzbekistan: Mirziyoyev courts French investors in Paris", https://eurasianet.org/uzbekistan-mirziyoyev-courts-french-investors-in-paris (검색일: 2023.04.02)

"Uzbekistan: Russia reclaims top trading partner position from China", https://eurasianet.org/uzbekistan-russia-reclaims-top-trading-partner-position-from-china (검색일: 2023.04.02)

"Uzbekistan: The European Union and Uzbekistan complete negotiations for a new Enhanced

Partnership and Cooperation Agreement", https://www.eeas.europa.eu/eeas/uzbekistan-european-union-and-uzbekistan-complete-negotiations-new-enhanced-partnership-and_en (검색일 : 2023.04.02)

Алишер Ильхамов, "Коммунистический тупик. О том, как реформировать хлопковый сектор Узбекистана", http://ced.uz/publitsistika/kommunisticheskij-tupik-o-tom-kak-reformirovat-hlopkovyj-sektor-uzbekistana/ (검색일 : 2023.04.02)

МВФ, "Заявление по завершении рабочего визита миссии МВФ в Узбекистан", https://www.imf.org/ru/News/Articles/2017/07/24/pr17296-statement-at-the-conclusion-of-an-imf-staff-visit-to-uzbekistan (검색일 : 2023.04.02)

Министерство иностранных дел, https://mfa.uz/ru/press/smi/17737/ (검색일 : 2023.04.02)

Навруз Мелибаев, "10 главных изменений в Узбекистане за время президентства Шавката Мирзиёева", https://informburo.kz/stati/10-glavnyh-izmeneniy-v-uzbekistane-za-vremya-prezidentstva-shavkata-mirziyoeva.html (검색일 : 2023.04.02)

_____, "Главные итоги 2017 года в Узбекистане. Версия Мирзиёева", https://kaktakto.com/analitika/glavnye-itogi-2017-goda-v-uzbekistane-versiya-mirziyoeva/ (검색일 : 2023.04.02)

"Опубликован список главных реформ президента Шавката Мирзиёева", https://www.spot.uz/ru/2018/07/24/reforms/ (검색일 : 2023.04.02)

"Президент утвердил концепцию налоговой реформы", https://www.gazeta.uz/ru/2018/06/30/tax-concept/ (검색일 : 2023.04.02)

"Узбекистан-ЕС : на пути интенсификации сотрудничества", https://web.archive.org/web/20150104215122/http://www.jahonnews.uz/rus/prezident/vizits/uzbekistan_es_na_puti_intensifikaii_4sotrudnichestva.mgr (검색일 : 2023.04.02)

Центр "Стратегия развития", http://strategy.gov.uz/en (검색일 : 2023.04.02)

찾아보기

기술 주권 134, 135, 153

[가]

가치사슬 140, 142, 146, 150, 152, 159
강화된 파트너십 · 협력협정EPCA, Enhanced Partnership and Cooperation Agreement 289, 302, 312, 313, 322, 335, 337, 338, 340, 348

[나]

나토NATO 48, 69, 88~91, 96, 166, 169, 173, 174, 177, 178, 181~184, 186, 188, 190, 192~203, 212, 214, 218, 219, 221, 223~235, 241~243, 245, 247, 250, 261, 262, 282, 302, 340
나토 2022 전략개념 195, 196
노드스트림 가스관 114

개발협력 137, 141, 154, 155, 158
개방된 전략적 자율성open strategic autonomy 172, 177
경쟁적 이웃contested neighborhood 51
경제 노선 다각화 310
경제안보 139, 141, 158~160
공동안보/방위정책CSDP 167, 170, 178, 190, 192, 194, 223
공동외교/안보정책 194
공동체 기득권acquis communautaire 38
교육개혁Реформа образования, Education reform 330, 332
교환거래trade-offs 176
국제분업 132, 137, 141
권고 이행사항 91, 93
규범 기업가normative entrepreneur 199
규범권력normative power 178, 180, 191, 199
글로벌 공급망 재편 132, 158

[다]

다수준 거버넌스multi-level governance 21
다중벡터multi-vector 343, 348
다중속도 통합multi-speed integration 21
도네츠크인민공화국DNR 47, 229
동방파트너십EaP, Eastern Partnership 23, 25, 36, 44~46, 48, 50, 51, 78, 79, 138, 139, 141, 157, 168, 180, 242, 263, 312
드골주의Gaullist 전통 182

찾아보기 353

〖 라 〗
러 - 벨 국가연합 280
러시아 위협론 197, 198, 203
러시아 제재 231, 232, 303, 312, 313, 316
루소포비아Russophobia 178, 190, 197
루카셴코 45, 253, 254, 256, 257, 260, 262, 268~271, 274~278, 282, 283
루한스크인민공화국LPR 47, 229
리스본조약 95, 168, 183, 194

〖 마 〗
마크롱 182, 183, 236, 247~249
모라비에츠키 총리 188
미디어 대화 프로젝트The Media Dialogue project 84
미르지요예프Shavkat Mirziyoyev 322~324, 329~335, 338~341, 343, 347, 348
미중 전략경쟁 173, 196, 210, 217~219
민스크협정 43, 44, 229, 254, 269, 283
민족 정체성 253, 256

〖 바 〗
반부패법the Anti-Corruption Act 330, 333, 334
벨라루스인 255~262, 270, 271, 277, 279, 280, 283
벨 - 러 국가연합 256, 275, 283
보완성subsidiarity 34
보호의 책임R2P 199
볼로냐 프레임워크Bologna Framework 307
볼로냐 프로세스Bologna Process 327
볼로디미르 젤렌스키Volodymyr Zelensky 64, 212, 215, 234, 237, 240, 242
블라디미르 푸틴Vladimir Putin 45, 46, 48, 49, 66, 89, 90, 95, 114, 116, 134, 178, 183, 220, 237, 242, 256, 271, 276, 277, 281, 283, 299, 313, 343, 349
비례성proportionality 34

〖 사 〗
산업정책 81, 131, 133~135, 138, 140~143
산업협력 39, 132~137, 139~160
산업화 131~133, 136, 137, 141, 143~147, 153, 155~157
3개국 관세동맹 22
상설방위협력체PSC or PESCO, Permanent Structured Cooperation 185, 186, 189, 202
세계무역기구WTO 264, 267, 268, 272, 282, 303, 326, 341
숄츠 172
수입대체정책 132, 134
스베틀라나 티하놉스카야 269, 270, 276, 278
스웨덴 190, 266
심화·포괄적 자유무역협정DCFTA 38, 43, 91, 97, 98, 222, 224, 225, 312

〖 아 〗
안디잔사태 324, 328
에너지 공급망 140, 149, 159
에너지 수입의 다변화 154
에너지 안보 패키지Energy Security Package

　　　　111
에너지협력　121~123, 149, 160, 290
에라스무스 문두스Erasmus Mundus　327
에라스무스플러스Erasmus+　266, 339
역권위주의화　58
올리가르히Oligarchs　90, 92, 94, 97, 101, 221, 243, 244, 246
외부압력　59, 69, 103
우크라이나 전쟁　24, 25, 37, 44~46, 49~51, 58, 64, 86~90, 95, 96, 99~101, 109~113, 121~123, 128, 132, 146~148, 152, 155, 159, 167~169, 173~177, 187, 189, 190, 194~196, 201~203, 209~211, 217, 218, 220, 222, 229, 231, 232, 237~239, 241, 248, 249, 254, 262, 268, 271, 272, 281~283, 290, 297, 298, 307~309, 312~316, 345
유가 상한제　113, 114
유라시아경제연합EAEU, Eurasian Economic Union　22~26, 30~38, 40~46, 48, 50, 51, 137, 144, 145, 147, 148, 158, 169, 254, 265, 268, 272, 299, 300, 303, 309, 310, 312~314, 316, 343, 345, 349
유라시아경제위원회 이사회Council of the Commission　31, 32
유라시아경제위원회 집행국Board of the Commission　30, 32
유라시아경제위원회EEC, Eurasian Economic Commission　22, 29~31, 35, 41, 50, 268
유라시아정부간이사회(정부간이사회)Eurasian Intergovernmental Council　29, 30
유라시아주의Eurasianism　291, 292, 295~297, 308~310, 314, 315

유럽감사원European Court of Auditors　28
유럽경제사회위원회ESEC, European Economic and Social Committee　29
유럽근린기금ENI, European Neighbourhood Instrument　79
유럽근린정책ENP, European Neighborhood Policy　36, 78, 79, 85, 87, 91, 139
유럽방위기금European Defence Fund　184, 185, 189, 202
유럽 방위산업　249
유럽방위연합EDU, European Defense Union　185, 194
유럽부흥개발은행EBRD, European Bank for Reconstruction and Development　264, 272, 309, 321~324, 334, 335, 348
유럽으로의 길Path to Europe　282, 290
유럽의회European Parliament　26, 28, 32, 80, 93, 234, 236, 302
유럽이사회European Council　27, 28, 30, 32, 34, 45, 88, 93, 95, 139, 191
유럽적 관점European perspective　92
유럽 주권European sovereignty　172
유럽중앙은행ECB, European Central Bank　28
유럽 지향성　86, 101, 152, 291, 308~310, 314, 315
유럽집행위원회European Commission　28, 45, 263, 264
유럽통합군　194
일반특혜관세제도플러스GSP+, Generalised Scheme of Preferences Plus　337~340, 348

【 차 】

자이텐벤데Zeitenwende 165

전략 콤파스strategic compass 191, 192, 194, 201

전략적 자율성strategic autonomy 166~168, 170~175, 177~179, 182~184, 186, 189, 192, 193, 195, 196, 198, 201, 218, 219, 223, 224

전략적 자율성의 함정 176

전략적 주권strategic sovereignty 172

전방위 외교Multi-Vector Policy 290~297, 299~301, 308, 309, 313, 317

전방위multi-vector 외교정책 37, 44, 293, 295, 303, 315

정치머신political machine 68

정치안보 지형 210, 216, 220, 249

제재 49, 88, 109, 110, 112~115, 118, 123, 127, 128, 132, 134, 135, 139, 146, 147, 149, 152, 153, 157, 160, 195, 196, 211, 222, 227, 229~233, 241, 247, 263, 264, 266, 269~273, 281~283, 299, 303, 314, 324, 328, 344, 345

제휴 · 협력협정ACA, Association and Cooperation agreements 38

제휴협정AA, Association Agreement 25, 38, 44, 45, 48, 49, 51, 52, 88, 91, 92, 97, 102, 221, 222, 224, 225, 228, 243

지역위원회Committee of the Regions 29

지역통합 21~23, 37, 38, 43, 159

지정학적 각축전 210, 220

집단안보조약기구CSTO 46, 47, 261, 262, 282, 302

【 차 】

최고유라시아경제이사회(최고이사회)Supreme Eurasian Economic Council 29, 30, 34, 35

【 카 】

카리모프Islam Karimov 40, 321~324, 327~329, 332, 334, 348

카스피해 횡단 가스관 프로젝트 125

코펜하겐 기준Copenhagen criteria 59, 71, 87

【 타 】

탈러시아화 313

탈퇴선택제도opt-out systems 27

템퍼스Tempus 308, 327

통합 경쟁 23~25, 35, 37, 38, 40, 41, 44, 50, 51

트란스니스트리아Transnistria 48, 96~101

【 파 】

파트너십 · 협력 협정PCA, Partnership and Cooperation Agreement 241, 244, 321, 322, 324, 325, 327, 335, 348

포스트소비에트 공간 21~24, 35, 38~40, 43, 51, 52

폴란드 69, 86, 110, 112, 113, 119, 169, 183, 187~190, 197, 199, 224, 226, 228, 237, 249, 256, 264~266, 270, 273, 274, 336

표적제재targeted sanctions 328

프리덤하우스Freedom House 60, 61, 92

핀란드　86, 110, 190, 234, 264, 266

【 하 】
호라이즌 유럽Horizon Europe　339
확대유럽Greater Europe　23
환율단일화　322, 330, 331, 348
후원 - 수혜 관계　58, 68

【 A 】
EAEU법원Court of the Eurasian Economic Union　29, 30, 32
EIUThe Economist Intelligence Unit　60, 63-65
EU 글로벌전략 2016　167, 170, 179, 180, 184, 187, 191, 195, 201, 202
EU 정책　171, 249, 290, 295, 301, 308, 309, 314~317
EU4 책임EU4 Accountability　82
EU사법재판소CJEU, Court of Justice of the European Union　28, 32
EU의 동방파트너십Eastern Partnership　48, 51, 77, 138, 312
EU이사회Council of the European Union　28, 31, 32, 59, 71, 74, 99, 180, 272
EU - 나토협력공동선언　184
Fit-for-55　122, 304
HORIZON 2020　266
REPowerEU　121
Uniper　120

지은이 소개

김영진
고려대학교 경제학 박사, 영국 옥스퍼드대학교 St. Antony's College Post Doc.
현 한양대학교 아태지역연구센터 교수
주요 논저 : 「러시아의 아시아 중시 정책의 주요 내용과 평가」(2022), 「미중 무역전쟁의 전개와 영향 : 러중 경제협력을 중심으로」(2022), 『유라시아와 일대일로 : 통합, 협력, 갈등』(공저, 2019), 「일대일로와 중앙아시아 국가들의 대응 : 경제적 기회와 도전」(2019), 「자원기반 경제에서의 경제발전의 성과와 한계 : 투르크메니스탄의 에너지 정책을 중심으로」(2018), 「EU 신규가입국들에 있어 제도개혁이 FDI 유입에 미친 영향에 대한 분석 : 중동부유럽의 EU 신규가입국을 중심으로」(2017) 등.

우평균
고려대학교 정치학 박사
현 한국학중앙연구원 책임연구원
주요 논저 : 『푸틴의 야망과 좌절』(2022), 『2022 동아시아 전략평가』(2022), "The Causes of the Ukraine War and Russia's Decision to invade : A Comparative Analysis of the Aggression in Afgahnistan"(2023), 「6·25 전쟁과 한반도 평화체제 구축 과정에서의 러시아의 역할과 예외주의적 강대국주의」(2023)

윤성학
고려대학교 노어노문학과, 연세대학교 대학원 정치학과 석·박사
현 고려대학고 러시아CIS 연구소에서 연구 및 강의 활동
주요 논문 : 「일대일로와 중앙아시아 : 중국식 개발모델의 한계」, 「바이든 정부의 에너지 전환과 러시아의 대응 전략」 등
주요 저서 : 『러시아 비즈니스』, 『현대중앙아시아의 이해』, 『모피로드』, 『지리와 전쟁 : 중앙아시아의 지정학적 운명과 3천년의 전쟁사』 등이 있다.

이상준

러시아 IMEMO 경제학 박사

현 국민대학교 러시아·유라시아학과 교수

주요 논저 : 「자유주의 국제질서의 균열과 러시아 경제의 진로」(2020), 「러시아의 북극개발과 한국의 참여전략」(2021), 「미중 디지털 전략 경쟁과 러시아의 전략」(2022)

강봉구

러시아학술원 세계경제·국제관계연구원(IMEMO) 정치학 박사

전 한양대학교 아태지역연구센터 교수

주요 논저 : 『현대러시아 대외정책의 이해』(1999); "첨예화하는 미중 가치 갈등과 러시아의 전략 입지"(2022), 「남북한 연성통합의 딜레마와 한러협력의 기회·공간」(2021); 「지정학적 중간국 우즈베키스탄의 대외전략 : '전략적 헤징'의 시각」(2021); "Understanding the Ukrainian Conflict from the Perspective of Post-Soviet Decolonization"(2020); 「호모 소비에티쿠스에서 호모 푸티누스로의 진화 : 규정요인과 속성을 중심으로」(2020); 「'메이크 인 인디아' 정책과 인도-러시아 방위산업협력」(2020); 「자유주의 국제질서의 균열과 러시아의 주권적 국제주의」(2019); 「중-파경제회랑(CPEC)의 국제정치」(2019) 등.

김정기金丁基

모스크바 국립대학교 경제학 박사

한양대학교 아태지역연구센터 연구교수

주요 논저 : 미중 전략경쟁과 우크라이나의 대응 전략(2022), 러시아의 신동방정책 : 변화하는 국제질서 속 러시아의 동진과 한반도, 그리고 동북아 (2021), 북미 간 비핵화 협상에 대한 러시아의 전략적 입장(2019)

김선래
모스크바 세계경제 및 국제관계연구소(IMEMO) 정치학 박사
현 한국외국어대학교 러시아연구소 HK연구교수
주요 논저 : 『미·중·러 전략경쟁과 우크라이나 전쟁』(공저, 2022), 『천년의 러시아 - 모방과 변용의 문화』(공저, 2022), 「러시아 - 우크라이나 사태에 대한 정책결정과정 분석 - 러시아연방 국가안보회의를 중심으로」(2022), 「러시아의 '확장된 유라시아 파트너십' 개념과 중러협력」(2022), 「러시아의 공세적 동북아 외교안보정책과 대 한반도 접근전략」(2021) 등.

이지은
Tashkent State University of Oriental Studies 정치학 박사
현 한국외국어대학교 중앙아시아학과 교수
주요 논저 : 『변화하는 중앙아시아 사회와 문화』(2022), 「수교 30주년 한국 - 카자흐스탄 관계 연구 : 평가와 제언」(2022), 「한국의 중견국 외교 연구 : 북방정책과 카자흐스탄 사례를 중심으로」(2022), 「리더십 교체 이후 카자흐스탄 대외정책 - 토카예프 정부의 '대외정책개념 2020-2030'을 중심으로」(2021), 「에르도안 집권기 터키 대외정책의 유라시아 지향성 강화」(2020), 「우즈베키스탄 새로운 리더십과 변화, 그리고 권위주의 향방」(2019) 등.

성동기
우즈베키스탄 과학아카데미 역사연구소
현 인하대학교 프런티어학부대학 조교수
주요 논저 : 『우즈베키스탄의 역사』(2021); 「미르지요예프 정권의 언어정책과 전망 : '언어정책' 관련 이론들과 우즈베크어의 현실적 언어지위를 중심으로」(2021); 「우즈베키스탄 미르지요예프 정권의 외교정책 분석 : 외교정책 변화와 추진의 배경 및 특징을 중심으로」(2020); 「우즈베키스탄 미르지요예프 정권의 권력 강화 방식 분석 : 권위주의 권력 공유(Power-Sharing) 이론을 중심으로」(2019) 등.